21世纪高职高专精品系列规划教材 ◎ 国际商务专业

国际结算

GUOJI JIESUAN

（第二版）

刘 震 ◎ 编 著

首都经济贸易大学出版社
Capital University of Economics and Business Press
·北 京·

图书在版编目(CIP)数据

国际结算/刘震编著. —2 版. —北京:首都经济贸易大学出版社,2015.5

(21 世纪高职高专精品系列规划教材·国际商务专业)

ISBN 978-7-5638-2352-9

Ⅰ.①国… Ⅱ.①刘… Ⅲ.①国际结算—高等学校—教材 Ⅳ.①F830.73

中国版本图书馆 CIP 数据核字(2015)第 078969 号

国际结算(第二版)

刘震 编著

出版发行	首都经济贸易大学出版社
地　　址	北京市朝阳区红庙(邮编 100026)
电　　话	(010)65976483 65065761 65071505(传真)
网　　址	http://www.sjmcb.com
E-mail	publish@cueb.edu.cn
经　　销	全国新华书店
照　　排	首都经济贸易大学出版社激光照排服务部
印　　刷	北京市泰锐印刷有限责任公司
开　　本	700 毫米×1000 毫米 1/16
字　　数	408 千字
印　　张	21
版　　次	2010 年 9 月第 1 版 **2015 年 5 月第 2 版** 2015 年 5 月总第 3 次印刷
印　　数	4 501~7 500
书　　号	ISBN 978-7-5638-2352-9/F·1333
定　　价	34.00 元

第二版前言

PREFACE

本书自2010年出版以来,世界贸易和国际结算领域发生了诸多变化。

首先,相关国际贸易和国际结算的规则与惯例进行了修订和更新:一是2010年7月生效的国际商会见索即付保函统一规则(URDG 758);二是2011年1月1日实施的《2010年国际贸易术语解释通则》;三是2013年1月生效的国际商会福费廷统一规则(URF 800);四是2013年4月出版的《关于审核跟单信用证项下单据的国际标准银行实务》(ISBP745)等。以上新的规则是第二版修订的依据。

第二,2013年我国的货物贸易总额突破了4万亿美元,超过美国居世界第一位。同时,自2009年试行跨境贸易人民币结算以来,跨境贸易人民币结算取得了重大进展,截至目前,尽管市场份额还很小,但人民币在贸易结算中已经位列美元、欧元之后,成为第三大结算货币,以上变化对人民币跨境清算安排提出了更高要求。如何构建一个能够更好地适应并促进人民币国际化的人民币国际支付清算系统,已经成为一个迫切问题。因此,第二版第一章中增加了有关人民币国际支付清算体系建设方面的内容。

第三,近年来随着电子支付工具的普及,非贸易结算领域中大量使用以信用卡为代表的电子支付工具,传统的一些支付工具如旅行支票、旅行信用证等,已经较少使用。年轻一代的消费者已经将电子支付工具视为理所当然,一卡在手,走遍全球。因此,本次修订将第一版中的第十章国际非贸易结算删去。

此外,第一版的个别地方还存在一些纰漏和错误;在使用过程中,读者和学生们提出了一些很好的意见和反馈,本次修订希望能尽可能给予完善和回应。

总之,作者希望修订后的第二版教材,结构能更加合理,全书沿着国际结算导论、国际结算票据、国际结算方式、国际结算单据、国际结算融资这条逻辑线索展开;删减和压缩了部分篇幅,争取做到重点突出，简洁明快；书中的案例和专栏更具权威性和针对性，语言更加流畅，以增加可读性。

恳请使用本教材的读者，继续给予批评和指正！

联系方式：liuzhen@ ruc. edu. cn

第一版前言

PREFACE

国际结算作为金融专业和国际贸易专业的主干课程之一，是一门融理论与实务于一体、操作性和实践性很强的课程。本教材融合了编著者多年的教学经验，立足于高职高专教学的基本特点，搭建了一个国际结算理论与实务的基本框架，同时又非常注重业务操作的基本流程，是为高职高专教学度身定制的。

国际结算的核心是结算工具和方式，主要包括汇票、本票、支票、汇款、托收、信用证、银行保函、保付代理、票据包买、单据及其审核等，本书对此都做了较为详尽和系统的阐述。本书根据 UCP600 以及新版的国际银行标准实务等惯例对信用证业务进行了重新梳理，并尽可能地反映本学科发展的前沿动态，吸收了国际结算领域的最新成果，突出了新颖性。本书注重突出实务内容，注意引导学员分析和解决问题，提高学员的履职能力和适应职业变化的能力，突出案例分析在本教材的地位和作用。在案例取舍和习题的编写过程中，尽可能采用国际商会的有关案例资料，既贴近实务，又具有权威性。本书重点突出，简洁明快，注重图表演示，使学员能够更直观地掌握国际结算的业务种类、操作程序与风险控制等内容。书中设立了大量的专栏和样例，在确保教学主干内容简洁性的同时保证了教学内容具有延展性，方便了教学与自学，力图使教与学两厢从容。书中同时配以贴近实务、类型多样、难度适中、数量适当的习题及其答案，便于学员自学和检验学习效果。本书可以作为高职高专国际贸易、金融等专业的教材，可以作为银行、贸易、会计等行业的培训教材与参考资料，也适合于对国际结算有兴趣的一般读者。

作者要真诚地感谢首都经济贸易大学出版社的孟岩岭先生，没有他持续不断的催促和鼓励，就不可能有本书的付梓。同时要感谢叔木先生出色的编辑工作。感谢十余年以来中国人民大学继续教育学院所有选修过《国际结算》课程的学员们，他们在繁忙的工作之余，坚持学习。有的学员在令人头疼的交通晚高峰期间，在路上要耽搁两个小时甚至更长时间的情况下，风雨无阻，来到课堂。这种不断充实自我、完善自我的精神常常让我无比感动。他们以自己的实际行动诠释着继续教育和终生学习的理念。

因为水平和时间的限制，书中难免存在错漏，敬请各位专家同仁以及广大读者不吝指教。联系方式：rdliuzhen@ ruc. edu. cn。

目 录

CONTENTS

第一章　国际结算导论

要点提示

- 掌握国际结算的含义、分类及研究对象，理解其范围和特点
- 了解国际结算涉及的主要国际惯例和规则，掌握主要的贸易术语和常用货币的三字符代码
- 理解国际支付清算体系的含义、构成及分类，掌握主要国家的支付清算体系
- 理解银行在处理国际结算业务中的作用，掌握银行处理国际结算业务的主要机构设置及往来银行关系
- 了解人民币国际化进程的现状，了解人民币国际清算系统的建设进程

第一节　国际结算概述

一、国际结算的含义

国际结算(International Settlement)是指国际由于政治、经济、文化、外交、军事等方面的交往或联系而发生的以货币表示的债权债务的清偿行为或资金转移行为。

International payments and settlements are financial activities conducted among different countries in which either payment are effected or funds are transferred from one country to another for the purpose of settling accounts, debts, claims, etc.

国际结算是一项综合的经济活动，其主要内容包括：支付工具及结算方式的选择与运用；各种商业单据的处理与交接；商品货款及劳务价款的索取与偿付；国际资金单方面的转移与调拨；短期或中长期贸易的融资与运营；信用担保的提供与应用；国际清算系统及支付体系的建设与运行；国际银行间资金的转账与划拨等。国际结算实质上是货币的跨国收付活动，它是一项极其重要的跨国经济行为，是保障与促进国际各项活动与交往正常进行的必要手段。

专栏1-1

结算(Settlement)与清算(Clearing)

广义的结算(Settlement)是指交易双方因商品买卖、劳务供应、资金调拨、信贷存放所产生的货币收付行为或债权债务的清偿,即货币的真实收付。它是以真实的货币(现金或银行存款)收付为标志的,也称为交割(Delivery),即货币的最终转让。广义上的结算可以发生在任何时间、任何地点和任何交易上。

狭义的结算专指商业银行代客户所进行的货币收付行为。由于收付款人的账户开在商业银行,所以商业银行从事结算服务。其结算的时间、地点、交易都有明确的规定。

广义的清算(Clearing)是指交易双方进行债权债务的交换,计算出应收应付差额的过程,属于结算前的准备工作,俗称算账和轧差。按照十国集团中央银行支付与结算委员会的定义:清算是结算之前对支付指令进行发送、对账和确认处理的过程,它包括轧差和计算出最后的收付款项。

狭义的清算专指银行同业间在为彼此的客户服务中,致使银行同业之间产生债权债务关系,清讫双边或多边债权债务关系时要轧出商业银行的应收应付差额。狭义的清算主体被限定为银行同业之间。

二、国际结算的分类

引起货币跨国收付的原因很多,所以国际结算的范围很广,为了便于业务操作,在实务中通常把国际结算分为国际贸易结算和非贸易国际结算两大类。

(一)国际贸易结算

国际贸易结算是国际结算的基础,在国际结算中具有主导地位,其结算范围包括以下几种:

1. 有形贸易结算。有形贸易结算是指有形贸易(Visible Trade)引起的货币收付活动。有形贸易即商品的进出口贸易,它是全球经济活动中最为重要的组成部分,也是引发国际债权债务关系与资金流动的主要经济行为。随着国际贸易的发展,国际商品交易的数量、品种、金额迅速扩大,传统的买卖双方一手交钱一手交货、钱货当面两讫的结算方式是无法适应现代国际结算需求的。目前,绝大多数进出口交易,都是由经办国际结算业务的银行通过票据、单据等结算工具的转移与传递,并借助某种结算方式结清该项国际债权债务,从而实现贸易的最终完结。

2. 记账贸易结算。其也称为协定贸易结算。它是在两国政府所签订的贸易协定项下的商品进出口贸易结算。它虽不涉及现汇的收付,但要通过银行办理记账结算。

3. 因国际资本流动所引起的商品贸易或资本性货物贸易的结算。例如,国际直接投资与企业跨国经营,都属于长期资本流动的范畴,伴随资金的投入,也会发生商品的进出口交易。像"买方信贷"就是一种广泛用于国际资本货物交易的中长期资本借贷行为,进口商往往需要通过信用证方式最终实现对买方信贷款项的使用。

4. 综合类经济交易中的商品贸易结算。在国际经济交易中,一些经济交易既包含商品贸易,又包含非商品贸易。像国际工程承包、"三来一补"贸易、技术服务贸易等,它们既有无形资产的进出口,也伴随着有形资产的进出口。例如,我国在外承包的一些"交钥匙工程",从设计、施工到设备出口、技术转让到试车成功,一条龙服务,是典型的综合类经济交易。这种综合类经济交易除了可以用货币清偿债权债务外,还可以用融资款项以及采用抵补、返销、互购、回购产品等方式结算。

(二)非贸易国际结算

非贸易国际结算的主体是服务贸易,它是一国外汇收入的重要来源之一。随着国际服务贸易的发展,它在各国国际收支中的比重有上升的趋势,有些国家的非贸易收支数额甚至超过了贸易收支数额。它的结算范围包括以下几种:

1. 无形贸易结算。它是指由无形贸易(Invisible Trade)引起的货币收付活动。它包括:①保险、运输、通信、港口、旅游等劳务活动的收入与支出;②资本借贷或国际直接投资与间接投资产生的利息、股息、利润等的收入与支出;③广告费、专利费、银行手续费等其他劳务收支。

2. 金融交易类结算。它主要是指国际各种金融资产买卖的结算。它纯粹是金钱与金钱的交易,如外汇买卖,证券、股票等金融工具的买卖,期权、期货等衍生金融工具的买卖等。它们需要更安全、更迅速地进行结算。

3. 国际资金单方面转移结算。它是指发生在政府及民间的各种援助、捐助、赠款以及各种资金调拨行为。

4. 银行提供的以信用担保为代表的一系列服务与结算。在国际商务活动中,风险保障是确保交易安全与债权人权益的重要手段。交易双方除了受到履行合同义务的约束外,还需要第三方为交易提供信用担保服务、资信调查服务、处理应收账款、催收追账服务、融资服务、信息咨询、规避各种金融风险服务等。银行除了为当事人办理资金结算外,还应当事人的要求,开展了以信用担保为代表的一系列表外业务的服务与结算。

5. 其他非贸易结算业务。国际非商品经济活动引起的资金跨国流动,产生了各类非贸易结算业务,如外币兑换业务、侨汇业务、信用卡及旅行支票业务、买入或托收外币票据业务、托收境外财产业务等。银行开办以上业务的结算服务,为国际政治、外交与事务性的联系,以及文化、艺术、体育交流及民间往来提供了诸多便利。

三、国际结算的研究对象

（一）国际结算工具

现代国际结算主要是银行的非现金结算，而非现金结算的主要工具是票据。票据在结算中起着流通手段和支付手段的作用，远期票据还能发挥信用工具的作用。这种结算工具主要包括汇票、本票和支票，它们被称为国际结算的基石。正是依赖这些票据的使用和传递，资金才会在全球范围内最大限度地完成转账结算。票据的使用极大地提高了国际结算的效率和安全性，因此票据的要式及种类、票据行为、流通规律等是国际结算这一学科的第一个研究对象。

（二）国际结算方式

以一定的条件实现国际货币收付的方式称为国际结算方式。在国际贸易中，进出口商要将商定采用的结算方式列入合同的支付条款中并予以执行。经办银行应客户的要求，在某种结算方式下，以票据和各种单据作为结算的重要凭证，最终实现客户委办的国际债权债务的清偿。

国际结算方式主要包括汇款、托收、信用证、保付代理、担保业务、包买票据等类型。国际结算方式的发展与创新，主要取决于国际经贸活动的内容、融资需求、风险保障程度及银行的服务范围等因素。例如，汇款业务简单便捷，可用于寄售、售定、贸易从属费用及非贸易项目结算。跟单托收则主要用于国际贸易结算，程序简单，费用较低，受到贸易商尤其是进口商的青睐。但由于银行在跟单托收运作中未承担任何付款责任，托收效果主要取决于商业信用，因此出口商承担了进口商拒付托收货款的风险。为了有效地保障出口商的权益，由银行担负第一性付款责任的信用证结算方式于20世纪初问世并受到国际贸易交易者的普遍欢迎，现在已成为影响最大、应用最为广泛的国际结算方式。此外，为了满足客户除结算货款以外的诸如融资、风险保障、账务管理、信息咨询等需要，又相继出现了担保、保付代理、包买票据等综合性业务。

在国际商务、贸易活动中，为实现最终交易目的，当事人可采用单一结算方式，如以信用证结算货款；也可数种结算方式并用，如以跟单托收结算货款时，出口商为规避风险，可同时通过备用信用证而获得开证银行的信用担保；也可以部分款项用托收方式结算，部分款项以信用证方式结算。

总之，在国际贸易实践中，产生了各具特色、适用于不同交易需要的国际结算方式。研究国际结算方式的产生、演变、应用、发展趋势以及创新是这一学科的第二个研究对象。

（三）国际结算中的单据

单据的传递和使用是实现国际结算的必备条件之一，在国际贸易结算中，单据具有举足轻重的作用。

在国际贸易及结算过程中，既有货物的转移，也有单据的传递。但除了出口商外，其他当事人在进口商最后见到货物之前，一般只能从各类单据上了解货物的情况。例如,发票反映了货物的基本状况,保险单据反映了货物的保障程度,运输单据反映了货物所有权的转移等。因此,为了使交易得以实现,各当事人之间必然要发生单据的交付转让,从而体现了当代国际贸易中的货物单据化和凭单而非凭货付款的基本特征。

货物单据化是银行作为国际贸易结算中介的前提,否则,银行势必耗费相当大的人力、物力及财力参与监管交易的各个环节。只有在凭单付款的条件下,银行才有可能通过控制单据,进而控制货物,在结算货款、贸易融资、咨询服务等方面发挥巨大作用。

单据对于国际贸易债务的清偿具有至关重要的作用,特别是以跟单信用证结算货款时,出口商提交的单据合格与否,成为其能否收回销售货款的决定性因素。因此,出口商应严格按照信用证的规定,提交正确的单据。

进口国有关当局基于管制进口、征收关税、抵制商品倾销、保障公共环境与卫生等需要,要求进口商提交各种证明文件。为满足进口国当局的要求以使货物顺利入关,进口商通常要求出口商提供有关证明,并列入合同条件及信用证条款。

由此可见,对单据的处理是国际贸易结算的重要内容之一。随着现代化通信技术的发展,货物单据化的事实将有所改变,一些国家已经简化了单据的使用程序。特别是电子数据交换系统(Electronic Data Interchange, EDI)的问世与推广应用,将引发国际贸易及其结算的传统单据运作体系的重大变革。

专栏 1-2

电子数据交换系统(Electronic Data Interchange, EDI)

在国际贸易等领域中采用 EDI,是对传统贸易方式的挑战,它开创了世界范围内实现商业文件的计算机自动处理和交换的新型贸易方式。由于这种贸易方式无须纸张单据,亦称“无纸贸易”。如今,EDI 已成为一种全球性的、具有战略意义和巨大商业价值的贸易手段。“没有 EDI,就没有订单”已不再是危言耸听。

联合国欧经会贸易程序简化工作组(UN/ECE/WP.4)于 1994 年 9 月 23 日在日内瓦举行的第 40 届会议上通过了 EDI 的技术定义,国际标准化组织(ISO)联席会议同年接受了这一定义。Electronic Data Interchange(EDI):The electronic transfer from computer to computer of commercial or administrative transactions using as agreed standard to structure the transaction or message data。联合国国际贸易法委员会 EDI 工作组(UNCITRAL/WG.4)于 1994 年 10 月 14 日在维也纳举行的第 28 届会议上通过的法律定义为:The electronic transfer from computer to computer of information using as agreed standard to structure the information. 通俗地说,EDI 就是将数据和信

息规范化和格式化,并通过计算机网络进行交换和处理。

EDI包括三方面的内容:①用统一的标准来编制资料。EDI是面向"商业文件"的,如订单、发票、货运单、报关单、进出口许可证等。对这些"文件"根据相应的统一标准格式进行编制,所以才能被不同的商业伙伴的计算机编制和处理。②利用电子方式传输信息。EDI传递信息的路径是计算机到数据通信网络,再到商业伙伴的计算机,中间不需要人工干预,这就有别于传统的传送方式。必须指出的是,尽管传真(Fax)、电传和电子邮件(E-Mail)也是用电子方法传送,但它们都不是EDI。③计算机应用程序之间的连接。EDI信息的最终用户是计算机应用软件系统,它自动地处理传递过来的数据。在传递之前和之后,要对单据的内容进行核对,既核对数据的准确性,也核对数据的格式是否符合标准。

国际上常用的标准有两个:一个是美国的ANSI X12;另一个是联合国EDIFACT。从1993年4月起,ANSI X12开始向EDIFACT靠拢,EDIFACT标准已经成为EDI标准的主流。国际EDIFACT委员会(Electronic Data Interchange for Administration, Commerce and Transport)和亚太地区EDIFACT相继成立,负责协调成员单位之间工作,商讨和制定有关的标准、规则和格式,并经国际标准化组织(ISO)正式颁布,作为EDIFACT的系列标准。但是,仅有国际标准是不够的,为了适应国内情况,各国还需要制定本国的EDI标准。因此,实现EDI标准化是一项非常复杂的工作。同时,采用EDI之后,一些公章和纸质单证将被取消,所有这些都将引起包括管理方式在内的一系列社会变革,从这个角度来说,EDI是一场结构性的商业变革。

以计算机网络为依托,建立由计算机硬件、软件(包括EDI软件),通信设备和通信软件组成的EDI网络中心,把与国际贸易有关的工厂、公司、海关、航运、商检、银行和保险等单位连成一个EDI网络,用户(进出口商)可以通过公用数据网连到EDI中心。用户把要传给商检的产地证申报单、进出口报检单,传送海关的进口报关单等传到EDI服务中心,EDI中心就会把这些单证传到相关的单位,并把收到审单的结果,传回给用户,从而大大加速了贸易的全过程。

EDI采用标准化格式和规范语言,消除了国家和民族间语言、文化的障碍而实现彼此沟通,有力地推动着全球市场的形成。EDI是集计算机技术和科学处理于一体的新的贸易方式,它以高效、精确、减少成本、赢得时间而成为所有贸易伙伴共同追求的目标。EDI也可促进管理的改善与提高。EDI可以与企业的管理系统连接,使整个生产过程顺利进行,生产管理有条不紊,组装线上部件用完的时候,就是补充部件抵达的时候,不会使生产线停工待料,也不需要大量的库存,经济效益由此提高。不仅如此,EDI的广泛应用还将大大改善各级各类行政管理部门的管理水平及全社会的信息化水准。同时,EDI通过发展与客户和供应商的密切联系,巩固和增强用户的竞争地位,使用户能为客户提供优质服务,从而提高销量和利润。

2012年8月1日起,中国海关总署在北京、上海、广州、深圳等12个海关启动通关作业无纸化试点。2014年4月1日起,通关作业的无纸化改革推广至全部海关通关业务现场,中国进入了通关无纸化时代。EDI单证流动方式见图1-1。

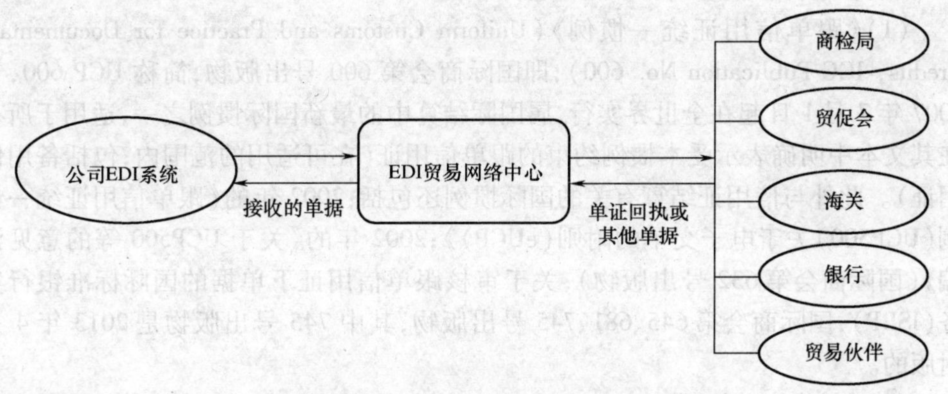

图 1-1 EDI 单证流动方式

(四) 以银行为中心的支付体系

以银行为中心的现代电子转账划拨支付体系是国际资金得以安全有效结算的基础设施。只有实现各国货币清算中心支付体系的良好运行,才能保证国际结算的及时与可靠。此外,跨国支付系统的作用也越来越突出,比如,1973 年开通的全球银行间通信系统(SWIFT)、欧洲的 TARGET 系统、英国的 CHAPS 系统、美国的 CHIPS 系统等,都为全球资金结算的准确、快捷与可靠作出了贡献。进入 20 世纪 90 年代后,各国清算系统的主动脉向大额实时支付结算方向发展,而小额支付系统仍采用差额结算,这一改革的主要目的是减少资金在调拨转移中的结算风险和时间风险。

四、国际结算的特点

(一)按照国际惯例进行国际结算

国际结算涉及多边关系,而各国对国际贸易与结算的规定又都不尽相同,做法也不统一,所以在该领域会不可避免地发生纠纷、矛盾乃至各种信用工具项下的欺诈、滥用权利等现象。为了规范国际结算业务,促进国际贸易的发展,一些商业团体、国际组织在国际结算的实践中,制定和修订了各种有关的公约与规则,并在长期的实践中不断加以完善,最终得到了国际商贸界的广泛承认和采纳,并成为各国银行处理国际结算业务时必须共同遵守的准则,统称为"国际惯例"。其一般具有通用性、稳定性、效益性、重复性、准强制性等特点。国际结算涉及的国际惯例颇多,主要有以下一些:

1. 与票据有关的法律和国际惯例。

(1)《英国票据法》(Bill of Exchange,1882),它是英美法系票据法的典型代表。

(2)《日内瓦统一票据法》,它是大陆法系票据法的典型代表。

2. 与结算方式相关的国际惯例。

(1)《跟单信用证统一惯例》(Uniform Customs and Practice for Documentary Credits, ICC Publication No. 600),即国际商会第 600 号出版物,简称 UCP 600,于 2007 年 7 月 1 日起在全世界实行,属国际结算中的最新国际惯例之一,适用于所有在其文本中明确表示受本惯例约束的跟单信用证(在可适用的范围内,包括备用信用证)。此外与信用证结算有关的国际惯例还包括:2002 年的《跟单信用证统一惯例(UCP500)关于电子交单的附则(eUCP)》;2002 年的《关于 UCP500 等的意见汇编》(国际商会第 632 号出版物);关于审核跟单信用证下单据的国际标准银行实务(ISBP),国际商会第 645、681、745 号出版物,其中 745 号出版物是 2013 年 4 月封版的。

(2)《托收统一规则》(Uniform Rules for Collections),即国际商会第 522 号出版物,简称 URC 522,于 1996 年 1 月 1 日起在全世界实行。

(3)《见索即付保函统一规则》(The Uniform Rules for Demand Guarantees, ICC Publication No. 458,2010 Edition),即国际商会第 758 号出版物,简称 URDG 758。

(4)《银行间偿付统一规则》(ICC Uniform Kules for Bank - to - Bank Reimbursements under Documentary Credits),即国际商会第 725 号出版物,2008 年版本。

(5)《合约保函统一规则》(Uniform Rules for Contract Guarantees),即国际商会第 325 号出版物。

(6)1998 年的《国际备用信用证惯例(ISP98)》(国际商会第 590 号出版物)。

(7)2000 年国际保理商联合会制定的《国际保理业务惯例规则》。

(8)2013 年 1 月正式生效的《福费廷统一规则》(ICC Uniform Rulesfor Forfaiting, URF800)。

3. 与单据相关的国际公约与国际惯例。涉及单据方面的国际惯例有:《海牙规则》(Hague Rules)、《汉堡规则》(Hamburg Rules)、《联合运输单据统一规则》(Uniform Rules for a Combined Transport Documents)、《伦敦保险协会货物保险条款》(Institute Cargo Clauses, ICC)等。

专栏 1 3

INCOTERMS 2010

国际贸易术语解释通则(Incoterms)是一套由三个字母组成的、反映货物买卖合同中商业实务的贸易术语,它主要描述了货物由卖方交付给买方过程中所涉及的工作、成本和风险。Incoterms 自 1936 年开始发布,此后约 10 年修订一次。2010

年9月27日国际商会在巴黎召开国际贸易术语解释通则2010全球发布会，这标志着使用了近十年的Incoterms2000被新版本所取代。Incoterms2010已于2011年1月1日正式生效。两个版本的特点见表1－1和表1－2。

Incoterms2010的第一个特点是两个新增的术语DAT（运输终端交货）和DAP（目的地交货）取代了Incoterms2000中的DAF（边境交货）、DES（目的港船上交货）、DEQ（目的港码头交货）和DDU（未完税交货），国际贸易术语由原来的13个减至11个。

这两个新增的贸易术语，交货都在指定的目的地发生。适用DAT时，货物已从到达的运输工具卸下，交由买方处置（与以前的DEQ术语相同）。适用DAP时，货物同样交由买方处置，但仅需做好装卸准备（与以前的DAF、DES和DDU术语相同）。这两个新术语和先前的术语一样，是“交货”性，由卖方承担将货物交至指定目的地的所有费用（除与进口清关相关的费用外，如有）和风险。

Incoterms2010的另外一个特点是术语分类的调整。由原来的EFCD四组分为特征鲜明的两大类：一类适用于各种运输方式或多种运输方式的7种术语，包括EXW（工厂交货）、FCA（货交承运人）、CPT（运费付至）、CIP（运费、保险费付至）、DAT（运输终端交货）、DAP（目的地交货）和DDP（完税后交货）；另一类适用于海运及内河水运的4种术语，FAS（船边交货）、FOB（船上交货）、CFR（成本加运费）和CIF（成本、保险费加运费）。

新版本较之2000版本，更准确地标明了各方承担货物运输风险和费用的责任条款，有助于船舶管理公司弄清码头处理费（THC）的责任方，有助避免经常出现的码头处理费纠纷。此外，新通则亦增加大量指导性贸易解释和图示，以及电子交易程序的适用方式。此外，在Incoterms2010指导性解释下，货物的买方、卖方和运输承包商有义务为各方提供相关资讯，知悉涉及货物在运输过程中能否满足安检要求，此举将帮助船舶管理公司了解船舶运载的货物有否触及危险品条例，防止在未能提供相关安全文件下，船舶货柜中藏有违禁品。新通则亦因应国际贸易市场的电子货运趋势，指明在货物买卖双方同意下，电子文件可取代纸张文件。

表1－1　Incoterms2000

组别	贸易术语	适用的运输方式	共同特征
E组（发货）	EXW…Ex Works 工厂交货	适用于各种运输方式	这是卖方责任最小，买方责任最大的一种术语
F组（主要运费未付）	FCA…Free Carrier 货交承运人	适用于各种运输方式	买方订立运输合同，支付主运费，合同属于装运合同
	FAS…Free Alongside Ship 船边交货	只适用于海运及内河运输	
	FOB…Free On Board 船上交货	只适用于海运及内河运输	

续表

组别	贸易术语	适用的运输方式	共同特征
F组（主要运费未付）	CFR…Cost and Freight 成本加运费	只适用于海运及内河运输	卖方订立运输合同，支付主运费，合同属于装运合同，风险划分与费用划分点分离
	CIF…Cost, Insurance and Freight	适用于海运及内河运输	
	成本、保险费加运费付至	只适用于海运及内河运输	
	CPT…Carriage Paid To 运费付至	适用于各种运输方式	
	CIP…Carriage and Insurance Paid To 运费、保险费付至	适用于各种运输方式	
D组（到达）	*DAF…Delivered at Frontier 边境交货*	*适用于各种运输方式*	卖方将货物运送到约定的目的地或地点，并承担货物运至该处的一切风险和费用，合同属于到达合同
	DES…Delivered Ex Ship 目的港船上交货	*只适用于海运及内河运输*	
	DEQ…Delivered Ex Quay 目的港码头交货	*只适用于海运及内河运输*	
	DDU…Delivered Duty Unpaid 未完税交货	*适用于各种运输方式*	
	DDP…Delivered Duty Paid 完税后交货	适用于各种运输方式	

注释：表中斜线字体的为2010版有变化的术语，即D组的前四个。在2010版中，国际贸易术语由13个减至11个，新增加的两个可适用于任何运输方式的新术语即DAT（运输终端交货）和DAP（目的地交货），取代了2000版中的DAF（边境交货）、DES（目的港船边交货）、DEQ（目的港码头交货）和DDU（未完税交货）。

表1－2　Incoterms2010贸易术语对比表

适用运输方式	术语	交货地点	运输	保险	出口手续	进口手续
适用于任何运输方式或多种运输方式	EXW 工厂交货	出口国工厂	买方	买方	买方	买方
	FCA 货交承运人	出口国指定地点	买方	买方	卖方	买方
	CPT 运费付至	出口国指定地点	卖方	买方	卖方	买方
	CIP 运费、保险费付至	出口国指定地点	卖方	卖方	卖方	买方
	DAT 运输终端交货	*指定港口或目的地运输终端*	*卖方*	*卖方*	*卖方*	*买方*
	DAP 目的地交货	*指定目的地*	*卖方*	*卖方*	*卖方*	*买方*
	DDP 完税后交货	进口国指定地点	卖方	卖方	卖方	卖方
适用于海运及内河水运	FAS 船边交货	装运港船边	买方	买方	卖方	买方
	FOB 船上交货	装运港	买方	买方	卖方	买方
	CFR 成本加运费	装运港	卖方	买方	卖方	买方
	CIF 成本、保险费加运费	装运港	卖方	卖方	卖方	买方

注：斜线字体是新增加的术语。

（二）使用可兑换货币进行结算

一种货币只要不受限制可以自由兑换成其他货币，即为可兑换货币。具体地讲，任一可兑换货币必须具备以下三个条件：①它能自由兑换成其他货币。②它对经常项目（即贸易与非贸易项目）的支付不受限制。③该货币国的管理当局不采用或不实行多种汇率制度或差别汇率制度，如进口时采用一种汇率，出口时采用另一种汇率；贸易采用一种汇率，非贸易采用另一种汇率等。

可兑换货币又称自由外汇，可以通过银行账户划转，便于资金调拨和运用，也有助于及时转移汇价变动的风险（即外汇风险）。

不是所有的可兑换货币均可用于国际支付和国际结算。现在世界各国各地区的货币大体分为四类，国际贸易及经济活动集中使用的货币称为通用货币，它主要是指美元、欧元、英镑和日元等。完全可以自由兑换的货币大约在60种左右，有限自由兑换的货币在30种左右，完全不能自由兑换的货币有近百种。一种货币属于哪种情况绝非固定不变，它随着各国（地区）经济实力、外汇储备和对外贸易额的消长而有所变动。

专栏1-4

标准化的三字符货币代码

为了能够准确而简易地表示各国货币的名称，便于开展国际贸易金融业务和计算机数据通信，1970年联合国欧洲经济委员会首先提出要制定一项国际贸易单证和信息交换使用的货币代码。1973年，国际标准化组织（International Organization for Standardization，ISO）技术委员会在其他国际组织的通力合作下制定了一项适于贸易、商业和银行使用的货币和资金代码，即国际标准ISO－4217三字符货币代码，见表1－3。1978年2月，联合国贸发会议和欧洲经济委员会将三字符货币代码作为国际通用的货币代码或货币名称缩写向全世界推荐。国际贸易界、金融界反应积极，很快接受了这套三字符的货币代码。

表1－3　常用国家或地区的货币名称符号代码（部分）

国家和地区名称	ISO国际标准国家和地区名称		货币名称	ISO国际标准三字符货币代码
	字符代码	数字代码		
中国	CN	156	人民币元	CNY
美国	US	840	美元	USD
中国香港	HK	344	港元	HKD

续表

<table>
<tr><th rowspan="2" colspan="2">国家和地区名称</th><th colspan="2">ISO 国际标准国家和地区名称</th><th rowspan="2">货币名称</th><th rowspan="2">ISO 国际标准三字符货币代码</th></tr>
<tr><th>字符代码</th><th>数字代码</th></tr>
<tr><td colspan="2">英国</td><td>GB</td><td>826</td><td>英镑</td><td>GBP</td></tr>
<tr><td colspan="2">瑞士</td><td>CH</td><td>756</td><td>瑞士法郎</td><td>CHF</td></tr>
<tr><td colspan="2">瑞典</td><td>SE</td><td>752</td><td>瑞典克朗</td><td>SEK</td></tr>
<tr><td colspan="2">丹麦</td><td>DK</td><td>208</td><td>丹麦克朗</td><td>DKK</td></tr>
<tr><td colspan="2">挪威</td><td>ND</td><td>578</td><td>挪威克朗</td><td>NDK</td></tr>
<tr><td rowspan="12">欧元区国家</td><td>德国</td><td>DE</td><td>280</td><td rowspan="12">欧元</td><td rowspan="12">EUR</td></tr>
<tr><td>法国</td><td>FR</td><td>250</td></tr>
<tr><td>荷兰</td><td>NL</td><td>528</td></tr>
<tr><td>意大利</td><td>IT</td><td>380</td></tr>
<tr><td>芬兰</td><td>FI</td><td>246</td></tr>
<tr><td>希腊</td><td>DR</td><td>300</td></tr>
<tr><td>西班牙</td><td>ES</td><td>724</td></tr>
<tr><td>葡萄牙</td><td>PT</td><td>620</td></tr>
<tr><td>奥地利</td><td>AT</td><td>040</td></tr>
<tr><td>比利时</td><td>BE</td><td>056</td></tr>
<tr><td>爱尔兰</td><td>IE</td><td>372</td></tr>
<tr><td>卢森堡</td><td>LU</td><td>442</td></tr>
<tr><td colspan="2">澳大利亚</td><td>AU</td><td>036</td><td>澳大利亚元</td><td>AUD</td></tr>
<tr><td colspan="2">新西兰</td><td>NZ</td><td>554</td><td>新西兰元</td><td>NZD</td></tr>
<tr><td colspan="2">加拿大</td><td>CA</td><td>124</td><td>加拿大元</td><td>CAD</td></tr>
<tr><td colspan="2">新加坡</td><td>SG</td><td>702</td><td>新加坡元</td><td>SGD</td></tr>
<tr><td colspan="2">巴基斯坦</td><td>PK</td><td>586</td><td>卢比</td><td>PKR</td></tr>
<tr><td colspan="2">日本</td><td>JP</td><td>392</td><td>日元</td><td>JPY</td></tr>
<tr><td colspan="2">泰国</td><td>TH</td><td>764</td><td>泰铢</td><td>THB</td></tr>
<tr><td colspan="2">马来西亚</td><td>MY</td><td>458</td><td>林吉特</td><td>MYP</td></tr>
<tr><td colspan="2">蒙古</td><td>MN</td><td>496</td><td>图格里克</td><td>MNT</td></tr>
<tr><td colspan="2">印度</td><td>IN</td><td>356</td><td>卢比</td><td>INR</td></tr>
<tr><td colspan="2">朝鲜</td><td>KP</td><td>408</td><td>圆</td><td>KPW</td></tr>
<tr><td colspan="2">越南</td><td>VN</td><td>704</td><td>越南盾</td><td>VND</td></tr>
<tr><td colspan="2">伊拉克</td><td>IQ</td><td>368</td><td>第纳尔</td><td>IQD</td></tr>
</table>

续表

国家和地区名称	ISO 国际标准国家和地区名称		货币名称	ISO 国际标准三字符货币代码
	字符代码	数字代码		
伊朗	IR	364	里亚尔	IRR
科威特	KW	414	第纳尔	KWD

注:三字符的前两个字符代表该种货币所属的国家和地区,采用的是 ISO—3166《国家名称代码》,最后一个字符表示货币名称。

(三)实行"推定交货"的原则

在国际贸易结算中,普遍实行"推定交货"的原则。推定交货,又称象征性交货,是相对于"实物交货"而言的。推定交货原则的实质就是货物单据化,以货物单据代表货物所有权,常称为"以单代物"。从表面上看,一笔贸易是商品的买卖,而在实际操作上却是货运单据的买卖。因此,在一定的条件下,货运单据就是货物,可以买卖、抵押、抵债、转让、流通,从而在一定程度上成为流通证券。商业银行在国际结算业务中,只处理货运单据而不管货物。

货运单据经过配套"优化组合"成为货物的"全权代表",国际贸易结算的实体和依据就是这套货运单据。资金融通往往也要以货运单据为质押,贸易商与银行之间凭货运单据商议并安排各种融资实务和融资便利。

随着国际贸易竞争愈演愈烈,奖出限入之风盛行,各种各样的贸易保护主义措施及反保护主义措施纷纷出台,货运单据自然受到影响,表现为货运单据的复杂化。有些进口国对货运单据提出种种苛刻要求,有些进口商甚至对之倍加挑剔,这就给推定交货原则的实现带来一定的困难。

(四)商业银行成为结算和融资的中心

国际性的商业银行在国际结算中发挥了"两个中心"的职能,它们既是国际结算的中心,又是国际信贷的中心。两者密切结合,相辅相成,彼此促进。结算业务促进了国际信贷的拓展;反过来,国际信贷的发展也促进了国际贸易的扩大和国际结算的顺利实现。国际贸易、国际结算和国际融资三者有机结合在一起。这一过程使商业银行的业务进一步国际化,使银行在结算和融资中的作用更加重要。

第二节 国际支付清算体系

一、支付系统概述

支付系统(Payment System)是由提供支付清算服务的中介机构和实现支付指令传送及资金清算的专业技术手段共同组成,用以实现债权债务清偿及资金转移的一种金融安排,有时亦称清算系统(Clearing System)。

Payment System refers the process that banks draw a sum of money from the payer's account and deposit it to the payee's.

由于经济活动所产生的债权债务须通过货币所有权的转移加以清偿,支付系统的任务即快速、有序、安全地实现货币所有权在经济活动参与者间的转移。支付系统对于一国而言具有特殊的重要意义。

支付系统功能重要、种类多样,按不同的划分依据可分为不同的种类。

(一)按经营者身份的不同划分

1. 中央银行拥有并经营。鉴于支付系统对国家经济、金融及社会生活的重要影响,各国政府对支付系统特别是主干支付系统的建设与运行高度重视,很多国家的中央银行直接拥有并经营支付系统,尤其多见于根据国家赋予的职能权限,积极参与支付清算活动并负有监管职责的中央银行。如美国联邦储备体系、日本银行、德意志联邦银行、瑞士国民银行及中国人民银行等,其通过支付系统运营、干预和影响社会整体支付清算活动。

2. 私营清算机构拥有并经营。如纽约清算所协会的 CHIPS 系统、英国的 CHAPS 系统、日本东京银行家协会的全银数据通信系统等。尽管中央银行通常不直接参与私营清算系统运行,但各系统的资金最终清算往往通过中央银行账户进行,而且中央银行采取各种手段对私营清算系统运行实行监督、管理。

3. 各银行拥有并运行的行内支付系统。银行为处理各分支机构之间的汇兑往来和资金清算,通常建有行内支付系统。例如,我国四大国有商业银行均开通了各自的电子资金汇兑系统,大大便利了行内支付清算。

(二)按单笔业务支付金额划分

1. 大额支付系统(资金转账系统)。大额支付系统是一国支付清算体系中的主干线,其运行对金融市场及金融体系的效率产生重大影响。它主要处理银行间往来、证券和金融衍生工具交易、黄金和外汇交易、货币市场交易及跨国交易等引发的债权债务清偿和资金转移。尽管每笔资金转账数额没有下限规定,但多在数百万美元以上,如美联储的 FEDWIRE 系统转账支付的每笔平均额为 300 万美元。各国支付系统的业务处理情况显示,大额支付系统处理的业务笔数大大低于小额支付系统,但支付金额占各国支付业务总量的绝大部分,如日本中央银行的 BOJ-NET(日银网络)系统占 75%,瑞士中央银行的 SIC 系统占 95% 以上,美联储的 FEDWIRE 和私营的 CHIPS 共占 86% 以上。鉴于大额支付系统对交易性质及交易金额有所要求,因此通常对系统用户的准入资格有严格规定,并且系统须具有准确、快速、安全的运行功能,所以大额支付系统一般都是电子资金转账系统。

大额支付系统不仅处理境内各种大金额交易的资金清算,一国对外经贸、金融往来也多通过其处理债权债务的清偿和资金头寸的转移。此外,国家间的跨国支付系统也多属于大额支付系统范畴。如 1999 年 1 月 1 日,随着欧元的启动而始运的覆盖欧元区国家的 TARGET 就是一个跨国大额支付系统。大额支付系统的运行效率直接关系到国际经济与金融活动的顺利进行。

为控制国家支付系统的主动脉，中央银行对大额支付系统的建设、运行与管理予以高度重视，并将其与中央银行的另两大职能——制定和执行货币政策、实施金融监管密切相连，很多国家中央银行经营的支付系统即属大额支付系统。对私营大额支付系统，中央则实行有效的监督和管理。

2. 小额支付系统（零售支付系统）。小额支付系统是与社会经济和消费活动紧密交融、分布广而种类多的支付系统，其服务对象主要是工商企业、个人消费者以及其他小型经济交易的参与者。其特点是：服务对象数目众多，支付处理业务量大，但每笔交易金额较小，支付比较分散，拥有广阔的服务市场，所以小额支付系统必须具有极强的支付处理能力，从而满足社会经济及消费活动对支付结算服务的需求。为了适应零售支付领域的结算特点，小额支付系统采用的支付媒介较多，如现金、银行卡及其他各种卡类、票据等。小额支付系统一般由各国的银行系统、私营清算机构经营，如日本的全银系统、美国的自动清算所系统（ACH）以及在很多国家拥有的信用卡网络、ATM 网络、POS 网络、小额终端、家庭银行等。小额支付系统的运行效率反映了一个国家金融基础设施状况，其服务质量影响着公众对金融业的评价与信心。另外，小额支付服务与银行结算业务及营业收入密切相关，是同业竞争的重点业务之一，所以各国政府、中央银行及商业性金融机构对小额支付系统建设也十分重视，其现代化程度日益提高。

（三）按支付系统服务的地区范围划分

1. 境内支付系统。境内支付系统主要处理一国境内各种经济和消费活动产生的债权债务所引发的本币资金支付与清算。其既有中央银行经营的，也包括私营清算机构或商业银行运行的；既包括大额支付系统，也包括小额支付系统。境内支付系统对一国经济和金融活动的效率具有重大影响。

2. 国际性支付系统。国际性支付系统主要处理国际各种交易往来所产生的债权债务清偿和资金转移。大致有两种类型：一类是由某国清算机构建立并运行的支付系统，鉴于该国货币在世界经济中占有重要地位，遂逐步被沿用至国际支付清算领域，如美国的 CHIPS、英国的 CHAPS 以及日本的外汇日元清算系统等，尽管其分属美、英、日三国，但却处理着目前国际绝大部分美元、英镑、日元交易的支付清算；另一类是由不同国家共同组建的跨国支付系统，如由欧洲中央银行建立的“欧洲国家间实时全额自动清算系统（TARGET）”，即负责欧元区国家间大额欧元交易的支付清算。

（四）按照支付系统的清算方式划分

1. 延时净额清算系统（Delay Net System，DNS）。DNS 是指银行将每笔支付信息传送到清算所，但不立即进行清算，而是在约定的清算周期内让某些往来支付相互抵消，然后在清算周期末将净额转给清算所。

净额结算可以是双边也可以多边的。净额清算系统的优势在于它大大提高了清算参与者的资金效率和流动性，缺点是其参与者可能面临信用风险。净额清算的风险集中在清算周期结束的时刻，在整个清算周期内，参加清算的债权银行向债务银行提供的当日信贷，都隐藏着信用风险和流动性风险。在清算时刻，债务银行应保证其清算账户上有充足的资金以满足支付要求，如果某债务银行在清算时刻无法履行其债务责任，清算可能就会无法继续进行。

2. 实时全额清算系统（Real Time Gross System, RTGS）。RTGS 是指对每笔支付信息，都会同时产生对中央银行清算账户的借记和贷记，在整个营业日内连续地、逐笔地处理支付指令，所有的支付指令均是最终的和不可撤销的。RTGS 大大降低了支付系统的结算风险，消除了延迟结算的成本，但对清算银行的资金流动性要求较高，需要为清算参与者提供日间透支、回购协议等以保证足够的流动性。

从 20 世纪 90 年代开始，RTGS 开始全面代替 DNS，成为主要国家银行间大额支付清算系统的主流方式。例如，瑞士国民银行经营的瑞士同业清算系统（SIC），英国的大额支付系统 CHAPS 于 1996 年由延时净额清算方式升级为实时全额清算。美国联邦电子资金划拨系统（FEDWIRE）和欧洲间自动实时全额快速清算系统（TARGET）都是实时全额清算。

3. 混合清算系统：实时净额清算系统（Real Time Net settlement, RTNS）。RTGS 虽然降低了参与者的支付风险，但对参与者的资金流动性要求非常高。近年来一些国家在清算系统建设中吸收了 RTGS 和 DNS 方式的设计特点，开发建设了混合清算方式的清算系统，既节约了流动性使用，又保证了支付清算的连续性。

其中一种设计思想是通过优化算法，系统持续地搜寻支付信息，随时获取可以相互抵消的支付，一旦找到一定数量的可抵消集，就进行实时全额清算。这种设计能够大大缩短从支付信息提交到最终清算支付完成之间的时间差，结算风险大大降低。美国纽约清算所同业支付系统（CHIPS）最初设计为 DNS 系统，直到 2001 年 1 月，其升级版采用了这种新的清算机制，成为一个实时全额与延时净额相结合的混合系统——实时净额清算系统。CHIPS 这一改革，大大改善了清算银行的流动性管理，因为优化算法可以将各种金额的指令做实时、连续、混合计算，超大金额指令也可以迅速处理，因此参与者不必将大额支付推迟到日末进行以维持流动性。新系统运行以后，将 1 美元资金的平均效率乘数从原来的 100 提高到了 500 以上，接近 600，这仅仅是 FEDWIRE 流动性需求的 1/50（FEDWIRE 的效率乘数是 12）。

二、支付系统中银行转账的原则

在市场经济中，经济主体每天都要进行各种交易，他们通常以货币（现金或银行存款）的形式购买商品、支付劳务（包括金融工具）。若市场经济的两个参与者在同一银行开立存款账户，他们在完成一笔交易后，债务人就会签发支票给债权人，债权人送交自己的开户行，银行发现这张支票的签发者和接受者都是本行的客户，便会凭此支票借记出票人的账户，贷记收票人的账户。一纸支票以最便捷的方式在一家银行内部转账结算，清偿了交易双方的债权债务关系。

如果交易双方不在同一家银行开立存款账户，而分别在 A，B 两行开立存款账户，一桩交易完成后，A 银行的客户作为债务人签发支票给 B 银行的客户，B 银行的客户将支票转交给B银行，由B银行将这张支票交换给A银行，即向A银行提示。A银行接受交换，首先借记出票人（债务人）的存款账户，然后拨头寸给B银行，使B银行贷记收款人的账户。由此可以看出，银行转账所遵循的基本原则是：①银行票据成为转移资金的重要工具，即成为存款账户的支付凭证。无论多么复杂的债权债务关系，对银行而言，无非是从一个客户的存款账户上付出，收进另一个客户的存款账户上。银行结算提供的是一种收付服务。②任何一笔收付，银行总是先借后贷。③同一银行的支票，内部转账；不同银行的支票，交换转账。

三、国际支付体系的基本要素

货币跨国支付的形式很多，每一种形式都会涉及一些基本的要素。国际银行间的清算与支付对有些要素要求不严，对有些要素有极严格的要求，总的原则包括以下几点：

首先，任何外币票据不能进入本币票据交换所。这就意味着一张外币票据一定要进入票据面值所表示的货币发行国才能进行清算，而且最好是在这种货币的发行和清算中心去交换。如一张美元汇票，应去纽约清算，一张日元汇票，应去东京清算，以此类推。

其次，跨国流动的票据，其出票人和收款人可以是全球任何地方的个人或企业，但是票据的付款人或担当付款的人必须是所付货币清算中心的银行。例如，中国向美国购买粮食，购买方是中国粮油进出口总公司，该笔业务支付美元，其最终付款人肯定是中国粮油进出口总公司，但是美元的付款人或担当付出美元的人必须是在美元清算中心的一家银行，比如由中国银行在纽约的分行或代理行来充当付款人才行。

再次，为了遵守国际支付系统对付款人的严格要求，各国银行纷纷将外币存款账户开设在该种外币的发行和清算中心，以便顺利地完成跨国的货币收付。

最后，在国际经济交往中，付款货币不同，所涉及的要素就有所不同。有的货币收付不用通过票据交换所，有的则必须通过票据交换所，具体包括以下几种情况：

第一种情况：付出口国货币。进口国的某银行在出口国某银行总行开有出口国货币的存款账户。出口国账户行在其来账上划转（借记），或通过交换进行转账。前者不涉及出口国的票据交换所，而后者要涉及出口国的票据交换所。

第二种情况：付进口国货币。出口国的某银行在进口国某银行总行开有进口国货币的存款账户，出口国银行要求进口国的账户行把款项收进出口国银行的往账上。进口国银行可直接收进（贷记），也可通过交换收进。同样，前者不涉及进口国的票据交换所，后者要涉及进口国的票据交换所。

第三种情况：付第三国货币。如果进出口国的银行同在第三国同一家银行开有当地货币的存款账户，就形成了碰头行转账结算。由第三国银行直接借记进口国的第三国货币存款账户，转而贷记出口国的第三国货币存款账户，即不用通过票据交换所转账。如果进出口国的银行没有在第三国形成碰头即在不同的代理行开立了存款账户，那么就要通过第三国的货币清算中心的票据交换所交换转账，完成收付。

四、主要的国际支付清算体系

（一）美元支付清算系统

1. FEDWIRE 联邦资金转账系统（Federal Reserve Wire Transfer System）。FEDWIRE 是美国境内美元收付系统，它属于美国联邦储备委员会所有。联邦储备系统是 1913 年建立的，该体系即为美国的中央银行。它将全美划分 12 个联邦储备区，每区有一家联邦储备银行，另在 25 个重点城市设立了联储的分行，各家商业银行在联储分行开立存款准备金账户。该体系建立的重要任务之一是为美国银行系统创建一个统一的境内美元的支付清算设施。

FEDWIRE 资金转账系统是一个实时的、全额的、贷记的资金转账系统。它还包括一个独立的电子簿记式的政府证券转账系统。FEDWIRE 资金转账主要用于金融机构间隔夜拆借、银行间清算业务、公司之间大额交易结算以及证券交易结算等。FEDWIRE 资金转账系统从 8 时 30 分运行至 18 时 30 分（美国东部时间），作为一个完全自动化的、全额结算系统，它可以实时进行每笔资金电子转账的发起、处理和完成。当一个在联储设有账户的发送机构发送了一笔资金转账，通常在转账信息发出后的几秒钟内联储就处理了这笔转账，借记发送机构在联储的账户并贷记接收机构的账户。账户余额监测系统（ABMS）是联储的实时日间账户系统，它实时地追踪由 FEDWIRE 资金和证券转账引起的各个机构账户余额的变化。

FEDWIRE 支付信息通过连接 12 个联邦储备银行跨区的通信网络和联邦储备银行辖区内连接联储银行和其他金融机构的当地通信网络来传递。来自金融机构的支付信息被传送到当地联储银行的主机系统上进行处理。如果一个支付信息的接收机构在另外一个联邦储备银行的辖区内，那么这条信息将通过通信节点传送到另一个联邦储备银行，在它的主机上做进一步的处理，并且最终通过联机或脱机通知单的方式送到接收机构。

FEDWIRE 资金转账系统 70% 以上的用户（占业务量的 99%）以电子方式与联储相连接。其中，转账业务量大的金融机构通常是租借与联储相连的专用路线，中等业务量和小业务量的金融机构一般采取共享租借线路。大约有 30% 的 FEDWIRE 用户通过脱机的电话指令方式向联储银行发送资金转账命令。极少一部分的 FEDWIRE 用户，通过代理银行发送资金转账指令。随着银行业务对支付清算系统需求的不断扩大，FEDWIRE 的清算规模将不断扩大。

2. 清算所同业支付系统（Clearing House Interbank Payment System, CHIPS）。清算所同业支付系统（CHIPS）是一个由纽约清算协会（New York Clearing House Association, NYCHA）拥有并运行的一个私营支付系统。通过 CHIPS 处理的美元交易额约占全球美元总交易额的 95%。CHIPS 的高效运转，不仅为全世界的银行完成了美元的转账，而且也巩固了纽约作为世界金融中心的地位。

与 FEDWIRE 类似，CHIPS 是一个贷记转账系统。然而与 FEDWIRE 不同的是，CHIPS 要累计多笔支付业务的发生额，进行轧差净额清算。CHIPS 的清算时间为美国东部时间起息日前一天的 21:00 到起息日当天 17:00，总共 20 个小时。每日营业终止后进行收付差额清算，每日纽约时间 18 时完成资金转账。每个参与者在营业日开始时的起始余额都为零，清算所支付系统根据发送和接收的支付信息在运行日内连续地计算每一个参与者相对于其他各个参与者的净头寸。支付信息可以在当日或未来某日生效。当日生效的信息在发送者发出之后立即得到处理，除非这笔支付使发送者超过了其信贷限额或净借记极限。支付信息一旦被传递到接收者，发送机构就不能取消这笔支付。

结算通过确定的结算参与者进行。非结算参与者必须以结算参与者作为其代理机构。每日 16 时 30 分之后，清算所通知每个结算参与者它的总净头寸（包括代理的所有参与者的净头寸）。如果一个结算参与者的净头寸是负值，那么该结算参与者需要通过 FEDWIRE 在 17 时 45 分之前将资金转账到纽约联邦储备银行的清算所同业支付系统净结算账户上。一旦所有的净借记债务得到偿付，清算所将通过 FEDWIRE 向所有的处于净贷记状态的结算参与者传送资金，并在 18 时之前通知所有参与者结算已经完成。

专栏1-5

CHIPS 的 ABA 号码和 UID 号码

现在参加 CHIPS 的 100 多家美国银行和外国银行在纽约的分支机构中，有近 60 家清算银行（Clearing Bankers），它们都在联邦储备银行开立账户，是联储系统成员银行，能够直接参与清算交割。非成员银行必须在一家成员银行开立账户并委托它作为自己的清算银行，用于每天 CHIPS 头寸清算。成员银行要把它们的电支付头寸通过设在联储的账户进行最后的清算。

参加 CHIPS 的银行必须向纽约清算所申请，经批准后成为 CHIPS 会员银行，每个银行均有一个美国银行公会代码（American Bankers Association Number），即 ABA 号码，作为参加 CHIPS 清算时的代码。每个 CHIPS 会员银行所属客户在该行开立的账户由清算所发给通用认证号码（Universal Identification Number），即 UID 号码，作为收款人（或收款行）的代号。

凡通过 CHIPS 支付和收款的双方都必须是 CHIPS 会员银行，才能经过 CHIPS 直接清算。通过 CHIPS 的每笔收付都是由付款一方开始进行，即由付款一方的 CHIPS 会员银行主动通过其 CHIPS 终端发出付款指示，注明账户行的 ABA 号码和收款人 UID 号码,经 CHIPS 计算机处理中心传递给另一家 CHIPS 会员银行,收在客户账户上,而收款行则不能通过它的 CHIPS 终端直接向付款行索款,但它可以拍发索款电报或电传,注明 ABA、UID 号码和最终受益人名称,要求付款行通过 CHIPS 付款。

3. 其他的美元支付清算系统。除了上述两个系统之外,美元的支付清算系统还有:

(1)自动清算所系统。自动清算所(Automated Clearing House, ACH)属于民间组织,现有超过 15 000 家金融机构在使用。该系统一般处理小金额、大批量的收付款,或定时重复性的付款,如退休金、养老金、保险费、薪金等。清算所通过 ACH 借记与 ACH 贷记方式完成资金的电子化转移,多为企业客户使用,但也允许金融机构客户和个人客户使用。ACH 清算需要一到两天的时间。

(2)支票结算系统。当付款人不能确定受益人在美国的开户银行时,也可以通过银行开出支票,邮寄给受益人后,由受益人进行提示托收获得票款。美元支票的主要种类有:商业支票、旅行支票、美国政府国库支票、美国邮政汇票等。全美大约有 30% 的支票在开立行内清算,另外 70% 通过银行间的清算机制进行清算。

(3)银行卡结算网络。银行卡、ATM 和 POS 构成了一个庞大的支付网络。近年来随着网上银行的迅猛发展,形成了更加完整的银行卡结算网络。

(4)行内转账系统。如果付款人和收款人都在同一家美国银行开立了账户,只需要通过这家银行内部转账(Book Transfer)即可。与其他方式相比,内部转账速度更快、差错更少、价格更便宜。

综上所述,美元的转移和支付大体可以通过六种方式进行:第一是通过 FEDWIRE,第二是通过 CHIPS,第三是 ACH(自动清算所),第四是 Check(支票)结算系统,第五是银行卡结算网络,最后是银行内部的转账系统。

(二)欧元支付系统

在欧洲统一货币欧元实施之前,欧元区每个国家都有自己独立的支付系统,对应着各不相同的支付习惯,这些差别给欧洲跨境支付带来很大的麻烦。欧元实施前,欧盟内部跨境支付划拨平均需要一周的时间。单一货币的实施迫切需要建立一个统一的欧洲支付体系,将欧元区各国支付系统连接起来,保证资金划拨畅通,特别是大额跨境划拨,应在最大的安全性下以最短的时间实现。为此一个欧洲间自动实时全额快速清算系统(Trans - European Automated Real Time Gross Settlement Express Transfer, TARGET)应运而生,于 1999 年 1 月 1 日正式启用。该系统由欧洲中央银行管理和运行,是一个连接欧元区国家中央银行和几个欧盟国家中央银行的实时清算系统,欧元区任何一家金融机构,只要在本国中央银行开立账户,即可通过该中央银行运行的支付系统与 TARGET 相连接,进行欧元的跨国清算。

为了保证欧元跨境清算的顺利进行，在 TARGET 的基础上，2007 年 11 月 19 日正式启动了 TARGET2，新系统建立了一个单一的共享平台，跨境欧元清算无须再通过各国中央银行，所有的清算银行均可通过 SWIFTNET 直接连接。目前，该系统由德国、法国、意大利三国中央银行负责维护，运行时间从中央欧洲时间 7 点到 18 点，也开设了夜间窗口，从 19:30 到第二天 6:45。

欧元作为区域货币，在跨境结算系统上多于其他国家。除了 TARGET 系统外，欧元区各商业银行还有以下几个清算渠道与区内及全球往来银行进行资金清算划拨：①通过欧洲银行协会的欧元 1 号系统（EURO1）进行跨境的大额清算。这是欧元区第二大的大额支付系统，由欧洲银行协会成立的 EBA 清算公司管理和运作。EURO1 是一个多边净额结算系统，系统的参与者最后的头寸通过 TARGET2 进行划拨结算。②通过欧洲银行协会的直通式欧元收付系统 1（STEP1），这个系统最初只能处理小额欧元收付，现在已能处理单笔金额至 100 万欧元的收付。③通过欧洲银行协会的直通式欧元收付系统 2（STEP2），这是自 2003 年 4 月起运行的一个泛欧自动清算系统，使用欧盟规定的 MT103 + 格式处理大批量支付。目前 TRAGET2 的清算交易额占欧元区银行间交易总额的 90% 以上，遥遥领先于居第二位 EURO1。

（三）英镑清算系统

英镑的清算原来有两个系统，一个是“伦敦城内交换系统”（Town Clearing）；另一个是“普通交换系统”（General Clearing）。伦敦城内交换系统是一个大额的当天交换系统，只清算以伦敦城内的银行为付款行和面额在 1 万英镑以上的票据。普通交换系统不是当天交换的系统，办理以伦敦城内的交换行为付款行、面额在 1 万英镑以下和伦敦城以外的票据交换。

英国的交换银行在美国的 CHIPS 成立之后也从 1984 年初起，设立并开始使用电脑来办理票据交换工作。于是，在原有的“双重交换系统”的基础上建立了一个新系统：交换银行自动收付系统（Clearing House Automated Payment System, CHAPS）。英国的 11 家清算银行加上英格兰银行共 12 家交换银行集中进行票据交换，其他商业银行则通过其往来的交换银行交换票据。非交换银行须在交换银行开立账户，以便划拨差额，而交换银行之间交换的最后差额则通过它们在英格兰银行的账户划拨。

CHAPS 由 CHAPS 英镑系统和与 TARGET 连接的 CHAPS 欧元系统组成，两个系统共享同一个平台。CHAPS 是一个实时全额清算系统，由英国支付清算服务协会运行，提供以英镑计值和以欧元计值的两种独立性清算服务，成员可以在同一个平台上办理国内英镑支付和跨国欧元支付，确保了英镑和欧元在伦敦金融市场交易中具有同等的计值地位。但是近几十年来，英镑在国际结算中的使用逐渐减少，且英镑结算大多数通过往来账户的代理行进行转账结算，导致 CHAPS 清算业务量也随之减少。

伦敦还拥有全球最大的多币种支付系统，是持续连接结算系统（Continuous

Link Settlement, CLS)业务处理所在地,提供17种货币的跨境支付结算服务。

此外,伦敦还有两个重要的小额零售支付清算系统,一个是BACS有限公司提供的ACH电子支付清算系统,另一个是支票和贷记清算公司提供的纸质票据清算系统。

(四)日本银行金融网络系统和外汇日元清算系统

日本有四个主要的支付清算系统,分别是由日本银行管理运行的日本银行金融网络系统(Bank of Japan Net Funds Transfer System, BOJ－NET)和外汇日元清算系统(Foreign Exchange Yen Clearing System,FXYCS)两个大额支付清算系统;东京银行家协会(Tokyo Banker's Association, TBA)管理运行的汇票和支票清算系统(Bill and Cheque Clearing System, BCCS)和全银数据通信系统(Zengin Date Telecommunication System, Zengin)两个小额支付清算系统。其中BOJ－NET系统在日本支付清算系统中处于核心和枢纽地位,参与其他清算系统的金融机构都必须在日本银行开户,最终通过BOJ－NET完成彼此之间的资金清算。

日本银行金融网络系统(BOJ－NET)是一个包括日本银行在内的、金融机构间的电子资金转账系统,建立于1988年10月。系统的参与者包括银行、证券公司和代办短期贷款的经纪人,以及在日本的外国银行和证券公司。主要被用于同业之间的大额实时资金清算,也用于日本政府债券及企业债券、FXYCS、Zengin和许多其他系统的净额资金清算。

外汇日元清算系统(Foreign Exchange Yen Clearing System,FXYCS)由东京银行协会管理与经营,始运行于1980年。为了加速日元的国际化进程,日本对外汇日元的支付清算机制进行了精心策划。1989年初,东京银行家协会将国际金融中的日元支付专门做了安排,将FXYCS纳入日本银行的金融网络系统BOJ－NET,并委托日本银行一并运行。日本国内的银行及在日本的外国银行均可加入FEYCS,该系统负责办理外汇交易,日元债券交易、商品与服务贸易所产生的跨国日元业务,所有支付都通过日本银行账户和BOJ－NET进行结算,从而确保了跨国金融交易中日元所有支付结算的最终性。基于日本银行的积极扶持,FXYCS保持高效运行,为东京外汇市场及日元国际化发挥了重要作用。2002年日本引进CLS(Continuous Link Settlement),在日元的外汇结算中也起到了重要作用。目前,FXYCS主要承担外汇交易中日元的结算,而CLS负责多边货币的支付清算。

Zengin是日本国内的资金清算系统,于1973年建立,主要用于量多额小的资金清算,截止时间是15:30,然后各会员银行的净差额通过日本银行账户平账。

此外,日本很多小型金融机构如信用金库、信用合作社等都有它们自己的银行间清算系统,且都与Zengin相似。在日本,主要的清算所都由各地银行家协会负责管理,如东京清算所由东京银行家协会负责管理运营。

综上所述,主要的国际支付清算系统参见表1－4。

表1-4　主要的国际性支付清算系统

支付系统缩写	地点	管理者/运行者	启用年份	服务领域	系统类型
CHIPS	纽约	纽约清算所	1970	美元跨国支付清算	实时净额
CHAPS	伦敦	英国支付清算服务协会	1984	英镑跨国支付清算	实时全额
TARGET	法兰克福	欧洲中央银行	1999	欧元跨国支付清算	实时全额
FXYCS/BOJ-NET	东京	东京银行协会/日本银行	1980/1989	日元跨国支付清算	实时全额与定时净额结合

五、环球银行金融电讯协会

环球银行金融电讯协会（Society for Worldwide International Financial Telecommunications,SWIFT）是一个国际银行间的非营利合作组织。SWIFT的筹建是伴随着欧洲经济与政治一体化而进行的。1950年欧洲支付同盟成立。1957年3月，"罗马条约"的签订推动了欧洲经济一体化的进程，欧洲经济共同体（EEC）的成立使得欧洲各国经济、贸易相互渗透，银行业迅猛发展，使各国银行深感传统的通信手段速度慢、不方便，难以适应银行业务国际化的需要。于是，经过20世纪60年代的酝酿规划，于1973年初开始筹建，1977年在比利时的布鲁塞尔正式成立了SWIFT机构——国际银行业专用的高速度电传通信系统。

SWIFT是一个合作性质组织，它不以谋利为主要目的，而是为了向会员银行提供专门的通信服务。正如SWIFT的名称所示，这是一个传递银行间金融交易的电讯系统。SWIFT本身不包括结算和清算，只是通信网络，但很多银行都将本行电脑与SWIFT联机，这样很多业务都可由SWIFT和电脑自动处理了。目前，除世界上少数落后国家外，银行之间的信息往来普遍采用SWIFT方式。SWIFT有如下优点：

1. 安全快速，费用低廉。SWIFT对结算模式做了简化，对用户而言结算变得非常简便。只要会员银行的SWIFT专用电脑及其终端设备都在正常运行，任何会员银行都可以随时收发电讯。一般发出后1~2分钟以内就会有收电行的反应。过去，结算以信函或电报等方式来传递信息，按字数收费，为了用字经济，电文节省得意思模糊，而SWIFT是以电传（Telcx）来传递信息，收费以分钟记，用词节省不再重要。此外，电文一入网就由SWIFT自动编制和核对密押，安全可靠。

2. 标准统一，制度严格。各国使用电传都有自己的格式，而且相互间在文字或翻译上时常产生误解甚至发生差错。SWIFT对收发电讯规定了一整套标准化统一格式。它为发报银行提供方便，对发出电文建立了一套电文输入、复核、证实等严格的工作制度。使用者可以随时获取所发电讯情况的报告,而且有关的会员银行也可以随时向该机构索取它们所需要的电讯往来记录。

3. 严密合理的机构设置,采用现代化电脑设备与网络。SWIFT 除了在布鲁塞尔设总部外,在荷兰、美国和比利时分别设有操作中心,在会员银行所在国家与地区设有几十个处理站,三个操作中心与地区处理站之间有高速通信线路相连,会员银行通过当地的电讯部门连接地区处理站。每个操作中心和地区处理站都有现代化的高性能电脑,数传通信处理及中央处理等设备。会员银行也都有电脑和若干终端设备。

4. 多样化、大众化的服务。通过 SWIFT,各会员银行之间可以非常便利地实现多种资金的调拨,提供汇款、外汇买卖、托收、信用证、对账等业务。

专栏 1-6

种类多样的 SWIFT 电文

SWIFT 电文是格式化的,用 0~9 的数字区别电文业务性质。0 代表 SWIFT 系统电报,1 代表客户汇款与支票(Customer Payment & Cheques),2 代表银行头寸调拨(Financial Institution Transfers),3 代表外汇买卖、货币市场及衍生工具(Foreign Exchange, Money Markets & Derivatives),4 代表托收业务(Collections & Cash Letters),5 代表证券业务(Securities Markets),6 代表贵金属和银团贷款(Precious Metals and Syndications),7 代表跟单信用证和保函(Documentary Credits and Guarantees),8 代表旅行支票(Travellers Cheques),9 代表银行和客户账务(Cash Management & Customers Status)。每一类包含若干组(Group),每一组又包含若干格式(Type),每个电报格式代号由三个数字组成。如 MT700 代表信用证业务。

第三节 国际结算业务中的银行机构

一、银行处理国际业务机构设置的主要类型

(一)代表处(Representative Office)

代表处是商业银行在海外设立的非营业性机构。它不能办理银行业务,其主要职能是:开展公共关系活动,向驻地的政府机构、贸易商和官方人员提供本国企业和国家相关信息;为驻地国家的客户提供其总行的经营活动方针;同时也为本国客户探寻新的业务前景,寻找新的贸易机会,开辟当地信息通道等。代表处是海外

分支机构的最低级和最简单形式，它通常是设立更高级形式机构的一种过渡形式。

(二)代理处(Agency Office)

代理处(办事处、经理处)是商业银行设立的能够转移资金和发放贷款，但不能从东道国吸收当地存款的金融机构。代理处是总行的一个组成部分，不具备法人资格，是介于代表处和分行之间的机构。代理处可以从事一系列非存款银行业务，如发放工商贷款、提供贸易融资、签发信用证、办理承兑、票据买卖和票据交换等业务。代理处由于不能吸收当地居民存款，所以其资金主要来源于总行和其他有关机构，或从东道国银行同业(Interbank)市场拆入。

(三)海外分、支行(境外联行)(Overseas Sister Bank/Branch，Subbranch)

海外分、支行是商业银行在海外设立的营业性机构。它本身不具备独立的法人地位，不但受其总行所在地的金融管理法令和条例的约束，也受其营业地的管理法令和条例的约束。海外分、支行的业务范围及经营政策要与总行保持一致，总行对分、支行的活动负有完全的责任。海外分、支行的优点是能面向当地客户，可以经营当地政府允许的各种银行业务，还能根据总行资本决定信贷限额。海外分行吸收的存款属于其总行的法定负债义务。海外分、支行的设立，可以开拓一国的海外市场，方便贸易双方进行国际结算，从而迅速扩大银行的业务范围，增加银行的赢利。分行下设的营业机构是支行，它直接属分行管辖，规模比分行小，层次比分行低。

(四)代理银行(Correspondent Banks)

代理银行是指本国银行在开展国际业务的过程中主动寻找外国银行，并与之建立起一种在业务上彼此合作与支持的相互委托关系，即代理行关系，以便利国际业务的开展，弥补海外分、支行的不足。在海外建立代理行的优点是成本低，业务开展较广泛。

(五)附属银行(子银行)(Subsidiary Banks)

商业银行为了扩大其在海外的业务网络，但又不能直接在某些国家设置分支行机构，常采用收购外国银行的全部股份或大部分股份的方法，设置各种国外附属机构。该机构在东道国登记注册，在法律上是一个完全独立的经营实体，其股权全部或大部分为母行所控制。子银行的经营范围很广，可从事东道国国内银行所能经营的全部业务活动，在某些情况下还能经营东道国银行不能经营的某些业务。该机构的大部分股权虽被收购，但仍可以采用自己原有的名称、营业许可证和工作人员。另外，子银行还可以经营非银行业务，如证券、投资、信托、保险业务等。

(六)联营银行(Affiliated Banks)

联营银行在法律地位、性质和经营特点上同子银行类似，其区别是：在联营银行中，任何一家外国投资者拥有的股权都在50%以下，即拥有少数股权，其余股权可以为东道国所有，或由几家外国投资者共有。联营银行可以是两国或多国投资者合资兴建的，也可以是外国投资者通过购买当地银行部分股权而形成的。其业务依注册而定或依参股银行的性质而定。联营银行的最大优势是可以集中两家或多家参股者的优势。联营银行在联营后，仍可采用原有的名称、营业许可证和工作人员。

(七)银团银行(Consortium Banks)

银团银行通常是由两个以上不同国籍的跨国银行共同投资注册而组成的公司性质的合营银行。任何一个投资者所持有的股份都不超过50%。作为一个法律实体,银团银行有自己的名称和特殊功能。它既接受母银行委托的业务,也开展自己的活动。其业务范围一般包括:对超过母银行能力的或母银行不愿意发放的大额、长期贷款做出全球性辛迪加安排,承销公司证券,经营欧洲货币市场业务,安排国际企业合并和兼并,提供项目融资和公司财务咨询等。与其他形式的银行相比,银团银行的特点是:第一,组成银团银行的母银行大多是世界著名的跨国银行;第二,银团银行的注册地多为一些国际金融中心或离岸金融中心;第三,它所经营的大多是单个银行不能或不愿经营的成本高、风险大、专业技术性强、规模和难度较大的业务;第四,其业务对象主要是各国政府和跨国公司,很少面向消费者,也不经营小额零售业务。

在以上7种形式中,代表处、代理处和分行不是独立的法人,总行完全可以对其进行控制;子银行、联营银行、银团银行是独立的法人,母银行只能根据控股的多少对其产生不同程度的影响。从业务范围来看,代表处、代理处的业务有限,而银团银行一般不经营小额零售业务,只有分、支行,子银行,联营银行的经营范围较广。代理行是外籍银行,与本国银行有着广泛的业务代理关系,但它毕竟不是自己的银行,故在使用上不如使用本国境外联行方便。

专栏1-7

法人导向下的中国银行业的全面开放

2006年12月11日,加入WTO后的5年过渡期结束,中国银行业迎来了对外资银行的全面开放。依据此前颁布并于2006年12月11日正式生效实施的《中华人民共和国外资银行管理条例》和《中华人民共和国外资银行管理条例实施细则》的相关规定,外资银行可以在中国境内注册成为当地的法人银行,全面从事人民币零售业务。外资银行转为本地法人银行,经营范围与监管标准与中资银行趋同,意味着它与中资银行的竞争进入白热化阶段。

从各国银行法的实践来看,注册法人银行并非中国监管部门的独创,而是世界各国普遍实行的准则。美国、欧盟和加拿大等发达国家以及许多发展中国家和地区,均实行了注册法人银行导向,赋予注册法人银行与本国银行基本一致的待遇,并限制外国银行分行设立分支机构和开办零售业务。印度尼西亚、尼日利亚、斯洛文尼亚等部分发展中国家甚至只允许外国银行采取合资银行的形式进入本国市场。

可见,《中华人民共和国外资银行管理条例》实施当地注册法人银行导向,不仅兑现了中国加入 WTO 的承诺,而且完全符合国际银行业监管的大趋势,也符合中国银行业发展的实际状况,将对中国银行业进一步改革开放产生积极影响。

中国将鼓励外国银行设立或者将现有分行转制为中国注册的法人银行。外资法人银行可以经营各类客户的外汇和人民币业务。外资法人银行及其下设分行的注册资本和营运资金与中资银行保持一致,外资银行确定存款或者贷款利率及各种手续费率、交存存款准备金、计提呆账准备金等,按照统一适用中、外资银行的法律法规执行。外资法人银行应遵守与中资银行相同的资本充足率、授信集中度等资产负债比例管理和关联交易等方面的监管要求。

同时,中国鼓励外资银行通过多种形式在华发展。外资银行可根据其在中国的经营战略,按照自愿的原则选择商业存在形态。我国在实施上述法人导向政策的同时,还为外国银行分行创造了更为有利的经营环境。我国将继续支持外资银行直接在华设立机构,同时完善境外金融机构投资入股中资银行政策,鼓励符合条件的境外金融机构入股中资银行。

二、代理行关系的建立

代理关系是指两家不同国籍的银行,相互委托,互为办理国际银行业务所发生的往来关系。

随着经济全球化程度的进一步加强和国际结算的日趋频繁,一国在海外主要城市或地区设立的分支机构远远不能满足本国及外国对贸易、结算和其他经济活动的需求。一国银行必须与其他国家的银行合作,不断扩大自己的代理行网络,才能实现资金在全球范围内的结算,同时借助外国银行在当地的有利条件,绕过壁垒和驻地国各种法律法规的限制,促进商业银行开展国际金融业务,提高本国银行在国际金融界的影响和声誉。此外,代理行的建立可以节约商业银行在国外开设分、支行所需的各种外汇开支。总之,代理行关系的建立,便利了国际结算业务,为进出口企业提供了资金融通的机会,扩大了国际经济合作与交流,推动了国际贸易事业的发展。

(一)建立代理关系的三个步骤

1. 考察了解对方银行的资信。由于建立代理行关系是国际金融领域内的外交活动,因此必须服从国家的外交政策和国别政策。通常对没有正式外交关系的国家,不建立代理行关系。对有正式外交关系的国家,可以建立代理行关系,但要调查对方银行的资信等级、经营作风以及财务状况等多项指标,在有把握的基础上建立代理行关系。

2. 签订代理协议并互换控制文件。代理协议一般由双方银行的总行签订,其内容包括双方银行的名称、地址、代理机构、业务范围、代理期限、控制文件、使用的货币、委办的事项、授信额度、合作项目、信息的提供与咨询、培训计划、头寸偿付的方法、协议生效的日期、适用的分支行等。

3. 双方银行确认控制文件。为了使代理业务真实、准确、快捷、保密，代理行之间要相互发送控制文件(Control Documents)，并在确定无误后，遵照执行。此类控制文件有：①密押(Test Key)。它是银行之间事先约定的，在发送电报时，由发电行在电文中加注密码，以证实电报的真实性。②印鉴样本(Specimen Signature)。印鉴是银行有权签字人的签字式样。银行之间的信函、凭证、票据等，经有权签字人签字后，寄至收件银行，由收件银行将单证上的签名与所留印鉴核对，核对相符即证明此函件的真实性。代理行的印鉴一般由总行互换，分行使用。③费率表(Terms and Conditions)。它是银行在办理代理业务时收费的依据，一般由总行制定并对外发布，各分、支行据此执行。通常，对方银行委托我方银行办理业务，按照我方银行费率表收取费用；我方银行委托国外银行办理业务，则按对方银行费率表收费。费率表应制定得适当、合理，过高会削弱我方竞争力，过低则影响经济效益。

(二)办理国际结算业务时对海外银行选择运用的次序

1. 联行是最优选择。联行被称为本行的兄弟行，与本行是不可分割的整体。且联行与本行在同一字号内，相互熟悉了解，委托办理业务最可靠，服务质量高，风险少。

2. 代理行中的账户行是次优选择。在没有联行的地区开展业务时，代理行中的账户行就显得格外重要。这是因为账户行之间的业务委托十分方便，通过账务往来可以用最快的速度完成委托，且能安全、迅速地收汇和付汇。

3. 代理行中的非账户行是次次优选择。在没有联行和账户行的少数地区开展业务时，只能委托有代理关系而无账户关系的银行。但这种方式资金收付不太方便，要通过第三家银行办理。

专栏1-8

中国银行山东省分行与越南胡志明市分行联手解决信用证项下纠纷案

中国银行山东省分行于2006年3月因一笔信用证项下付款一事，与越南某代理行反复交涉未果，后在中行越南胡志明市分行的鼎力协助下，成功收回大部分货款。

这笔信用证金额775 450美元，受益人为我国某著名家电生产公司。越南开证行在收到单据后，未在合理时间内提出任何不符点也不付款。在中行山东省分行的大力催收下，开证行先是借故拖延时间，进而干脆对中行山东省分行的电报置之不理。鉴于上述情况，山东省分行致电中行越南胡志明市分行，请求帮助催收。中行越南胡志明市分行积极配合，内外联手共同向开证行施压，最终成功收回705 055美元，基本解决了该项纠纷。

这项纠纷案成功解决说明海内外分支机构的积极良好协作促进了各自业务的联动发展，也巩固了中国银行结算业务在客户心目中的良好形象。

三、账户行关系的建立

国际商业银行为了进行国际业务，彼此间必须建立往来关系，以便相互委办各项业务；为了实现委办业务中发生的货币收付，又必须通过外汇账户予以清算和结算。因此，银行间除了要建立代理行关系外，还要建立账户行关系。

（一）什么是账户行关系

代理行关系和账户行关系是两个既相互联系、又彼此区别的概念，即：代理行关系并不一定是账户行关系，或者说得更明确一些，代理行并不就是账户行；但是，反过来说，账户行却一定是代理行。两家银行只要其中一方在另一方开设账户，不管另一方是否也对等地在第一方开设账户，它们之间的关系就既是代理行的关系，又是账户行的关系；当然，双方互设账户时的关系无疑更是这样。一家国际性的商业银行，它在海外的代理行的数目远远超过它在海外的账户行的数目。比如，我国的中国银行，其海外的代理行有6 000 多家（这一数字正在逐年递增），而它在海外的账户行仅有200 家（这一数字也随业务的扩大和需要在逐年递增）。

综上所述，代理行分两类，一类是有账户关系的代理行，另一类是不设账户关系的代理行。

（二）账户行关系的原理

两家分处不同国家的商业银行，因发生货币收付业务的需要，或者一方在对方设账，或者相互设账，就建立了账户行关系。账户的设置，有如下三种情况：

1. 甲行在乙行设立乙行所在国货币的账户，如图1－2 所示。

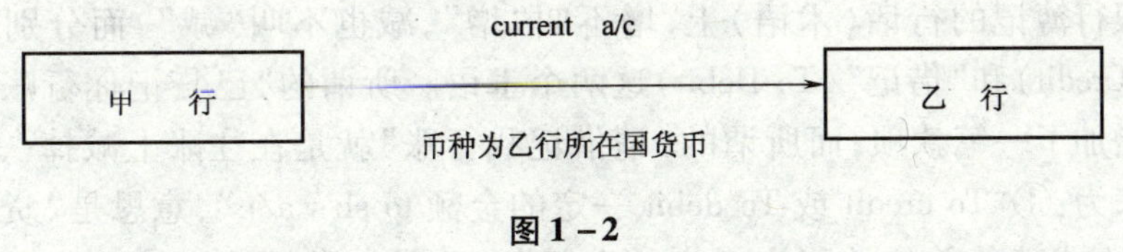

图1－2

2. 乙行在甲行设立甲行所在国货币的账户，如图1－3 所示。

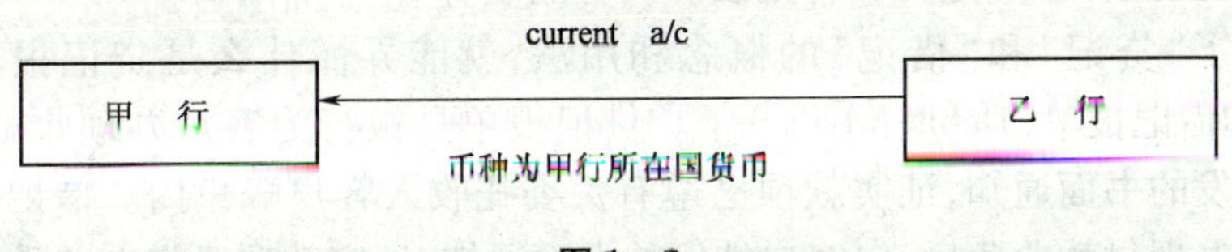

图1－3

3. 双方互设对方所在国货币的账户，如图 1－4 所示。

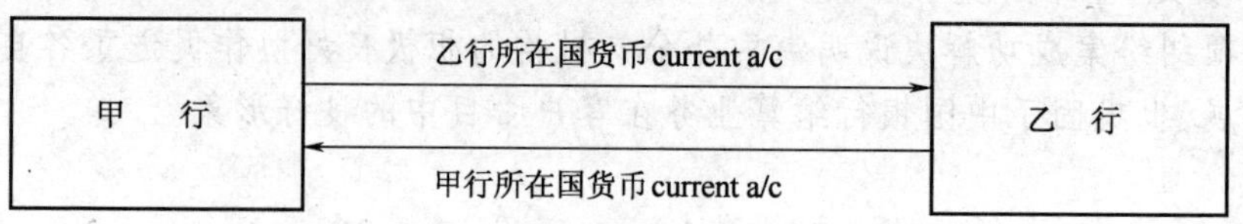

图 1－4

在第一种情况中，从甲行的角度看，是往账（Nostro a/c），即我行设在你行的账（Our a/c with you）；反之，从乙行的角度看，是来账（Vostro a/c），即你行设在我行的账（Your a/c with us）。第二种情况则正好相反：从甲行的角度看，属来账（Vostro a/c），即你行设在我行的账（Your a/c with us）；而从乙行的角度看，是往账（Nostro a/c），即我行设在你行的账（Our a/c with you）。第三种情况甲行与乙行互为账户行（Depository Bank）和存款行（Depositor Bank），各有来账与往账。

一家国际业务遍布全球的商业银行，其在海外的代理行总数大大多于账户行总数。原因如下：一是该行的海外业务尽管遍及全球，但肯定有重点地区，所以没有必要普遍设立账户网点；二是由于该行的代理行网络遍及全球，所以只要重点设立账户网点，特别是只要在国际货币中心的几家主要银行设了账，就能通过银行间的划转发挥网络的辐射功能，实现货币的收付。一句话，是否在国外的代理行设账，应视业务发展的需要而定，而无须全面铺开，浪费不必要的铺底资金。

（三）代理行（含账户行）业务实务

代理行（含账户行）之间委办各项国际业务所涉及的货币收付行为，不是也不可能是“钞票大搬家”，而只能表现在有关银行之间账户上余额的相应增加和减少上。余额的增加表明甲行在乙行的存款增多了，说明甲行从乙行收到了相应款项；余额的减少则表明甲行在乙行的存款减少了，说明甲行付给了乙行一定数额的货币。

在银行簿记的行话（术语）上，增不叫“增”，减也不叫“减”，而分别使用“贷记”（To Credit）和“借记”（To Debit）这两个术语。所谓的“已贷记你行账”就是在来账上增加了一笔款项；而所谓的“请借记我行账”就是在往账上减掉一笔款项。归纳起来为：①“To credit 或 To debit 一定的金额 to sb's a/c”，意思是“贷记（或借记）某某人或某某单位的账户一定的金额”。这是一种用法。②“To credit 或 To debit sb's a/c with 一定的金额”，意思是“贷记（或借记）一定的金额入或出某某人或某某单位的账”。这是另一种用法。两种用法，同一个含义。

弄清了“贷记”和“借记”的概念和用法，就能弄懂什么是贷记报单（Credit Advice）和借记报单（Debit Advice）了。贷记报单是银行为客户办理收款业务后，向客户签发的书面通知，证实款项已遵有关委托收入客户账户内。借记报单是银行为客户办理付款业务后，向客户签发的书面通知，证实款项已遵有关委托付出。

第四节　跨境贸易人民币结算与人民币国际清算系统的建设

2009 年 4 月 8 日国务院常务会议决定在上海市和广东省广州、深圳、珠海、东莞 4 城市开展跨境贸易人民币结算试点。2010 年 9 月 15 日进一步扩大了试点地区。2011 年 8 月 24 日将跨境人民币贸易结算地区扩至全国。

跨境贸易结算意味着人民币将在国外担当计价和结算工具，与中国有贸易来往的海外非居民也可以持有人民币。人民币不再仅仅是中国的"通货"，而是变成了区域性的"通货"，这是人民币在漫长的国际化路途上迈出了关键性的第一步。

一般来说，一国货币的国际化要经历从结算货币到投资货币再到储备货币三个步骤。通过开展跨境贸易人民币结算，可以减少周边国家对美元结算的依赖性，从而为将来人民币在区域内履行投资和储备货币职能打下基础。

自 2009 年开展人民币跨境贸易结算以来，伴随着我国对外贸易的迅猛发展，跨境贸易结算量增长迅速。据初步统计，2013 年全年银行累计办理跨境贸易人民币结算业务 4.63 万亿元，同比增长 57%。其中货物贸易结算金额 3.02 万亿元，服务贸易及其他经常项目结算金额 1.61 万亿元。在直接投资方面，全年银行累计办理人民币跨境直接投资业务结算业务 5 337.4 亿元。其中，对外直接投资结算金额 856.1 亿元，同比增长 1.8 倍；外商直接投资结算金额 4 481.3 亿元，同比增长 76.7%①。

随着跨境人民币业务的不断发展，对人民币跨境清算安排也提出了更高要求。如何构建一个能够更好地适应并促进人民币国际化的人民币国际支付清算系统，已经成为一个迫切问题。

一、我国的支付清算体系概况

近年来，我国支付清算体系建设取得了显著进展。支付体系服务主体多元化发展，形成了包括中国人民银行、银行业金融机构、第三方支付机构、转接清算组织（银联）和其他特许支付清算机构（如中债登、中证登）等相互合作与竞争的市场主体结构。支付清算结算基础设施不断完善，中国人民银行通过建设以大、小额支付系统为主要应用系统的现代化支付系统，逐步形成了以中国现代化支付系统为核心，商业银行行内支付系统为基础，各地同城票据交换系统、银行卡跨行交易清算系统、城市商业银行资金清算系统和农信银支付清算系统并存，支撑多种支付工具的应用并满足社会各种经济活动支付需要的支付清算体系。跨境贸易人民币结算和投资有序开展，跨境人民币清算渠道初步形成。

中国现代化支付系统（China National Advanced Payment System，CNAPS）是中国人民银行自主开发建设的，为银行业金融机构和金融市场提供资金清算服务的

---

① 中国人民银行，中国货币政策执行报告，2013 年第四季度，第 15－16 页。

公共平台。该系统包括大额实时支付、小额批量支付、境内外币支付、支票影像、电子商业汇票和网上支付跨行清算六大业务应用系统。中国现代化支付系统连接债券交易市场、外汇交易市场、同业拆借市场、证券市场、中国银联、国内商业银行及外资银行,是金融体系的重要基础设施,是我国支付体系的核心。

2005 年建成运行的大额实时支付系统(HVPS, High Value Payment System)是一个实时全额清算系统。建立大额支付系统的目的,是为了实现了跨行资金清算的零在途时间。该系统处理同城和异地的、金额在规定起点以上的大额贷记支付业务和紧急的小额贷记支付业务。支付指令实时传输,逐笔实时处理,全额清算资金。系统支持各政策性银行、商业银行和绝大多数农村信用社的接入,实现了资金实时到账,提高了资金周转速度。通过连接中央债券综合业务系统、公开市场业务交易系统、银行卡跨行支付系统、全国银行间外汇交易系统以及香港、澳门等人民币清算行业务系统,为金融市场资金结算和跨境贸易人民币结算提供了有力支持。

2006 年建成运行的小额批量支付系统(BEPS,Bulk Electronic Payment System)是一个延时净额清算系统。主要处理同城和异地纸凭证截留的借记支付业务和小额贷记支付业务,支付指令批量发送,轧差净额清算资金,旨在为社会提供低成本、大业务量的支付清算服务。小额支付系统实行 7×24 小时连续运行,能支撑多种支付工具的使用,满足社会多样化的支付清算需求,为银行业金融机构跨行清算和业务创新提供了公共平台。

2007 年建成运行的全国支票影像交换系统运用影像技术将实物支票转换为支票影像信息,通过计算机及网络将影像信息传递至出票人开户银行提示付款。影像交换系统定位于处理银行机构跨行和行内的支票影像信息交换,其资金清算通过小额支付系统处理。支票影像业务的处理分为影像信息交换和业务回执处理两个阶段,即支票提出银行通过影像交换系统将支票影像信息发送至提入行提示付款;提入行通过小额支付系统向提出行发送回执完成付款。支票影像交换系统通过引入影像技术实现实物支票截留,支持支票全国通用,便利了企事业单位和个人的异地支付活动。

2008 年,境内外币支付系统建成运行,为境内银行业金融机构提供美元等八个币种的境内外币清算服务,提高了外币清算效率,降低了外币结算风险。

2009 年,电子商业汇票系统建成运行,为电子票据的签发、流转等提供基础设施支持,标志着我国商业汇票进入电子化时代,有效防范了票据风险,繁荣了票据市场。

2010 年建成运行的网上支付跨行清算系统主要支持网上跨行零售业务的处理,业务指令逐笔发送、实时轧差、定时清算。客户可通过在线方式提交支付业务,并可实时获取业务处理结果。系统支持商业银行以及经中国人民银行批准的非金融支付服务机构接入,并向客户提供 7×24 小时全天候服务。系统的建成进一步提高了网上支付等新型电子支付业务跨行清算的处理效率,支持并促进电子商务的快速发展。

各类跨行支付清算系统的建成运行，为银行业金融机构和金融市场参与者构建了跨行清算的高速公路，对建立我国安全高效的金融运行体系发挥了有效的支持、推动和促进作用，极大地便利了企事业单位的生产经营活动和人民群众的日常生活①。

二、人民币跨境清算的现状

目前，人民币跨境清算有三种模式：

一是清算行模式。中国银行（香港）有限公司和中国银行澳门分行作为港澳人民币业务清算行，分别在人民银行深圳市中心支行和珠海市中心支行开立人民币清算账户，并作为人民银行跨行支付系统参与者，直接通过中国现代化支付系统（CNAPS）与境内银行传递清算信息，并通过其开立的人民币结算账户与境内银行进行跨境人民币资金的清算。境外参加银行经由境外人民币清算行，完成人民币业务的最终清算。清算行可以进入银行间外汇市场进行人民币平盘交易，也可以通过全国银行间同业拆借市场进行拆借。目前这一模式已经拓展至我国台湾地区（中行台北分行担任清算行）以及马来西亚（中银香港担任清算行）、卢森堡（中行卢森堡分行担任清算行）、澳大利亚（中行悉尼分行担任清算行）、新加坡（工行新加坡分行担任清算行）、老挝（工行万象分行担任清算行）、柬埔寨（工行金边分行担任清算行）等地区和国家。

二是境内代理银行。具备国际结算能力的境内商业银行，可与境外银行签署人民币代理结算协议，为其开立人民币同业往来账户，代其进行跨境人民币清算和结算服务。境内代理银行与境外银行之间一般通过 SWIFT 系统传递支付指令，通过人民币同业往来账户完成资金结算。

三是境外机构人民币银行结算账户。经人民银行当地分支行核准，境外企业可申请在境内银行开立非居民银行结算账户，直接通过境内银行行内清算系统和人民银行跨行支付系统进行人民币资金的跨境清算和结算。非居民账户为活期存款账户。该方式始于 QFII，现已应用于跨境贸易人民币结算。在这种方式下，境内外机构人民币资金账户并没有分离，人民币资金并没有走出国门。

随着业务发展，现行跨境人民币清算面临的问题日益突出：一是在现行跨境人民币清算安排下，人民币业务清算行、境内代理银行和境外机构境内开户银行均通过人民银行跨行支付系统办理跨境人民币业务，容易将境外风险传递给境内银行和支付系统，难以形成境内外人民币业务清算风险的有效隔离。二是随着人民币境外流通范围扩大，人民币跨境清算面临时差问题。现行跨境人民币

---

① 参阅《“十一五”时期中国现代化支付体系基本建成》，中国人民银行支付结算司司长，欧阳卫民，2011 年 3 月 3 日，http://www. pbc. gov. cn/publish/goutongjiaoliu/524/2011/20110303175154405545900/20110303175154405545900_. html

清算主要依托人民银行跨行支付系统，由于系统运行基于国内工作时间，与中国不在同一时区特别是时差较大的欧美地区的银行，工作时间处理跨境人民币业务就存在时差问题。三是清算渠道分散，不利于监管部门全面掌握人民币国际流动情况。同时，人民币跨境清算渠道独立性不强、自动化程度不高，金融信息安全难以保障。

总体上来看，人民币跨境清算尚处起步阶段。境外尚未形成一定规模的人民币离岸市场，人民币在境外的使用渠道非常有限，人民币国际支付清算业务主要为跨境支付业务。与之相应，人民币跨境清算渠道也仅仅支持跨境支付业务，尚未形成严格意义上的人民币国际清算系统。

三、人民币国际清算系统的建设

为了进一步整合现有人民币跨境支付结算渠道和资源，提高跨境清算效率，满足各主要时区的人民币业务发展需要，提高交易的安全性，创造公平的市场竞争环境，中国人民银行在2012年决定组织开发独立的人民币跨境支付系统（CIPS），并计划在1～2年内投入运行。

CIPS的全称是Cross－border Inter－bank Payment System，主要功能是处理人民币跨境支付业务。新的人民币跨境支付系统将有四项功能：一是连接境内、外直接参与者，处理人民币贸易类、投资类等跨境支付业务。具体包括人民币跨境贸易和投资的清算、境内金融市场的跨境货币资金清算、人民币与其他币种的同步收付业务等。二是采用国际通行报文标准，支持传输包括中文、英文在内的报文信息。三是覆盖主要时区（亚、非、欧、美）人民币结算需求，业务处理时间将由8小时提升至17～18小时。四是提供通用和专线两种接入方式，让参与者自行选择。未来，清算行将不再是境外人民币的主要“出路”（回流机制）和离岸人民币存款的定价基础，这些功能将由CIPS承担。同时，也将不再完全依赖SWIFT传递报文，金融安全性和独立性将会大幅提高。

新系统建成后，境内机构可同时作为两套系统的直接参与者，境外机构不再与大额实时支付系统（HVPS）直接相连，而作为CIPS的直接参与者或间接参与者。HVPS主要是为境内银行和金融市场参与者提供跨行人民币资金清算服务，是境内跨行人民币资金汇划的主渠道。CIPS主要处理人民币跨境支付业务，业务处理时间和业务类型均独立于大额支付系统（HVPS）。两个系统之间相互独立，但互联互通。这种分工类似于美国的FEDWIRE和CHIPS，两个大额支付清算系统并行，一方面可以激发清算系统之间的竞争，同时也可以保证大额清算系统的连续性和安全性。

可以预见，随着人民币跨境清算机制的逐步完善，必将助推人民币的国际化。跨境清算机制作为金融基础设施建设，是一国货币实现国际化必不可少的基础条件。

本章小结

1. 国际结算是国际货币收付行为,是一项国际综合经济活动,分为国际贸易结算和非贸易国际结算。

2. 国际结算研究的对象有:国际结算工具、国际结算方式、国际结算单据、以银行为中心的支付体系等。

3. 支付系统(Payment System)是由提供支付清算服务的中介机构和实现支付指令传送及资金清算的专业技术手段共同组成,用以实现债权债务清偿及资金转移的一种金融安排。支付系统按不同方式可分为不同种类。

4. 在当今国际金融市场中,一些著名的跨国支付系统在国际资金转移支付活动中发挥着关键作用。如美国的联邦资金转账系统(FEDWIRE)、清算所同业支付系统(CHIPS)、伦敦交换银行自动收付系统(CHAPS)、欧洲跨国大批量自动实时快速清算系统(TARGET)等。

5. 环球银行金融电信协会(SWIFT)是一个重要的国际性清算组织,在国际支付清算体系中具有非常重要的地位和作用。

6. 办理国际结算业务的银行必须有较广泛的海外机构网络,包括联行和代理行。联行是基础,代理行是主体。代理行又分为账户行和非账户行,只有账户行才能直接转账收付款。

7. 代理关系是指两家不同国籍的银行,相互委托,互为办理国际银行业务所发生的往来关系;为了使代理业务真实、准确、快捷、保密,代理行之间要相互发送控制文件。此类控制文件有:密押、印鉴样本、费率表。

复习思考题

一、填空题

1. 国际结算是指世界各个国家或地区相互之间,为了清算债权、债务关系而发生的(　)。

2. 现代国际结算的主要工具是(　)。

3. 记账贸易结算,也称为(　),它是在两国政府所签订的贸易协定项下的商品进出口贸易结算。

4. 推定交货原理的实质就是(　),以货物单据代表货物所有权,常称为以单代物。

5. 国际结算一般使用可兑换货币进行结算,但不是所有的可兑换货币均可用于国际支付和国际结算。国际贸易及经济活动集中使用的货币称为(　)货币,主要是指美元、欧元和日元等。

6. 非现金结算是指使用各种(　　),通过银行间的划账冲抵来结清国际债权债务关系。

7. 支付系统是由提供(　　)的中介机构和实现支付指令传送及资金清算的专业技术手段共同组成,用以实现债权债务清偿及资金转移的一种金融安排,有时亦称清算系统。

8. 全额实时结算是对每一笔支付业务的发生额立即单独全部进行交割,是(　　)进行结算。

9. 为保证国际结算的顺利进行,不同国家的银行之间通常建立(　　)关系以便于国际业务的顺利进行。

10. 两家分处不同国家的商业银行,因发生货币收付业务的需要,或者一方在对方设账,或者相互设账,就建立了(　　)关系。

二、单选题

1. 现代国际结算就是指通过银行办理的国与国之间的(　　)收付业务。

A. 信用证　　B. 支票　　C. 货币　　D. 汇票

2. 下列哪项不属于国际结算的范围(　　)。

A. 有形贸易类　　B. 物物交换类　　C. 无形贸易类　　D. 金融交易类

3. 结算工具包括货币现金、(　　)以及电报、邮寄支付凭证等。

A. 票据　　B. 黄金　　C. 信用卡　　D. 代金券

4. 现金结算已越来越不符合实际的需要,于是出现了(　　)等非现金结算方式。

A. 黄金　　B. 铸币　　C. 商业汇票　　D. 股票

5. 一般而言经营银团贷款业务的是(　　)。

A. 银团银行　　B. 办事处　　C. 代理银行　　D. 联营银行

6. 在对海外银行的选择上,银行最先选择(　　)协助办理国际结算业务。

A. 账户行　　B. 办事处　　C. 代理行　　D. 联行

7. 下列属于国际银行间非营利性组织的是(　　)。

A. FEDWIRE　　B. CHIPS　　C. TARGET　　D. SWIFT

8. A 行在 B 行设立 B 行所在国货币的账户,下列说法正确的是(　　)。

A. 从 A 行的角度看,这个账户是往账

B. 从 B 行的角度看,这个账户是往账

C. 从 A 行的角度看,这个账户是来账

D. 上述说法均不正确

9. 下列说法不正确的是(　　)。

A.“已贷记你行账”表示在来账上增加了一笔款项

B.“请借记我行账”表示在往账上减掉一笔款项

C.“请贷记我行账”表示在往账上增加一笔款项

D.“已贷记你行账”表示在往账上增加了一笔款项

10. 下列关于代理行与账户行关系的表述不正确的是(　)。

A. 代理行并不一定就是账户行

B. 账户行一定是代理行

C. 两家银行互设账户时其关系肯定是代理行

D. 一方在另一方开设账户,而另一方没有在第一方开设账户,它们之间的关系就不是账户行的关系

11. 下列关于 FEDWIRE 说法错误的是(　)。

A. FEDWIRE 是中央银行拥有并经营的

B. FEDWIRE 是美国境内美元收付系统

C. FEDWIRE 资金转账系统是一个实时的、全额的、贷记的资金转账系统

D. FEDWIRE 是一个由纽约清算协会拥有并运行的一个私营支付系统

12. 银行在处理国际结算业务中涉及数量最多的机构是(　)。

A. 代理行　　B. 分支行　　C. 联行　　D. 银团银行

13. 下列说法错误的是(　)。

A. 一国银行在另一国开设的代表处可以办理银行业务

B. 附属银行一般可从事东道国国内银行所能经营的全部业务活动,在某些情况下还能经营东道国银行不能经营的某些业务

C. 通常银行委托自己的联行办理海外业务最可靠,服务质量高,风险少

D. 一国通常在金融发达的国家和地区的清算中心城市建立账户行

第二章　国际结算中的票据

要点提示

- 掌握票据的概念、基本特征和功能
- 了解票据法的发展演变
- 掌握汇票的定义、种类及其要式
- 掌握汇票抬头的行文类型，掌握汇票的付款期限
- 了解汇票的当事人及其相互之间的关系
- 了解汇票的持票人和汇票的种类
- 掌握本票、支票的定义、要式、特点与种类
- 明确汇票、本票、支票的异同
- 掌握主要的票据行为，掌握票据背书的种类及其实务操作

第一节　票据概述

一、票据的基本概念

所谓票据(Instruments)，是指由出票人签发的，具有一定格式，约定债务人按期无条件支付一定金额，并经过背书可转让的书面支付凭证。

票据是国际结算中用以抵消国际债权债务关系的、具有流通及支付手段的信用工具，它的产生和普及开启了非现金结算的历史。现代国际结算的基本方法是非现金结算，票据在非现金结算中担任着支付工具和信用工具的角色。它在货币和商品的让渡中，为反映债权债务关系的发生、转移、偿付而诞生，它首先是以支付一定金钱为目的的特定证券。在商务实践中，它又被赋予了可流通转让的功能和反映当事人债权债务关系的功能。它被誉为“有价证券之父”。在它之后又衍生出一系列代表商业上的各种权利的凭证，如商业发票、货运单据、股息凭证等被称为是广义的票据。本章要讲述的票据则是狭义的票据。

二、票据的基本特征

票据作为非现金结算的工具，能够代替货币使用，是因为它具有以下一些

特征。

(一)设权性(Right to Be Paid)

票据一经设立并交付出去,票据的权利和义务便随之而确立。票据做成后经过交付,就创设了对于给付一定金额的请求权,并由此派生出一系列相关权利。基本上,这些权利分两种:付款请求权和追索权。票据的权利人依法享有这两种权利,直至票据所代表的债权债务关系完全了结,票据退出流通。

票据发行的目的,不在于证明已经存在的权利,而是设定票据上的权利,票据上的权利、义务在票据做成之前可能存在也可能并不存在,但是在票据做成的同时它就产生并被确立。作为一种金融、信用或结算工具,票据的发行目的是支付,或者说是代替现金充当支付手段。

例如,甲国Q公司从乙国R公司进口了价值10万美元的机器设备,Q应向R支付货款10万美元。付款方式有两种:一是直接支付现金,二是通过签发票据付款。由于直接付现金很不方便,Q和R商定以票据支付。于是Q命令S在见票时立即向R付款10万美元。本来,R和S之间是没有任何债权债务关系的,这时S却成了票据债务的承担者(债务人),虽然Q和R之间因购货而存在债权债务关系,但票据的产生并非是为了证明这种关系,而是Q通过票据这种工具来向R付款,S因为与Q存在某种特定关系(存款行或债务人等)而被Q指定为票款的支付者。

(二)无因性(Non Causative Nature)

票据上权利的发生,当然是有原因的。付款人代出票人付款不是没有缘故的,他们之间一般存在资金关系;出票人让收款人去收款,他们之间通常存在对价关系,即出票人对收款人肯定负有债务,可能是购买了货物,也可能是以前有欠款。这些原因是票据当事人的权利义务的基础,也叫票据原因。

票据的无因性并非否认这种关系,而是指票据一旦做成,票据上权利即与其原因关系相分离,成为独立的票据债权债务关系,不再受先前的原因关系存在与否的影响。如果收款人将票据转让给他人,对于票据受让人来说,他无须调查票据原因,只要是合格的票据,他就能享受票据权利。票据上权利的内容,完全依票据上所记载的内容确定,不能进行任意解释或者根据票据以外的其他文件来确定。因此,善意持票人(Holder in Due Course/Bona Fide Holder)可以要求票据债务人承担完全的票据责任。这一特性保证了票据得以广泛流通。

(三)要式性(Requisite in Form)

票据的存在不重视其原因关系,但却非常强调其形式和内容。所谓要式性,是指票据的形式必须符合法律规定:票据上的必要记载项目必须齐全且符合规定。只有这样,才能发挥票据效力。否则,票据将有缺陷,且票据的流通及当事人之间的关系也无法受到法律的保障。

各国法律对票据必须具备的形式条件和内容都做了详细规定,各当事人必须严格遵守这些规定,不能随意更改。只有形式和内容都符合法律规定的票据,才是合格的票据,才会受到法律保护,持票人的票据权利才会得到保障。如果票据的形式不统一,重要事项记载不全或不清,没有按照法律的严格规定来记载,那么,票据就是不合格的和无效的,也就不会受到法律的保护。

(四)流通性(Negotiability)

票据的流通性,是指在法定的合理时限内,票据经过背书、交付而可以将票据权利转让给后手,手续简便但效力明确。这一特性,对确立以票据关系为基础的收款和付款权利,促进票据的广泛应用有着重要意义。

但是,票据的权利转让与股票的过户转让和提单的交付转让有所不同,它具有流通转让的特点,这些特点是:①持票人可经交付或背书后交付将票据转让他人,而不必通知原债务人。②票据的受让人接受票据即获得了票据上的全部权利,若票据被拒付或出现其他问题,受让人有权以自己的名义提出诉讼。③善意而又付过对价的票据受让人不因其前手票据权利的缺陷而影响其票据权利。

(五)可追索性(Recoursement)

票据的可追索性是指票据的付款人或承兑人如果对合格票据拒绝承兑或拒绝付款,正当持票人为维护其票据权利,有权通过法定程序向所有票据债务人起诉、追索,要求得到票据权利。

三、票据的功能

(一)汇兑功能

汇兑功能是票据的传统功能。由于商品交换活动的发展,商品交换规模和范围不断扩大,经常会产生在异地或不同国家之间的兑换和转移金钱的需要。直接携带或运送现金,往往很不方便。在这种情况下,通过在甲地将现金转化为票据再在乙地将票据转化成现金或票款,通过票据的传递、汇兑,实现资金的转移,不仅简单、方便、迅速,而且安全。在票据产生的最初几个世纪里,票据几乎成了转移资金的专门工具。在现代经济中,票据的汇兑功能仍具有很重要的作用,它克服了金钱支付上距离的间隔。

(二)支付功能

支付功能是票据的基本功能。在现实经济生活中,随时都会发生支付的需要,如果都以现金支付,不仅费时费力,而且成本高、效率低、风险大。如果以银行为中介,以票据为手段进行支付,只需在银行转账即可,一纸票据,可以把款项从付款人的账户上调出,收到收款人的账户上。这种支付方式方便、准确、迅速、安全。

以票据作为支付手段,不仅可以实现单边支付,还可以实现多边支付;不仅可以进行一次性支付,也可以通过背书转让进行多次支付。由于票据的出票人是付款人的债权人,收款人又是出票人的债权人,因此,出票人可以通过票据来抵消三方在两个基础合同下的债权债务关系,收款人也可以通过转让票据来实施支付。所以,票据可以用以实施多边支付,而且这种作用随着票据的流通转让而更加明显。在票据到期时,只需通过最后持票人同付款人之间进行清算,付款人的付款将使此前发生的所有各次交易同时结清，该票据下所有债务人的债务一并得到清偿。

(三)信用功能

信用功能是票据的核心功能，被称为“票据的生命”。票据经过签发和交付，即成为获得一定金额款项的权利凭证。事实上，票据本身不是商品，也无所谓价值，它能被接受并流通，是基于票据关系形成的信用基础。换言之，票据之所以被接受，是因为接受者对其包含的信用有信心，确信持有票据的相关权利能得以实现，票据的债务人必定能履行其承诺和责任。

在现代商品交易活动中，信用交易是大量存在的。卖方常常因竞争需要等原因向买方提供商业信用。最早的商业信用表现在口头上或账面上，这种债权的表现形式不明确，清偿时间不确定，保障程度较低，并且难以转让和提前收回，从而阻碍商业信用的发展。但如果使用票据，由买方向卖方开出远期支付票据，则可使债权表现形式明确，保障性强，清偿时间确定，转让手续简便，而且还可通过贴现提前转化为现金。票据的这种信用功能克服了金钱支付上时间的间隔。

(四)融资功能

随着现代金融的发展，人们不仅利用票据结算支付的传统功能，还通过贴现票据来实现资金的融通与加速运转。直接融资方式的兴起，又使很多大型跨国企业选择票据作为筹措资金的信用载体，通过发行无交易背景的票据来获取资金。这类票据称为融通票据，主要作用在于融资，而不是结算支付。

四、票据法

票据法就是规定票据种类、票据行为以及票据当事人权利义务等内容的法律规范的总称，包括广义票据法和狭义票据法。广义票据法是指调整票据关系的全部法律规范的总称。广义票据法被称作实质意义上的票据法，包括专门的票据法，也包括民法、刑法、诉讼法和破产法等法规中有关票据的规定。我们常讲的票据法，是狭义的票据法，是指关于票据的专门立法，即各国政府为了促进商品贸易的发展所制定的关于汇票、本票以及支票的流通规则的法律规范。狭义票据法被称为形式意义上的票据法。

(一)西方票据法

西方各国的票据法起源于欧洲。票据法在统一之前，世界上有三大票据法体系：法国法系、德国法系和英国法系。

法国票据法最大的特点在于仅将票据作为替代现金运输的工具，并作为证明原因关系的契约。可以说法国法系只注重票据的原始职能即支付手段，限制了其作为流通手段和信用工具职能的发挥。

德国票据法的特点在于注重票据的流通功能和信用功能，它将票据本身与票据产生的原因关系完全相分离，撇开当事人之间的资金关系，强调票据的无因性、要式性、文义性，较法国票据法有较大的进步，最终促使德国票据法系成为大陆法系票据法的代表。

英国票据法是由历史的习惯法、特别法以及各种判例编成的,它比较强调保护票据流通功能和信用功能,将票据本身与票据产生的基础关系严格区分。强调保护持票人尤其是正当持票人的权利,适当地保护了银行权益,以提高银行效率。

美国于1897年仿效英国票据法制定了统一的美国票据法——《统一流通证券法》,这一法律经多次修改后,被纳入美国《统一商法典》。

在以上三大票据法体系中,法国票据法后来经过修改转向了德国票据法体系,不再作为独立的票据法系存在。一般认为,目前国际上尚存的票据法体系只有两个,即欧洲大陆票据法体系和英美票据法体系,这两大票据法体系在实质上并无大的不同。

(二)统一票据法

三大票据法体系的并存以及同一法系中不同国家的规定又不尽相同,给票据在国际经济贸易中的流通和使用带来了很多不便。进入20世纪之后,票据法的国际统一问题被正式提上日程。

票据法的国际统一经过了三个阶段,并产生了三个国际票据法,分别是《海牙统一票据法》《日内瓦统一票据法》和《联合国统一票据法》。

(三)中国的票据法

1928年中华民国政府草拟了《票据法草案》,并于1929年通过并颁布实施,为我国历史上第一部正式票据法。新中国成立后,1988年中国人民银行颁布了《银行结算办法》,不仅重申了票据的支付手段功能,而且恢复了票据的信用功能和流通功能。

1995年5月10日颁布了《中华人民共和国票据法》,1996年1月1日施行,采取三票合一的形式,将汇票、本票和支票集中于一部法中统一加以规范。2004年8月28日,经全国人民代表大会常务委员会通过,对该法进行了修正,使其更适应新形势下经济生活的需要。

第二节　汇票

一、汇票的定义

在各种类型的票据中,汇票(Bill of Exchange)最具典型意义。其所包含的内容最为全面,各国票据法对汇票的规定也最为详细具体。在国际结算业务中,汇票的使用也是最为广泛的。

按照《中华人民共和国票据法》的解释:"汇票是出票人签发的,委托付款人在见票时或者在指定日期无条件支付确定的金额给收款人或者持票人的票据。"《英国票据法》对汇票的定义是:"汇票是由出票人向另一人签发的要求即期、定期或在可以确定的将来时间向指定人或根据其指令向来人无条件支付一定金额的书面命令。”

A bill of exchange is an unconditional order in writing, addressed by one person to another, signed by the person giving it, requiring the person to whom it is addressed to pay on demand or at a fixed or determinable future time a sum certain in money, to, or to the order of, a specified person, or to bearer.

关于汇票的定义,有以下几点需要注意:

第一,汇票是出票人发出的书面命令。汇票的基本关系人有三个,即出票人,付款人(受票人)和收款人。汇票就是出票人签发的,命令付款人向收款人付款的书面指示。汇票必须是书面的,而不是口头的;汇票是一种命令,而不是请求、商量或者征求意见等。

第二,汇票的付款命令是无条件的。无条件意味着付款不能有限制或者附带条件,即不能有先决条件。如果付款命令附加了先决条件,则这张汇票就是无效汇票,不具备法律效力。

第三,汇票的三个基本当事人之间的关系。汇票既为无条件付款命令,必有发出命令的一方和接受命令的另一方,必有收款人一方,又有付款人一方。一张汇票必有三个当事人:首先是出票人,一般是出口方,因为出口方在输出商品或劳务的同时或稍后,向进口商发出此付款命令责令后者付款。其次是受票人,通常是进口方(或进口方的往来银行),他是在取得进口商品和劳务的同时或稍后接受此项付款命令的人。最后是收款人,收款人可能是出票人本人即出口方本人,也可能是出口方的开户往来银行。如图 2 -1 所示。

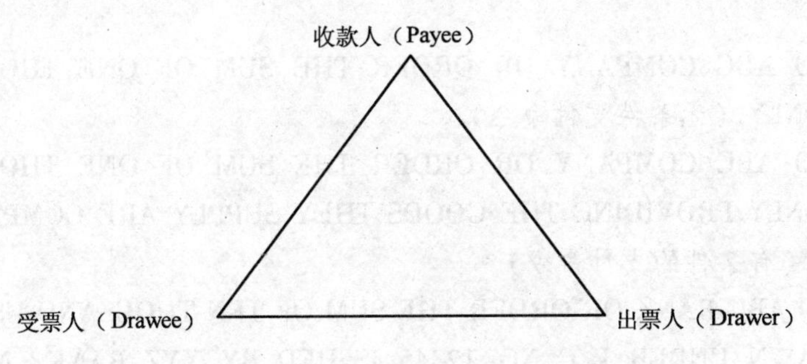

图 2 -1 汇票的三个基本当事人

二、汇票的内容

汇票的内容是指汇票上记载的项目,也就是汇票的要式。根据其性质和重要性不同,汇票的内容可以分为三类。

(一)绝对必要记载项目

绝对必要记载项目是汇票必须记载的内容,这些内容是否齐全,直接关系到汇票是否有效。汇票必须记载的内容包括以下几项:

1.“汇票”字样。根据《日内瓦统一票据法》的规定，汇票上必须标明“汇票”字样。如“Exchange for”“Bill”“Draft”等，用以明确票据的种类，使汇票区别于本票和支票。我国也遵循此规定，但《英国票据法》并无此项要求。

2. 无条件支付命令。汇票是无条件的书面付款命令，这是汇票的本质和核心。这里所说的“无条件”，当然不是指毫无缘由就开出一张付款命令责令对方付款的意思，而是指汇票上行文遣词不能附加任何条件。比如，绝不能在汇票上面写上“在货物运达后才付款”或者“在商品品质达标的情况下才付款”等含有条件的限制性文句，道理很简单，因为“有条件”意味着如果达不到条件就无法付款，就不是“无条件付款命令”，这样的汇票是无效的。

反之，“付购设备款50万元”“付10万元再借记×号账户”，则属于无条件的付款命令。“付购设备款”只说明付款的性质和原因，“再借记××号账户”说明的是付款后的账务处理，它们都不构成付款条件。当然，最简明的方式是“付×元”。

专栏2-1

判断以下汇票文句是否构成无条件支付命令

汇票既然是无条件的支付命令，就必须使用英语的祈使句，以动词开头作为命令式语句。

PAY TO ABC COMPANY OR ORDER THE SUM OF ONE THOUSAND US DOLLARS ONLY.（无条件支付命令）

PAY TO ABC COMPANY OR ORDER THE SUM OF ONE THOUSAND US DOLLARS ONLY PROVIDING THE GOODS THEY SUPPLY ARE COMPLIED WITH CONTRACT.（有条件的支付命令）

PAY TO ABC BANK OR ORDER THE SUM OF TEN THOUSAND US DOLLARS ONLY. DRAWN UNDER L/C NO. 12345 ISSUED BY XYZ BANK, NEW YORK DATED ON 15TH AUGUST, 2007.（表明汇票的起源的文句不构成付款条件）

3. 确定的金额。票据上的权利必须以金钱表示，不能用货物数量等表示，并且金额必须确定或是可以计算出来的，不能模棱两可。

在实际中，为了防止涂改，票据的金额还必须同时用大、小写记载。如果大小写不一致，《英国票据法》和《日内瓦统一票据法》都规定以大写为准，我国《票据法》则认为无效，在实务中通常都做退票处理。

专栏2-2

判定以下汇票文句是否构成确定的金额

1. PAY TO ABC COMPANY OR ORDER THE SUM OF TEN THOUSAND US DOLLARS PLUS INTEREST.（不构成确定金额）

2. PAY TO ABC COMPANY OR ORDER THE SUM OF USD TEN THOUSAND PLUS INTEREST CALCULATED AT THE RATE OF 6% P. A. FROM THE DATE HEREOF TO THE DATE OF PAYMENT.（构成确定金额）

3. AT 30 DAYS AFTER DATE PAY TO ABC COMPANY OR ORDER THE SUM OF TEN THOUSAND US DOLLARS BY INSTALLMENTS.（不构成确定金额）

4. AT 30 DAYS AFTER DATE PAY TO ABC COMPANY OR ORDER THE SUM OF USD TEN THOUSAND BY TEN EQUAL CONSECUTIVE MONTHLY INSTALLMENTS.（《日内瓦统一票据法》不允许汇票分批付款，因而该汇票无效；而《英国票据法》承认汇票的分批付款，但是记载必须明确、具体，因而本汇票有效。通常，其中任何一期付款违约时，其余未付各期则自动到期。）

5. PAY TO ABC COMPANY OR ORDER THE SUM OF TEN THOUSAND US DOLLARS CONVERTED INTO STERLING EQUIVALENT.（不构成确定金额）

6. PAY TO THE ORDER OF ABC COMPANY THE SUM OF USD TEN THOUSAND CONVERTED INTO HKD AT CURRENT RATE OF EXCHANGE.（构成确定金额）

4. 付款人名称。付款人是指汇票命令的接受者，即受票人。但受票人不一定付款，因为付款人可以拒付。汇票上对于付款人的记载要详细准确，以便持票人能顺利找到。实务中一般都注明详细地址，特别是以在同一城市有许多机构的银行为付款人时，一定要仔细注明。

5. 收款人名称。汇票上关于收款人的记载又叫做“抬头”，它应该像付款人一样有一定的确定性。但在实务中，一般只写一个完整的名称，不强求写明地址。

视汇票能否转让流通和转让方式的不同，汇票上“收款人”一栏（即“抬头”）的行文有所不同，具体分为以下三种：

（1）限制性抬头（Restrictive Order）。这是指收款人只限于某一具体人或某一单位或某一金融机构。举例来说，“仅付给E公司”（Pay E Company Only）；“付给E公司，不得转让”（Pay E Company Not Transferable）；“付给E公司”（Pay to E Company），同时在票据其他地方有“不可转让”（Not Transferable）的字样。

这类汇票不能转让流通，这在一定程度上限制了它的支付功能的发挥，因此，这种汇票在实务中的应用不是很普遍。

(2)指示性抬头(Demonstrative Order)。这是指可以由收款人或其委托人、指定人提示收款的汇票。这类汇票的特征是不一定要求收款人本人亲自收款，在付款到期日前，收款人可以在汇票的背面"背书"转让，提前从第三方取得款项，再由被转让人以持票人身份到期取款。这类汇票在收款人这一栏里一般都有"指定人"(Order)的字样，其意思是"可由收款人指定的人收款"。例如："付给 B 公司的指定人"(Pay to the Order of B Company)；"付给 B 公司或其指定人"(Pay to B Company or order)；"付给 B"(Pay to B)。第三种写法习惯上叫做记名抬头，虽然没有"指定人"字样，但收款人仍有权将票据背书转让。

这种汇票既实现了汇票流通转让的基本性质，又赋予收款人转让票据的权利，并要求背书而具有一定的转让条件，使转让更可靠，更安全，因此在实务中使用最为广泛。

(3)持票来人抬头(Payable to Bearer)。这种汇票不管谁持有，都有权要求付款人付款，而且在转让时无须背书，只要通过简单交付就可以实现。其特点是在收款人这一栏里一定有"来人"(Bearer)的字样。例如："付给来人"(Pay bearer)；"付给 A 公司或来人"(Pay A Company or Bearer)。

不过，由于这种汇票容易丢失而被他人冒领，收款人的权利缺乏保障，因此，有些票据法，如《日内瓦统一票据法》，不允许把汇票做成持票来人抬头的形式。

6. 出票日期(Date of Issue)。这是指汇票签发的具体时间。出票日期有以下三个重要作用：

(1)决定汇票的有效期。持票人如不在规定时间内要求票据权利，票据权利自动消失。《日内瓦统一票据法》规定，即期汇票的有效期是从出票日起的 1 年时间；我国《票据法》规定见票即付的汇票有效期为 2 年。

(2)决定付款的到期日。远期汇票到期日的计算有的是以出票日为基础的，确定了出票日及相应期限，也就能确定到期日。

(3)决定出票人的行为效力。若出票时法人已宣告破产或被清算，则该汇票不能成立。

7. 出票人签字(Signature of the Drawer)。签字原则是票据法的最重要和最基本的原则之一，票据责任的承担以签字为条件，谁签字，谁负责，不签字就不负责。票据必须经出票人签字才能成立。出票人签字是承认了自己的债务，收款人才因此有了债权。如果汇票上没有出票人签字，或签字是伪造的，票据都不能成立。因此，出票人签字是汇票最重要的和绝对不可缺少的内容。

以上内容是我国《票据法》规定必须记载的事项，缺一不可，否则汇票无效。《日内瓦统一票据法》的规定同我国规定基本相同。而《英国票据法》规定的必要记载项目只有五个，即无条件支付命令、确定金额、付款人名称、收款人名称和出票人签字，而没有"汇票"字样和出票日期的要求。该法认为，没有"汇票"字样并不会影响汇票的效力;没有出票日期,票据仍然成立。如果出具的是远期汇票,善意持票人可以加上出票日期以确定到期日,使之成为完整汇票。

(二)相对必要记载项目

除了以上必须记载的内容外,还有三个相对必要记载项目。这些项目十分重要,但如果不记载也不会影响汇票的法律效力,因为这些内容可以间接确定。

1. 出票地点(Place of Issue)。这是指出票人签发汇票的地点,它对国际汇票具有重要意义,因为票据是否成立是以出票地法律来衡量的。但是不注明出票地并不会影响其生效。我国《票据法》规定,汇票上未记载出票地,则出票人的营业场所、住所或者经营居住地为出票地。

2. 付款地点(Place of Payment)。付款地点是指持票人提示票据请求付款的地点。根据国际私法的"行为地原则",到期日的计算,在付款地发生的"承兑""付款"等行为都要适用付款地法律。因此,付款地的记载是非常重要的。但是汇票不注明付款地并不会影响其生效。我国《票据法》规定,汇票上未记载付款地的,付款人的营业场所、住所或者经营居住地为付款地。

3. 付款日期。付款日期即付款到期日,是付款人履行付款义务的日期。在进出口贸易中,出口方往往自愿或被动地给予进口方一定的付款期限,也就是给予后者一定时间的信用期限,或者是延期付款,或者是迟期付款,或者根据具体情况无须提供或不提供这类信用。与此相对应,反映在汇票上,可分为见票即付的即期汇票和待将来某月某日才付的远期汇票两大类。汇票上载明的付款到期日(Tenor),即体现了两类的区别。

(1)即期汇票。即期汇票要求"见票即付"(At Sight or on Demand),就是说,出票完成后就可以要求票据权利。在持票人向付款人做付款提示时,付款人应马上付款。

(2)远期汇票。远期汇票比即期汇票更复杂多样,大致有四种不同情况:

第一种可称之为"板期"(At a Fixed Date),也就是定日付款。就是说,汇票上的付款到期日这一栏内具体载明在将来何年何月何日付款,表明确切的付款日,付款人到期付款。

第二种是见票后定期付款(At a Fixed Period after Sight),又称见票远期付款。汇票上载明见票后若干天或若干月(如见票后 90 天、见票后 3 个月)才付款。这种汇票是先由持票人在规定时间内向付款人做承兑提示,然后以承兑日为起点,推算到期日。这类远期汇票在对外贸易中用得比较广泛。

第三种是出票后定期付款(At a Fixed Period after Date),又称出票远期付款。载明出票日后若干天或若干月(如出票日后 90 天、出票日后 3 个月)才付款。像第二种一样,这种远期汇票均需具体推算出确切的付款到期日,但两者的算法则有所不同,前者是从受票人见票之日(承兑日)往后推算,后者则是从出票人出票之日往后推算。这一类汇票在国际贸易和结算中也常使用。

第四种的行文是这样的:提单日后若干天或若干月才付款(如提单日后 90 天、

提单日后 3 个月付款)，脱离了具体出票日或见票日，付款到期日体现并取决于出口方把出口货物送交承运人并从承运人处取得运输单据的具体日期。

远期汇票，不论哪种情况，有一点应是共同的，即凡远期汇票都需要受票人确认到期付款的责任和具体的付款日期。即由受票人在汇票上写上“承兑”二字，再注明承兑日期并签上自己的姓名，承诺本人到期一定付款的责任。远期汇票一经受票人承兑，他原来作为受票人的身份随之发生质的变化，成了该张汇票的承兑人，居于主债务人的地位和身份，到期是必须付款的。

如果一张汇票未注明付款期限，则为见票即付。

(三)任意记载项目

任意记载项目是指除以上两类项目以外的项目，它是出票人等根据需要记载的限制或免除责任的内容。这些项目一旦被接受，即产生约束力。

1. 出票条款。汇票上的出票条款是表明起源交易的文句。通常行文是注明买卖双方的合约号或银行开出的信用证号。汇票是无条件的付款命令，汇票上是不允许附加任何先决条件的，而表明起源交易的出票条款应认定不属附加条件之列。

2.“付一不付二”条款 [Pay This First/Second Bill (Second/First of the Same Date and Tenor Being Unpaid) to...]。汇票可以做成一式两份，但所代表的债权债务只有一笔。原因在于，在国际贸易中，汇票作为一张付款命令，通常与代表物权的货运单据一起，配套成跟单汇票，一并由出口方邮寄进口方。为了防止在邮寄途中失落，往往分两次用连续航班，把两套内容完全一样的跟单汇票寄出。若第一套跟单汇票(含第一张汇票)因飞机失事未能寄达，也不会因此延误提货和结算支付，因为第二套跟单汇票(含第二张汇票)会随之寄达。这里必须明确一点，就是两张内容完全相同的汇票并非正本副本之别。第一张汇票和第二张汇票，两者都是有效的付款命令。当第一张汇票经过付款后，第二张汇票即自行失效；反之亦然。

3. 担当付款人(Person Designated as Payer)和预备付款人(Referee in Case of Need)。担当付款人是出票人根据与付款人的约定，在出票时注明，或由付款人在承兑时指定的代替付款人执行付款的人，其目的是为了方便票款的收付。担当付款人只是推定的受委托付款人，不是票据的义务人，对票据不承担任何责任。

预备付款人相当于汇票的第二付款人。在付款人拒绝承兑或付款时，持票人就可以向预备付款人请求承兑或付款。预备付款人参加承兑后成为票据义务人，到期要履行付款责任。

4. 必须提示承兑(Presentment for Acceptance Required)和不得提示承兑(Acceptance Prohibited)。远期汇票不一定要求承兑，但如果汇票上有“必须提示承兑”记载时，持票人就一定要做承兑提示。如果汇票上还记载了提示承兑的期限，则持票人的承兑提示还必须在此规定期限内做出。

如果汇票上记载有“不得提示承兑”的字样，持票人就不能做承兑提示。如果付款人对该汇票拒绝承兑，则不会构成拒付。

除了上述之外，汇票的任意记载项目还包括“免作拒绝证书”，“免作拒付通知”和“免于追索”等。

三、对汇票持票人的分析

按如何取得汇票和以何种身份持有汇票的情况，持票人可分为以下三种：

(一)普通持票人(Holder)

对于普通持票人，其持有汇票即可，不问其来路。当然，前提是汇票的表面完整，要式齐备，无任何漏洞，并且未过期；还要求背书连续，从表面上判断并非伪造。

(二)付对价持票人(Holder For Value)

付对价持票人表明汇票并非白来的，是付出了对价而持有的。一般持票人或其前手在取得票据时支付过对价，便成为付对价持票人。凡是能构成契约行为的有价值的商品、劳务或是货币资金等，都属于对价。需要注意的是，所付“对价”并不一定等同于票据金额。

(三)正当(善意)持票人(Holder In Due Course, Bona Fide Holder)

正当(善意)持票人这一身份是如何确定的呢？构成正当(善意)持票人应具备以下5个条件：

1. 所取得的票据表面完整，要式完备，未过期，票据背书真实、有效、连续。

2. 未发现该汇票以前曾被退票或遭到拒付，具体说就是持票人并不知道该汇票曾被退票或拒付，表面上看不出这一情况。

3. 未获悉前手权利有缺陷，就是说，各前手之间的债权债务纠纷，持票人并不知道。

4. 持票人善意取得票据，也未发现其前手在取得票据时使用过非正当手段。以盗窃、欺诈、暴力以及其他各种不法手段取得票据者，属于恶意取得，不能成为正当持票人。

5. 持票人取得票据时，本人付过十足对价。

正当(善意)持票人的权利优于一般持票人和付对价持票人，具体表现在：正当(善意)持票人的权利优于前手，并且不受票据当事人之间债务纠葛的影响。确定正当(善意)持票人至关重要，这是因为，在国际结算实务中，正当(善意)持票人指的就是议付银行。议付银行作为票据的正当(善意)持票人，权利应最优。对于正当(善意)持票人的规定，是为了保护银行的利益。

专栏 2-3

善意持票人的法律权利[①]

案情:1997 年 8 月,我国某市 A 公司与新加坡 B 商签订了一份进口胶合板的合同。合同总金额为 700 万美元,支付方式为托收项下付款交单。合同写明,允许分批装运胶合板。按照合同规定,第一批价值为 60 万美元的胶合板准时到货。经检验 A 公司认为质量良好,对双方合作很满意。但在第二批交货期前,新加坡 B 商向 A 公司提出:鉴于 A 公司资金周转困难,允许 A 公司对 B 商开出的汇票远期付款,汇票的支付条款为:见票后一年付款 700 万美元。但要求该汇票要请中国某国有商业银行的某市分行承兑。承兑后,B 商保证将 700 万美元的胶合板在一年内交货。A 公司全部收货后,再付 B 商 700 万美元货款。A 公司对此建议欣然接受。A 公司认为只要承兑了一张远期汇票,就可以得到货物,并在国内市场销售。这是一笔无本生意,而且货款还可以投资。但 A 公司始料不及的是,B 商将这张由中国某国有商业银行某市分行承兑的远期汇票在新加坡 M 银行贴现了 600 万美元,从此一张胶合板都不交给 A 公司了。事实上,B 商将这笔巨额资金骗到手后就无影无踪了。一年后,新加坡 M 银行将这张承兑了的远期票据请中国某国有商业银行某市分行付款。尽管 B 商没有交货,承兑银行却不得以此为理由拒绝向善意持票人 M 银行支付票据金额。由于本票金额巨大,中国某国有商业银行报请上级批准,由我方承兑银行付给 M 银行 600 万美元而结案。

分析:对于这张由新加坡 B 商作为出票人和收款人的汇票,经中国某国有商业银行的某市分行承兑后成为汇票的付款人。A 公司与 B 商之间的胶合板买卖合同是该票据的原因关系。因此,B 商向 A 公司开出远期付款命令。而 A 公司在某国有商业银行某市分行有账户往来关系,即存款于该银行。它们之间的这种资金关系使得该行某市分行愿意向 A 公司提供信用,承兑了这张远期汇票。M 银行与 B 商之间有对价关系,M 银行善意地付了 600 万美元的对价而成为受让人,从而成为这张汇票的善意持票人。票据基础关系的存在和有效与否并不对善意持票人的票据权利产生影响。所以,B 商实际上没有交货,或者 A 公司没有足够的美元存在银行,都不影响 M 银行对承兑人的付款请求权。对 M 银行来说,这张票据上并没有写什么胶合板,只有一句话:"见票后一年付 700 万美元。"票据法律关系应依票据法的规定加以解决,票据基础关系则应以民法规定加以解决。B 商正是利用了票据的特性才行骗得逞的。如果这张票据没有在市场流通,那么情况就不一样了,因为各国票据法都认为,

---

① 资料来源:经济学伊甸园——金融学案例,http://www.ecoedu.cn/ecoedu/ShowArticle.asp?ArticleID=878。

票据在未投入流通前,票据的基础关系与由此而产生的法律关系便没有分离,两者是有联系的。也就是说,当票据的原因关系与票据法律关系存在于同一当事人之间时,债务人可以利用原因关系对抗法律关系。在该案中,如果是B商来中国某国有商业银行某市分行要求付款,某分行可提出:既然卖方不交货,买方也拒绝付款。这就是买方可向卖方提出同时履约的抗辩理由。

四、汇票的种类

(一)根据出票人不同,可以分为银行汇票和商业汇票

1. 银行汇票(Banker's Draft)。银行汇票是一家银行向另一家银行签发的书面支付命令,其出票人和付款人都是银行。银行汇票由银行签发后交汇款人,由汇款人带往或寄往收款人,收款人持汇票向付款行请求付款,付款行在审核无误后即予付款。银行汇票的信用基础是银行信用。

2. 商业汇票(Trade Bill)。商业汇票是由公司、企业或个人签发的汇票,其付款人可以是公司、企业、个人,也可以是银行。商业汇票的信用基础是商业信用,其收款人或持票人承担的风险较大。不过,对商业汇票进行承兑,可在一定程度上降低收款人的风险。

(二)根据承兑人不同,可以分为银行承兑汇票和商业承兑汇票

承兑汇票(Acceptance Bill)主要是针对商业汇票而言的。

1. 银行承兑汇票(Banker's Acceptance Bill)。银行承兑汇票是指由公司、企业或个人开立的以银行为付款人并经付款银行承兑的远期汇票。银行对商业汇票加以承兑改变了汇票的信用基础,使商业信用转换为银行信用。汇票经过银行承兑后,持票人通常能按期得到票款,从而增强了汇票的可接受性和流通性。

专栏 2-4

利用银行承兑汇票诈骗

某年10月,中国H省A服装公司与埃及B公司签订一份合同,金额约150万美元,采用即期信用证结算。但是,信用证规定A公司必须出具一份经中国一流银行承兑的汇票,且规定汇票的收款人是B公司,汇票金额为信用证金额的10%,付款期限为3个月,以此作为质量保证金,信用证才开始生效。通知行M在通知信用证时,对该风险条款做了标注。由于该笔业务利润比较丰厚,并考虑到汇票付款时间晚于信用证收汇时间,A公司以从国外采购原材料为由向国内C银行提出了"承兑"要求。银行为避免风险,特与该公司办理了预贷款手续。

银行承兑汇票办妥后，A公司将汇票直接寄给了B公司。1个月后，A公司生产的第一批货物装运后，及时向银行办理了交单。10天后，议付行收到了开证行的拒付通知，称信用证未生效，开证行可以不付款。

A公司立即联系B公司，但是联系不上。向中国驻埃及总领馆寻求帮助，得到的答复是该公司已宣告破产。2个月后，C银行收到了D银行转来的银行承兑汇票，要求C银行付款。C银行为了保护自己的信用，只得付款，该损失最终由A公司承担。

分析：后经银行查询，该进口商与开证行进行勾结，其目的是利用银行承兑汇票向其他银行贴现转卖，从中得利。而出口商因疏于业务管理和缺乏业务知识，没有对信用证条款的内容反复核查，从而导致巨大损失。

本案是利用骗取的汇票进行欺诈的典型案例，在本案例中诈骗分子以丰厚的利润为诱饵，骗取出口方的信任而获得汇票。遇到具有风险条款的信用证和对外开立汇票时，出口企业必须慎重从事，多与银行进行协商与沟通。

资料来源：蒋琴儿、秦定：《国际结算：理论·实务·案例》，清华大学出版社，2007年版。

2. 商业承兑汇票（Trader's Acceptance Bill）。商业承兑汇票是以公司、企业或个人为付款人，并由公司、企业或个人进行承兑的远期汇票。商业承兑并不能改变汇票的信用基础。

（三）按付款时间不同，可分为即期汇票和远期汇票

1. 即期汇票（Sight Draft, Demand Draft）。即期汇票是注明付款人在见票或持票人提示时立即付款的汇票。未载明具体付款日期的汇票一般视为即期汇票。

2. 远期汇票（Time Bill, Usance Bill）。远期汇票是载明一定期间或特定日期付款的汇票。根据付款期限的表示或确定方法不同，远期汇票有定日付款、出票后定期付款、见票后定期付款、提单日后定期付款等几种形式。

（四）按有无附属单据，可分为光票和跟单汇票

1. 光票（Clean Bill）。光票是指无须附带任何单据即可收付票款的汇票。这类汇票全凭票面信用在市面上流通而无物资（货权单据）作保证。银行汇票多为光票。

2. 跟单汇票（Documentary Bill）。跟单汇票是指附带有关单据的汇票，跟单汇票一般为商业汇票。跟单汇票的流通转让及资金融通，除与当事人的信用有关外，更取决于附属单据所代表货物的价值及单据质量。

（五）根据汇票的基本关系人不同，可以分为一般汇票和变式汇票

1. 一般汇票。一般汇票是指出票人、付款人、收款人分别为不同人的汇票。

2. 变式汇票。变式汇票是指基本当事人中有一人兼有两种或两种以上身份的汇票。在变式汇票中，出票人以自己为收款人的汇票，称已受汇票或指己汇票；出票人以自己为付款人的汇票，称已付汇票或对己汇票；以付款人为收款人的汇票，为收受汇票。

(六)按其他标准分类

1. 根据票面货币种类,可分为本币汇票(Home Money Bill)和外币汇票(Foreign Money Bill)。

2. 根据出票地和付款地,可分为国内汇票(Inland Bill)和国外汇票(Foreign Bill)。

商业汇票和银行汇票在实际中采用得较普遍,分别如图2-2、图2-3和图2-4所示。

No. SN02798 ①

Exchange for GBP21 787.00 ② Beijing, 22 May, 200X ③

At 90 days after ④ sight of this first Bill of Exchange (Second of same tenor and date unpaid) Pay to the order of ourselves ⑤

The sum of Pounds Sterling Twenty one thousand seven hundred and eighty seven only. ⑥

Drawn under Bank of Atlantic, London L/C NO. 1162/200X dated 21 Jan., 200X ⑦

To: Bank of Atlantic, London ⑧

For: China National Animal By-Products Imp. & Exp. Corp., Beijing Branch, Beijing ⑨

(signature)

图2-2 商业汇票式样

注:①商业汇票编号;②汇票金额(小写);③出票时间和地点;④付款期限;⑤收款人名称;⑥汇票金额(大写);⑦出票条款;⑧付款人名称、地址;⑨出票人签名。

BANK OF CHINA

This draft is valid for one year from the date of issue

No. ①　　AMOUNT ②

BEIJING, ③

Pay to ④

The SUM OF ⑤

TO: ⑥

BANK OF CHINA, HEAD OFFICE

BANKING DEPARTEMNETF

(signature)

图2-3 银行汇票式样

注:①银行汇票编号;②汇票金额(小写);③出票日期;④收款人名称;⑤汇票金额(大写);⑥付款人名称和地址。

BILL OF EXCHANGE（第一联）①

<table>
<tr><td colspan="2">凭
Drawn under</td><td colspan="2">②</td><td colspan="2">信用证 ③
L/C NO.</td></tr>
<tr><td colspan="2">开证日期
L/C Date</td><td colspan="2">④</td><td colspan="2">按息付款 ⑤
Payable with interest @ %</td></tr>
<tr><td>号码
No.</td><td>⑥</td><td>汇票金额
Exchange for</td><td>⑦</td><td>地点/出票日期
Place/Issuing Date</td><td>⑧</td></tr>
<tr><td colspan="6">见票 日后(本汇票付一不付二)⑨
At days after sight of this FIRST of Exchange（Second of Exchange being unpaid）</td></tr>
<tr><td colspan="3">付交
Pay to the order of</td><td colspan="3">⑩</td></tr>
<tr><td colspan="3">金额
The sum of</td><td colspan="3">⑪ 整</td></tr>
<tr><td colspan="3">此致
To: ⑫</td><td colspan="3">签署
Signature ⑬</td></tr>
</table>

图 2-4(a) 信用证下的汇票式样(中英文对照)

注:① 表明汇票的字样;②开证行的名称;③信用证号码;④开证日期;⑤利息;⑥汇票编号;⑦汇票金额小写;⑧出票地点和时间;⑨汇票的期限;⑩汇收款人;⑪ 金额的大写;⑫付款人;⑬出票人。

BILL OF EXCHANGE（第二联）①

<table>
<tr><td colspan="2">凭
Drawn under</td><td colspan="2">②</td><td colspan="2">信用证 ③
L/C NO.</td></tr>
<tr><td colspan="2">开证日期
L/C Date</td><td colspan="2">④</td><td colspan="2">按息付款 ⑤
Payable with interest @ %</td></tr>
<tr><td>号码
No.</td><td>⑥</td><td>汇票金额
Exchange for</td><td>⑦</td><td>地点/出票日期
Place/Issuing Date</td><td>⑧</td></tr>
<tr><td colspan="6">见票 日后(本汇票付二不付一)⑨
At days after sight of this SECOND of Exchange（First of Exchange being unpaid）</td></tr>
<tr><td>付交
Pay to the order of</td><td colspan="5">⑩</td></tr>
<tr><td>金额
The sum of</td><td colspan="5">⑪ 整</td></tr>
<tr><td colspan="3">此致
To: ⑫</td><td colspan="3">签署
Signature ⑬</td></tr>
</table>

图 2-4(b) 信用证下的汇票式样(中英文对照)

五、汇票的贴现

贴现是在远期汇票已被承兑但尚未到付款期，按照汇票上所载明的金额扣除一定的利息后，提前垫款给持票人的一种融资行为。一张远期汇票经受票人（即付款人）承兑后通常要返回给持票人，持票人等到汇票付款到期日向承兑人提示要求付款。如果持票人想在到期日前提前得到这笔款项，可以持票到贴现银行或贴现公司请求贴现。银行或贴现公司作为融资机构，从汇票票面金额中扣去按当时的贴现率和贴现期计算的贴现息后，把余额悉数付给持票人。

远期汇票的贴现和贷款略有不同。银行放款是按一定的贷款利率贷放资金，利息在放款到期时才收取，而贴现是按一定的贴现率预先扣除利息后付给余额，到期再收回垫款（票面金额）。因此，放款利率与贴现率略有差别，不同之处就在于利息的后付和先扣的差异。

第三节　本票与支票

一、本票（Promissory Note）

（一）本票的定义

《英国票据法》关于本票的定义是："本票是一个人向另一个人签发的，保证于见票时或定期或在可以确定的将来时间，对某人或其指定人或持票来人无条件支付一定金额的书面付款承诺。"

A Promissory Note is an unconditional promise in writing made by one person to another, signed by the maker, engaging to pay on demand or at a fixed or determinable future time, a sum certain in money to, or to the order of a specified person or to bearer.

我国《票据法》认为："本票是出票人签发的，承诺自己在见票时无条件支付确定金额给收款人或者持票人的票据。"另外，"本法所称本票，是指银行本票"。因此，我国的票据法中实际只规定了即期银行本票。

本票的基本式样如图 2－5 所示。

PROMISSORY NOTE

No. xxx　　　　New York , March 15, 2014

USD 20,000

On demand we promise to pay to the order of Henry Co. , the sum of USD Twenty thousand only

For S Company

New York

(signature)

图 2－5　本票式样

（二）本票的要式

根据我国《票据法》的规定，本票绝对必要记载的内容有六个方面："本票"字样；无条件支付的承诺；确定的金额；收款人名称；出票日期；出票人签章。以上条款缺一不可，否则，本票无效。可见，本票比汇票少了一个必要项目——付款人。

（三）本票的特点

与汇票相比，本票具有以下一些特点：

1. 本票是无条件的支付承诺。本票的出票人就是付款人，因而本票是"无条件的支付承诺"，而不是汇票的"无条件的支付命令"。本票的基本关系人只有两个，即出票人（Maker）和收款人（Payee），本票的付款人就是其出票人，本票是出票人承诺和保证自己付款的凭证。在任何时候，本票的出票人都是绝对的主债务人，一旦拒付，持票人可立即要求法院裁定，只要本票合格，法院就要裁定出票人付款。

2. 在名称和性质上不同。为强调本票是出票人或付款人的付款承诺这一特性，在英文名称上，本票称为 Note（付款承诺），而不是 Bill（债权凭证），后者是票据的统称。

3. 本票不必办理承兑。本票本来就是付款承诺和保证，因此，即使是远期本票也不必办理承兑。除承兑和参加承兑外，其他的票据行为，如出票、背书、保证等均适用于本票。

4. 本票只有一张。汇票可以有一式几张，通常是两张，而债权债务只有一笔，因此要注明"付一不付二"或"付二不付一"的字样；对于远期汇票只承兑一张，以避免重复付款。而本票如同承兑后的汇票，所以只有一张。

（四）本票的种类和用途

本票通常可以在以下交易和经济活动中使用：远期付款的商品贸易，或是结合买方信贷的资本货物交易；金钱借贷的凭证；对外筹集资金；银行办理汇款业务，或向大额提款客户开出本票以代替现钞。

对本票而言，有如下几个分类，其中最常用也最重要的是商业本票和银行本票。

1. 商业本票（Promissory Note）。由工商企业或个人出具的本票是商业本票，其基础是商业信用。相对银行信用而言，商业信用较不可靠，因此商业本票的使用范围渐趋缩小。

我国没有商业本票，也就是说我国的企业不能签发本票。

专栏 2－5

商业本票的使用

在实务中什么情况下才出具本票呢？例如：某项进出口贸易，货价 5 000 美元,进出口双方约定3个月后付款。进口方收到货物后向出口方开出一张3个月后付款的票据,约定自己3个月后一定付款不误,这张票据就是本票,因为是约定将来某年某月某日付款的,所以又称期票。

又如,在国际贸易中,买方有时利用买方信贷进口大型机器设备,买方可以开出远期付款的本票,约定凭票在到期日付款。

商业本票有即期和远期之分。身价高、信誉好的即期商业本票可以贴现,但一般中小企业或个人签发的商业本票由于信用缺乏而很难流通。而远期商业本票在结算中主要用于出口买方信贷。当出口国银行把资金贷给进口国商人用以支付货款时,往往要求进口商开立分期付款的本票,并经进口国银行保证后交贷款行收执,作为贷款凭证。因此,商业本票多为远期,即期商业本票的实用价值较小。

2. 银行本票(Cashier's Order/Check)。银行本票是指由银行签发的本票。银行多签发即期本票,在对公或对私的结算业务中有广泛应用。银行开立的即期来人抬头式本票,就相当于我们天天经手的钞票。钞票的前身是可兑换黄金的银行券,现在是不可兑换黄金的纸币,说到底就是一国的中央银行发行的不记名的、给持票来人的、小额的定额银行本票;纸币上往往写着:凭此票即付来人①。

为了执行货币政策,加强金融监管,各国一般只允许中央银行发行定额即期来人式本票,即发行钞票。但是,有时为了应付业务的需要,商业银行也偶尔签发即期本票,其特点是:①必须是记名的;②必须是不定金额的。

银行本票多为即期,即上柜即可取现。各国对远期银行本票严格限制其期限,如我国规定,本票自出票日起,付款期限最长不超过2个月。

专栏2-6

以银行本票为质押办理人民币贷款的诈骗案

我国北方某城市的一家企业向银行询问,能否以持有的由美国加利福尼亚州东海银行出具的一张银行外汇本票为质押办理人民币贷款。经了解,原来是美国的××贸易公司愿意将这张银行本票出借给该企业,作为该企业向当地银行贷款1 000万元人民币的质押;一旦成功,该企业应向××贸易公司支付价值40万美元的人民币供其使用。双方订有经律师事务所见证的协议影印件。银行工作人员鉴于该本票金额巨大,且对该项协议感到疑点颇多,于是按照银行惯例致电东海银行

① 这方面最能说明问题的是英镑纸币,以5英镑的纸币为例,上面明白无误地印成文字:"We promise to pay bearer five pounds"。由上述文字一看即知,这是英国的中央银行——英格兰银行签发的银行本票。

查询，很快，出票行东海银行回电称该行从未签发过该项本票，并建议向警方报案。

分析：诈骗分子美国的××贸易公司冒充美国加利福尼亚州东海银行出具银行本票，并将其借给我国某企业，企业以此为质押办理人民币贷款业务，美国的××贸易公司从中渔利。这类诈骗活动具有一定的普遍性，通常作案人员都有较高的文化素质，熟悉银行业务和国际贸易流程，了解不同银行的银行本票样式。本案中，为了增强可信度，诈骗分子还专门出示了律师事务所见证协议书影印件，但这份经见证的协议书很可能也是假的。因此，对银行的工作人员来说，凡是涉及金额较大的票据，必须严格把关，向海外出票行进行查证，不能因提供律师事务所见证协议书影印件而放松警惕，通融接受，一时的疏忽大意可能招致惨重的损失。

本案中银行业务人员凭借自己的工作经验发现了较多的疑点，之后严格按照操作规程进行电查，避免了虚假的银行外汇本票可能给银行造成的损失。

资料来源：高洁：《国际结算案例评析》，对外经济贸易大学出版社，2006年版。

3. 国际汇票（Overseas Money Order）。国际汇票其实也应归入本票之列，不妨称为国际小额本票（International Money Order），更名副其实。

英国、美国、加拿大等国的大银行发行的国际汇票（简称MO），让持有者携带往海外或邮寄海外使用兑付，再回流到本国的货币中心。这种MO，银行发行后并不往外拨付头寸，而是等国外的金融机构来银行托收再由本行付款，期间占用了购买MO人的资金。这是银行应用本票技术创立的对本行有利的支付手段，由本行出票，最终由本行付款。其作用相当于票汇或旅行支票。

4. 旅行支票（Traveler's Check）。旅行支票虽称之为支票，其实也应归类为本票之列。虽然其叫做“支票”，但就其本质而言，归根到底是发行旅行支票的大银行、大旅行社自行付款。就此点而言，其应属一种定额本票。

旅行支票由美国于1891年首创，继而在全球推广，迄今已有百余年的历史，流通领域逐年扩大，经久不衰，其原因在于旅行支票对因公因私的出境人员具有方便、安全的好处，既可以用于在境外支付服务项目的开支和购物的花销，又可在一定范围内兑付现金，非常方便。另外，旅行支票即便丢失被窃，因为旅行支票上没有持票人的复签，避免了被人冒领的危险。

二、支票

（一）支票的定义

支票（Cheque or Check）是银行存款户根据协议向银行签发的即期无条件支付命令。

《英国票据法》给支票下的定义是：“支票是以银行为付款人的即期汇票。”这个定义简单、明确。

我国《票据法》的定义是：“支票是出票人签发的，委托办理支票存款业务的银行或者其他金融机构在见票时无条件支付确定的金额给收款人或其持票人的票据。”

A check is an unconditional order in writing addressed by the customer (the drawer) to a bank (the drawee) signed by that customer authorizing the bank to pay on demand a specified sum of money to, or to the order of, a named person or to bearer (the payee).

图 2－6 为国际结算中常见的支票式样。

No. xxx	
Cheque for USD 25,000	New York, Dec 20, 2014
Pay to the order of RA Co., the sum of U.S. DOLLARS TWENTY FIVE THOUSAND ONLY	
To: Bank of XXX	
New York	
	For AG Co., New York
	Manager (Signature)

图 2－6 支票式样

(二)支票的要式

我国《票据法》规定,支票必须记载以下事项:表明“支票”的字样;无条件支付的委托;确定的金额;付款人名称;出票日期;出票人签章。以上内容缺一不可,否则,支票无效。不过,支票上的金额可以由出票人授权补记(支票可以是空白抬头)。

除必要项目外,收款人、付款地、出票地都是支票的重要内容。支票上未记载收款人名称的,经出票人授权可以补记;未记载付款地的,付款人的营业场所为付款地;未记载出票地的,出票人的营业场所、住所或者经常居住地为出票地。

(三)支票的特点

支票是一种特殊的汇票,因此,它在许多方面都同汇票类似,如都是无条件的付款命令,都有三个基本关系人,主要条款的规定也较类似。但与汇票比,其具有以下一些特点:

1. 支票的出票人必须具备一定条件。首先,支票的出票人必须是银行的存款户,即在银行要有足够存款,在银行没有存款或存款不足的人绝不可能成为支票的出票人,即不允许签发“空头支票”;其次,要与存款银行订有使用支票的协定,即存款银行要同意存款人使用支票;最后,支票的出票人必须使用存款银行统一印制的支票,支票不能像汇票和本票一样由出票人自制。

2. 支票为见票即付。支票都是即期付款,所以付款银行必须见票即付。由于支票没有远期,因而也不需办理承兑手续。

3. 支票的付款人仅限于银行,而汇票的付款人可以是银行、企业或个人。

4. 通常情况下,支票的出票人是主债务人。但保付支票除外,它的主债务人为保付银行。

5. 支票上一般不附带利息条款,即便有关于利息的记载,该记载也无效,付款时无须支付。

6. 对于超过法定或合理的流通期限,晚提示付款的支票,付款人可以不付款,但出票人并不因此解除对持票人的票据责任,除非晚提示对出票人造成损失。

7. 支票只开立一张,不能像汇票那样可以开成一式多份。

(四)从支票与汇票的异同看支票的性质

支票是一种特殊的汇票。汇票和支票两者的本质是一样的,即都是无条件的付款命令;略有不同的是,支票是银行的客户(出票人)对其开户银行(受票人,付款人)发出的付款命令,因为客户事先在开户银行开有一个活期存款账户,把自己的钱存在银行,现在他作为存款户,对银行发出这一支付命令,授权银行从他的存款账上支付一定的金额给指定的人。

专栏2-7

支票在国际贸易结算中的应用

某出口公司在广交会上与一外商签订了一笔出口合同,并凭外商在广交会上递交的以国外某银行为付款人、金额为5万美元的支票在2天后将合同货物装运出口。随后,该出口公司将支票通过国内某银行向国外付款行托收支票款项。分析该出口公司可能面临的风险。

分析:仅仅凭外商交来的支票就给一个以前没有任何往来的客商发运货物,该出口公司的做法欠谨慎,有可能导致钱货两空,实际上本案中的出口公司就遭遇了上述损失。正确的做法是应该将支票交银行托收款项,款项到账再发运货物。或者可以让外商签发保付支票,经查验真伪并指定境外的代收行后,再行发货也可。

(五)支票的种类

1. 记名支票与不记名支票。这里所谓记名和不记名,是指支票上收款人这一栏内的行文。凡记名支票者,必须在这一栏写明某某人为收款人;凡不记名支票者,这一栏里就写成持票来人(Bearer)。

记名支票除非有限制转让的文字,否则即为指示性抬头的支票,可以背书转让。记名支票在取款时,必须由收款人签章并经付款行验明其真实性。

无记名支票,又称空白支票或来人支票,即持票来人抬头。任何人只要持有这种支票,就可以向银行要求付款,且取款时不需要签章。银行对持票人获得支票是否合法不负责任。

2. 画线支票与不画线支票。所谓画线支票(Crossed Check)就是在支票的正面画上两条平行线,以此表明该支票不能在付款行的柜台提现,而只能付到收款人的账户内。画线支票就相当于我国的转账支票。与此相反的是 Uncrossed Check，又称 Open Check，叫“未画线支票”。这种支票既可转账，又可提现，相当于我国的现金支票。

3. 保付支票(Certified Check)。支票是以银行为付款人的即期汇票，因为是即期，当然受票银行就无须承兑。但是，付款银行可以在支票正面加上“保付”字样，表明付款行将负责保证对这一支票兑付，说明支票的出票人在其存款账户上确有足够余额，本行加以确认，凡收款人或持票人以该支票向本行提示付款，银行一定照付不误。

4. 银行支票(Banker's Check)。上文谈到支票涉及存款人与其开户银行的关系，如果把这种关系延伸扩展，则发展成两家银行之间的关系，即存款者并非某个人，而是一家银行，是一家银行在另一家银行开立支票账户。这时，开户银行开立的支票就不是私人支票了，而叫银行支票，是一家银行签发的、命令另一家银行向某某人或某某指定的人或持票来人付款的书面命令。也就是说，银行支票的出票人和付款人都是银行。银行支票一般是银行为客户办理汇款业务时使用的。

5. 支票卡(Check Card)。支票卡的产生原因很简单。用支票购物很方便，但要店主或超级市场愿意接受顾客开的私人支票才行。店主有时候不愿意接受支票，因为他无法断定顾客的银行账户里是否有足额存款余额；如果余额不足，银行就会退票，店主就不能收回货款了。

为了解决这个问题，银行特发给本行可靠的老客户一种支票卡。银行凭此卡担保：每笔购物所开出的支票，金额不超过一定限额者，本行保证兑付该支票。此时，店主看到有银行出具的支票卡做保证，知道此笔货款将由银行支付，就可以放心让顾客取走货物了。

由此可知，支票卡就是存款银行发给存款人的一张卡片，证明持卡人签发的支票是可靠的，在银行账户上有足够的存款，不会遭到退票。可见，支票卡是便利消费者购物、繁荣消费市场的金融手段，支票卡的功能在于证明持卡人有贷方余额。

在我国，由于私人支票尚未成为重要的支付手段和支付凭证，所以，支票卡也没有问世。

专栏2-8

三种金融票据的区别

1. 票据性质和内容的区别

(1) 性质不同。三种票据均是书面债据，都是载明一定金额，在一定日期，持票人可向出票人或指定的付款人支取款项的凭证。不同的是,汇票和支票是无条件的支付命令,由出票人命令他人付款;本票是无条件的支付承诺,由出票人承诺自己付款。

(2)当事人及相互关系不同。汇票和支票各有三个基本当事人,即出票人、付款人和收款人。本票只有两个当事人,即出票人和收款人,付款人就是出票人。

支票在签发时,出票人与付款人之间必须先有资金关系;而汇票没有这方面的要求,本票是出票人自己付款,无所谓资金关系。

(3) 主债务人不同。本票和支票的主债务人一直是出票人;汇票有两种情况,即期汇票和承兑前的远期汇票的主债务人是出票人,承兑后的主债务人是承兑人。

(4)出票人的责任不同。汇票的出票人要担保付款人承兑和付款;支票的出票人要担保付款人一定付款;而本票的出票人自负付款责任。

(5) 期限不同。支票是见票即付,无到期日的记载;汇票和本票有即期和远期付款之分,一般应记载到期日。

(6)出票份数不同。汇票可以出成一式两份,而本票和支票则只开立一张。

(7)付款人的性质不同。支票的付款人必须是银行,而汇票和本票的付款人既可以是银行,也可以是企业或个人。

(8) 票据行为不同。本票无承兑和参加承兑,支票无承兑、参加承兑、参加付款等行为,而汇票具有以上全部票据行为。

2. 票据使用区别

(1) 作用不同。三种票据都是支付手段、流通手段和融资工具。不同的是:汇票既是结算工具,又是信贷工具。汇票作为结算工具主要用于国际汇款,即通过签发银行汇票来转移资金;作为信贷工具主要是厂商以进出口贸易为背景而出具商业汇票,经银行承兑后很容易贴现,是进出口融资的重要工具。

本票基本上是信贷工具。信誉较好的大企业可以通过发行商业本票来筹借资金,银行也可以通过签发银行本票筹资或吸收存款。

支票基本上是结算工具。它作为理想的结算工具,对资金的收付很方便。出票人只需签发支票就可付款,收款人只需将支票交给银行即可收到款项。

(2) 使用范围不同。汇票在国际结算中的使用范围最广,原因是使用汇票对收款人来说风险较小,是安全的结算工具;另外,汇票还是一种方便的融资工具,相对于一般融资而言容易得多。

支票主要用于国内结算。由于支票是见票即付,很难通过它融资,而且私人支票的退票可能性较大,这在很大程度上限制了支票在国际结算中的使用。

本票的使用在国内和国际结算中都很少。因为商业本票常会发生拒付,接受程度较低;而银行本票在很多国家也受到严格限制。

上述三种金融票据的区别见表2-1。

表2-1　三种金融票据的区别

项目	汇票	本票	支票
性质	无条件支付命令	无条件的支付承诺	无条件支付命令
基本当事人	出票人,付款人,收款人	出票人,收款人	出票人,付款人(开户行),收款人
主债务人	承兑前出票人,承兑后承兑人	出票人	出票人
期限	即期,远期	即期,远期	只有即期
份数	可以一式两份	一份	一份
票据行为	具有全部票据行为	无承兑,参加承兑	无承兑,参加承兑,参加付款
功能	结算工具,信贷工具,融资功能	信贷工具,融资功能	基本上是结算工具
使用范围	使用范围广	在结算中使用较少	主要用于国内结算

第四节　票据行为

一、票据行为的含义

一张票据从开立到正当付款而注销,需要经历一系列的步骤,我们一般将这些步骤称为票据行为。票据行为有狭义和广义之分。

狭义票据行为是围绕票据发生的,以确立、转移或保障票据权利义务关系为目的的法律行为。狭义票据行为可简称为票据行为,它是基于当事人的意志表示而发生的具有相应法律效力的行为,被称为票据的法律行为,包括出票、背书、承兑、保证、保付、参加承兑六种行为。

广义的票据行为,统指一切能够引起票据法律关系的发生、变更、消灭的各种行为。它除了包括狭义票据行为外,还包括提示、付款、拒付、追索等行为。广义票据行为被称为准法律行为或其他票据行为。狭义票据行为是票据行为的基础。

二、出票(Issue)

所谓出票,指出票人(Drawer)在空白的票据格式上按具体交易情况填全必要项目后再签名,然后把它交到收款人(Payee)之手。这样,出票这一票据行为才算完成。出票是把票据投入流通的第一个票据行为,也叫做主票据行为,其他行为都是以出票为基础而衍生的附属票据行为。

本票和支票都只开单张,而汇票可以开单张,也可以一式两份。

三、背书(Indorsement/Endorsement)

背书是指持票人在票据背面签名,并交付给受让人的行为。通过背书,票据权利由背书人(Endorser)转让给了受让人(Endorsee,又称被背书人)。通过背书转让,后者就取得了该张票据,而背书人对票据所负责任同出票人是一样的。背书行为包括两个动作:一是在票据背面或粘单上记载有关事项并签名;二是交付。我国规定,背书如果附带条件,则背书行为有效,但条件无效。

汇票、本票、支票都可以背书转让,但并不是所有票据都可以背书,对限制性抬头或记载有"不得转让"字样的票据是不能背书转让的,而对于"来人抬头"的票据,不需背书就可转让。因此,背书转让的只是指示性抬头的票据。一张指示性抬头的票据往往可以经过多次背书,即多次转让,几经转手,这样有可能出现数名背书人与被背书人,如第一背书人及第一被背书人,第二背书人及第二被背书人,形成链状,彼此形成复杂的连带的债权债务关系。背书主要有以下3类:

(一) 空白背书(Blank Endorsement)

空白背书又称无记名背书,略式背书,是指收款人在票据的背面签上自己的姓名,而不注明被背书人及其他信息。其作用就是把该票据转让给第三者持有,后者可持票往付款行取款。

(二)记名背书(Special Endorsement)

记名背书又称特殊背书、正式背书、完全背书。记名背书的特点是背书完整全面,包括背书人签名,被背书人或指定人。收款人除了要在票据背面签上自己的姓名外,还要写明:此票据现转让给某某人。背书日期可以不记载,未记载的视为到期日前背书。

(三)限制性背书(Restrictive Endorsement)

限制性背书是指背书人在票据背面签字,指定某人为被背书人或记载有"不得转让"字样的背书。这就是说只能转让给某某人,到此为止,不能再转让了。

对于限制性背书的受让人能否将票据转让,各国有不同规定。《英国票据法》规定,限制性背书的受让人无权再转让票据;而《日内瓦统一票据法》和我国《票据法》规定,限制性背书的受让人仍可将票据再次转让,但原背书人,即制作限制性背书的背书人只对其直接后手负责,对其他后手不承担责任。

另外,还有其他一些种类的背书,如委托收款背书、设定质押背书、部分背书及分割背书、加注"不得追索"的背书等。

四、承兑(Acceptance)

承兑是指远期汇票的付款人在汇票上签名,同意按出票人指示到期付款的行为。承兑是仅限于远期汇票的一种票据行为。远期汇票在付款到期日前应先提示给受票人让其确认到期付款的责任,具体做法是:由受票人在汇票正面空白处写上"承兑"二字,签上本人姓名,加具具体承兑的日期,以此确认责任,表明到时一定付款不误。远期汇票经付款人承兑,其身份随之发生质的变化,他从受票人转化成了承兑人,成为汇票上的主债务人。

专栏2-9

参加承兑(Acceptance for Sb's Honour)

还有一个与承兑相关的票据行为叫参加承兑,也是仅限于汇票的票据行为。"参加"的意思是,某个与汇票毫无关联的人,他既非汇票上的三方当事人之一,也不属汇票在流通过程中的参与者,既不属背书人也不属被背书人之列,但却由于某种原因参与了进来。此人与汇票上所述的债权债务本来毫无关系,既非债务人也非债权人,但他为了维护汇票上的某一当事人或关系人的信誉,防止追索权的行使涉及该人,在征得持票人的同意后参与进来,由他来承兑那张遭到受票人拒绝承兑的汇票。此时,他的身份即为参加承兑人(Acceptor for Sb's Honour),而他为之维护信誉的那个人就成了"被参加承兑人"。

参加承兑人既然参加了承兑,那么,在汇票到期付款日,持票人将持之向其提示要求付款,他应照付不误,此时他的身份也由"参加承兑人"转化为"参加付款人"了。

参加承兑人付款后,有权要求被参加承兑人偿还所付款项,即取得向被参加承兑人即前手追索的权利。

五、保证(Guarantee)

保证就是非票据义务人为票据义务承担保证。担保人同样也属非债务人之列,其目的是为了增强票据的可接受性,使之便于流通和融资。担保人(Guarantor)为出票人、背书人、承兑人等被担保人(Person Guaranteed)进行担保。此时,担保人与被担保人所负责任完全相同,在付款到期日负付款责任。《日内瓦统一票据法》和我国《票据法》都允许保证行为,而《英国票据法》无此规定。

保证的具体做法是由保证人在票据上记载保证字样、保证人名称和住所、被保证人名称、保证日期并由保证人签名。如未记载被保证人,对已承兑的汇票,应以承兑人为被保证人;对其他票据,则以出票人为被保证人。如未记载保证日期,出票日期即为保证日期。保证不得附带条件,附带条件的,不影响对票据的保证责任,但条件无效。这一点与有条件背书类似。

六、保付(Certified to Pay)

保付是指作为支票付款人的付款银行表明保证支付票款的行为。保付行为的完成包括两项内容:进行保付文句及日期的记载,完成签名;将支票交付持票人。

支票中的保付相当于汇票中的承兑，都是付款人表明支付票款意愿的行为。经保付后的支票，付款银行要承担绝对的付款责任，不得以任何理由拒付。

《美国统一商法典》和《日本票据法》中对支票保付做了规定，而《英国票据法》、《日内瓦统一票据法》和我国《票据法》都没有保付的规定。由于保付对付款行来说在资金安全上有些不利，故在实务中较少采用。

七、提示(Presentation)

提示是持票人向付款人出示票据，要求其履行票据义务的行为。提示行为有两种：一为提示承兑，二为提示付款。原则上讲，凡远期汇票，在付款日到期前，收款人就应向付款人提示，让其确认到期付款的责任，这是提示承兑；然后在付款到期时再向付款人提示，要求其付款，就是提示付款。而即期汇票、本票和支票，因为不存在承兑，也就无须提示承兑这一动作，只需提示付款即可。

八、付款(Payment)

付款是指在即期票据或到期的远期票据的持票人向付款人出示票据时，付款人支付票款的行为。付款是票据流通过程的终结，是票据债权债务的最终清偿。汇票、本票和支票都存在付款行为。

按付款时的情形，可分为正当付款、部分付款和终结付款三种。一般来说，付款人在付款时应审核票据背书的连续性和真实有效性，对持票人履行付款责任，此为正当付款。如出于重大过失或恶意，对有明显和重大权利缺陷的持票人给付了票款，就是不正当付款，付款人因此必须承担责任。如果付款人只向持票人支付了一部分票款，便称为部分付款。接受部分付款的持票人仍可对未清偿部分进行追索。

在正当付款的情况下，由于付款人支付了十足票款，就可以了结票据责任，完成票据的流通过程，就叫做终结付款。如果付款不是主债务人所为，就意味着票据责任和权利仍需通过追索来完结，还不能退出流通，付款就不是终结性的。

九、拒付(Dishonour)

拒付，又叫退票，是指当持票人提示票据要求获得付款或承兑时遭到拒绝。汇票、本票和支票都可能遭到拒付。拒付分以下情形：一是持票人到期不获承兑或付款。如付款人明确表示拒付，或虽未明确表示，但到期未承兑或付款，再或者只做部分承兑或付款。二是承兑人或付款人死亡、破产或被终止业务活动。

拒付通知与拒绝证书

拒付通知(Notice of Dishonour),也称退票通知,是持票人将遭到拒付的事实以书面形式通知前手。汇票一旦遭到拒付或拒绝承兑,持票人在行使追索权以前,在程序上讲,他先要把对方拒付这一事实通知前手,而前手又须通知自己的前手,直至受票人或承兑人及至出票人。这一通知的程序也可以是跳跃式的,即越过其直接前手,径自通知有关付款人或出票人。

退票或拒付通知这一行为,仅是一种备案的行为,是让有关债务人尽早获悉发生了退票这件事,好在思想上有所准备,但这一行为还不具备法律效力。为了在法律上生效,还要做拒绝证书。

拒绝证书(Protest)是由拒付地点的法定公证机构(公证人)或其他有权出具证书的机构出具的证明拒付事实的书面文件。这一行为表明:关于拒付退票一事,不只是向有关方照会通知而已,而是一项具有法律效力的行为,是为以后对簿公堂而准备的。正因为如此,持票人这方也必须严肃对待,要确定法定的公证人和见证人。公证人受理后还要携拒绝证书文本再向付款人提示,如再遭拒付才正式做成拒绝证书,连同遭拒付的票据给持票人,后者凭之向前手行使追索权。

各国对做成拒绝证书的时效有具体规定。《英国票据法》规定,拒绝证书必须在拒付日的第二天终了前完成。《日内瓦统一票据法》的规定与英国基本相同,但是对于远期汇票,规定其付款拒绝证书可在到期日后两天内做成。

如果持票人没有在规定时间内做成拒绝证书,他将丧失对前手的追索权。但承兑人或出票人仍对持票人承担责任。

十、追索(Recourse)

所谓追索或行使追索权,是指持票人向出票人或向前手追回票款的行为和权利。持票人在追索时要具备一定条件:持有合格票据;持票人在法定时效内提示;发生拒付并在规定时效内做成了拒绝证书。

向谁行使追索权呢?向背书人、出票人、承兑人及其他债务人行使,因为他们都是票据上所载金额的主债务人或从债务人,持票人是汇票所载金额的唯一债权人,理应向他们追索。追索的次序可以按顺序进行,即按汇票背书的连续顺序向前手追索,也可以越过他跳跃式地向任一前手追索。若被追索者中间有人履行了付款义务,付清了票款,此时该人就获得持票人的地位,可对自己的前手行使追索的权利。

追索的款项包括三部分:一是汇票上的金额;二是因延期偿还票款而应付的利息;三是做成退票通知、拒绝证书的费用和其他有关开销。

专栏2-11

参加付款(Payment for Sb's Honour)

参加付款就是当持票人遭到拒付,已做成拒绝证书但尚未行使追索权时,付款人以外的当事人(参加付款人)对票据进行付款的行为。简言之,参加付款人(Payor for Sb's Honour)和参加承兑人一样,都是为了防止追索的行为涉及某一当事人,为了维护其信誉而做出的。对于远期汇票来说,参加承兑人及参加付款人显而易见为同一人,但就票据行为而言,则为两种票据行为。

参加付款人应指明被参加付款人,否则出票人将被视为被参加付款人。参加付款的金额应当是被参加付款人受到追索时应承担的清偿额。

参加付款人付款后,即免除被参加付款人对其后手的义务,同时取得向被参加付款人及其前手追索的权利。持票人必须接受参加付款,否则将丧失对被参加付款人及其后手的追索权。

票据上的三个基本当事人(本票为两个基本当事人)和票据在流通过程中的关系人,以及他们之间的关系和联系可以用图2-7来表示。

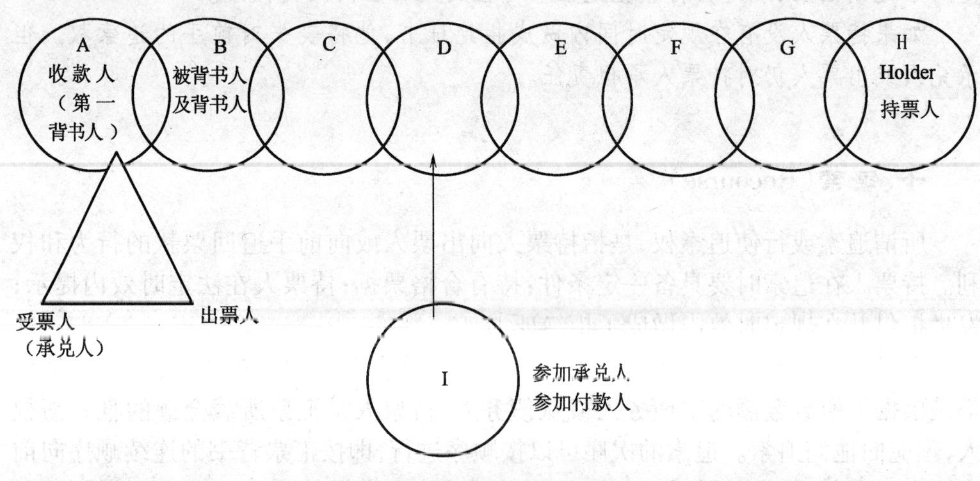

图2-7 票据的当事人

本章小结

1. 票据作为结算工具,设权性、无因性、要式性、流通性和可追索性是其最重要的特点。只有要式齐备,出票人签字真实有效的票据才具有法定效力,票据凭背书和交付得以流通。票据的功能包括汇兑功能、支付功能、信用功能和融资功能。

2. 西方国家有三大票据法系,即法国票据法系、德国票据法系和英美票据法系,目前演变成为欧洲大陆票据法系和英美票据法系,它们在本质上并无根本不同。国际票据法的统一经过了三个阶段,形成了《海牙统一票据法》《日内瓦统一票据法》和《联合国统一票据法》。我国票据法的制定参照了《日内瓦统一票据法》和英美票据法系中的合理规定。

3. 汇票、本票、支票均是书面债据,都是载明一定金额,在一定日期,持票人可向出票人或指定的付款人支取款项的凭证。持票人均有要求票据债务人付款的权利,也均可将票据转让。但是这三种票据各自有着不同的特点和种类,在使用不同的票据进行结算时,需要注意它们的差别。

4. 票据关系中主要当事人有出票人、付款人和收款人,背书人和被背书人,持票人,承兑人,保证人等。票据当事人在票据的流通过程中,根据票据文义和票据行为来确定各自的权利或责任。无论哪种票据,其最终目的都是为了实现票款的支付,因此,票据当事人通过正当的票据行为(出票、背书、提示、承兑、追索等)可以实现这一目的。

复习思考题

一、单选题

1. 票据的形式必须符合法律的规定,票据上必要记载项目齐全且符合规定,被称为票据的( )。

A. 文义性　　B. 要式性　　C. 设权性　　D. 法律性

2. 某银行签发一张汇票,以另一家银行为受票人,则这张汇票是( )。

A. 商业汇票　　B. 银行汇票　　C. 商业承兑汇票　　D. 银行承兑汇票

3. 在汇票的使用过程中,使汇票一切债务终止的票据行为是( )。

A. 提示　　B. 承兑　　C. 背书　　D. 付款

4. 一张汇票在承兑后,其债务人承担汇票付款责任的次序是( )。

A. 出票人—第一背书人—第二背书人

B. 承兑人—出票人—第一背书人

C. 承兑人—第一背书人—第二背书人

D. 出票人—承兑人—第一背书人

5. 某汇票其见票日为 5 月 31 日，在以下三种情况下：①at 90 days after sight ②at 90 days from sight③at one month after sight 其付款日期分别是（ ）。

A. 8 月 28 日，8 月 29 日，6 月 29 日　　B. 8 月 28 日，8 月 29 日，6 月 30 日

C. 8 月 29 日，8 月 28 日，6 月 30 日　　D. 8 月 29 日，8 月 28 日，6 月 29 日

6. 某公司签发一张汇票，上面注明“at 90 days after sight”，则这是一张（ ）。

A. 即期汇票　B. 远期汇票　C. 跟单汇票　D. 光票

7. 下列项目中属于汇票必要项目的是（ ）。

A. 付一不付二的注明　B. 付款时间　C. 对价条款　D. 禁止转让的文字

8. 背书人在汇票背面只有签字，不写被背书人名称，这是（ ）。

A. 限定性背书　B. 特别背书　C. 记名背书　D. 空白背书

9. 汇票的基本特征除流通性、无因性、要式性、返还性外，还包括（ ）。

A. 安全性　B. 高效性　C. 发展性　D. 可追索性

10. 下列哪种写法符合合法汇票对金额的要求（ ）。

A. Pay to the order of A Co. the sum of one thousand US dollars by installments

B. Pay to the order of A Co. the sum of one thousand US dollars plus interest

C. Pay to the order of A Co. the sum of one thousand US dollars only

D. Pay from our NO. 2 account to the order of A Co. the sum of one thousand US dollars only converted into GBP

11. 汇票与本票的区别在于（ ）。

A. 前者是无条件支付承诺，后者是无条件支付命令

B. 前者的票面当事人是两个，后者的是三个

C. 前者有承兑环节，后者在使用过程中则无须承兑

D. 前者的主债务人不会改变，后者的主债务人因承兑而改变

二、判断题

1. 票据的无因性就是票据的基本当事人之间，不存在资金关系和对价关系等票据原因关系。（ ）

2. 票据的流通转让性是保护受让人的权利，就是使票据受让人能得到十足的票据权利，甚至受让人可以得到让与人没有的权利。（ ）

3. 汇票与支票的区别在于：后者以银行为付款人，而前者的付款人不限于银行。（ ）

4. 付款人对票据付款是终局性付款，因此，付款人只要对票据付了款，就解除了付款义务。（ ）

5. 当持票人提示汇票时，付款人拒绝付款，或拒绝承兑，或破产或逃匿等，这就是拒付。（ ）

6. 持票人必须首先向其前手追索，然后才能向任何一个前手追索。（ ）

7. 对汇票受让人而言，所有在他以前的背书人和出票人均对他负有担保汇票必须承兑或付款的责任。（ ）

8. 买方购买银行汇票径寄卖方，因采用的是银行汇票，故该付款方式属于银行信用。(　)

9. 议付银行在经过审核有关单据无误后，按信用证条款买入受益人(出口商)的汇票和单据，从票面金额中扣除从议付日到估计收到票款日的利息，将票据按议付日外汇牌价折成人民币，拨付给出口商。议付行就成为该汇票的正当持票人。(　)

10. 远期汇票都可以在贴现市场上贴现，提前融通资金。(　)

三、业务题

1. 请依据所给条件，完成下列汇票的出票行为：

Drawer: Continental Co., New York

Drawee: Bank of Europe, London

Payee: the order of Ace Trading Co.

Sum: USD729 000.00

Date of issue: 01 April, 2007

Tenor: at 90 days after sight

Fill in the following blank form to issue a bill.

Exchange for ______________, ______________, ______________

At ________________________________ pay to ________________________________

the sum of ____

To ______________

For ______________

(signature)

2. 出票人 ABC CO. 在 2007 年 10 月 8 日于杭州签发一张远期汇票，命令 MIDLAND 银行在见票后 30 天付款给 DEF CO. 或者指定人，金额为 USD50 000，DEF CO. 于 2007 年 10 月 15 日提示 MIDLAND 银行承兑。请用英文做成这张汇票，并计算出汇票的到期日。

3. 假定银行按年息 10% 对面值为 10 000 元的 1 年期汇票进行贴现，那么贴现人在贴现时收到的款项是多少？

4. 甲交给乙一张经银行承兑的期票，作为向乙订货的预付款，乙在票据上背书后转让给丙以偿付原欠丙的借款，丙于到期日向承兑银行提示付款，恰遇当地法院公告该行于当天起进行破产清理，因而被退票。丙随即向甲追索，甲以乙所交货物质次为由予以拒绝，并称已于 10 天前通知银行止付。在此情况下，丙再向乙追索，乙以票据系甲开立为由推诿不理。丙遂向法院起诉，被告为甲、乙与银行三方。你认为法院将如何判决？理由何在？

第三章 汇 款

要点提示

- 理解顺汇和逆汇的区别
- 掌握汇款的含义、各当事人之间的相互关系、汇款的种类及其业务流程
- 理解电汇、信汇和票汇三种汇款方式的特点及流程
- 掌握汇款结算方式在国际贸易中的应用

第一节 汇款概述

一、"顺汇"与"逆汇"

考察结算方式，首先需要弄清"顺汇"和"逆汇"这两个概念。

所谓"顺汇"(Remittance)，是指结算工具的流向与货款的流向是同一个方向，是作为债务方的买方主动将进口货款，通过汇款方式汇付给作为债权人的卖方的一种方法。"逆汇"(Reverse Remittance)则相反，是结算工具的流向与货款的流向呈相反方向。前者称"汇付法"，后者称"出票法"。

顺汇，也称汇付法(to Remit)是由债务人主动将款项交给本国银行，委托该银行通过使用某种结算工具将款项汇付给国外债权人或收款人，因结算工具的流向与资金流向相同，故称之为顺汇(如图 3－1 所示)。国际结算中的汇款方式属于顺汇。

从图 3－1 可以看出：

第一，结算工具(如带有密码的加押电报)的走向与货款的流向是同一个方向。

第二，采取这种支付方法，是债务方主动将进口货款汇付给债权方收款人。

逆汇(Reverse Remittance)，也称出票法(to Draw)，是债权人通过出具票据委托本国银行向国外债务人收取汇票金额的结算方式，因结算工具的流向和资金的流向相反，故称之为逆汇(如图 3－2 所示)。国际结算中的托收和信用证属于逆汇。

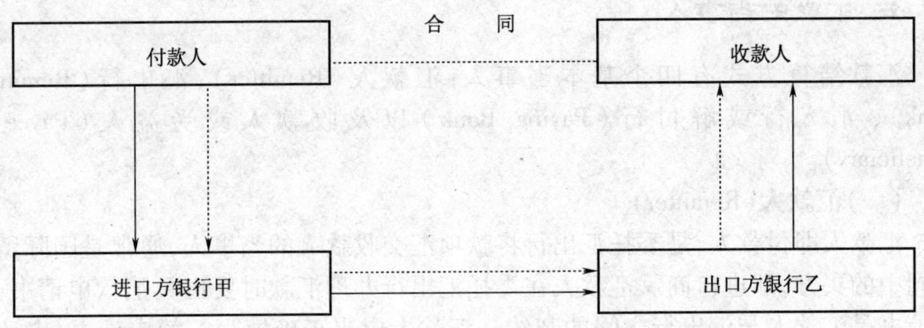

图 3－1　顺汇结算

注:虚线箭头表示结算工具传递的方向,实线箭头表示资金的流向。

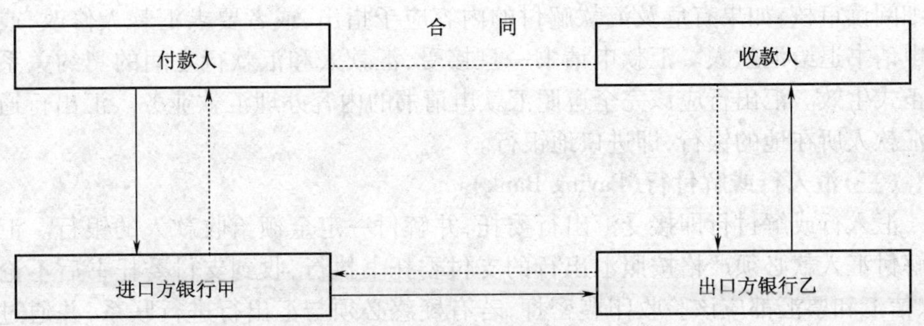

图 3－2　逆汇结算

注:虚线箭头表示结算工具传递的方向,实线箭头表示资金的流向。

从图 3－2 中可以看出:

第一,结算工具(如汇票)的走向与货款的流向呈相反方向。

第二,这种支付方法是债权方即收款人主动向债务方索取货款,前者发出付款命令,后者付款。

二、汇款的概念与性质

汇款(Remittance),又称汇付,是银行(汇出行)应汇出人的要求,以一定的方式将款项通过国外联行或代理行(汇入行)交付收款人的结算方式。由于结算工具的流向与货款的流向呈同一个方向,所以汇款属于顺汇性质。

Remittance refers to the transfer of funds from one party to another among different countries through banks. At the request of its customer, a bank transfers a certain sum of money to its overseas branches or correspondent banks and instructs them to pay a named person or corporation in that country.

三、汇款的当事人

汇款结算方式有四个基本当事人：汇款人（Remitter）、汇出行（Remitting Bank）、汇入行或解付行（Paying Bank）以及收款人或受益人（Payee or Beneficiary）。

（一）汇款人（Remitter）

汇款人即付款人，是委托汇出行将款项汇交收款人的当事人，通常是国际贸易合同中的买方，即进口商。汇款人在委托汇出行办理汇款时要出具汇款申请书，该申请书是汇款人与汇出行之间的契约。汇款人应当正确填写汇款申请书，申请书填制上的错漏所引起的后果由汇款人自己负责。

（二）汇出行（Remitting Bank）

汇出行是接受汇款人委托汇出款项的银行。汇出行对汇款申请书的内容应该仔细阅读审核，如果有危及汇款解付的内容应予指出，或者要求汇款人修改，或者将申请书退给汇款人。汇款申请书一旦接受，汇款人和汇款行之间的契约关系立即正式生效。汇出行应该完全遵照汇款申请书的内容办理汇款业务。汇出行通常是汇款人所在地的银行，即进口地银行。

（三）汇入行或解付行（Paying Bank）

汇入行或解付行即接受汇出行委托，并解付一定金额给收款人的银行。汇入行解付汇入款必须严格按照汇出行的支付委托书执行，收到支付委托书后不论电汇、信汇和票汇都应该验收印鉴密押，若有疑惑必须与汇出行进行联系，并通过加押电报来确认。汇入行通常是收款人所在地的银行，即出口地银行。

（四）收款人或受益人（Payee or Beneficiary）

收款人或受益人（Payee or Beneficiary），是接到汇入行通知后收取汇款的当事人，通常是国际贸易中的卖方，即出口商。收款人是汇款金额的最终接受者，通常是出口方或债权人，也可是汇款人本人，其权利是凭证取款。

四、汇款当事人之间的关系

（一）汇款人与收款人

汇款人与收款人之间的关系在实务中表现为两个方面：在非贸易汇款中，由于资金单方面转移的特性，使汇、收双方表现为资金提供与接受的关系；在贸易汇款中，由于商品买卖的原因，使汇、收双方表现为债权债务关系。

（二）汇款人与汇出行

汇款人与汇出行之间是委托与被委托的关系。汇款人委托汇出行办理汇款时，要出具汇款申请书。这是当事双方委托与接受委托的契约凭证，它明确了双方在该项业务中的权利与义务。

（三）汇出行与汇入行

汇出行与汇入行之间既有代理关系又有委托与被委托的关系。一般代理关系在前，即两行事先签有业务代理合约或有账户往来关系，在代理合约规定的业务范围内，两行各自承担所尽之责。就一笔汇款业务而言，汇出行通过汇款凭证传递委托之信息，汇入行接受委托并承担解付汇款之义务。

（四）收款人与汇入行

收款人与汇入行之间通常表现为账户往来关系，即收款人在汇入行开有存款账户。此外，它们之间也可以没有关系，但汇入行一旦接受汇出行的委托就有责任向收款人解付该笔款项。

汇款当事人之间的关系可用图3－3来表示。

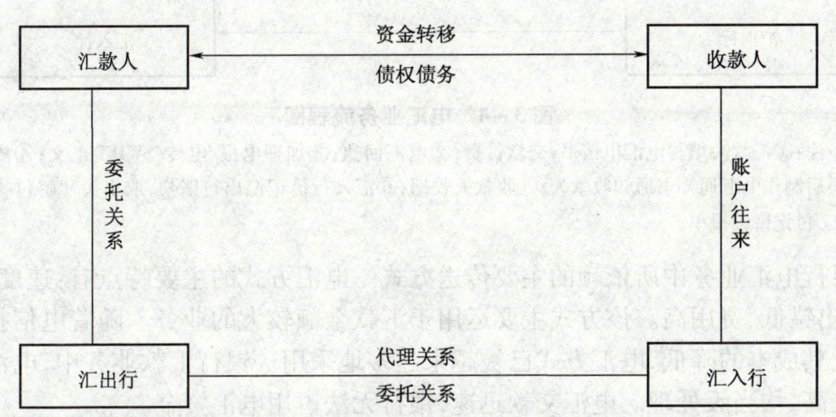

图3－3　汇款当事人之间的相互关系

第二节　汇款的种类与流程

按照汇款使用的支付工具不同，汇款可分为电汇、信汇和票汇三种。

一、电汇(Telegraphic Transfer, T/T)

电汇是汇出行应汇款人的申请，拍发加押电报或电传给国外汇入行，指示其解付一定金额给收款人的结算方式。

Telegraphic transfer refers to remittance by cable/telex/SWIFT. The remitting bank, requested by remitter, instructs the overseas paying bank by cable/telex/SWIFT pay a certain sum of money to beneficiary. It is often used when the remittance amount is large and the transfer of funds is subject to a time limit. Thus, 90% remittance is done through T/T.

电汇的基本程序可以用图3－4来表示。

电汇经历了从电报到电传再到SWIFT通信方式的演变过程。现在，SWIFT已

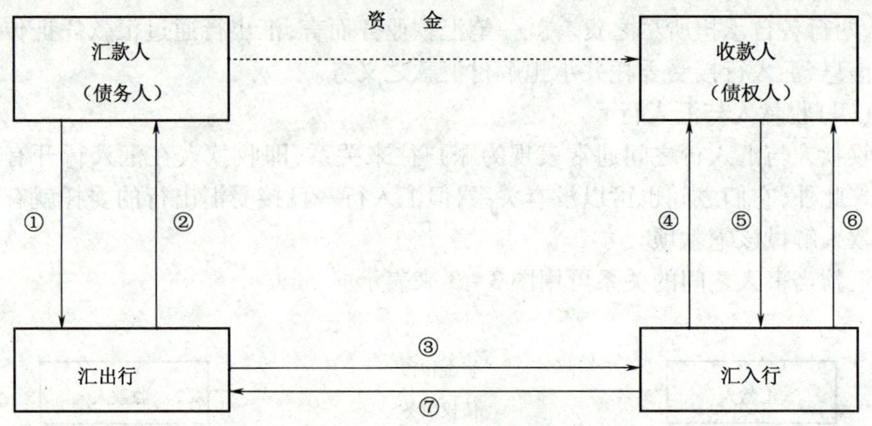

图 3-4　电汇业务流程图

注：①汇款人填写电汇申请书，交款付费；②电汇回执；③加押电报/电传/SWIFT电文；④核对无误后制作电汇通知书通知收款人；⑤收款人收据；⑥汇入行借记汇出行账户，取出头寸解付收款人；⑦付讫借记报单。

成为银行电汇业务中所依赖的主要传送方式。电汇方式的主要特点有：速度快、占时短、出错低、费用高。该方式主要运用于汇款金额较大的业务。随着电信技术的发展及其成本的降低，电汇方式已被越来越多地采用。银行汇款业务中，电汇优先级别较高，均当天处理。电汇交款迅速，银行无法占用电汇资金。

专栏 3-1

汇款电文举例

1. 亚洲银行天津分行受客户之托汇款给香港客户的电文

FM: BANK OF ASIA, TIANJIN

TO: THE HONGKONG AND SHANGHAI BANKING CORP., HONGKONG

DATE: 1 ST MARCH

TEST 1253 OUR REF. 208TT0517 NO ANY CHARGES FOR US PAY USD 20 000. VALUE 1 ST MARCH TO YOUR HAY WAY BUILDING BRANCH 58 STANLEY STREET HONGKONG FOR ACCOUNT NO. 004 - 110 - 106028 - 001 FAVOUR PRECISION PHOTO EQUIPMENT LTD. HONGKONG MESSAGE CONTRACT NO. P101558 ORDER PHOTOGRAPH CO. TIANJIN COVER DEBIT OUR HO ACCOUNT.

2. 亚洲银行将其4亿日元从东京银行调拨至富士银行的电文

FM: BANK OF ASIA, BEIJING

TO:THE BANK OF TOKYO LTD., TOKYO

DATE:3RD OCT.

TEST 2475 VALUE 5TH OCT OUR REF MSG125469 PLEASE DEBIT OUR A/C PAY JPY 400 000 000. TO THE FUJI BANK LTD., TOKYO FOR CREDIT OUR A/C WITH THEM.

3. 美元通过 CHIPS 付款的电汇指示

FM:ICBC, BEIJING

TO:CHEMICAL BANK, NEW YORK

DATE:14TH JUNE

TEST 2819 OUR REF 03TT - 0215 PAY USD 20 000 VALUE TODAY TO SANWA BANK LTD. NEW YORK BY CHIPS ABA 982 FOR CREDIT OF THEIR INTERNATIONAL HEADQUARTERS TOKYO ACCOUNT UID 024153 MESSAGE OUR LC 15237 THEIR BP 70054376 ORDER BEIJING ADVANCED MACHINARY EQUIPMENT CORP. BEIJING COVER DEBIT OUR HO USD A/C WITH YOU.

二、信汇(Mail Transfer, M/T)

信汇是汇出行应汇款人的申请,用航空信函指示汇入行解付一定金额给收款人的汇款方式。信汇业务的程序与电汇程序基本相同,所不同的是汇出行应汇款人的申请,以信汇委托书(M/T Advice)或支付委托书(Payment Order)作为结算工具,通过航空邮寄至汇入行,委托其解付。

A mail transfer is to transfer funds by means of a payment order or a mail advice, or sometimes a debit advice issued by a remitting bank, at the request of a remitter. Either of a payment order, mail advice or debit advice must be authenticated with tested key or the authorized signatures of the remitting bank. It instructs the paying bank to pay a certain sum of money to the beneficiary.

信汇委托书或支付委托书上须加具有权签字人的签字,汇入行收到委托书后,凭汇出行的印鉴样本核对无误后,即按委托书的地址通知收款人前来领取汇款。收款人领取汇款时,必须持证明自己身份的证件,并在汇款收据上签名或盖章。

信汇的主要特点是:①信汇费用低廉。②信汇速度较慢。因邮递关系,收款时间较长,一般航邮约为 7 ~ 15 天,视地区远近而异,如用快递(Express)可以加速3 ~ 5 天。③信汇资金可被银行短期占用。信汇在途时间较长,因此汇出行可占用一个邮程时间内的信汇资金。

三、票汇(Remittance by Banker's Demand Draft, D/D)

(一)票汇的概念与流程

票汇是汇出行应汇款人的申请,代其开立以汇入行为付款人的银行即期汇票,

并交还汇款人，由汇款人自寄或自带给国外收款人，由收款人到汇入行凭票取款的汇款方式。

A demand draft is often used when the customer wants to transfer the funds to his beneficiary by himself. The remitter will make a written request of issuance to the remitting bank. Then the remitting bank debits the remitter's account, issues a bank draft and forwards it to the remitter who may send or carry it abroad to the payee.

办理票汇业务时，汇出行要出具汇票通知书或票根(Advice of Drawing)并寄至汇入行，以便汇入行在收款人持票向其取款时，凭票根核对汇票的真伪，待证实汇票无误后，解付票款给收款人，并将付讫收据寄至汇出行，从而完成一笔票汇业务。

目前，一些联行和代理行之间为了简化手续，取消了邮寄汇票通知书或票根这一手续，仅凭核对印鉴相符便可付款。但如果遇到没有往来关系的银行开出的汇票，汇入行原则上必须待汇票头寸收妥后才能付给收款人。

(二)票汇的特点

票汇以银行即期汇票作为结算工具，其传送方向与资金的流向相同，所以票汇亦属于顺汇结算。票汇与其他汇款方式相比较，具有以下几个特点：

1. 票汇取款灵活。信汇、电汇的收款人只能向汇入行一家取款，而票汇汇款中的持票人可以在任何一家汇出行的代理行取款，只要汇入行有汇出行的印鉴册，能核对汇票签字的真伪，汇入行确认签字无误后，就会解付其汇款。

2. 票汇中的汇票可代替现金流通。汇票经收款人背书后可以在市场上流通转让，到银行领取票款的持票人不一定是原收款人，而信汇委托书则不能流通转让。票汇的汇票因是银行汇票，故在流通中较受人们欢迎。

3. 票汇是由汇款人自己将汇票寄给收款人或自己携带出国，并根据收款人的方便，在有效期内随时到银行取款。而信汇、电汇是由汇出行通过电信或邮寄将汇款委托书交汇入行的。

4. 票汇汇入行无须通知收款人取款，由收款人持汇票登门自取；而信汇、电汇都是由汇入银行通知收款人来领取汇款。

(三)中心汇票

在银行票汇业务中汇出行开立的即期汇票若付款人是汇票上所用货币结算中心的银行，则该汇票称为中心汇票。该票汇业务也称为中心汇票业务。例如，使用英镑，以伦敦一家银行作为付款行，就是英镑中心汇票；使用美元，以纽约一家银行作为付款行，就是美元中心汇票。

中心汇票的出票人是汇出行，付款人是货币清算中心的联行或者代理行，也是汇出行在那里开设中心账户的银行，收款人是这笔汇款的收款人，其与付款行可能不在一地。

汇出行把汇款人交款付费当做是购买汇票，用中心汇票支付给购票人。购票人将中心汇票寄给收款人，收款人可委托当地银行代收票款，也可出售光票请求银行买入，还可以收取对价转让他人。

汇出行不寄票根、不拨头寸，票面没有拨头寸的指示，当中心汇票提交给付款行时，它借记出票行的中心账户予以付款，并将借记报单寄给出票行完成一笔票汇业务。这样从出票直到付款的一段时间内，可以不占用出票行的资金，使得出票行可以利用汇款资金。

中心汇票的业务流程可以用图 3－5 来表示。

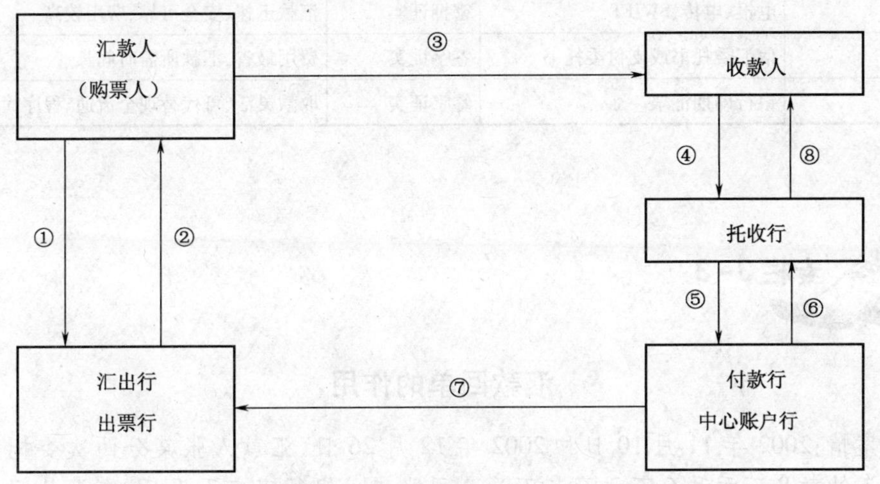

图 3－5　中心汇票业务流程图

注：①汇款人（购票人）交款付费；②付给中心汇票；③寄送中心汇票；④送交托收行托收票款；⑤提示汇票；⑥支付票款；⑦借记报单；⑧收到票款

专栏 3－2

三种汇款方式的比较

共同点：汇款人在委托汇出行办理汇款时，均要出具汇款申请书，这是约束汇款人和汇出行双方的一种契约。三者的结算工具传送方向与资金流向相同，均属顺汇。

不同点：电汇以电报或电传作为结算工具；信汇以信汇委托书或支付委托书作为结算工具；票汇以银行即期汇票作为结算工具。

票汇与电汇、信汇的不同在于票汇的汇入行无须通知收款人取款，而由收款人持票登门取款，汇票除有限制转让和流通者外，经收款人背书，可以转让流通，而电汇、信汇委托书则不能转让流通。

如何正确运用：电汇是收款较快、费用较高的一种汇款方式，汇款人必须负担电报费用，所以通常是金额较大或有急用的汇款时使用电汇方式。信汇、票汇都不需发电，以邮递方式传送，所以费用较电汇低，但因邮递关系，收款时间较晚。

三者的异同可见表3－1。

表3－1 电汇、信汇和票汇的比较

种类	支付工具	核查方式	特点
电汇	电报、电传、SWIFT	密押证实	汇款迅速、安全可靠、费用较高
信汇	信汇委托书或支付委托书	签字证实	费用最省、汇款所需时间长
票汇	银行即期汇票	签字证实	取款灵活、可代替现金流通、程序简便

专栏3-3

汇款回单的作用

案情：2002年11月10日和2002年12月26日，汇款人张某分两次委托某银行电汇油款8万元和6万元至某石油公司账户。银行审查无误后，在汇款回单上加盖了"转讫章"交给了张某。2004年6月9日石油公司因汇款未收到，拿着该两张汇款回单，要求银行尽快将款项汇入公司账上。银行的答复是要求公司与汇款人联系。石油公司认为银行已受理张某的委托，并查实了电汇凭证上的各项内容要素齐全，且加盖了"转讫章"，银行应无条件汇款。因此，石油公司以该两张汇款回单为证据，向法院提起诉讼，要求判令银行汇兑电汇款14万元及其利息。在诉讼期间，银行阐述了汇款回单的作用以及电汇业务是汇款人与银行之间的委托业务关系。最后，该案以石油公司申请撤诉而了结。

分析：依据中国人民银行的《支付结算办法》第174条第二款的规定："汇款回单只能作为汇出银行受理汇款的依据，不能作为该笔汇款已转入收款人账户的证明。"因此，石油公司仅以两张汇款回单为依据，要求银行无条件汇款，是没有依据的。再说，电汇业务是汇款人与银行之间的委托业务关系，即委托合同关系。银行是受汇款人的委托而汇款，汇款回单是银行接受委托后给予汇款人的回证。依据我国《合同法》第410条规定：委托人或者受托人可以随时解除委托合同。因此，汇款回单只能证明汇款人与银行之间曾经有过汇款的委托合同关系，而不能证明银行与收款人之间有任何法律关系。从诉讼主体上分析，银行与收款人（石油公司）之间没有任何诉讼法律关系；从证据上分析，依据我国"谁主张谁举证"的举证规则，收款人（石油公司）在没有其他证据情况下，仅以两张汇款回单为证据，要求银行无条件汇款，明显证据不足。最后，石油公司只有申请撤诉。

资料来源：http://www.tianyablog.com/blogger/post_show.asp？BlogID=306254&PostID=5472998。

装运后 T/T 收汇失败案

案情：浙江 A 公司与俄罗斯 B 进口公司签订了一份五金产品的 CIF 合同，两个 40FCL。合同约定分两次等量装运，两次交货的时间间隔为 30 天，约定付款方式为装运日后 30 天内 T/T 付款。A 公司备货后将第一个货柜按时装运出口，并将单据用快邮寄给进口商供其提货。30 天后，A 公司催 B 公司支付货款，B 公司先是推脱过几天，后又使用各种借口，最后索性不再接听 A 公司的电话也不回复任何邮件。货物到港后两个月，A 公司催收无果，只得联系船公司将货物运回，大量的滞港费、来回运费再加上清关费等使得 A 公司损失惨重，而后一个货柜也只能转为库存。

分析：采用汇款方式结算货款，属于商业信用，本身就有一定的风险，更何况是本案中的到付。宁波到俄罗斯口岸的运输时间一般为 30 天左右，本案中的付款方式，对进出口双方来说，货款平衡应该是比较合理的。本案中的出口商采用这种方式造成了巨额损失，主要是由汇款的本质特点（商业信用）决定的。

出口商与资信情况不甚了解的客户进行交易，最好不要采用装运后付款的方式，而应采用装运前付款的方式，至少采用部分在装运前付款的方式。装运前预付的比例可视具体情况而定。

与高风险国家或地区开展贸易往来，最好采用预付或信用证结算，否则应采用出口信用保险等方式降低风险。

第三节　汇款头寸调拨与退汇

一、汇款头寸调拨

汇款头寸调拨是汇款头寸偿付（Reimbursement of Remittance Cover）的俗称，是指汇出行办理汇出业务时应及时将汇款金额拨交给解付汇款的汇入行的行为。汇款偿付必须通过代理行之间的资金往来而实现，是通过账户上的划拨来完成的，称为银行划拨。

按照国际惯例，汇出行在发出汇款委托书的同时，必须将头寸拨付给付款行，使付款行不致因执行付款指示而垫付头寸。因此，每一笔汇款必须注明拨付头寸的具体指示，即每一笔汇款必然引起一笔相同金额的头寸偿付业务。有的银行在相互建立业务代理关系时，在代理合约中订明汇款头寸偿付的方法，有的银行则在逐笔汇款委托书或汇票通知书中注明头寸如何调拨。

调拨头寸必须结合汇出行和汇入行的账户开设情况,具体可以分为四种头寸调拨方法。

(一)主动贷记

作为偿付,汇出行主动将相应头寸贷记汇入行的账户。“In cover, we have credited your a/c with us.”

(二)授权借记

作为偿付,汇出行授权汇入行借记该行在汇出行设立的账户。“In cover, please debit our a/c with you.”汇入行收到汇款委托书后借记汇出行账户,拨出头寸解付收款人,并寄出借记报单通知汇出行。

(三)共同账户行(碰头行)转账

当汇出行与汇入行相互之间没有往来账户,但是在同一代理行开立了账户时,为了偿付解款,汇出行可以在汇款时主动授权这个共同账户行借记汇出行账户并同时贷记汇入行账户。“In cover, we have authorized X Bank to debit our a/c and credit you're a/c with them.”

(四)各自账户行转账

当汇出行和汇入行之间没有共同账户行,但他们各自的账户行之间有账户往来关系时,则汇出行指示其账户行(X bank)拨付头寸给汇入行的账户行(Y bank)开立的账户。“In cover, we have instructed X Bank to remit proceeds to you.”

二、退汇

退汇就是汇款在解付前的撤销。汇款人和收款人都可以要求退汇。

(一) 收款人退汇

收款人退汇比较方便,在信汇、电汇时,只要他拒收信汇、电汇,通知汇入行,汇入行就可以将汇款委托书退回汇出行,必要时说明退汇原因,然后由汇出行通知汇款人前来办理退汇,取回汇款。在票汇下,收款人退汇,要将汇票寄给汇款人,然后汇款人自己到汇出行办理退汇手续。

(二) 汇款人退汇

首先,电汇、信汇汇出行应该立即通知汇入行停止解付,撤销汇款,如果收款人有意见,应向汇款人交涉,不能要求汇出行和汇入行付款。然而,汇款人的退汇要在撤销通知到达汇入行时该行尚未付款才能实现。汇出行接受汇款人电汇、信汇的退汇要求后,应用信函或电文通知国外汇入行办理退汇,汇入行接到汇出行要撤销电汇、信汇的通知后,如尚未解付款项,一般可以同意照办;如果汇入行已经解付款项,汇入行不能向收款人追索,汇款人也不能要求退汇,只能由汇款人直接向收款人交涉要求退款。

其次,在票汇的情况下,汇出行处理很谨慎。因为汇出行自己开出汇票,自己即为出票人,对任何合法的、善意持票人均要担负保证付款责任,如无理退回汇票,一方面增加手续,另一方面还可能丧失信誉,或引起许多纠纷与争执。

因此,如果是汇出行开出汇票交汇款人,汇款人还没寄出汇票,它可以持原汇票到汇出行申请注销汇款。如果属于寄递时遗失,或属于天灾人祸、火灾水灾以及如飞机、轮船失事而造成的毁灭,一般在了解到汇票收款人确实无法收取款项时,可以接受办理退汇。

如果汇款人已经将汇票寄出,汇票款项已经被收款人领取,或者虽然没领取但估计汇票已经在市场上流通,则不论汇出行还是汇入行都不会办理退汇。

汇票如果遗失、被盗,应该办理挂失、止付手续,即由汇款人向汇出行出具担保书,担保若发生重付,由汇款人负责。有的银行还要向法院或公证行办理公告等手续进行挂失,汇出行收到担保书和公告后,据以通知汇入行挂失止付,待汇入行回电、回函确认后,才能办理退汇或者补发一张汇票。止付对于汇入行来说,如有汇出行的通知,可以不付款,但如果汇入行认为必须付款,则汇出行或汇款人不能因此提出异议。

(三)汇入行退汇

电汇、信汇汇出后,如果收款人迟迟不来取款,过了一定时期,汇入行有权主动通知汇出行注销,办理退汇。凭汇票取款的期限,各国银行规定不同,一般是半年或者一年。汇出行汇出汇款后,如果汇款人得知收款人未能如期收到汇款或汇款有错漏,可以到汇出行或经汇出行到汇入行进行查询。

第四节 汇款在国际贸易中的应用

在国际贸易中以汇款方式结算买卖双方债权债务时,根据货款汇付和货物运送时间顺序的不同,可以分为先付款后交货和先交货后付款两种类型。前者称为预付货款(Payment in Advance),后者称为货到付款(Payment after Arrival of the Goods)。

一、预付货款

(一)预付货款的含义

预付货款是指买方(进口商)先将货款的全部或者一部分通过银行汇交卖方(出口商),卖方收到货款后,根据买卖双方事先签订的合约,在一定时间内或立即将货物运交进口商的结算方式。此方式对进口商来说是预付货款;对出口商来说则是预收货款;对银行来说预付货款属于汇出款项,预收货款属于汇入款项。

在国际贸易中,处理汇入款项业务的银行,向出口商结汇后,出口商才将货物运出,所以此种结算方式又叫“先结后出”。

(二)预付货款的特点

1. 预付货款对出口商有利:①货物未发出,已收到一笔货款,等同于得到无息货款;②收款后再发货,降低了货物出售的风险,如果进口商毁约,出口商可没收预付款;③出口商可以充分利用预收货款,甚至可在收到货款后再购货发出。

2. 预付货款对进口商不利:①未收到货物,已先垫付了款项,将来如果不能收到或不能如期收到货物,或货物与合同不符,将遭受损失或承担风险;②货物到手前付出货款,造成资金周转困难及利息损失。

(三)预付货款的适用范围

预付货款主要适用于:①出口商的商品是进口国市场上的抢手货,进口商需求迫切以取得高额利润,因此不惜预付货款。②进出口双方关系密切,相互了解对方资信状况,进口商愿以预付货款购入货物。③卖方货物旺销,出口商与进口商初次成交,卖方对买方资信不甚了解,顾虑买方收货后不按合约履行付款义务,为了收汇安全,卖方提出预付货款作为发货的前提条件。

(四)进口商防范预付货款风险的措施

进口商为了保障自己的权益,减少预付货款的风险,一般要通过银行与出口商达成解付款项的条件协议,常称为"解付条件"。它由进口商在汇出汇款时提出,由解付行在解付时执行。

主要的解付条件是:收款人取款时,要出具个人书面担保或银行保函,担保收到货款后如期履约交货,否则退还已收到货款并附加利息,或保证提供全套货运单据等。除了附加"解付条件"外,进口商有时还会向出口商提出对进口商品折价支付,作为抵补预付货款造成的资金利息损失。

二、货到付款

(一)货到付款的含义与特点

货到付款是指出口商先发货,进口商后付款的结算方式。此方式实际上属于赊账交易(Open Account Transaction)或延期付款(Deferred Payment)结算。

货到付款的特点如下:

1. 货到付款对买方有利:①买方不承担资金风险,如果货未到或者货不符合合同要求则买方可以不付款,因此在整个交易中买方占据主动地位;②由于买方常在收到货物一段时间后再付款,无形中占用了卖方资金。

2. 货到付款使卖方承担风险:①卖方先发货,必然要承担买方不付款的风险;②由于货款常常不能及时收回,卖方资金被占用,造成一定的损失。

(二)货到付款在国际贸易中的应用

货到付款这种方式尽管对出口商不利,但在贸易实务中仍然被广泛采用,一个原因是大多数出口商品是买方市场,竞争激烈,另一个原因是欧、美等发达国家采用集团采购模式,进口量巨大,动辄上亿美元,对出口商具有很大的吸引力,如沃尔玛等都是采用这种方式。

1. 售定(Be Sold Out)。售定是指买卖双方成交条件已经谈妥并已签订了成交合同,同时确定了货价和付款时间,一般是货到即付款或货到后若干天付款,由进口商用汇款方式通过银行汇交出口商。这种特定的延期付款方式习惯上称为“先出后结”，又因价格事先已经确定，故亦称售定。

2. 寄售(Consignment)。寄售是由出口商先将货物运至国外，委托国外商人在当地市场代为销售，货物售出后，被委托人将货款扣除佣金后通过银行汇交出口商。进出口双方欲做寄售交易，首先要签订寄售协议。货物单据既可通过银行传递，也可直接寄给海外受托人。寄售对于进口商而言是“先进后结”，即先进口后付汇。

专栏3-5

汇款结算方式下的诈骗案

国内某外贸公司(卖方)与香港D商社(买方)经中间人介绍签订了一份金额为10万美元的贸易合同，合同规定：由买方开出即期不可撤销的信用证向卖方付款。但过了合同约定的开证日期仍未见买方开来信用证，经催问，对方称：“证已开出，请速备货。”然而，临近约定的装运期前一周，卖方还未收到来证。卖方再次查询，对方才告知“因开证行与卖方银行并无业务代理关系，故此证已开给有代理关系的某地银行转交”。此时，船期已到，因合同规定货物需直接运抵加拿大，而此航线每月只有一班船，若错过这一次船期，则要推迟至下一个月才能装船，这样，将造成利息和费用的损失。这时，港商提出改用电汇方式把货款汇来，以促成该笔生意。鉴于以上情况，卖方只好同意并要求对方提供汇款凭证传真件，确认后马上发货。次日，港商便传来了银行的汇款凭证，卖方财务人员持该汇款传真件到银行核对签字无误后，以为款项已汇出，便放心地安排装船。但出运后10多天，卖方才发觉货款根本未到账，大呼上当。原来，该港商资信甚差，经营作风恶劣，瞄准卖方急于销货的心理，玩弄花样，先购买一张小额汇票，涂改后再传真过来，冒充电汇凭证，蒙骗卖方，使其遭受重大的经济损失。

分析：一般来说，诈骗分子利用信汇或电汇进行诈骗主要有以下几个特点：

1. 诈骗分子通常以买方身份出现，并在正常贸易的幌子下，煞有介事地与出口企业(卖方)签订买卖合同，且规定采用信用证结算方式。

2. 诈骗分子看准时机后，别有用心地将信用证结算方式改为汇款方式，并设法伪造、涂改汇款凭证，刻意制造货款已汇出的假象，千方百计哄骗卖方尽快发货。

3. 某些出口企业因不明真相，且急于求成，在对方的诱惑下，盲目发货，并误以为货款已收妥。

4. 所谓的“汇款凭证”，其实只是一纸加盖银行假印章的进账单，或者经过涂改、变造的汇票复印件和汇款委托书传真件。

5. 诈骗分子旨在骗取出口企业的出口货物。

资料来源：林孝成：《国际结算实务》，高等教育出版社2004年版，第79页。

本章小结

1. 顺汇系指结算工具的流向与货款的流向是同一个方向，是作为债务方的买方主动将进口货款，通过汇款方式汇付给作为债权人的卖方的一种方法。逆汇是结算工具的流向与货款的流向呈相反方向。前者称“汇付法”，后者称“出票法”。

2. 汇款是顺汇，其结算工具的流向与资金流向相同。

3. 汇款有四个基本当事人：汇款人(Remitter)、汇出行(Remitting Bank)、汇入行或解付行(Paying Bank)以及收款人或受益人(Payee or Beneficiary)。

4. 汇款人委托汇出行汇出汇款时可以选择三种方式：电汇、信汇和票汇。

5. 汇出行办理汇出业务时将汇款金额拨交给解付汇款的汇入行的行为，俗称拨头寸。拨头寸必须结合汇出行和汇入行的账户开设情况，具体可以分为四种头寸调拨方法。

6. 汇款在解付之前可以撤销，汇款人可以向汇出行办理退汇手续。汇款因为其速度快、费用低、安全高的特点在国际贸易中得到了广泛应用。

复习思考题

一、单选题

1.(　)是汇出行应汇款人的申请，拍发加押电报或电传给国外汇入行，指示其解付一定金额给收款人的汇款方式。

A. 信汇　B. 电汇　C. 票汇　D. 电报

2. 信汇汇款的英文是(　)。

A. M/T　B. T/T　C. D/D　D. P/T

3. 以下关于汇款表述正确的是(　)。

A. 是汇款人通过银行将款项交付给收款人的方式

B. 属于银行信用

C. 是一种保证汇款人收到款项的方式

D. 是一种逆汇方式

4. 以下结算方式中属于顺汇的是(　)。

A. 信用证　B. 汇款　C. 保函　D. 托收

5. 信汇的特点不包括：(　)。

A. 费用低　B. 速度较慢

C. 资金可能被银行短期占用　D. 取款灵活

6. 预付货款对(　)来说是预收货款。

A. 进口商　　B. 出口商　　C. 汇出行　　D. 解付行

7. If a importer asks his bank to make a telegraphic transfer to an exporter abroad, he should (　).

A. pay the home currency equivalent of the sum in foreign currency

B. pay the banks commission

C. get a permission from the authorities

D. pay the bank in foreign currency

8. If the London's bank makes a payment to a correspondent abroad, (　).

A. it will remit the sum abroad

B. the foreign bank's vostro account(来账)will be credited

C. the London bank's nostro account(往账)will be credited

D. either A or B

9. If Barclays instructs Citibank to pay a sum of USD 100 000 to Midland, its nostro account should be (　).

A. credited　　B. debited　　C. increased　　D. decreased

10. Mail transfers are sent to the correspondent bank, unless otherwise instructed by clients (　).

A. by courier service　　B. by ordinary mail

C. by airmail　　D. by seamail

11. 汇款人与汇出行之间是(　)的关系。

A. 委托与被委托　　B. 代理　　C. 账户往来　　D. 债权债务

12. 汇款人在委托汇出行办理汇款时要出具(　),它是汇款人与汇出行之间的契约。

A. 汇票通知书　　B. 支付委托书　　C. 汇款申请书　　D. 电报证实书

13. 哪种结算方式取款最灵活(　)。

A. 信汇　　B. 票汇　　C. 电汇　　D. 邮寄

14. 票汇方式下汇入行的查验对象是(　)。

A. 汇出行预留的签字与信汇委托书上汇出行的签字是否一致

B. 密押

C. 汇票票根上银行的签字与汇出行预留的签字是否一致

D. 汇出行预留的签字与电汇委托书上汇出行的签字是否一致

15. 当汇出行在汇入行有账户时,汇出行可采用(　)的方式偿付汇入行。

A. 主动贷记汇入行在汇出行的账户

B. 主动贷记汇出行在汇入行的账户

C. 授权借记

D. 借记汇入行在汇出行的账户

16. 关于顺汇的描述正确的是( )。

A. 债务人主动向债权人付款

B. 资金流向与结算工具的传递方向相反

C. 包括汇款和托收两种形式

D. 不仅有商业信用也有银行信用

17. 汇款当事人之间具有委托与被委托关系的有( )。

A. 汇款人与收款人

B. 汇入行与解付行

C. 汇出行与汇入行

D. 汇入行与收款人

二、判断题

1. 售定只适用于我国内地企业对港澳地区出口鲜活商品的贸易结算。( )

2. 汇出行与汇入行之间只有委托与被委托的关系。( )

3. 按照汇款使用的支付工具不同,汇款可分为电汇、信汇、票汇三种。( )

4. 电汇的业务程序是:汇款人填写汇款申请书,向汇出行交款付费,取得电汇回执。( )

5. 信汇交款迅速,银行无法占用客户资金。( )

6. 票汇属于逆汇结算。( )

7. 汇票可代替现金流通。( )

8. 票汇是由汇出行通过电信或邮寄将汇票交汇入行的。( )

9. 售定这种特定的延期付款方式习惯上称为"先出后结"。( )

10. 在一般情况下,汇票一经付款,出票人对汇票的责任即告解除。( )

11. 在付汇方式下,买方购买银行汇票径寄卖方,因采用的是银行汇票,故该付款方式属于银行信用。( )

12. 汇入行解付汇款必须严格按照汇出行的支付委托书执行,收到支付委托书后只有电汇和信汇才应该验收印鉴密押。( )

13. T/T代表的是信汇业务。( )

14. D/D stands for Demand Draft. ( )

15. T/T is a quicker method of payment than a banker's demand draft. ( )

16. Among TT, MT and DD, TT is the cheapest method of payment. ( )

17. A further advantage of TT over MT is that there is no danger of Instructions being delayed or lost in the post. ( )

18. In the case of MT, the remitting bank issues a draft to its customer, and directs its foreign branch or correspondent by mail to make the payment to the beneficiary. ( )

19. The operations of a telegraphic transfer is just the same as the mail transfer. ( )

20. 拨头寸必须结合汇出行和汇入行的账户开设情况，如果汇入行在汇出行有来账，可以授权汇入行借记。（ ）

三、业务分析题

试分析汇款业务当事人之间的相互关系。

第四章 托 收

要点提示

- 掌握托收的定义、业务处理流程和各当事人的权利与义务
- 掌握跟单托收的各种交单条件
- 理解跟单托收的风险及其防范
- 了解《托收统一规则》

第一节 托收概述

一、托收的定义

托收(Collection)是银行根据委托人的指示处理金融单据或商业单据,目的在于取得承兑或付款,并在承兑或付款后交付单据的行为。通俗地讲,托收是指由债权人(一般为出口商)开出汇票,委托当地银行通过其在国外的分行或代理行向债务人(一般为进口商)收取款项的结算方式。托收是仅次于信用证结算方式的一种较为常见的国际结算方式。

After the exporter has shipped the goods or rendered services to his customers abroad, he draws a Bill of Exchange on the latter with or without shipping documents attached thereto and then gives the draft to his bank together with his appropriate collection instructions. Thus, a collection on the basis of commercial credit is usually processed through banks acting as the intermediary.

从具体业务实践看,银行处理托收业务要比汇款业务复杂,其中要涉及提交票据和单据的过程,而且各国银行对托收的做法不同,因此熟悉和掌握有关托收的国际惯例对正确使用托收方式和处理托收业务十分必要。

二、托收的当事人

银行接受委托,运用托收方式进行国际结算时必须通过国外的联行或代理行才能完成托收业务。因此,托收方式涉及的基本当事人有委托人(出口商、债权人或出票人)、付款人(进口商或债务人)、托收行(债权人所在地的银行)和代收行

(债务人所在地的银行)等。

委托人(Principal 或 Consignor)是指在托收业务中,签发汇票并委托银行代为收款的人。由于委托人通常开具汇票委托他的银行向国外债务人收款,所以也称为出票人(Drawer)。

托收行(Remitting Bank)是指接受委托人的委托,并通过国外联行或代理行完成收款业务的银行。托收行一般是债权人所在地的银行。

代收行(Collecting Bank)是指接受托收行的委托代向债务人收款的国外联行或代理行。代收行一般是付款人所在地的银行。

付款人(Drawee)是指汇票中指定的付款人,也就是银行向其提示汇票和单据的债务人。

除上述基本当事人外,国际商会《托收统一规则》(Uniform Rules for Collections)增加了提示行和需要时的代理作为托收结算方式的当事人之一。

提示行(Presenting Bank)是指跟单托收项下向债务人提示汇票和单据的银行。在一般情况下,向债务人提示汇票和单据的银行就是代收行本身。如果代收行与债务人无往来关系,为了便利如期收款,代收行也可主动或应付款人要求,委托付款人的往来银行充当提示行。

需要时的代理(Customer's Representative in Case of Need)在托收业务中,如发生付款人拒付,委托人可指定在付款地的代理人代为料理货物存仓、转售、运回等事宜。这个代理人叫做"需要时的代理"。按照国际惯例,委托人如拟指定需要时的代理人,必须在托收委托书上写明此项代理人的权限。如在委托书中对代理人的权限未做规定,代收行可以不受理代理人的任何指示。超过规定权限的指示,代收行也可不予受理。

三、当事人之间的关系

(一)委托人与付款人之间的关系

委托人与付款人在国际贸易买卖交易中,分别为出口商与进口商。他们之间的关系是买卖关系。出口商的义务是必须遵照合同规定向进口商按质按量按时交运货物,必须向进口商提交符合合同要求的单据种类和单据内容。进口商的义务是在出口商向他提交了足以证明出口商已经履行了合同义务的单据时,按合同规定付款。有违反合同规定致使对方造成损失的,违约方应负责赔偿。

(二)委托人与托收行之间的关系

委托人与托收行之间的关系是委托代理关系,两者关系的依据是托收申请书(Collection Application)。托收申请书实质上是委托人与托收行之间的委托代理合同。

1. 作为委托人的出口商必须履行的责任。委托人应履行以下责任:

(1)托收申请书中的指示必须是明确的。

专栏4-1

托收申请书的主要内容

托收申请书的主要内容包括:

A. 交单方式:是付款交单还是承兑交单;是否可以分批付款,分批赎票;远期汇票提前付款可否给予进口商回扣或利息;逾期付款应否追加利息等。

B. 货款收妥后的处理方式:托收行要在代收行已收妥货款并划入托收行的账户后,才会将货款付给委托人,代收行可以用电报或航函通知托收行,但用哪一种方式则须根据托收行的要求。为此,委托人须在委托代理合同中确定用电报还是航函通知。

C. 银行费用的处理:一般情况下,进口商和出口商各自负担本国银行的费用。根据银行惯例,如果在托收委托书中仅规定须由进口商负担费用,而进口商拒付费用时,则代收行可以将自己应收的费用从应汇给托收行的货款中扣除。如果托收委托书明确规定不准豁免该项费用,则托收行、代收行、提示行对因此而产生的付款延迟或额外开支不负责任。

D. 拒付时是否须做拒绝证书:委托人在委托代理合同中应对遭到拒绝承兑或拒绝付款而是否须做成拒绝证书给予明确指示。根据银行惯例,在委托人没有指示必须做成拒绝证书时,银行没有义务在拒付时做拒绝证书。

E. 拒付后货物处理的方式:理想的处理方式是出口商能在进口当地找到买主就地将货物售出;如果出口商在进口地有可靠的代理人,他可以在汇票上记载预备付款人以应急;如果没有前述的两种可能性时,委托人应在托收申请书中明确指示银行,如发生拒付,在货物到达进口地后立即办理货物的提货、存仓和保险。

F. 选定国外的代收行:如果委托人明确指示通过国外的某一代收行办理收款,如托收行与该代收行开有账户,则可按委托人指示办理;否则,须征得委托人同意后,由托收行自行选择一家代收行。

专栏4-2

托收申请书的一个范例

日期:

Date:________

票据托收申请书

APPLICATION FOR COLLECTION

银行编号

Bank Ref:________

致:××银行

To:×× BANK

兹附上下述票据委托代收。收妥票款请按以下打"×"条款解付：

I/we enclose herewith the under mentioned bill(s) for collection. Please effect the proceeds when collected in accordance with following instructions marked "×":

票据类别 Kind of bill(s)		出票日期 Issuing date		票据号码 No(s) of Bill(s)	
出票人 Drawer					备注 Remarks:
付款人 Drawn on					
收款人 Payee					
票面金额 Amount					

For company
公司专用

请划收本单位在贵行第________号账户，
Please credit our A/C No. ________ with your bank，
托收费用请划付本单位在贵行第______号账户。
For your charges debit our A/C No. ________ with your bank.
如有费用，请扣除后划收本人/本单位在贵行第________号账户。
After deducting your charges if any, please credit my/our A/C No. ________ with your bank.
于_____天后，由本人/代办人凭收据在贵行第________号柜台商洽取款。
After _____ days, at your bank's counter No(s) ________ contact for drawing funds against the receipt.

本人(等)/本公司特此声明，日后如上述票据遭受退票或有其他情况发生致贵行受损，贵行可无须征求本人(等)/本公司同意，立即有权由本人(等)/本公司账户内扣回上述票据及有关费用(包括外汇买卖差价和利息)。若账户存款不足扣付，本人(等)/本公司自当立即如数清还。

I/We understand and agree that you are authorized to debit my/our account without obtaining my/our confirmation with the above amount together with any expenses or loss (including exchange and interest) that you may suffer in the event of the above being returned or in any way dealt with at any time. I/We undertake to

个人委托收款注意事项

NOTE FOR PERSONAL BUSINESS

个人办理托收业务时（包括申请、取款/取存款单），应出示收款人本人身份证件，如由他人代办，须同时出示收款人、代领人身份证件。

Please show payee's personal identification, when applying and drawing at our counter. Anyone who is entrusted to take the funds must show us both the payee's and entrustee's identifications. Thanks.

repay you on demand any unpaid portion in case the balance remaining on my/our account is insufficient to meet the refund of payment.

申请人签章(印章)

Signature of the applicant

核对 Verified

地址

Address: ____

联系电话

Tel. No. : ____

身份证件及号码

ID Card No. : ____

(2)当银行将发生的一些意外情况通知委托人时,委托人必须及时指示,否则,因此而发生的损失由委托人自行负责。

(3)委托人不但要向托收行支付手续费,而且应负担托收行为执行委托指示而支出的各种费用;即使托收行没有收到货款,委托人也必须支付这些费用。即使托收委托书中规定国外代收行的费用须由进口商负担并不得豁免,在进口商拒付货款时,国外代收行的费用也必须由委托人负担。

2. 托收行的责任。托收行应承担的责任如下:

(1)执行委托人的指示。托收行在托收业务中完全处于代理人的地位,它必须根据委托人的指示办事。因此,对于托收行来说,其最主要的责任就是:它打印的"托收委托书"或"托收指示"的内容必须与委托人的托收申请书中的指示严格相符。如果对委托人的有些要求无法执行,应向委托人解释,由他修改申请书的内容以后再办理托收。

专栏4-3

托收指示的概念与内容

托收指示就是寄送托收单据的面函(Covering Letter),它是由托收行根据委托人的托收申请书制作的,过去称为托收委托书(Collection Advice)。国际商会322号出版物称为托收命令(Collection Order)。目前国际商会522号出版物称为托收指示(Collection Instruction)。

托收指示应该是该笔托收业务的完整指示。其中主要的内容包括跟单托收的交单条件、利息和费用的处理、需要时的代理、拒绝证书、收款指示等。

凡是送交代收行要求托收的所有单据,都必须伴随托收指示,对此笔托收做出完全和准确的指示,并指明这笔托收受《托收统一规则》的约束(This collection is subject to Uniform Rules for Collection〔1995 Revision〕, ICC Publication No. 522)。

托收指示的重要性体现在三个方面:①托收业务离不开托收指示,所有的托收业务都必须附有一个单独的托收指示。②代收行仅依据托收指示中载明的指示办事。③代收行不从别处寻找指示,并且也没有义务审核单据以获得指示。随附单据上不载有托收指示,如果有,也将不予理会。

专栏4-4

托收指示范例

The Industrial & Commercial Bank of China

Collection Instruction

ORIGINAL

Date ________

Our Ref No. ________

TO

Dear Sirs,

We send you herewith the under mentioned item(s)/documents for collection.

Drawer:					Draft No.: Date:		Due Date/Tenor		
Drawee(s):					Amount:				
Goods:				From			To		
By Par				On					
Documents	Draft	Invoice	B/L	Ins. Policy/ Cert.	W/M	C/O			
1st									
2nd									

Please follow instruction marked "×":

☐ Deliver documents against payment/acceptance.

☐ Remit the proceeds by airmail/cable.

☐ Airmail/cable advice of payment/acceptance.

☐ Collect charges outside ________ from drawer/drawee.

☐ Collect interest for delay in payment ________ days after sight at ________ % P. A.

☐ Airmail/cable advice of non-payment/non-acceptance with reasons.

☐ Protest for non-payment/non-acceptance.

☐ Protest waived.

☐ When accepted, please advise us giving due date.

☐ When collected, please credit our account with ________.

☐ Please collect and remit proceeds to ________ Bank for credit our account with them under their advice to us.

☐ Please collect proceeds and authorize us by airmail/cable to debit your account with us.

Special Instructions

This collection is subject to Uniform Rules for Collections (1995 Revision) ICC Publication No. 522

For The Industrial & Commercial Bank of China

____

Authorized Signature (s)

专栏4-5

收款指示

托收指示中的两个最重要指示一个是交单条件,另外一个就是收款指示。收款指示的拟定必须结合托收行与代收行的账户开设情况。

1. 凡托收行在代收行开立账户者,出口托收指示中的收款指示这样写明:"When collected please credit our account with you under your cable/airmail advice to us."

2. 凡代收行在托收行开立账户者,出口托收指示中的收款指示这样写明:"Please collect proceeds and authorize us by airmail/cable to debit your account with us."

3. 当托收行与代收行之间没有设立账户,而是托收行在国外第三家银行开立账户时,出口托收指示中的收款指示可以这样写明:"Please collect and remit proceeds to X Bank for credit our account with them under their advice to us."

(2)对委托人提供的单据是否与买卖合同相符合不负责任。托收行没有审核单据内容的义务,只需将收到单据的种类和份数与托收申请书中所列情况核对,如发现单据遗漏时,应立即通知委托人补交。在具体业务中,托收行一般会对委托人交来的主要单据进行重点核对,但这完全是银行对客户提供的服务,而不是应尽的责任。银行(包括托收行、代收行、提示行等)办理托收业务时,应与办理信用证业务一样,须善意和谨慎行事,这是一条基本原则。

(3)负担过失的责任。银行在受理托收时,向委托人收取手续费,因此银行必须善意和谨慎地行事,凡因未按照申请书的指示而产生的后果银行应对其过失负责。

(三)托收行与代收行之间的关系

代收行是托收行的代理人,它必须严格按照作为委托人的托收行所发出的托收委托书(Collection Advice)办事。因此代收行的基本责任与前述托收行的责任大致相同,并负有一些特殊责任。

专栏4-6

代收行的特殊责任

代收行的特殊责任包括:

保管好单据。托收就是通过银行承兑交单或付款交单。进口商要取得单据,必须对汇票承兑或付款。因此,代收行在进口商未承兑或未付款时,绝对不能把单据交给进口商。此外,在进口商拒绝承兑或拒绝付款时,代收行应立即通知托收行,并且在通知中声明保管单据听候托收行的指示。一般在发出这种通知后,如在合理时间内未能收到托收行的进一步指示时,应发电催复。

无义务对托收项下货物采取任何行动。按照银行的习惯做法,银行对跟单托收项下的货物没有任何行动义务。但是,为了保护委托人的货物,不管有没有指示,如果银行采取了提货、存仓、保险等行动,则该银行对于货物的处理、货物的状况、对受托保管或保护该项货物的第三者所采取的行动或疏漏均不负责。不过代收行必须将这些行动通知托收行,银行对于货物因采取保护行动而发生的费用和支出应由委托人负责。

托收情况的通知。按照银行的习惯做法,代收行应根据下列规则,通知托收情况:

A. 代收行发给托收行的所有通知或报告中必须列有合适的说明,其中必须列明托收行的托收委托书编号。

B. 如无明确的指示,代收行必须用最快的邮件,将托收情况的通知,包括付款通知、承兑通知、拒绝付款或拒绝承兑通知等,寄给托收行;如果代收行认为事情紧急,也可以用更快的通知方法,如电报、电传或电子通信系统等,费用由委托人负担。

C. 代收行在提示托收单据而付款人拒绝付款、拒绝承兑时，应尽力查明理由并通知托收行。

(四)代收行与付款人之间的关系

代收行与付款人之间并不存在契约关系。付款人对代收行应否付款，完全根据他与委托人之间所订立的契约义务而决定，即以委托人提供的单据足以证明委托人已履行了买卖合同义务为前提。

托收的当事人及其相互关系如图 4－1 所示。

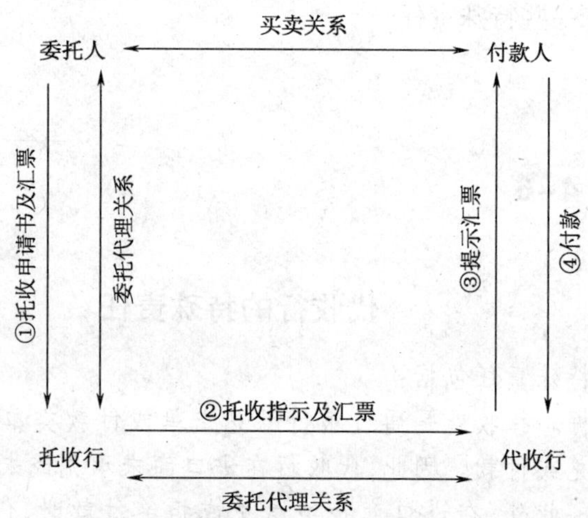

图 4－1　托收的当事人及其相互关系

四、托收的特点

从上面的叙述中可以总结出托收具有以下一些特点：

(一)托收方式是逆汇方式，即出票法

出口方开出汇票，连同货运单据（即跟单汇票）委托银行要求进口方付款，进口方在收到货运单据经审单无误后通过银行对出口方付款。结算工具（汇票）的走向与货款的流向是逆向的。

(二)出口商与托收行之间、托收行与代收行之间只是一种代理关系

无论是托收行还是代收行，在跟单托收方式中，只是对进出口货物的安全性、收汇的及时性负有道义上的责任，至于进口商能否按照规定的交单条件付款赎单，完全取决于其付款的能力和付款的愿望，银行并不承担付款的责任。因此，这种结算方式对进出口商双方来说，利益风险很不平衡。对出口商而言，其风险要更大一些。

(三)托收是建立在商业信用基础之上的一种结算方式

托收的最大特点就是“收妥付汇、实收实付”。就跟单托收这项业务而言,银行的作用仅是委托代理和接受委托代理。由于跟单托收方式纯属一种买卖双方的商业信用,银行只起结算中介作用,缺乏第三者对买卖之间交货和付款做出可靠的信用保证。因此,在贸易实践中逐渐产生了信用证结算方式。

目前,由于国际商品市场竞争日趋激烈,采用托收方式结算也越来越多,对于出口商来说,在使用托收方式,一定要注意以下一些问题:首先,要切实了解进口商的资信情况和经营作风,了解进口国家的贸易管制和外汇管制条例,了解进口国家的商业惯例;其次,出口合同应争取 CIF 条件成交;最后,对托收方式的交易,要建立健全的信用管理制度。

五、托收统一规则

国际商会于 1995 年颁布《托收统一规则》,即 522 号出版物(Uniform Rules for Collection , ICC Publication No. 522,简称 URC522),1996 年 1 月 1 日开始实施。全文分 A,B,C,D,E,F,G 七个部分,共有 26 条。

第二节　托收的种类与流程

一、光票托收

光票是指不附带任何货运单据的票据(其中仅附非货运单据,如发票、垫款清单等也属于光票范畴)。常见的光票有银行汇票、本票、支票、旅行支票和商业汇票等。

贸易上的光票托收,其货运单据由卖方直接寄交买方,汇票则委托银行托收。光票托收一般用于收取货款尾数,代垫费用、佣金、样品费或者其他贸易从属费用。在实际工作中,光票托收还包括许多委托行不能立即解付或因各种原因不能立即付款的各类票据.

Clean collection means collection of financial documents not accompanied by commercial documents.

光票具有三个要素,即日期、金额、印鉴;三个基本关系人,即出票人、付款人、受益人。出票人签发票据给受益人,指示付款人向其指定的受益人(收款人)支付一定金额的款项。受益人将票据提交当地银行,当地银行作为受托银行接受票据受益人的委托,向异地的付款银行收款。如果受托行与付款行无直接的账户关系,则委托其国外联行或代理行代为向付款行收款,这一个过程为光票托收。其业务流程图如图 4 – 2 所示。

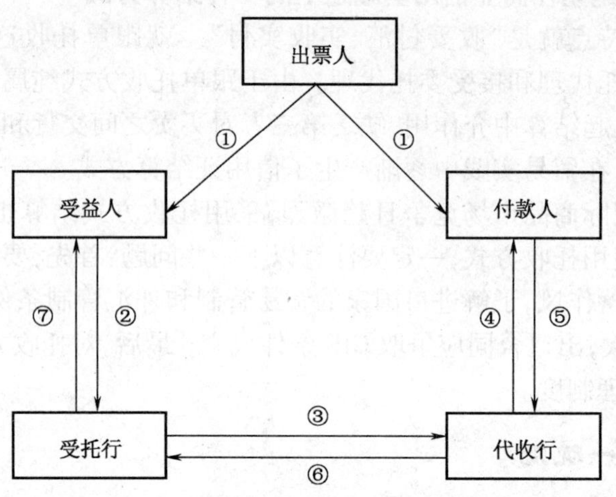

图4-2 光票托收

注:①出票人签发以受益人为收款人的票据,同时向付款人拨交头寸;②受益人填写托收申请书并提交光票委托银行收款;③受托行缮制托收委托书并将光票寄交代收行;④提示光票;⑤付款人付款或拒付;⑥代收行发出贷记通知书或退票;⑦受托行付款或退票。

专栏4-7

光票托收的手续

1. 要求客户填制票据托收申请书。写明受益人的姓名、地址、票据种类、号码、付款金额、日期等。

2. 审核票据。受托行在票据持有人提示票据时,首先要查看该票据的付款银行;检查票据的大写小写是否相符,金额是否被涂改过;检查票据的出票日期是否是即期票据(远期票据另按要求办理寄票及承兑手续);检查票据上是否留有印鉴;检查票据是否经过背书转让,背书人与受益人是否为同一人,持票人是否是受益人本人;最后,与客户填写的托收申请书相核对。

3. 选择代理行。光票托收要选择代收行和最佳的索汇路线,以达到快速收汇的目的。首先,要看代收银行有无与票据同种货币的账户关系。若有同种货币的账户关系,则可以直接托收。若无同种货币的账户关系,则要选择与受托行有同种货币账户关系的代理行作为代收银行,代为向付款银行收款。如果付款银行当地无受托行的账户行,则将票据直接发往付款银行,同时在托收委托书上加注头寸条款,指示其以头寸拨划的方式来进行托收。

4. 填制托收委托书。选好代收行，就可以填制托收委托书，托收委托书上要注明代收行的名称、托收的业务编号、票据的张数、金额及寄发日期，托收委托书上要注有付款方式或头寸条款。最后，加注有权签字人的签字，连同票据以最快的方式发往代收行。

5. 结汇。代收行收妥票款后，发出贷记通知书，并将款项划拨到受托行账户上。受托行收到贷记通知后，经认真核销账目，才能对申请人付款。

二、跟单托收

跟单托收是随附货运单据的托收，是出口商在装运货物后，将汇票（也可以不要汇票）连同货运单据交给银行，委托银行代为收款的一种结算方式。

A documentary collection is an operation in which a bank collects payment on behalf of the seller (the principal) by delivering documents to the buyer.

（一）跟单托收的业务程序

1. 出口商按双方签订的合同发货，取得货运单据以后，开出汇票并填写托收申请书，委托自己的往来银行代为收款。托收申请书是委托人与托收行之间的委托代理合同，是委托人给托收行的指示。因此，托收申请书中应列明必要的详尽内容。

2. 托收行按委托人的要求和指示，缮制托收指示，随跟单汇票一起寄交国外的联行或代理行。托收指示中须加列货款收妥后的处理办法。

3. 代收行接到托收指示及跟单汇票以后，立即向进口商提示跟单汇票。如果托收指示中规定的是付款交单（D/P），代收行应提示进口商付款，然后交出单据；如果是承兑交单（D/A），等到汇票到期后提示对方付款。

4. 进口商付款或承兑后取得单据，并持单据向承运人提货。而代收行则将收妥的款项收入托收行账户并通知托收行。

5. 托收行收到代收行的收款通知后，立即办理对出口商的结汇。至此，跟单托收业务完成，其结算程序如图 4－3 所示。

若付款人拒付①货款，代收行要尽快通知托收行，并尽量告诉对方拒付的理由。如果委托人有指示，代收行还可以做成拒绝证书，但费用由委托人负担。如果代收行出于保护货物的目的而办理存仓、保险或采取其他措施，费用亦由委托人承担。

（二）交单条件

国际上通行的交单条件有两种，即付款交单和承兑交单。

---

① 进口商拒付即期汇票或拒绝承兑远期汇票与进口商拒付已承兑远期汇票不是一回事。在第一种情况下，出口商只能依据合同向进口商提出诉讼；而在第二种情况下，进口商除了对合同负法律责任外，还要对承兑汇票负法律责任。

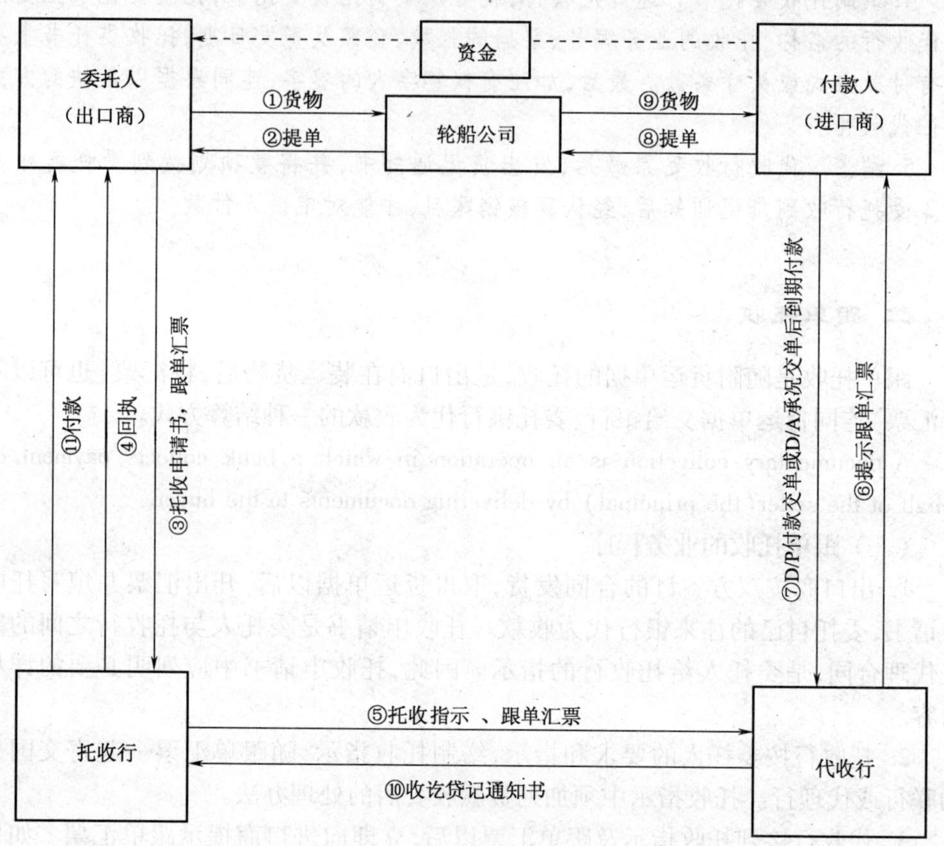

图 4-3　跟单托收结算程序

1. 付款交单。付款交单，简称 D/P，英语原文为："Documents to be released to drawee only on payment"或称"Documents against payment"。它包含着出口方对托收行和代收行的指示。

The presenting bank is authorized to release the documents to the drawee only against immediate payment. That means the payment should be effected on first presentation of the documents. Sometimes there is no draft in the documentary collection due to the levy of stamp duty.

在实际工作中，付款交单又分两种：一种是即期付款交单，英语为 D/P at sight，即当跟单汇票寄达进口方所在国的代收行后，由代收行向进口方提示，经后者审单无误后即付款赎单，货款与货运单据随之易手，此项托收业务即告完成。

此外，还有一种远期付款交单，英语的表述为 D/P. . . days after sight 或 D/P. . . months after sight，意为按这种交单条件，当代收行向进口方提示跟单汇票时，后者无须立即付款，而只要对远期汇票承兑，做出在汇票付款到期日保证付款的承诺。

由于这项交易的基本条件是付款交单(D/P),所以,进口方作为汇票的付款人虽已承兑了汇票但并不能取得代表物权的货运单据,只有在承兑到期之日付清票款才能获得货运单据。而在付款之前,货运单据仍由代收行掌管。所以,这种远期付款交单方式对出口方仍具有一定的保障,但对进口方却并无实际意义,因为他对远期汇票做了承兑,承担了该汇票付款到期之日一定付款的责任,但与此同时,他却拿不到代表物权的货运单据,他又何必多此一举呢?因而,这种方式在进出口结算中较少采用。

专栏4-8

D/P 90 天结算方式下进口商逾期不付款

案情:某年年初,国内A公司与印度B公司签订价值50万美元的男装出口合同,合同约定货物分9批出运,支付方式为D/P90天。A公司根据合同约定发运货物后,于9月收到第一笔货款2万美元,此后再未收到余款。由于投保了出口信用保险,A公司遂将上述逾期应收账款委托保险公司进行海外追偿。经信保公司海外调查发现,A公司未能如期收汇的根本原因在于其印度的代收行违规操作,D/P支付条件项下未收款就擅自放单。

分析:D/P远期托收的一般做法是,当托收单据到达代收行后,代收行向进口商提示单据,进口商承兑汇票后,单据仍由代收行保存,直至到期日代收行才凭进口商付款放单,进口商凭单提货。采用这种方式的原因在于货物在航程中要耽误一定时间,在单据到达代收行时货物可能尚未到港,而出口商对进口商资信又不甚了解,不愿其通过承兑便获得单据。这样,在进口商不付款的情况下,出口商凭代收行保存的货权单据可运回货物或就地转卖。相对于承兑交单项下的托收,该支付方式对出口商的保证稍微大一些。

但对于进口商而言,这种方式却可能造成一种不便,如货已到港而进口商因汇票未到期拿不到提货单据,就可能导致销货不及时,贻误商机,造成损失。因此,进口商经常要求代收行给予一定的融通,如果进口商信誉较好,可以借单提货或凭借信托收据等从代收行取得相关物权单据,先行提货。这样就给代收行带来风险:一旦进口商不付款,代收行必须垫付。所以,《托收统一规则》(以下简称《URC522》)中不鼓励D/P远期托收这种做法。不过,《URC522》同时又规定,若提交远期汇票且托收行指示书中注明凭付款交单,则单据只能凭付款交单。本案中,出口商在选择代收行时迁就进口商,未选择信誉好、资金实力雄厚的银行;而该代收行未按同业惯例操作,擅自放单,且信誉不佳,明知错误又拒不付款,最终造成A公司的收汇损失。

另外，D/P 远期托收业务还有其他风险。目前，有些国家一直将 D/P 远期作 D/A 处理，两者在这些国家法律上的解释是一致的，银行实务操作中也无区别。根据国际商会对《URC522》的解释精神，若托收业务与一国或地方所不得违反的法律和/或法规有抵触，则统一规则对有关当事人不具有约束力。此时，若出口商自认货权在握，不做相应风险防范，进口商信誉又欠佳，则极易造成“钱货两空”的被动局面。

启示：①办理 D/P 远期托收业务时尽量不要使远期天数与航程时间间隔过长，造成进口商不能及时提货，一旦货物行情发生变化，极易导致进口商拒不提货，出口商至少会蒙受运回货物或进行货物再处理的费用损失。②出口商在选择客户，尤其是做大额交易时，一定要先考虑客户的资信。通过投保信用险，对国外买家进行事先的征信评估，在一定程度上有助于控制客户资信不佳带来的风险。③要积极向银行咨询，尽量选择历史较悠久、熟知国际惯例，同时又信誉卓著的银行作为代收行，以避免银行操作失误、信誉欠佳造成的风险。

资料来源：http://jiesuan.tradeknow.com/439/43477.shtml。

2. 承兑交单。承兑交单，简称 D/A，英语原文为：“Documents to be released to drawee on acceptance of B/E”或称“Documents against acceptance”。其含义是：当代收行向进口方提示跟单汇票时，只要进口方对汇票承兑确认到期付款的责任，即能拿到代表物权的货运单据。非属信誉可靠的客户，出口方是不愿轻易采用承兑交单这种结算方式的。

The presenting bank releases the documents to the importer against his acceptance of a Bill of Exchange, which is usually payable 30 – 180 days after sight or at a fixed future date. The presenting bank must ensure that the acceptance of the Bill of Exchange is complete and correct. However, the presenting bank bears no responsibility for the authenticity of the signature, the authority of the signatory to sign or the creditworthiness of the acceptor.

有些银行还有一种变通的做法，叫付款交单凭信托收据借单，简称 D/P 下的 T/R，意思是：在付款交单这个前提下，代收行允许进口方在付款前开立一张信托收据（Trust Receipt, T/R），凭此收据从代收行借出货运单据，凭此提货出售后再把货款偿还银行。显然，这是在付款交单的前提下的一种变通办法，是代收行（或者出口商）对进口方提供的融资便利。

专栏 4-9

D/P at sight 下的即期汇票范例

<table>
<tr><td>Exchange for HKD21 500.00</td><td>Beijing, 15 April, 2014</td></tr>
<tr><td colspan="2">D/P At sight of this First bill of Exchange (Second of the same tenor and date unpaid)
pay to the order of The Industrial and Commercial Bank of China
the sum of Hong Kong dollars twenty one thousand five hundred only
Drawn against shipment of 22 bales of pongee from Beijing to Hong Kong for collection.</td></tr>
<tr><td>To Sunlight Garments Company,
314 Locky Road, Hong Kong.</td><td>For Beijing Textiles Import and Export
Corporation, Beijing
Signature Manager</td></tr>
</table>

专栏 4-10

其他类型的交单条件

1. 分批部分付款(Partial Payment),即凭一部分即期付款,其余部分凭承兑远期汇票而交单(Delivery of documents against part of collection to be paid at sight and the balance by way of the acceptance of a separate draft payable at a future date)。

2. 凭本票交单(Delivery of documents against promissory note)。

3. 凭付款承诺交单(Delivery of documents against letters of undertaking to pay)。

4. 凭签字的信托收据交单(Delivery of documents against a signed trust receipt)。

5. 凭买方或其银行开立保函担保在固定将来日期付款而交单(Delivery of documents against letter of guarantee from the buyers or their bank guaranteeing payment must be made at a fixed future date)。

(三)付款交单(D/P)与承兑交单(D/A)的比较

在付款交单方式下,只有在进口方付清货款后才能得到货运单据。对于进出口方而言,是一方交款,一方交单。可见,这种交单条件给出口方提供了一定的保障。

在承兑交单方式下,进口方先行拿到了单据提取了货物,然后待汇票承兑到期付款之日再履行付款责任。这种交单条件无疑对进口方十分有利,也是出口方对进口方提供了一定的商业信用。反过来说,这种交单条件对出口方却具有一定的风险。两者的异同见表4-1。

表4-1 付款交单(D/P)与承兑交单(D/A)的比较

	付款交单	承兑交单
名　称	Documents against Payment, D/P	Documents against Acceptance, D/A
汇　票	即期汇票,也可不要	必须要有远期汇票
是否承兑	不需要	必须承兑
交单条件	付款赎单	承兑赎单
风　险	商业信用,可以控制物权,出口商面临一定风险	商业信用,无法控制物权,有可能钱货两空

专栏4-11

如何选择使用D/P和D/A

根据货物自身的状况确定交单方式:对于质量好,畅销的产品,首选D/P;反之,则应使用D/A。

根据市场环境确定交单方式:对于季节性商品,适季产品首选D/P,过季产品应使用D/A。

根据贸易方式确定交单方式:如以货易货、三来一补等,应根据具体情况选择合适的交单方式。

根据贸易关系确定交单方式:对于老客户可以选择D/A,对于新客户则最好从D/P开始。

第三节 跟单托收的风险及其防范

一、跟单托收的风险

托收这种方式,不论交单条件是D/P还是D/A,总是出口方发货在先收取货款在后。出口方与托收行之间,托收行与代收行之间的关系,仅是委托和接受委托，代理和接受代理的关系。因此，出口货款能否收妥，何时收妥，收多收寡，两家银行概不能负责。出口方唯一依靠的是进口方的信誉，这就是我们通常所说的商业信用。

在跟单托收业务中，银行仅提供服务，而不提供任何信用担保。银行在传递单据，收取款项的过程中不保证付款人（进口商）一定付款，对单据是否齐全，是否符合买卖合同规定也不负责，即使有的银行按“单同一致”的原则来审核单据，也仅仅是出于对委托人（出口方收款人）的“善意”和额外服务，若单据与合同不一致，托收行仅是提请委托人注意“单同不一致”的情况，是否需要修改由委托人自行做出决定，银行对此没有强制性。对货物到达目的地后，遇到进口方拒不赎单而导致的无人提货和办理进口手续等情况，除非事先征得银行同意，银行也无照管货物之责。因而，跟单托收作为一种结算方式，对出口方收款人有较大的风险，对进口方付款人也有一定的风险。

（一）出口方收款人的风险

在跟单托收业务中，出口方收款人采用托收作为结算方式，依靠的是进口方付款人的信誉，相信进口商在被提示汇票和单据时，会履行合同规定的付款或承兑及付款义务。若进口商能按时履约，结算能顺利进行；但如果进口方付款人违约，拒绝承兑或拒绝付款，或因种种原因无力付款，则出口方收款人将陷入极为被动的局面。常见的出口方付款人的风险有以下几种：

1. 进口方付款人破产、倒闭或失去偿付能力。

2. 进口地货物价格下跌或产生不利于货物的其他情形，进口方付款人借口拒付或承兑，甚至承兑到期后仍拒绝付款。

3. 出口方收款人交付货物的质量、数量、包装、时间等不符合买卖合同规定，进口方付款人拒绝履行付款义务，或要求降低价格，甚至要求索赔。

4. 进口方付款人进口所在地国家限制或“有条件进口”的产品，需要凭“进口许可证”或类似的特别证明才能进口该类产品，但在货到目的地、单据到达或付款到期时，还未取得该类证明文件，使货物到达目的地时被禁止进口或被处罚；或在外汇管制国家，进口方付款人未能及时申请到外汇，不能按时付款取货。

5. 进口方付款人在承兑交单方式下，凭承兑汇票取得单据后，到期拒付，出口方收款人虽然可以凭进口商承兑的汇票要求其承担法律责任，但打一个跨国的“官司”费钱、费时又费力，有时收汇的款项还抵不上聘请律师的费用，或在此时进口方付款人已经破产、倒闭，最终可能仍然“钱货两空”，甚至倒贴各种费用。

（二）进口方付款人的风险

跟单托收业务中，由于银行并不担保出口商会按买卖合同交货，即使银行审核了单据并要求出口商做到“单同一致”（单据与合同一致），也仅仅是单据的表面与合同一致，而非实质的一致，因此进口商仍可能面临以下风险：

1. 在按合同规定对出口方收款人通过银行提示的单据付款或承兑后，凭单据提取的货物与合同不符。

2. 在远期付款交单项下，承兑了汇票后，到期不能从代收行处取得单据，而自己却承担了到期付款的责任。

在使用跟单托收方式时，进口方付款人虽也有一定的风险，但出口方收款人承担的风险要大得多。因而，为防止风险、减少损失，进出口双方事先均要调查对方的资信情况，而出口方收款人对进口方付款人的资信等情况更要了解得十分清楚，并确信安全可靠后才能使用托收方式，特别是对承兑交单这种方式更应慎之又慎。

二、跟单托收的风险防范

由于跟单托收有利于进口方付款人、不利于出口方收款人的显著特点，因此，跟单托收的风险主要是指出口方收款人的风险。出口方收款人如何在跟单托收结算方式下，趋利避害，安全收汇，一直是广大外贸工作者关注的焦点。作为出口方收款人，必须把握以下几个主要方面：

(一)事先调查进口方付款人的资信状况和经营作风

1. 事先调查。特别是对于新客户，一定要事先调查。要先了解进口方付款人的"底细"，再决定是否与之交易或交易量的大小。对新客户的资信调查，首先要确定该公司是否经过政府有关主管部门批准设立，最好能取得相应的登记证明、公司章程、股东名册等。其次，了解其组织背景、经营能力、往来客户及银行(账户行)对该公司的评价及年销售状况等。

2. 定期调查。资信调查是一项长期的工作，只要继续与客户往来交易，就必须持之以恒地做资信调查，随时了解客户的最新动态信息。

3. 临时性调查。当往来客户有异常情况，如客户突然要求提高交易额度、要求改变付款方式或拖延付款时间，出口方收款人应及时做资信调查，并根据情况采取相应的措施。

4. 调查的途径。一般要求客户提供自己的基本情况，如名称、地址、账户行名称、年营业额、经营范围等，然后通过其他途径进行查询，核实和补充客户的情况。查询通常有以下三个途径：

(1)上网查询。要求公司提供网址，直接上网查询，这是最方便、快捷、费用最便宜的查询方式，但由于是公司自制的网页，有自卖自夸之嫌，其可信度可能要打"折扣"。当然，如果有知名度的客户特别是大客户，在其政府的有关网站上也有其相关的资料，则可信度较高。

(2)通过银行查询。要求客户提供业务往来账户银行的名称、地址等，并将其提供给自己的账户行，请自己的账户行与客户的账户行联系(或双方账户行之间无代理关系而转到第三家银行)，查询客户的情况，尽管银行查询答复的内容一般比较简单，如仅仅描述为"××客户资信良好，没有不良记录"等，最后还加上了银行的免责条款，如"本银行及其工作人员对以上内容不负责任"等类似字句，但其可信度高，出口方可高度信赖。

(3)通过专业的咨询公司。通过专业的咨询公司对客户进行咨询现在已相当普遍。咨询公司通过登录国外政府公用网站(如法院网站等)查询、专职调查员亲自上门拜访客户等,能获得被指定调查客户的较为翔实的资料,如相应的登记证明、公司章程、股东名册、公司规模、背景、经营者的能力、往来客户及银行(账户行)、财务状况、年销售状况,甚至以往客户的分布地区等,最后还有咨询公司对该客户的总体评价。但一般这类专业咨询公司的收费较高,并且给予咨询公司查询的时间越短,收费越高。

(二)了解出口商品在进口国的市场行情

出口方必须了解该出口商品在进口国的市场行情,根据不同的情况做出决策。例如:当出口商品在进口国家属于滞销商品,出口商又急于使商品进入进口国市场,在进口商资信和经营作风良好的条件下,为鼓励进口方经营该商品,给予进口商一定的优惠,可考虑使用远期承兑交单;反之,在出口商品在进口国家属于畅销商品,进口方又急于要货的情况下,若进口商资信和经营作风一般,则可考虑使用付款交单。

(三)熟悉进口国的贸易管制和外汇管理法规

对于有进口管制的国家,应确定进口方付款人已获得有关法定部门的进口许可证明或类似文件;如果进口方所在国是有外汇管制的国家,或当本国货币为不可自由兑换货币时,应确定进口方付款人已取得相关的外汇额度,或该国外汇管理法规需要的证明文件。否则,一般不宜贸然发货,以免产生货到目的地后发生由于不准进口或没有许可证明不能进口,导致货物长期滞留港口或被处罚没收的情况;或由于缺乏外汇额度,进口方付款人无法付出外汇的情形。

(四)要了解进口国银行的习惯做法

在跟单托收业务中,无论是银行还是企业,各当事人对即期付款交单和远期承兑交单的操作、各自应承担的义务和责任都趋于一致,没有多大的争议。但在远期付款交单项下,各当事人对各自应承担的义务和责任、具体的业务操作均有较大的分歧。银行,特别是代收行往往喜欢按自己的习惯操作业务,而且,由于《托收统一规则》宽容和支持银行的“习惯”:其第11条c款明确指出,一方委托另一方提供服务时,应受外国法律和惯例规定的义务和责任的约束,并对受托方承担该项义务和责任负有赔偿之责。这使代收行更肆无忌惮地按自己的“习惯”来操作业务,有时使出口方收款人的收汇徒增危险,这就需要出口方收款人对该国当事人,特别是托收业务中的银行的习惯做法有充分的了解。

例如,一些南亚和拉美国家的代收行,基于当地的法律和习惯,对来自别国的远期付款交单方式的托收业务,通常在进口方付款人承兑汇票后就立即将单据交给进口商,即把远期付款交单擅自改为按承兑交单处理。他们认为:汇票付款人一经承兑即成为汇票的主债务人,因此,进口商在尚未获取物权凭证之前就需承担债务,对进口商来说是不公平的。因而,代收行通常把受托按远期付款的跟单托收业务,按承兑交单来处理,这种做法虽然超越了委托人的授权,却符合当地法律的“对价”原则。在这种情况下,如进口商信守合同和票据法的规定,按时付款,则出口方收款人尚能安全收汇;若进口方付款人信誉不佳、市场疲软,或遇进口方付款人居心不良甚至心存欺诈,出口方收款人就可能“钱货两空”。

(五)使用适当的贸易术语,争取出口方收款人办理保险

在跟单托收业务中,出口方收款人应使用适当的贸易术语,争取自己办理出口货物的保险,以便应对日后的不利情况。在出口托收业务中,出口方应争取按 CIF(到岸价)或 CIP(运费、保险费付至……指定目的地)条件达成协议或签订合同,这样顺理成章,出口货物的保险由出口商负责办理。如按 FOB(离岸价、起运港船上交货)、FCA(货交承运人)、CFR(成本加运费)、CPT(运费付至……目的地)条件成交,则由进口商办理保险。尽管根据惯例,在这六种贸易术语的贸易中,出口商承担的风险自货物在装运港越过船舷或交承运人时为止,以后的一切风险,包括货物在运输途中和必要的转运至目的港或目的地后装卸过程中由于自然灾害、意外事故及外来原因所造成的一切损失都应由进口商承担。无论由哪一方办理投保手续,一旦发生损失,需要向保险人索赔时均应由进口商办理。但是,在跟单托收这种不利于出口商的结算方式下,进口商拒付毁约较为容易,而出口商对之缺乏相应的有效制约措施,因此,出口商不能不关心在货物装运后、进口商付款前,货物可能遇到的各种风险。如果以 CIF,CIP 作为价格条件,由出口商自己办理保险,万一货物出险,又遇进口商拒付,由于出口商掌握保险单,就可以据此向保险公司索赔;而如果采用如 FOB,FCA,CFR,CPT 等价格条件,当货物出险,又遇进口商拒付时,其所有的损失有可能由出口商承担。另外,若商品的“行情”正走“下坡路”,出口商有权与进口商交涉,但往往收效甚微。即使进口商已办理投保手续,但由于保险单在进口商手中,虽然运输单据因进口商的拒付仍为出口商所掌握,但要向保险人索赔,除非是进口商将保险单转让给出口商,否则,出口商无法取得保险公司的赔款,而往往在这时,双方关系已经破裂,进口商能否转让保险单给出口商很成问题。因此,较为妥当的办法是出口商自行办理保险。

(六)办理出口信用保险

出口信用保险是政府为了推动、鼓励出口贸易,保障出口企业的收汇安全而制定的一项由国家财政提供保险准备金的政策性保险业务,一般适用于付款期限不超过 180 天的承兑交单(D/A)、赊销(O/A)等结算方式项下的保险。出口信用保险可承担如下风险:

1. 商业风险:① 买方无力偿还债务或破产。② 买方拒收货物并拒付货款。③ 买方拖欠货款。

2. 政治风险:① 买方国家禁止或限制汇兑。② 买方国家进口管制。③ 买方国家撤销进口许可证。④ 买方所在国或货款须经过的第三国颁布延期付款令。⑤ 买方国家发生战争、暴乱或革命。⑥ 被保险人和买方均无法控制的非常事件。

出口信用保险,是将进口商的信用风险转由保险公司承担,因此,出口商办理出口信用保险不失为目前规避进口商风险的相对有效的手段之一。当然,出口信用保险收费较高,一般在 1% ~2% 左右,风险越高的国家或地区,手续费越高,相对于银行费用的1‰,会多出10倍以上。因而,出口商也应权衡利弊后再做打算。

专栏4-12

托收项下单据抬头制作错误导致损失案

案情:香港A公司偕同其国外总公司负责人与我方某出口公司签订贸易合约,价格条件为CIF鹿特丹,以托收方式结算。合约由我方出口公司与香港A公司出面签字,合约上购货人栏注明其国外总公司的名称。我方出口公司根据合约缮制单据时,认为合约是与香港A公司签订的,汇票的付款人、发票的收货人与提单的被通知人均做成了香港A公司抬头,全套单据委托中国银行按即期付款交单方式向香港A公司收款。

此后,我方出口公司发现该批货款逾期多时尚未回收。经查明货物早已抵达目的港,但因为香港A公司的总公司未见到有关单据,货物尚存海关仓库,须支付存储费用7 000美元。我方出口公司只能通过托收行将单据从香港退还,更改各种单据的抬头,通过银行对其总公司进行托收。在此期间,存储费用增至35 000美元。不久,香港A公司的总公司来电声称其只承担10 000美元的存储费用,余数概由我方出口公司自理。当我方出口公司表示同意并要求对方迅速付款赎单时,对方再度提出按发票金额的40%付款。由于港口费用激增,我方被迫减价40%,只收回货款的1/4而结案。

分析:托收的信用基础是商业信用,托收中的银行只是一般的代理人,对托收业务中的一切风险、费用等概不负责。本案中出口商单据抬头制作的错误所引致的货款无法及时回收应当由其自身负责。同时,进口商资信也不佳,出口商因自身的错误而给了进口商压价的机会,所以才导致只收回1/4货款的结果。

资料来源:李晓洁:《国际贸易结算》,上海财经大学出版社,2003年版,第105页。

本章小结

1. 托收(Collection)是银行根据委托人的指示处理金融单据或商业单据,目的是在于取得承兑或付款,并在承兑或付款后交付单据的行为。

2. 托收方式涉及的基本当事人有债权人(出口商)、债务人(进口商)、债权人所在地的银行(托收行)和债务人所在地的银行(代收行)。

3. 托收根据所附单据不同,有光票托收和跟单托收之分。光票是指不附带任何货运单据的票据(其中仅附非货运单据,如发票、垫款清单等也属于光票范畴)。常见的光票有银行汇票、本票、支票、旅行支票和商业汇票等。跟单托收是指金融票据随附货运单据或者仅有货运单据的托收，国际贸易托收一般是跟单托收。

4. 跟单托收有两种不同的交单方式：付款交单(D/P)和承兑交单(D/A)。

复习思考题

一、单选题

1. 在托收中(　)是债权人。

A. 出票人　B. 收票人　C. 托收行　D. 代收行

2. 承兑交单的英文简称是：(　)。

A. D/P　B. D/A　C. P/D　D. P/A

3. 接受托收行的委托代为提示汇票、收取货款的银行就是(　)。

A. 托收行　B. 代收行　C. 付款行　D. 代理行

4. 付款人的英文缩写是：(　)。

A. Drawer　B. Principal　C. Consignor　D. Drawee

5. 托收是一种(　)。

A. 顺汇方式　B. 保证出口商能得到付款的方法

C. 商业信用的支付方式　D. 进口商向出口商提供融资的付款方式

6. 托收方式中使用的汇票是(　)。

A. 商业汇票，属于商业信用　B. 商业汇票，属于银行信用

C. 银行汇票，属于商业信用　D. 银行汇票，属于银行信用

7. 托收行的义务之一是(　)。

A. 确保货物得到保护　B. 按委托人的指示办事

C. 审核单据的内容　D. 保证为委托人收取款项

8. 托收行将单据寄到(　)，进口商接到通知后，前来银行取单。

A. 己方银行　B. 对方托收行　C. 代收行　D. 出口方银行

9. Principal 在托收业务中的意思是(　)。

A. 托收行　B. 卖方　C. 代收行　D. 买方

10. 托收和信用证两种支付方式使用的汇票都是商业汇票，都是通过银行收款(　)。

A. 但是托收属于商业信用，信用证属于银行信用

B. 但是托收属于银行信用，信用证属于商业信用

C. 两者都属于商业信用

D. 两者都属于银行信用

11. 托收行的英文是：(　)。

A. Collecting Bank　B. Presenting Bank　C. Remitting Bank　D. Consignor

12. 在托收方式下,下列对出口商最有利的交单条款是(　　)。

A. 即期付款交单　　B. 远期付款交单

C. 承兑交单　　D. 远期限付款交单,凭信托收据借单

13. 付款交单方式下,若货物先到而付款期限未到,买方可按下述方式提货:(　　)。

A. D/P at sight　B. D/P T/R　C. D/P T/T　D. D/A T/R

14. 某公司委托银行办理托收,单据于2月5日到达代收行,同日向付款人提示。假如①D/P即期;②D/P30天;③D/A30天;付款人分别应于何日付款?(　　)

A. 2月5日;3月9日;3月9日

B. 3月9日;3月9日;3月9日

C. 2月5日;2月5日;2月5日

D. 2月5日;3月9日;2月5日

15. 付款交单凭信托收据借单是(　　)的融资。

A. 进口商给予出口商　　B. 托收行给予进口商

C. 代收行给予出口商　　D. 代收行或出口商给予进口商

16. 某公司委托银行办理托收,银行分两次寄单。第一次航邮单据因航空失事丢失商检证书正本。付款人提出缺正本商检证书,拒付货款,对此(　　)。

A. 银行有责任　　B. 银行无责任

C. 银行和委托人都有部分责任　　D. 无法判断

17. 在一笔托收业务中,下列(　　)是托收行应做的工作。

A. 制作托收指示、向付款人提示跟单汇票

B. 填写托收申请书、制作托收指示

C. 审查单据内容、制作托收指示

D. 依据托收申请书审查单据种类、份数,制作托收指示

18. 在一笔托收业务中,下列(　　)是代收行应做的工作。

A. 制作托收指示、向付款人提示跟单汇票

B. 开立跟单汇票、制作托收通知书

C. 审查单据内容、制作托收通知书

D. 制作托收通知书、向付款人提示跟单汇票

二、判断题

1. 托收方式是顺汇方式。(　　)

2. 在托收业务中,当进口商没有能力付款时,托收行负有连带责任。(　　)

3. 当银行将发生的一些意外情况通知委托人时,委托人必须及时指示,否则,因此而发生的损失由委托人自行负责。(　　)

4. 代收行与付款人之间存在委托代理关系。(　　)

5. 银行在受理托收业务时,不用承担连带责任,因此,对于未按照申请书的指示而产生的后果,银行也不用对其过失负责。(　　)

6. 承兑交单,即 Document Against Payment,卖方开立的一定是远期汇票。( )

7. 承兑交单方式对进口方十分有利。( )

8. 托收通过银行进行,所以托收属于银行信用。( )

9. 托收的最大特点是"收妥付汇、实收实付"。( )

10. 付款交单(D/P)与承兑交单(D/A)都有一定的风险,一般说来,D/A 方式风险较小,更易为卖方所接受。( )

11. 委托人与托收行之间的关系是委托代理关系。( )

12. 在实际工作中,付款交单又分为两种:即期付款交单与远期付款交单。( )

13. 提示行的英文是 Collecting Bank。( )

14. If the instructions are D/P the importer's bank will release the documents to the importer only against payment. ( )

15. The principal is usually the importer. ( )

16. Promissory notes are commercial documents. ( )

17. Banks have no liability for any delay or loss caused by postal or telex failure. ( )

18. In the case of documents payable at sight the presenting bank must make presentation for payment without delay. ( )

19. Goods should not be dispatched direct to the address of a bank or consigned to a bank without prior agreement on the part of that bank. ( )

三、业务分析题

1. 2007 年 2 月,我国 A 公司与英国 B 公司签订出口合同,支付方式为 D/P 120 Days After Sight。中国 C 银行将单据寄出后,直到 2007 年 8 月尚未收到款项,遂应 A 公司要求指示英国 D 代收行退单,直到 D 代收行回电才得知单据已凭进口商 B 公司承兑放单,虽经多方努力,但进口商 B 公司以种种理由不付款,进出口商之间交涉无果。后中国 C 银行一再强调是英国 D 代收行错误放单造成出口商钱货损失,要求 D 代收行付款,D 代收行对中国 C 银行的催收拒不答复。10 月 25 日,D 代收行告知中国 C 银行进口商已宣布破产,并随附法院破产通知书,致使出口商钱货两空。试分析此案例。

2. 某外贸公司受国内用户委托,以本公司名义与国外一公司签订一项进口某商品的合同,支付条件为"即期付款交单"。在履行合同时,卖方未经该公司同意,就直接将货物连同单据都交给了国内用户,但该国内用户在收到货物后由于财务困难,无力支付货款。在这种情况下,国外卖方认为,我外贸公司作为合同的买方,根据买卖合同的支付条款,要求我公司支付货款。请问:外贸公司是否有义务支付货款?

3. 有四笔出口业务,付款方式分别为①D/P 即期(D/P)(D/P at sight);②D/P 见票 30 天(D/P at 30 days after sight);③D/A 见票 30 天(D/A at 30 days after

sight);④D/P 见票 30 天,凭信托收据借取单据。设寄单之邮程为 7 天,托收日为 7 月 1 日。问以上四笔业务的提示日、承兑日、付款日、交单日各为何日?(姑且不计银行合理工作时间)

四、业务操作题

2007 年 8 月 4 日上海 A 贸易公司[shanghai A E. &I. Co. No. 1023, Nanjing Road(East) Shanghai, China]出口装运 5 000 打、价值 50 000 美元的纯棉男式衬衫(Pure Cotton Men's Shirts, Art. No. 9 - 71323, Size Assortment:S/3 M/b and L/3 per doz.)到香港 N 贸易有限公司(Hongkong N Trading Co., Ltd, 21Locky Road, Hongkong),委托中国银行上海分行办理托收,交单条件为 D/P 即期,并指定要求中国银行香港分行作为代收行。

问题:

(1)请开立跟单汇票。

(2)请指出:托收汇票上的收款人抬头可以有哪几种写法?在不同的抬头下,有怎样不同的操作?

第五章　信用证

要点提示

- 掌握信用证的含义、特点和形式
- 理解信用证的三方契约关系和信用证的作用
- 了解信用证的主要内容，能够熟练阅读信用证
- 了解信用证的种类及其选择
- 掌握信用证业务的操作程序
- 掌握信用证的当事人及其权利和义务关系，理解信用证主要当事人之间的关系

第一节　信用证的概念、特点与内容

一、信用证的含义和特点

（一）信用证的含义

信用证(Letter of Credit)是银行作出的有条件的付款承诺。它是开证银行根据申请人(进口商)的要求和指示作出的在满足信用证要求和提交信用证规定的单据的条件下，向第三者(受益人、出口商)开立的承诺在一定期限内支付一定金额的书面文件。

Credit means any arrangement, however named or described, that is irrevocable and thereby constitutes a definite undertaking of the issuing bank to honour a complying presentation. (UCP600 article 2)

通常，当出口商觉得风险较大时，会要求进口商向银行申请开立信用证，由银行作出书面付款承诺，只要出口商能满足有关条件，作出付款承诺的银行就会付款，从而降低了出口商的收款风险。

对于信用证的定义，我们应该把握以下三点：

1. 开证行承担第一性付款责任。信用证是开证行作出的付款承诺，开证行要承担第一性付款责任。也就是说，信用证结算方式下，银行取代进口商成为第一付款人。

2. 开证行可以自己付款,也可以委托其他银行代付。根据国际商会第 600 号出版物《跟单信用证统一惯例》(简称《UCP 600》)第 7 条的规定,开证行的付款方式有三种:

(1)直接付款。其包括向受益人或其指定人付款,或承兑及支付受益人出具的汇票。

(2)指定另一银行付款。其包括指定另一银行付款,或承兑及支付受益人出具的汇票。

(3)授权其他银行议付。授权其他银行有追索权地买进受益人持有的跟单汇票或信用证规定的单据。不过,从严格意义上讲,这不是一种真正的付款方式,而是跟单汇票或单据的转让,受让人仍需向付款行寄单并要求其付款。

3. 银行的付款是有条件的。银行只是在信用证下的单据满足相符提示的条件下才履行付款责任。UCP600 第 2 条指出:“相符提示意指与信用证条款,本惯例中所适用的规定及国际标准银行实务相一致的提示。”而在 UCP500 中仅规定单据在“与信用证条款相符的条件下提示”。由此可见,在 UCP600 中,对单据提示的要求更为严格,“提示”(Presentation)从符合一方面规定(信用证)到符合三方面的规定。

(二)信用证的特点

1. 信用证是一种银行信用,开证行承担第一性付款责任。在任何情况下,银行一旦开出信用证,就表明其以自己的信用做了付款保证,并因此处于第一性付款人的地位。只要受益人提交的单据与信用证的条款一致,开证行就必须承担首先付款的责任。可见,信用证是一种银行信用,开证行对受益人的责任是一种独立的付款责任。

专栏5-1

开证行需要承担第一性的付款责任

案情:我国某出口公司通过通知行收到一份国外银行开出的不可撤销信用证,该公司按信用证要求将货物装船后,但在尚未交单议付时,突然接到开证行通知,称:“开证申请人(进口商)已经倒闭,本开证行不再承担付款责任”。那么开证行的做法是否正确呢?

分析:开证行的做法不正确。申请人的倒闭不是信用证撤销/修改的理由,开证行必须履行信用证下的义务。但是在实务中,考虑到信用证项下的款项最终是由申请人来承担的,因此申请人的倒闭将使受益人的权益得不到有效的保障,贸然发货很可能会受到开证行的百般挑单。

2. 信用证是一种自足文件,它不依附于贸易合同而存在。信用证的开立当然以买卖双方签订的贸易合同为基础,但一经开出并被受益人接受,便成为独立于贸易合同以外的独立契约,不受贸易合同的约束。

UCP600 第 4 条规定:“信用证就性质而言是独立于可能作为其依据的销售合同或其他合同的交易。即使信用证中涉及该合同,银行也与该合同完全无关,且不受其约束。”“开证行应劝阻申请人试图将基础合同、形式发票或其他类似文件的副本作为信用证整体组成部分的任何做法。”

可见,信用证是独立于贸易合同以外的另一份契约,是一份独立、完整的自足文件。银行只对信用证负责,对贸易合同没有审查和监督执行的义务。贸易合同的修改、变更甚至失效都丝毫不影响信用证的效力。

信用证与贸易合同的关系可归纳为两个方面:信用证的开立以合同为基础(合同是信用证开立的基础);信用证被受益人接受后,其效力便独立于合同。

专栏 5-2

信用证独立于贸易合同

案情:我国某公司向美国出口一批货物,合同规定 8 月份装船,后国外开来信用证将装船期定为 8 月 15 日前。但 8 月 15 日前无船去美国,我方立即要求美商将装船期延至 9 月 15 日前装运。美商来电称:同意修改合同,将装船期、有效期顺延 1 个月。该公司于 9 月 10 日装船,15 日持全套单据向指定银行办理议付,但被银行以单证不符拒绝议付。试问议付行的做法合理吗?

分析:议付行做法正确。根据 UCP600 第 4 条的相关规定,信用证是独立于贸易合同以外的另一份契约,是一份独立、完整的自足文件。银行只对信用证负责,对贸易合同没有审查和监督执行的义务。贸易合同的修改、变更甚至失效都丝毫不影响信用证的效力。

该出口商应该做的就是,在货物出运前联系进口商要求改证,使信用证与修改的合同有关内容相符。出口商在收到开证行修改书后方能发货,这样才能保障自己的利益。

3. 信用证业务是一种纯粹的单据业务,它处理的对象是单据。UCP 600 第 5 条规定:“银行仅处理单据,而不是单据涉及的货物、服务或其他行为。”因此,信用证结算方式是一种纯粹的单据业务,只要提交的单据与信用证相符,开证行就应承担付款责任。若货物有质量等与单据无关的问题,并不应该影响开证行的付款责任。

银行判别单据是否与信用证相符，是根据单据的“表面”：UCP600 第 14 条 A 款规定：“按照指定行事的指定银行、保兑行（如有），以及开证行必须仅以单据为基础对提示的单据进行审核，并且以此决定单据是否在表面上与信用证条款构成相符提示。”第 34 条进一步规定：“银行对任何单据的形式、完整性、准确性、内容真实性、单据真伪性或法律效力，或对于单据中规定的或附加的一般性或特殊性条件，概不负责；银行对于任何单据所代表的货物、服务和其他履约行为的描述、数量、重量、质量、状况、包装、交货、价值或存在，对于发货人、承运人、货运代理人、收货人、保险承保人或其他任何人的诚信、行为、疏忽、清偿能力、履约能力和信誉状况，也概不负责。”

在信用证方式下，即使开证申请人发现单据是伪造的，即被欺诈，但只要单据表面上与信用证相符，开证申请人就必须向开证行付款。这是因为，其被欺诈与信用证及开证行没有任何关系，后者对此不承担任何责任。如果出现此类情况，开证申请人只能以进口商身份凭贸易合同与出口商交涉，或申请仲裁甚至提起诉讼。当申请人已经掌握证据表明受益人存在欺诈的情况下，申请人应该向法院申请止付令，以保障自己的合法权益。

专栏 5-3

法庭止付令禁止银行对外支付案

案情：B 银行议付了由 A 银行开立的一份信用证项下的汇票。单据寄给了 A 银行，并由 A 银行承兑，到期日为 1998 年 3 月 4 日。货物已按照 CFR 条件装运，但是集装箱在从港口运往开证申请人指定的 M 国 P 城的过程中被窃。信用证申请人——A 银行的客户，在 A 银行所在国法庭起诉，并得到了法庭签发的止付令，禁止 A 银行在到期日支付该行。B 银行认为，既然信用证是根据 ICC 规则开立的，银行只管单据，只对单据负责，而不管货物。现在单据符合信用证条款，而且 A 银行业已承兑，因此，B 银行应该得到全额偿付，开证行不应以任何借口延误付款。

分析：根据 UCP500 及 UCP600 的有关规定，既然开证行 A 银行接受了单据，并承诺在到期日即 1998 年 3 月 4 日付款，那么，它就应该付款。A 银行受止付令约束不能付款的事实，超出了 UCP 适用范围，属于地方法律的管辖范畴。但是，一般的理解是，集装箱失窃应当通过向保险公司索赔来解决，而不是靠法庭止付令来阻止信用证项下的付款。

资料来源：《ICC 银行委员会意见汇编 1995－2001》，中国民主法制出版社，2003 年版。

二、信用证下的契约安排

(一)信用证下的三方契约

在跟单信用证业务中存在着三方的契约安排:①买卖双方(即申请人和受益人)间的销售合同;②开证申请人与开证行间的开证申请书,还包括开证协议、担保协议等;③开证行与受益人间的信用证,若存在保兑行,则保兑行与受益人间仍存在信用证的契约安排。如图 5-1 所示。

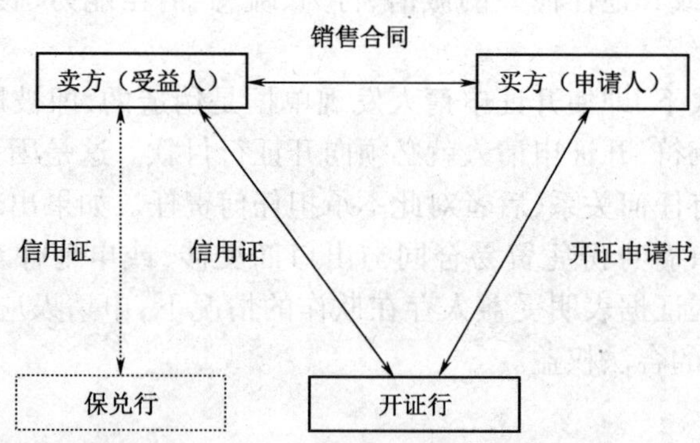

图 5-1 信用证下的契约关系

(二)三方的契约关系

在信用证业务中,这三方面契约中的每一项都是独立的。

首先,受益人不得利用银行与银行之间或开证行与申请人之间存在的契约关系。例如,开证行指定出口地的通知行为保兑行,但该通知行不愿意加具保兑,受益人不能强行要求。又如,因受益人提交的单据有不符点,开证行拒付,虽然此时受益人获悉申请人已通知开证行放弃不符点,受益人仍不能以此为理由要求开证行付款。

其次,申请人因与开证行或与受益人间的关系而产生的索偿或抗辩不得影响银行的付款承诺。例如,开证申请书写明货物为"Grade A",而开证行在信用证中漏掉了此项内容,虽然单证相符,但申请人追究开证行责任,拒绝付款赎单,此时开证行仍应对外付款。又如,虽然单证相符,但申请人由于受益人以前一笔出口货物的索赔尚未解决,要求开证行拒付,用这笔货款来抵偿该索赔款,此时开证行不能答应开证申请人这一要求,而应及时对外付款。

信用证作为一种合约,必然会与其他合约有联系,如信用证与商贸合同,信用证与银行间的业务代理合约等。信用证项下的各当事人不能引用有联系合约的某项规定、依据,尤其是信用证受益人更不得利用这种有联系的合约以求得某种利益。

三、信用证的形式和内容

(一) 信用证的形式

根据信用证的开立方式及记载内容的不同,可将信用证分为信开本信用证和电开本信用证。

1. 信开本信用证。信开本信用证(Letter of Credit)是指以信函(Letter)形式开立的信用证,其记载的内容比较全面。银行一般都有印就的信用证格式,开立时填入具体内容即可。信开本信用证一般是开立一式两份或两份以上,开立后以航空挂号信寄出。这是一种传统的开立信用证的方式。信开本信用证任何时候都是信用证的有效文本,是开证行与出口商之间具有法律效力的合同。

样例 5-1 信开本信用证(中文)

正本 ＿＿＿＿＿银行 [7]

地址＿＿＿＿＿日期＿＿＿＿＿

致

敬启者

兹开立不可撤销信用证 第＿＿＿＿＿号

受益人＿＿＿＿＿

开证人＿＿＿＿＿汇票金额不得超过＿＿＿＿＿

金额大写＿＿＿＿＿按＿＿＿＿＿%装运下列出口货物之发票金额计算:

自你地＿＿＿＿＿运至＿＿＿＿＿价格为＿＿＿＿＿

受益人签发＿＿＿＿＿日期汇票以我行为付款人并附具下列注有"×"标记之单据

□签署发票一式两份

□保险单或保险凭证按发票金额加＿＿＿＿＿%保妥下列各险:

□平安险/水渍险/一切险及战争险

□陆上运输险

□

□全套清洁"已装运"海运提单作成我行抬头

注明运费付讫通知开证人

□其他单据

□产地证明书

□重量单

□装箱单

准许/禁止分批装运　　准许/禁止转运

装运日期不得迟于＿＿＿＿＿

本证有效期内不得撤销,其有效期在你地＿＿＿＿＿限至＿＿＿＿＿为止

凡凭本证所发出之汇票必须载明本证编号及开立日期

其他条款:

根据本信用证并按其所列条款开具之汇票向我行提示并交出本证规定之单据者,我行同意对其出票人、背书人及正当持票人履行承兑付款责任。

议付银行注意:凭本证议付汇票及单据请直接寄至我行

开证行名称　　　　　通知行的通知

＿＿＿＿＿　　　　　通知行名称＿＿＿＿＿

签字＿＿＿＿＿　　　　　签字＿＿＿＿＿

注:[7]这个记号是经"银行关系合理化"的国际会议提议,通知行收到后应迅速处理的记号。

2. 电开本信用证。电开本(Cable)信用证是指银行将信用证内容以加注密押的电报或电传的形式开立的信用证。

(1)简电本。简电本(Brief Cable)是指仅记载信用证金额、有效期等主要内容的电开本。简电本的内容比较简单,其目的是预先通知出口商,以便其早日备货。

简电本通常不是信用证的有效文本,因此,开立简电本时,一般要在电文中注明"随寄证实书"(Mail Confirmation to Follow)字样,并随即将信开本形式的证实书寄出。证实书是信用证的有效文本,可以作为交单议付的依据。

(2)全电本。全电本(Full Cable)是开证行以电文形式开出的内容完整的信用证。该信用证是否为有效文本要根据其条款来判断:

如果电文中注明"This is an operative instrument, No airmail confirmation to follow",则这样的电开本就是有效文本,可以作为交单议付的依据。

如果电文中注明"随寄证实书"(Airmail Confirmation to Follow),则以邮寄的证实书作为有效文本及交单议付的依据。为节省时间与费用,这种形式的信用证的使用越来越普遍。①

(二)信用证的内容

1. 信开本的内容。现在各开证行的开证格式已基本接近国际商会拟定的《开立跟单信用证标准格式》(国际商会第416号出版物,1986年)。其主要内容基本相同,大体包括:

(1)对信用证自身的说明,包括信用证的种类、性质、编号、金额、开证日期、有效期及到期地点、当事人的名称和地址、使用本信用证的权利可否转让等;

(2)汇票的出票人、付款人、期限以及出票条款等;

(3)货物的名称、品质、规格、数量、包装、运输标志、单价等;

(4)对运输的要求:装运期限、装运港、目的港、运输方式、运费应否预付,可否分批装运和中途转运等;

(5)对单据的要求:单据的种类、名称、内容和份数等;

(6)特殊条款:根据进口国政治经济贸易情况的变化或每一笔具体业务的需要,可作出不同的规定;

(7)开证行对受益人和汇票持有人保证付款的责任文句。

2. 全电本的内容。随着通信技术的发展,申请全电开证的客户越来越多。现在,银行做全电开证时,多半采用SWIFT信用证。

所谓SWIFT信用证,就是依据国际商会所制定的电报信用证格式,利用SWIFT系统所设计的特殊格式来传递信用证信息的方式开立的信用证。它具有标准化的特征,其传递速度较快,开证成本较低,各开证行及客户都乐于使用。

SWIFT系统设计的信用证格式代号为MT700和MT701,修改信用证的格式代号为MT707。与信开本相比,SWIFT信用证将保证条款省略掉,但必须加注密押,

① 参见UCP600第11条的有关内容。

密押经核对正确无误后,SWIFT 信用证方能生效。虽然没有说明文句,但 SWIFT 信用证一律受 UCP600 约束,除非证中特别注明。

样例 5－2　信开本信用证(英文)

ORIGINAL ____________ BANK　　　　　　　　　　　　　　　　　　　　　　　　　　7

Address ____________ Date ____________

TO

Dear Sirs,

We hereby open our Irrevocable Letter of Credit No ____________ in favour of ____________ for account of ____________ up to an aggregate amount of ____________

say ____________ for ____________% of the invoice value relative to the shipment of:

from your port ____________ to ____________

Draft(s) to be drawn at ____________ days ____________ on our bank & accompanied by the following documents, marked "×":

☐ Signed Commercial Invoice in duplicate

☐ Insurance Policy or Certificate for full invoice plus ____________% covering:

　☐ FPA/WA/All Risks and War Risks

　☐ Overland Transportation Risks All Risks & Breakage.

　☐

☐ Full set of clean "On Broad" ocean Bills of Lading made out to our order marked freight prepaid notify accountee

☐ Other Documents

　☐ Certificate of Origin

　☐ Weight List

　☐ Parking List

Partial shipments are permitted/prohibited

Transhipment is permitted/prohibited

Shipment(s) must be effected not later than ____________

This L/C is irrevocable and valid in your port ____________ until ____________ inclusive

Draft(s) so drawn must be inscribed with the number and date of this L/C other condition:

____

We hereby agree with the drawers, endorsers and bona fide holders of the draft(s) drawn under and in compliance with the terms of this credit that such draft(s) shall be duly honoured on due presentation and delivery of documents as herein specified.

Instructions to Negotiation Bank: The draft(s) and documents take up under this credit are to be forwarded direct to us by you.

Name and signature of the Issuing Bank	Advising bank's notification Name and signature of the Advising Bank

第五章　信用证

样例 5-3 SWIFT MT700 格式信用证

开证行：Korea Credit Bank

通知行：China Bank Ltd

栏目名称		内容
27	Sequence of Total	1/1
40A	Form of Documentary Credit	IRREVOCABLE
20	Documentary Credit Number	LC4110305139
31C	Date of Issue	2009. 06. 24
40E	Applicable Rules	UCP LATEST VERSION
31D	Date and Place of Expiry	2009. 07. 31Korea
50	Applicant	ABBO Co. Ltd Korea
59	Beneficiary	Shandong Bene Co. Ltd
32B	Currency Code, Amount	USD47 338. 10
39A	Percentage Credit Amount Tolerance	10/10
41a	Available with…by…	Any Bank in China by Negotiation
42C	Drafts at…	30 days after B/L Date
42a	Drawee	Korea Credit Bank
43P	Partial Shipments	Allowed
43T	Transhipment	Not ALLOWED
44A	Place of Taking in Charge/Dispatch from …/Place of Receipt	Jinan, China
44E	Port of Loading/Airport of Departure	Qingdao, China
44F	Port of Discharge/Airport of Destination	Pusan, Korea
44B	Place of Final Destination/For Transportation to…Place of Delivery	Seoul, Korea
44C	Latest Date of Shipment	2009. 07. 10
45A	Description of Goods and/or Services	ITEM 001 HDPE TRANSPARENT EMBOSSED T SHIRT BAGS ON ROLL GOODS DELIVERY TERMS/FOB QINGDAO, CHINA.
46A	Documents Required	1. COMMERCIAL INVOICE IN 1 ORIGNAL AND TWO COPIES. 2. PACKING LIST IN 1 ORIGINAL AND TWO COPIES. 3. FULL SET BILL OF LADING ISSUED TO THE ORDER AND BLANK ENDORSED, NOTIFY KOREA INTERNATIONAL FORWARDING AGENCY, MARKED FREIGHT PAYABLE AT DESTINATION.

续表

	栏目名称	内容
46A	Documents Required	4. CERTIFICATE OF ORIGIN IN 1 ORIGNAL AND 1 COPY ISSUED BY COMPETENT AUTHORTIES, STATING THE CHINA ORIGIN OF THE GOODS.
47A	Additional Conditions	1. ALL DOCUMENTS MUST BEAR THE NUMBER OF THIS CREDIT. 2. T/T REIMBURSEMENT NOT ALLOWED 3. DISCOUNT CHARGES AND ACCEPTANCE COMMISSION ARE FOR ACCOUNT OF APPLICANT. 4. IF DOCUMENTS ARE PRESENTED WITH DISCREPANCIES, A DISCRIPANCY FEE OF USD50.00 (OR EQUIVALENT) BELOW L/C AMOUNT USD50,000 (OR EQUIVALENT) OR USD100.00 (OR EQUIVALENT) NOT LESS THAN L/C AMOUNT USD50,000 (OR EQUIVALENT) PLUS OUR SWIFT/TELEX EXPENSES IF ANY SHOULD BE DEDUCTED FROM THE REIMBURSEMENT CLAIM (OR THE PROCEEDS) . THIS FEE SHOULD BE CHARGED TO THE BENEFICIARY. 5. IF DOCUMENTS PRESENTED UNDER THIS L/C ARE FOUND TO BE DISCREPANT, WE SHALL GIVE YOU NOTICE IN ACCORDANCE WITH ARTICLE 16 OF UCP600. HOWEVER, IF WE RECEIVE THE APPLICANTS WAIVER OF DISCREPANCIES AND AGREE TO ACCEPT IT PRIOR TO RECEIVING YOUR DISPOSAL NOTICE, WE MAY RELEASE THE DOCUMENTS TO THE APPLICANT TO OUR COMPLETE DISCHARGE.
71B	Charges	ALL CHARGES OUTSIDE KOREA ARE FOR BENEFICIARY'S ACCOUNT
48	Period for Presentation	WITHIN 21 DAYS FROM THE B/L DATE BUT WITHIN CREDIT VALIDITY
49	Confirmation Instructions	WITHOUT
53a	Reimbursement Bank	No

续表

	栏目名称	内容
78	Instructions to the Paying/Accepting/Negotiating Bank	THE AMOUNT OF EACH DRAFT MUST BE ENDORSED ON THE REVERSE OF THIS CREDIT BY THE NEGO BANK. NEGO BANK SHALL OBTAIN RMB AT SIGHT BASIS FROM DRAWEE BANK, PROVIDING THAT BENE'S DRAFT, INVOICE AND B/L COPIES ARE SENT TO THE DRAWEE BANK FOR ACCEPTANCE AND FINANCING, CERTIFYING THAT THE PRESENTATION IS COMPLYING. DOCS TO BE FORWARDED TO THE FOLLOWING ADDRESS BY COURIER: THE KOREA CREDIT BANK, AJEONG BRANCH, 6 SHSA - DONG, SEOUL, KOREA

资料来源:王腾、曹红波:《彻底搞懂信用证》,中国海关出版社,2009 年版,第 105 页。

第二节 信用证的业务流程

一笔以信用证结算的贸易业务从开始到结束大体上有 12 个环节,其流程如图 5 -2所示。

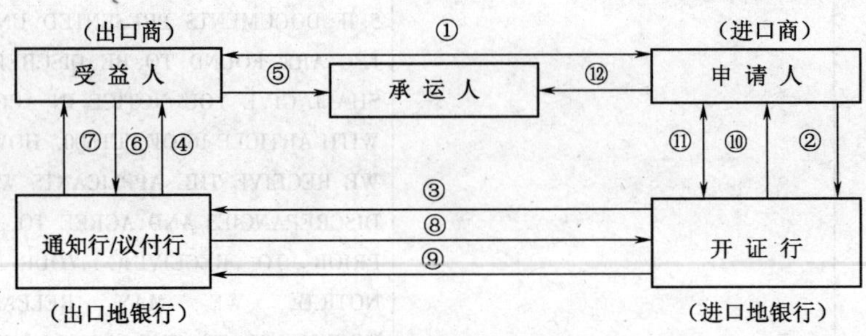

图 5 -2 信用证结算业务流程图

注:①进出口商签订买卖合同,并约定以信用证进行结算。②进口商向所在地银行申请开立信用证。③开证行开出信用证。④通知行将信用证通知给受益人(出口商)。⑤出口商接受信用证后,将货物交与承运人,取得相关单据。⑥出口商备齐信用证规定的单据和汇票后向议付行提示,要求议付。⑦议付行审单无误后,垫付货款给出口商(议付)。⑧议付行议付后,将单据和汇票寄开证行索汇。⑨开证行收到与信用证相符的单据后,审单付款。⑩开证行通知进口商备款赎单。⑪进口商审核单证相符后,付清所欠款项(申请开证时已交保证金),开证行将信用证下的单据交进口商,不再受开证申请书的约束。⑫进口商凭单据向承运人提货。

在以上 12 个环节中，与银行关系密切的环节有五个，即进口商申请开证、开证行开证、出口行通知信用证、出口行议付单据与索汇、进口商付款赎单。

一、进口商申请开证

进出口双方在货物买卖合同中确定采用信用证结算方式后，进口商就应按合同规定向进口地银行申请开立信用证。申请开证的进口商或开证申请人应填写开证申请书，以作为银行开立信用证的依据。开证申请书包括信用证的实质性内容以及进口商的申明与保证两部分内容。

（一）信用证的实质性内容

信用证的实质性内容是开证银行凭信用证向出口商付款的依据。其一般应明确以下内容：应被提示的单据、支付金额及方式、受益人名称及地址、信用证到期日或有效期、货物的描述、装运细节、是否需要保兑等。

（二）进口商的申明与保证

进口商的申明与保证即进口商对开证行的申明与保证，用以明确双方责任。一般包括以下内容：

1. 进口商承认银行在进口商赎单以前，对单据及单据所代表的货物有所有权，必要时银行可以处置货物，以抵付进口商的欠款。

2. 进口商承认银行有接受"表面上合格"的单据的权利，对于伪造的单据、货物与单据不符或货物中途遗失，银行概不负责。

3. 单据到达后，进口商有如期付款赎单的义务，单据到达前，银行可在货款范围内，即时要求追加押金（保证金）。

4. 进口商同意电报传递中如有错误、遗漏或单据邮递遗失等，银行不负责任。

5. 进口商承担该信用证所需的一切国内外银行费用。

6. 进口商明确遵循 UCP600 开证。

进口商在开证申请书中的有关指示，应该尽可能的完整和明确，不应加注过多细节，同时开证行应劝阻申请人试图将基础合同、形式发票或其他类似文件的副本作为信用证整体组成部分的任何做法。

除进口商可以成为开证申请人之外，UCP600 第 2 条的相关定义表明，开证行不仅可应开证人的请求而开立信用证，还可以其自身名义开证。对信用证开证范围的扩大，实际上是借鉴并适应了日益增长的备用信用证的习惯做法，为资金融通开辟了一条新的途径。

二、开证行对外开证

银行接到申请人完整明确的指示后，应立即按指示开出信用证。开立信用证的银行即为开证行。开证行一旦开出信用证，在法律上就与开证申请人构成了开立信用证的权利与义务的关系，开证申请书也就成为两者的契约。同时，银行有权要求申请人缴纳一定金额的抵押金或以其他形式作为银行执行其批示的担保。

样例5－4　不可撤销跟单信用证开立申请书

Irrevocable Documentary Credit Application

Applicant:	**Issuing Bank:**
Date of Applicant ☐Issue by (air) mail ☐with brief advice by teletransmission(see UCP600 Article 11) ☐Issue by teletransmission(see UCP600 Article11) ☐Transferable Credit - AS UCP600 Ariticle38	Expiry Date and Place for Presentation of Documents Expiry Date Place for Presentation **Beneficiary**
Confirmation of the Credit: ☐not requested ☐requested ☐authorised if requested by beneficiary	Amount figures and words (please use ISO Currency Codes)
Partial shipments ☐allowed ☐not allowed **Transshipments** ☐allowed ☐not allowed	**Credit available with Nominated Bank:** ☐ by payment at sight ☐ by deferred payment at ☐ by acceptance of drafts at ☐ by negotiation **Against the documents detailed herein:**
☐ Insurance will be covered by us **Shipment** From For transportation to Not later than	☐ and Beneficiary's draft(s) drawn on:
Goods (Brief description without excessive details)	**Terms:** ☐ FAS ☐ CIF ☐ FOB ☐ Other terms ☐ CFR ☐ as per INCOTERMS

Commercial invoice ☐ signed original and ☐ copies

Transport Document:

☐ Multimodal Transport Document, covering at least two different modes of transport

☐ Marine/Ocean Bill of Lading covering a port to port shipment

☐ Non - Negotiable Sea Waybill covering a port to port shipment

☐ Air Way bill, original for consignor

☐ Other transport document

☐ to the order of

☐ endorsed in blank

☐ marked freight ☐ prepaid ☐ payable at destination

☐ notify:

Insurance Document:

☐ Policy ☐ Certificate ☐ Declaration under an open cover. Covering the following risks:

续表

<table>
<tr><td colspan="2">**Certificates**:
☐ Origin
☐ Analysis
☐ Health
☐ Other

Other Documents:
☐ Packing List
☐ Weight List</td></tr>
<tr><td colspan="2">Documents to be presented within ☐ days after the date of shipment but within the validity of the Credit</td></tr>
<tr><td>**Additional Instructions**:</td><td>We request you to issue on our behalf and for our account your Irrevocable Credit in accordance with the above instructions (marker 〔×〕where appropriate).
This Credit will be subject to ICC Uniform Customs and Practice for Documentary Credits (UCP) latest revision effective on the date of issuance.

____
Name and signature of the applicant</td></tr>
</table>

开证行可以应申请人的要求信开(Open by Airmail)或电开(Open by Cable)。信开本信用证一般一式两份或两份以上,开证行以航空信函将其寄给出口商所在地的联行或代理行,要求该行通知(Advise)或转递(Transmit)给出口商。信开本信用证有时也可以由开证行直接寄给出口商,甚至交由进口商寄给出口商,但这两种方法一般很少使用。

为争取时间,开证行多采用"电开"形式开立信用证,即由开证行将信用证内容以加密押的电报或电传通知出口商所在地的联行或代理行,请其通知出口商。

开证行如委托第三国银行代为付款,须将信用证副本寄给付款行一份,以便付款行在接到单据后进行核对之用。

三、通知与保兑

出口方银行收到开证行开来的信用证后,应根据信用证的要求,将信用证通知或转递给受益人(Beneficiary)。受益人即接受信用证,凭以发货、交单、取款的人,一般为出口商。

(一)信用证的通知与转递

1. 信用证的通知。信用证的通知,是针对电开本信用证而言的。电开本信用证是以通知行为收件人的,通知行收到信用证并核押无误后,即以自己的通知书格式照录全文,通知受益人,办理这样业务的银行就称为通知行

(Advising Bank)。通知行在通知 SWIFT 信用证时,必须向受益人特别提及在信用证中加列 UCP600。

样例 5-5　不可撤销的跟单信用证(致受益人)

Irrevocable Documentary Credit Form (Advice for the Beneficiary)

<table>
<tr><td>Name of Issuing Bank:</td><td>Irrevocable
Documentary Credit</td><td>Number:</td></tr>
<tr><td>Place and Date of Issue:</td><td colspan="2">Expiry Date and Place for Presentation of Documents</td></tr>
<tr><td>Applicant:</td><td colspan="2">Expiry Date
Place for Presentation</td></tr>
<tr><td>Advising Bank:　　Reference No.</td><td colspan="2">Beneficiary:</td></tr>
<tr><td></td><td colspan="2">Amount:</td></tr>
<tr><td>Partial shipments ☐allowed ☐not allowed</td><td colspan="2" rowspan="3">Credit available with Nominated Bank:
☐ by payment at sight
☐ by deferred payment at
☐ by acceptance of drafts at
☐ by negotiation
Against the documents detailed herein:
☐ and Beneficiary's draft(s) drawn on:</td></tr>
<tr><td>Transshipments ☐allowed ☐not allowed</td></tr>
<tr><td>☐ Insurance covered by buyers</td></tr>
<tr><td>Shipment
From
For transportation to
Not Laer than</td><td colspan="2"></td></tr>
<tr><td colspan="3">(Description of goods and documents requested)</td></tr>
<tr><td colspan="3">Documents to be presented within ☐ days after the date of shipment but within the validity of the Credit</td></tr>
<tr><td colspan="3">We hereby issue the Irrevocable Documentary Credit in your favour. It is subject to ICC Uniform Customs and Practice for Documentary Credits (UCP) latest revision and engages us in accordance with the terms thereof. The number and the date of the Credit and the name of our bank must be quoted on all drafts required. If the Credit is available by negotiation, each presentation must be noted on the reverse side of this advice by the bank where the Credit is available.

This document consists of ☐ signed page(s)

Name and signature of the Issuing Bank</td></tr>
</table>

样例 5－6　不可撤销跟单信用证(致通知行)

Irrevocable Documentary Credit Form（Advice for the Advising Bank）

Name of Issuing Bank:	**Irrevocable** Number: **Documentary Credit**
Place and Date of Issue:	Expiry Date and Place for Presentation of Documents
Applicant:	Expiry Date Place for Presentation
Advising Bank: Reference No.	**Beneficiary:**
	Amount:
Partial shipments □allowed □not allowed	**Credit available with:**
Transshipments □allowed □not allowed	□ by payment at sight
□ Insurance covered by buyers	□ by deferred payment at
Shipment From For transportation to Not later than	□ by acceptance of drafts at □ by negotiation **Against the documents detailed herein:** □ and Beneficiary's draft(s) drawn on:

（**Description of goods and documents requested**）

Documents to be presented within □ days after the date of shipment but within the validity of the Credit

We have issued the Irrevocable Documentary Credit as detailed above. It is subject to ICC Uniform Customs and Practice for Documentary Credits (UCP) latest revision and engages us in accordance with the terms thereof. We request you to advise the Beneficiary.

□ without adding your confirmation □ adding your confirmation □ adding your confirmation, if requested by beneficiary

Bank－to－Bank Instructions:

This document consists of □ signed page(s)

Name and signature of the Issuing Bank

2. 信用证的转递。信开本信用证在寄送到出口地银行后，由银行核对印鉴，若相符，银行只需将原证照转给受益人即可，办理这种业务的银行称转递行(Transmitting Bank)。

(二) 信用证的保兑

受益人接到信用证后,如果认为开证行资信不好或对其资信不甚了解,可要求开证行找一家受益人熟悉的银行对信用证加以保兑。受开证行邀请,在信用证上加具"保兑"字样的银行为保兑行(Confirming Bank),它通常为出口地的通知行或是其他信誉卓著的银行。

有时开证行在委托通知行通知信用证时,同时要求通知行为信用证加具保兑。如果事先两家银行有约定或通知行同意,通知行即为保兑行。

通知行或其他银行对信用证进行保兑后,便承担与开证行相同的责任。

(三) 信用证的修改

信用证开立后,有时其条款需要修改。若进口商提出修改,应经开证行同意后,由开证行以修改通知书或电报告知通知行并由其转告出口商,出口商接受后才有效。倘若出口商拒绝接受,则修改无效,信用证条款仍以原条款为准。如果修改通知涉及两个以上的条款,出口商只能全部接受或全部拒绝,不能只接受一部分,拒绝另一部分。

如果是出口商提出修改请求,则应先征得进口商和开证行同意,并由进口商正式通过开证行办理修改手续后,方能生效。

修改通知仍要经过通知行转送,不得直接通知出口商,也不得委托其他银行通知信用证的修改。信用证的修改指示同样要明确完整,修改手续费由提出修改请求的一方负担。

专栏5-4

受益人的沉默是否表明其接受信用证的修改?

案情:I银行通过A银行开出了一份信用证,A银行既是通知行又是议付行。随后,I银行又开出一份修改。受益人没有对修改表示拒绝或接受,A银行收到的单据与原信用证相符。现在的问题是:①在这种情况下,可以认定受益人拒绝了修改吗?②开证行及/或议付行是否可以对修改的接受与否设定一个最后期限,比如15天,如果在15天内没有收到受益人的回复,就可认定受益人接受了修改?

分析:根据UCP600第10条(c)款规定,受益人应该提供接受或拒绝接受修改的通知。但同时又规定,如受益人未提供上述通知,当它提交给被指定银行或开证行的单据与信用证以及尚未表示接受的修改的要求一致时,则该事实即视为受益人已做出接受修改的通知,并从此时起,该信用证已作修改。同时,ICC银行委员会强烈反对开证行在开出不可撤销信用证或修改不可撤销信用证时加列一个规定,即如果在一个规定的时间内,或在某一具体日期前,受益人没有正式拒绝修改,该修改就自动生效。这等于剥夺了受益人的沉默权。受益人的沉默并能够代表其接受或拒绝修改。

四、议付与索汇

出口商收到信用证后,若与买卖合同核对无误,即可交货,并备齐信用证规定的全部单据,签发汇票,连同信用证,在其有效期内,送交通知行或与出口商有往来的其他银行要求议付。

(一) 议付行及议付程序

接受出口商单据、汇票、信用证,审单后购进汇票及所附单据并付出对价的银行叫做议付行(Negotiating Bank),它可能是通知行、转递行、保兑行等,也可能是另外的银行。议付行持有汇票即成为正当持票人,对前手背书人和出票人拥有追索权。

议付的程序是议付行将出口商交来的全套单据与信用证内容进行核对,若单证、单单表面相符,议付行则将汇票金额扣除自议付日至估计收到票款日的利息和手续费后的余额付给出口商。议付后,议付行留下汇票及单据,在对信用证做批注后将其退还给出口商。

专栏5-5

议付时对不符单据的处理

1. 正常议付

若单证不符,议付行可以要求出口商修改单据,如果无法修改,议付行可以致电开证行征询意见。开证行接到此类电文后,一般是征求开证申请人的意见,如申请人同意接受不符单据,开证行则电复议付行同意议付,这时议付行就可以将不符单据作为正常议付处理。

2. 担保议付

如果单据中不符点无法修改,但金额较小时,可以采取担保议付方式处理。当不符点为非实质性差错时,可以要求受益人承认不符点并出具保证书(Letter of Indemnity),作为议付行与受益人之间在单据遭开证行拒付时处理的依据,议付行则不对开证行说明不符点而正常议付;也可以是出口商事先与进口商联系通报不符点并获其同意议付后,出口商向议付行出具担保书,议付行凭担保书议付单据。寄单索汇时应说明是"凭保议付"(Documents negotiated against beneficiary's indemnity),并将不符点一一表提或说明。这对开证行并无约束,性质上仍然是征求开证行意见。如果开证行拒付,出口商应接受议付行的追索并承担有关损失和费用。不过,如果进口商同意接受不符单据,开证行通常不会拒付。

3. 作托收寄单

如果不符点较多或是有实质性差错,议付行可考虑作托收寄单,并在寄单面函中说明单证不符点,单证不符使出口商的收款基础由银行信用变成了商业信用,出口商因此失掉了银行信用保证付款的作用。所以,为保障安全收汇,出口商应尽量提供正确的全套单据。

(二)索汇

议付行议付单据后,应在信用证背面进行批注,防止重复议付。若是付款或承兑,同样要批注。批注后信用证退还给出口商,议付行复印信用证留底,然后按信用证要求将单据一次或分次寄开证行索汇。如果信用证规定汇票以开证行或进口商为付款人,同时又规定议付行向第三国银行索偿,则第三国银行就是偿付行(Reimbursing Bank),这种情况下议付行议付后,应一方面把单据寄给开证行,另一方面必须再开立以偿付行为付款人的汇票(to Redraw a Draft on Bank),并直接寄偿付行索汇。

开证行收到议付行的单据后,与信用证内容进行核对,如果单证相符,则将票款偿还议付行;如果单证不符,开证行可拒绝付款,但应以最迅速的方式立即通知议付行。

开证行可以在信用证中规定议付行的索汇方式,即偿付条款,一般有四类:单到付款、主动贷记、授权借记、向偿付行索汇。

五、付款赎单

开证行将票款拨还议付行后,应立即通知进口商备款赎单。如单证相符,进口商就应将开证行所垫票款付清,取得单据,这样开证行和进口商之间由于开立信用证所构成的权利义务关系即告结束。如果进口商发现单证不符也可以拒绝赎单,此时开证行就会遭受损失,它不能向议付行要求退款,即无追索权。

进口商付款赎单后,即可凭货运单据提货。若发现货物与合同不符,不能向开证行提出赔偿要求,只能向出口商索赔,也可以进行仲裁或诉讼。

第三节　信用证业务的当事人及相互关系

一、信用证当事人及其权利义务

信用证业务的主要当事人有开证申请人、开证行、受益人和通知行,其他当事人还有议付行、偿付行、保兑行、代付行，统称为指定银行（Nominated Bank），是开证行在信用证中明确指定的有关银行。

（一）开证申请人（Applicant）

开证申请人又称开证人（Opener），一般是买卖合同中的买方（进口商），但在少数情况下，也可能是另外一家商人。这种情况有两种可能：一种是合同的买方为中间商，代人成交，签约后由真正的买主申请开证；另一种是合同的买方已将合同转让给另一进口商，由最后买主申请开证。另外，UCP600 也允许开证行以自身名义开证，这主要是为了适应日益增长的备用信用证的需要而做的规定。

1. 进口商受两种契约关系的约束。在信用证业务中，进口商受到两种契约关系的约束：一是与出口商之间的买卖合同；二是与开证行之间的开证申请书和担保协议。

虽然信用证业务是不管买卖合同的，但买卖合同必定是信用证的基础，是申请人申请开证的依据，也是受益人审证的依据。进口方须根据合同中的条款内容申请开证。

专栏 5-6

采用信用证结算时买卖合同中需要明确的问题

在合同的支付条款中，一般应说明以下几点：

（1）以信用证为支付方式。只有在合同中规定凭信用证结算时，进口商才有向其所在地银行申请开证的义务。

（2）信用证的种类。信用证的种类很多，不同种类信用证的银行责任、有效期限及流通方式都有所不同，合同中应做明确规定。

（3）信用证送达卖方的期限。出口商可以要求在合同中对此作出具体规定，以防止由于信用证开立时间较晚而造成的不能如期交货引起的风险。

（4）开证银行的选择。出口商为了保障收汇安全，可以在合同中要求对开证行的资信地位作出规定。如果没有明确规定，进口商可以自行确定开证行。

（5）信用证支付时间、货币和金额。如合同中对装运数量订有“约”数或溢短装条款时，应要求信用证金额前注明“约”数。[①]

（6）信用证有效期及到期地点。

开证申请书是申请人（进口商）对开证行的详尽的开证指示，即规定信用证应该列出的内容。开证行将这些内容抄录到信用证上，是银行对出口商付款的凭据。

---

① 参见 UCP600 第 30 条。

通常很多银行都将开证申请书和担保协议书结合,所以一纸包括两部分内容:正面是开证申请书,反面是进口商对开证银行的声明,用以明确申请人和银行双方的责任和义务。

2. 开证申请人的责任和权利。开证申请人的责任和权利如下:

(1)按合同规定的时间申请开证。如果合同中未规定开证时间,应于合理时间申请开证,使得出口商能在收到信用证之后和在合同规定的装运期限之前有充裕的时间备货、租船与装运,但进口商有拒开信用证的权利。

如果交易合同中规定买方开立信用证是以卖方交付一定的"履约保证金"(Performance Bond)为前提,但卖方未能交付,买方有权拒开信用证,其后果与损失则由卖方承担,进口商也有没收履约保证金的权利。

如果信用证开出后,卖方却未能按期装运货物并交出单据,则开证人有权没收卖方在开立信用证之前交付的履约保证金,以弥补开证费用与利息损失,如仍不足,有权再向卖方索赔。

(2)合理指示开证。开证人填写开证申请书时,实际上是把合同内容变成信用证条款,而每一条款都有单据要求,即所谓的合同条款化,条款单据化。所以要注意措辞准确而又明确,内容简练而又完整。既保持信用证与合同的内容一致,又使得信用证简明且无歧义,而且要避免非单据化条款。非单据化条款是指没有表明要提供与之相符的单据的条款,因为非单据化条款不是信用证条款,对受益人无约束力,银行将不予理会①。

专栏5-7

是否构成非单据条件

一份跟单信用证规定:"装运自西欧港口到蒙巴萨港不迟于××××"。在"需提交的单据"段落要求一份"全套洁净已装船的海运提单,指示性抬头,空白背书,日期不迟于××××,标明运费已预付"。在"特别指示"段落,规定上述条件:"要以海运船只装运经苏伊士航行至蒙巴萨港"。现在的问题是,通知行/保兑行能不能将这段解释为与提单相关的,因而它有权要求在提单本身上相应地添加此内容。

分析:UCP600 第 14 条 h 款规定如果信用证包含某项条件而未规定要提交与之相符的提示单据,银行将认为信用证中未列明此条件,并对此不予置理。但是,ICC 同时认为,如果该条件能够清楚地关联到一份信用证规定的单据,则不视为非

① 参见 UCP600 第 14 条 h 款:"如果信用证包含某项条件而未规定与之相符的提示单据,银行将认为信用证中未列明此条件,并对此不予置理。"

单据条件。因为信用证规定海运提单,事实上有一份所需单据能够清楚地与该条件关联。因此,要求在海运提单上证实海运船只经由苏伊士航运是正当的。

资料来源:《ICC银行委员会意见汇编1995－2001》,中国民主法制出版社2003年版,作者根据UCP600重新进行了整理。

专栏5－8

根据非单据条款扣减滞期费是否合理

A行根据开证申请人的指示开立了金额为USD 70 000.00的跟单信用证,信用证含有如下条款:"在信用证开立之前发运货物而造成的滞期费用由受益人承担。"议付行提交了相符单据,汇票与发票的金额为USD 70 000.00。A行接到船公司的通知后,从中扣除了滞期费USD9511.84。然而,议付行坚持认为A行应该全额付款。议付行的理由如下:上述条款只是供受益人参考,而不是授权A行扣款。此外,根据UCP600的有关规定,对于此类非单据化条款,应不予理会。问题是:A行能否扣减滞期费?

分析:"在信用证开立之前发运货物而造成的滞期费由受益人承担"的表述应该被视为一项非单据化条款,因为它未载明这一费用是从信用证金额内支付,还是在信用证条款之外由受益人支付。信用证应当明确,滞期费(如有)应从信用证金额中扣除。这样做能使议付行在受益人要求议付单据时,对可能被扣减的金额引起重视。不经与议付行事先协商并同意而扣减信用证金额的行为是不应该发生的。在被全额支付或按协议金额支付之前,向开证行提交的单据仍然是交单者的财产。

资料来源:《ICC银行委员会意见汇编1995－2001》,中国民主法制出版社2003年版,作者根据UCP600重新进行了整理。

(3)提供开证担保(Secured Agreement for Letter of Credit)。担保可以是开证押金、动产或不动产,也可以是第三者提供的担保。开证押金可以高达信用证金额的100%,也可以比例很低,各个银行对不同的客户和不同的商品有不同的尺度。如果是经常往来客户,银行可根据客户资信、商品特性和市场动向,考虑给进口商定的授信额度,开证金额在授信额度内不需押金,超额度则收押金。押金是冻结不用的,所以不计利息,若以存单担保,则仍按原定利率计息。

(4)支付开证与修改的有关费用。这些应付费用具体包括:开证手续费、电报费、邮费、信用证修改费及其他开支。

(5)向开证行付款赎单。信用证项下的付款是以提示与信用证条款相一致的单据为前提条件，开证申请人有审单、退单的权利。

如果单据不合格，进口商有权拒付并收回开证担保，当然，如果它想要这批货，即便单证不符也可能会付款赎单；如果单据合格但被银行错误地对外拒付，进口商有权提出异议并要求银行赔偿相应的损失；而在付款赎单提货后，进口商如发现货物与单据不符，不能向开证行追究责任，只能与出口商交涉。

（二）开证行（Issuing Bank）

开证行是信用证业务中最重要的一方，开证行的信誉、业务经验是其他当事人参与信用证业务与否的主要考虑依据。

开证申请书属于委托代理合同性质，开证行处于代理人的地位，它的行为受开证申请书的约束，必须遵照申请人的指示行事并对自己的过失负责。开证行开出信用证后，它必须对受益人承担第一性的付款责任。

1. 遵照开证申请人指示开立和修改信用证。开证行作为申请人的代理人，应切实遵照开证申请书指示的条件开立信用证。为使信用证内容完整明确、简明合理，开证行有义务向申请人提供建议和咨询服务。开证行应劝阻申请人在信用证申请书或修改书中罗列过多的细节，同时也要避免非单据化条款。

开证行有向开证人收取部分或全部开证押金的权利。如市场和开证人的资信发生变化，有权随时要求开证申请人补交押金，直到百分之百为止。但收取的押金不能用于抵充开证人的其他债务而取消开证。

当开证行接受了开证申请书和开证担保后，应在合理时间内开出信用证。如果因自己的责任延迟开证，应承担由此造成的损失。但银行对任何邮递或电信过程中发生的延误、残缺或其他差错，不承担任何责任或义务。

2. 合理、小心地审核单据。开证行的审单称为“终局性审单”，即开证行审单付款后，便无权向交单方追索。所以开证行在收到单据后，必须小心谨慎地加以审核，确定其是否与信用证条款相符。开证行只需审核单据表面有无不符点（Discrepancy），而对任何单据的形式、充分性、准确性、内容真实性、虚假性或法律效力等不负责任[①]。但是，如果受益人出于恶意，例如银行经审查已经觉察到单据是伪造的，也可以拒付。

UCP600 第 14 条[②]对开证行（以及保兑行）的审单时间有规定，开证行应在收到单据次日起的 5 个银行工作日内审核单据，以决定接受或拒绝单据，并通知交单方。如果因此延误付款，造成对方银行向其索赔利息，开证行仍须负责赔偿。

3. 承担第一性、独立的付款责任。信用证是开证行的付款承诺，只要单据与信用证要求相符，开证行就必须按规定履行付款，不能无理拒付。虽然开证行只是申请人的付款代理人，但信用证开出后，即使申请人倒闭或无力付款，开证行仍必

① UCP600 第 34 条规定了银行对单据背后的有效性免责。

② 参见 UCP600 第 14 条 b 款。

须付款,而不能以申请人“无付款赎单能力”或“拒绝赎单”以及“未交开证押金”或“有欺诈行为”等为理由拒绝付款。开证行开出信用证后即承担了第一性的、独立的、不可推卸的付款责任和风险。

(三) 受益人(Beneficiary)

受益人是指信用证上指定的享有信用证权益的人,即买卖合同中的卖方(出口商)。进口商在申请开证时须由出口商提供适当证明并在买卖合同中规定者,出口商应于合理时间内提供证明,以协助买方按时申请开立信用证。

若经当事人同意,也可以下述第三者为受益人:卖方公司中的一个子公司、一个部门或一个附属机构,或卖方的商业合伙人,或货物的最终供应者。

当受益人收到信用证后,他的责任和权利具体有以下几个方面:

1. 审核信用证条款。受益人收到信用证后,应仔细将信用证内容与合同条款核对,并审核信用证条款能否履行。如果信用证条款与合同有不一致或新增加的地方,受益人有权要求进口商指示开证行修改信用证,或者拒绝接受信用证。如果受益人按合同要求修改而进口商不同意修改或是修改不足,便是进口商违约,受益人可拒绝受证,甚至单方撤销合同,并提出索赔;如果受益人不要求修改,则只能按信用证规定而不能按买卖合同规定交货,否则无法享受信用证所给予的收款保证,但此时存在违背买卖合同的风险;如果受益人不要求修改,也不交货,则可能被进口商指责违约。

2. 及时提交正确、完整的单据。当受益人经审核或在其他情况下接受信用证后,就必须按信用证条款办事,在规定的装运期内装货,并在信用证有效期内提交规定的单据。受益人要对单据的正确性和完整性负责,做到单证一致,单单一致,即单据与信用证条款相符合,单据与单据之间无矛盾。如提交的单据与信用证不符,有义务在规定的时间内更改单据。受益人不得要求银行接受单证不符的单据。

3. 要求开证行承付[①]。受益人向被指定银行提交了与信用证相符的全套单据后,即可享受信用证的权益,有权要求相关银行给予承付(Honour)或者议付(Negotiate)。即使进口商认为货物不合格有向受益人提出索赔的理由,银行也不能拒付,这是因为依 UCP600 规定,银行依信用证所承担的承付或议付,或履行信用证项下的任何义务、责任,不受申请人由于他与开证行或受益人之间的关系而提出的索赔或抗辩的约束。当然受益人应该对货物的全面合格性负责,这是对进口商履行买卖合同的义务。万一开证行倒闭,议付行向受益人追索时,受益人有权凭单据向开证申请人要求付款,即使开证申请人已交押金,遭受了损失,并不影响受益人的权利。

(四) 通知行(Advising Bank)

通知行是由开证行选定的,它与开证行之间是委托代理关系。作为开证行在出口地的代理人,通知行的代理责任仅限于将来证和之后的修改(如有)通知信用

① 参见 UCP600 第 15 条。

证受益人,且证明其真实性并及时澄清疑点。当然它有权不接受开证行的指定,但必须无延迟地告知开证行。如果通知行同意通知信用证,就需合理小心地审核信用证的表面真实性。信用证业务中,信用证之所以不是直接寄给受益人,而要通过银行转递,就是要利用银行之间核对真实性的手段,保证受益人能收到真实的信用证,以保护受益人的利益。所以,通知行必须对信用证的表面真实性负责。具体地说,通知行必须确定印鉴是否相符,密押是否一致。

有时通知行无法确定来证的真伪,遇到这种情况,必须不拖延地告知开证行进行查询,核实情况,并可暂不通知受益人;如果通知行不能确定信用证的表面真实性而又决定仍予转递受益人,必须将有关情况告知受益人。受益人收到通知行转来的信用证时,当证上注明"印押相符"或类似文句时,即可据此备货、发货;当证上注明"印押不符"、"印押尚待证实"或其他类似文句时,受益人就不能轻易发货。

通知行收到外文信用证,可以不予翻译,直接将原文通知受益人,也可以将其翻译后通知受益人,但有关专业术语的翻译如有错误,银行不负责任。如果通知行已经通知受益人的信用证有修改,则有关修改书也必须由这家银行通知。[①]

(五)议付行(Negotiation Bank)

议付行是根据受益人的要求和提供的单据,在核实单证相符后向受益人垫款,并向付款行或偿付行索回垫款的银行。开证行在信用证中对议付行指示的条款文句如:In reimbursement, please draw on us, we shall immediately on receipt of documents having complied with the terms of the credit remit the proceeds as per your instructions(请向我行索偿。一旦收到与信用证条款相符的单据后,我行立即按你行指示付款)。

议付行可能是通知行或保兑行,也可能是出口地的其他银行。议付行有权不议付,但在市场竞争的情况下,一般来说只要受益人愿提供担保,且单据不符点只是一般性的而不是实质性的,银行也可通融议付,这是由于有开证行在信用证条件下的付款保证以及受益人提交的符合信用证条款的代表货物所有权的单据,还可以得到不菲的手续费和利息收入,比一般商业贷款的风险要小得多。而议付对出口商来说,则是一种获得融资的好方式。

有些信用证是可以议付的,有些则是不能议付的。后者是指出口商只能直接向开证行收款的信用证。议付一词包括三层意思[②]:第一,由议付行根据信用证的规定审核受益人交来的单据和汇票;第二,议付行将外汇货款扣除手续费、邮电费和押汇利息等开支后,折成本国货币付给受益人;第三,议付行按照信用证中规定的寄单和索偿办法寄出单据,并向开证行或指定银行索偿。但在实际业务中,有些国家的议付行只负责办理第一和第三项工作,不肯垫付货款给受益人,这就大大削弱了信用证方式对出口商融通资金的作用。我国的银行过去办理议付时,采取"收

① 参见 UCP600 第 9 条通知及通知行的责任以及第 35 条关于信息传递和条款翻译、解释免责。

② 参见 UCP600 第 2 条中有关议付的定义。

妥结汇”的做法，只审单不垫款，只有在开证行付款后才对出口商支付货款，这种只审单不支付对价的行为并不构成议付。

由于议付必定要付对价，所以议付行为了安全索偿，必须合理小心地审核单据，保证单证一致，以避免开证行因单据有不符点而拒付的风险。这是因为即便议付行是开证行设于不同国家或地区的分行，根据UCP600第3条的规定，它在信用证业务中是独立于总行之外的另一家银行。当该议付行议付了信用证后作为总行的开证行也可以因单证不符而拒付。同时，议付行因信用证业务发生的纠纷也不应涉及作为总行的开证行①。

当议付行寄单给开证行后，开证行也可能提出单据不符，因而拒付货款。为了避免风险，议付行可以要求受益人将货权作抵押，即受益人交单时需填具一种称为“质押权利设定书”（Letter of Hypothecation，简称L/H，质押书），声明在发生意外时，议付行有权处理单据，甚至变卖货物，使货物成为议付行完全可以支配的抵押品，减少议付行索偿的风险等。

议付行在扣除利息、本银行的手续费、邮费、外国银行的有关扣除费用后，即可向出口商办理结汇。在填好结汇水单后即可入出口商账。议付行议付单据后，在信用证背面进行批注，防止重复议付情况发生。批注后，信用证退还出口商。议付行一般复印信用证留底，然后按信用证要求将单据寄给开证行等索偿。

议付行有权要求开证行、保兑行或付款行、偿付行偿付已向受益人垫付的款项。议付行可以一面向开证行寄单，一面向付款行或偿付行索汇。如果没有付款行或偿付行，就在给开证行的寄单面函中加注付款指示。议付行寄单面函通常叫做Cover letter或BP（Bill of Purchase）。

专栏5-9

寄单面函的主要内容

寄单面函的主要内容有：

（1）抬头致开证行，并详细注明其名称、地址、信用证号码及开证日期。

（2）议付金额和议付行的费用以及其他有关的费用，都要在面函中明确。

（3）寄单说明。面函通常有固定格式，说明每种单据的名称、份数、寄单方式（航邮或快邮 Air Mail or Courier），一次或分两次寄出等。

（4）付款指示。其包括要求将款项付到议付行或哪个账户行，用什么方式划拨，并通知账户行以什么方式通告议付行起息日及金额等。

---

① 根据UCP600第3条的规定：“一家银行在不同国家设立的分支机构均视为另一家银行。”

(5)议付行免责文句。UCP600 规定银行对若干情况可以免除责任的,对议付行也同样适用。例如,某行 BP 面函中规定:

Please note the following remarks: We don't assume any responsibility for correctness, validity or genuineness of the attached documents nor for the description, quantity, quality, condition or delivery of the merchandise purported to be represented thereby.

如果议付行向开证行的索偿遭拒付,可以向受益人行使追索权,此时议付行相当于汇票的正当持票人,除非议付行是保兑行。但如果议付行接受了受益人交来的"无追索权"的汇票并进行议付后,则应承担"无追索"的义务,如事后被开证行拒付,议付行应自负其责。

(六) 保兑行(Confirming Bank)

保兑行是应开证行的要求在信用证上加具保兑的银行。一般银行在接到开证行的保兑邀请后,往往要对开证行的资信状况以及信用证条款加以研究之后再决定是否加具保兑。如果决定不按开证行授权或要求对信用证加具保兑时,必须无延误地通知开证行。保兑行一般是出口地信誉良好的银行,它接受开证行邀请在信用证上加注保证条款或加保兑标记后,该信用证的可接受性大大增强。开证行有时邀请通知行充当保兑行,也可能找另外一家银行充当。

信用证经保兑后,如需修改,必须得到保兑行的同意。保兑行有权对信用证修改部分不保兑,若不同意保兑,必须尽快将此情况通知开证行或受益人;如果保兑行同意信用证修改内容,则自通知修改书之时起对信用证负有不可撤销的义务。当然,如果保兑行只同意对同一修改书中的部分内容加具保兑,这种同意无任何效力。

在单证相符条件下,保兑行的付款责任与开证行是完全一样的,都是第一性付款人,加保兑后的信用证受益人就有了双重付款的保证。但是,保兑行和开证行的承诺是分别独立的,各自承担的责任范围、承诺的内容可以不完全一致,比如,保兑行可以特别约定只负责发票金额的 85%,或者负责的期限不同于信用证的有效期等。至于受益人或议付行究竟应先向开证行还是应先向保兑行索付,UCP600 没有具体规定,按实务中的一般做法,除非信用证中有明确规定,否则受益人或议付行有权自行选择,开证行和保兑行均不得互相推诿。但如果单据绕过保兑行提交开证行,开证行倒闭或因其他原因不能付款,再次提交到保兑行时若其保兑已逾期,保兑行将不再承担保兑责任。受益人于规定的时间及有效期内将相符的单据自行或通过指定银行提交到保兑行,保兑行负当然的付款责任。

因为保兑行是应开证行请求或授权对信用证加保兑,保兑行付款后只能向开证行索偿,如果开证行倒闭或无理拒付,保兑行无权向受益人或其他前手追索票款。

保兑行有权拒收有不符点的单据,但必须明白无误地向受益人声明这一态度。

在此情况下，保兑行将不再承担其保兑项下的任何责任。然而，如果保兑行因为单据存在不符点便想当然地以为自己的保兑责任已自动解除，或默认受益人的请示电询开证行，或自行电询开证行，或将单据寄开证行要求其接受而不声明解除保兑，那就误导了受益人，使其产生了开证行一旦接受单据，保兑行仍然继续其保兑的错觉。

例如，保兑行收到远期信用证不符点单据一套，经受益人同意向开证行电询。开证行遂接受单据，并承兑了汇票。受益人因资金宽松未要求保兑行贴现或议付，汇票到期时，开证行倒闭，款项未付。受益人与保兑行就保兑行是否应履行保兑责任产生争议。为此，国际商会银行委员会提醒银行，不符点单据由保兑行在信用证交易的架构内提交开证行求其认可(For Approval)，此举可视为实质上是要求对信用证加以修改。一旦单据被接受了，不符点便不复存在，保兑行仍要承担其保兑责任，履行其付款义务。

(七) 付款行(Paying Bank)

开证行在信用证中指定一家异地银行为信用证项下汇票上的付款人或是在信用证下执行付款的银行，这个银行就是付款行，或称代付行，它是开证行的付款代理人。开证行通常委托通知行作为代付行，也可能委托其他银行为代付行。开证行与代付行的关系是建立在两家银行的代理合同上的，如果不在代理范围内，开证行指定某银行为付款行，该行有权拒绝代为付款。但这种情况只有在开证行资信极差、付款行没有可能获得偿付时才会发生。

付款行一经接受开证行的代付委托，它的审单付款责任就与开证行一样，也属于"终局性"的，如发现不符点应立即拒付。一旦验单付款，就不得向受益人追索。付款行付款后无追索权，它只能向开证行索偿。如开证行收到付款行寄来的单据发现不符点并拒付，付款行就得自负其责，必要时可自行提货并转卖，所受损失自己承担。有时付款行根据开证行指示不必验单，只凭议付行声明单证相符，按信用证要求付款，此时付款行对受益人也无追索权。

(八) 偿付行(Reimbursing Bank)

如果开证行与议付行或代付行没有账户关系，特别是信用证采用第三国货币结算时，开证行会指定另一家与它有账户关系的、在货币所在国的银行充当偿付行。所以偿付行往往是代开证行偿付议付行垫款的第三国银行，或由通知行兼任。信用证上规定有偿付行时，开证行开出信用证后应立即向偿付行发出偿付授权书(Reimbursement Authorization)，通知授权付款的金额、有权索偿银行等内容。出口地银行在议付或代付款之后，一面把单据寄开证行，一面同时向偿付行发出索偿书(Reimbursement Claim)，偿付行收到索偿书后核对开证行偿付授权书，如与有权索偿银行相符，索偿金额不超过授权金额，则立即向索偿银行付款，然后再向开证行索付。

偿付行是根据它与开证行签订的偿付协议办理支付的，如果开证行没有存款或存款不足，又无透支协议，则偿付行有权拒付。

偿付协定实际上是开证行与偿付行之间的委托代理合同，所以偿付费用一般应由开证行承担。如果偿付费用规定由另一方负责,偿付行一般是直接从偿付款项中扣除。偿付费用如由开证行承担,无须在信用证中说明,如由另一方负担,则开证行必须在信用证中明确说明。

偿付行与信用证无直接联系,信用证项下的单据由议付行直接寄开证行,偿付行不接受单据,不审核单据,不与受益人发生关系,所以偿付行对索偿行的付款不能视为开证行的付款。由于议付行在向开证行寄单的同时,将索偿指示径直寄偿付行,所以可能会有这种情况:开证行发现单据与信用证不符,但偿付行已经偿付议付行。这时,开证行或保兑行有权要求议付行退回已付款项,但不能向偿付行追索。根据惯例,偿付行只管偿付,退款与它无关。

如果索偿行(议付行、付款行、保兑行)因故不能从偿付行那里获得偿付,开证行要负责偿付索偿行并支付因迟付而导致的利息损失。因为偿付行并非债务人,而只是受开证行委托代为偿付,所以开证行作为信用证的实际债务人,不能因此解除其在信用证中所作的付款承诺。而且只要迟付原因不在索偿行,由此引起的利息损失,开证行要负责赔偿。

二、信用证主要当事人之间的关系

信用证各当事人除因参与信用证业务而享有权利并需承担责任义务以外,还不可避免地要与其他当事人产生错综复杂的单边或多边关系。例如,开证行作为信用证的开立者,在各当事人中起"中枢"作用,围绕着信用证,开证行与所涉及的当事人联结着多边关系。明确这些关系的内容,将十分有助于信用证业务的顺利运作。

(一)开证申请人与受益人

开证申请人与受益人在一笔信用证业务中的关系是建立在销售合同基础上的契约关系,销售合同是约束其在合同项下行为的基础契约,开证申请人与受益人必须履行合同义务并享有合同赋予的权利。销售合同通常在"货款支付"条款中,对支付方式、支付货币、支付时间与地点等有关货款支付的具体事项进行明确规定,进出口商均受其约束。当销售合同规定以信用证支付方式清偿因货物买卖所引起的债权债务时,开证申请人和受益人均须遵照执行:开证申请人须在合同规定的期限内,向一家银行申请开出符合合同规定的信用证;受益人则须严格履行信用证义务,提交表面合格的单据。若任何一方违约甚至毁约,另一方均有权提出索赔,或提交仲裁机构裁决或法院判决。

(二)开证行与开证申请人

开证行与开证申请人之间的关系是建立在开证申请书基础上的契约关系。两者产生契约关系的原因在于:开证申请人(进口商)为履行买卖合同义务,以出具开证申请书的形式要求一家银行为合同的另一方(出口商)提供付款承诺。开证申请人在提供偿付信用证金额的开证担保,并履行申请开证的一切手续,填写开证申请书,交纳开证押金或保证金,支付开证费用之后,该银行即以开出信用证的形式同意提供这种付款承诺。信用证一经开出，开证行与开证申请人之间的契约关系即告成立，开证申请书即表示这一契约关系的书面文件。开证行按约定将信用证及时通知至受益人（通常通过通知行），并须对表面合格的单据承担付款责任；开证申请人应按期付款赎单，若到期不赎，开证行有权处理单据及单据项下的货物。

（三）开证行与通知行

开证行与通知行之间属委托代理关系，两者之间通常订有业务代理协议。开证行是委托信用证通知的委托人，通知行是接受开证行的委托履行信用证通知义务的受托人。通知行接受通知委托后，应立即证明信用证印鉴或密押的真实性，并迅速、准确地将信用证内容通知受益人。通知行对受益人不负有除通知责任以外的信用证责任，开证行无权强迫通知行向受益人偿付款项；但通知行如接受了开证行的议付或付款委托并履行其职责后，则有权凭正确的单据向开证行要求偿还所垫付的款项。

（四）开证行与受益人

开证行与受益人之间虽然不存在直接的契约关系，但开证行一旦开出不可撤销信用证，向受益人承担对表面合格单据不可推卸的付款责任后，双方之间即产生了事实上的契约关系，其权利与义务建立的基础即信用证条款。开证行有对表面合格单据必须付款、妥善保管受益人提交的全套单据、不当拒付时对受益人赔偿损失等义务，享有要求受益人严格履行信用证义务并提交与信用证规定相符的全套单据的权利，以及审核单据、拒付表面不合格单据、拒绝接受监管货物等权利；受益人有根据信用证的指示提交正确单据的义务，享有凭正确单据获得开证行付款的权利。

（五）开证行与保兑行

开证行与保兑行之间属根据业务代理协议产生的委托代理关系。当开证行邀请或委托一家银行以该行的名义保付信用证时，该银行有权接受委托，亦有权拒绝接受委托。若为前者，该行即成为信用证的保兑行，应承担保兑行的全部责任义务，并享有相应权利。

（六）通知行与受益人

若通知行不承担保兑责任，其与受益人无直接或事实上的契约关系。通知行只是按照开证行的委托，将确认为真实有效的信用证迅速、准确地通知受益人，而不负除此以外的其他责任。受益人不得向通知行主张超越其责任范围之外的任何权利。

（七）开证行与议付行

开证行与议付行之间不存在直接的契约关系，两者关系的确立须依据信用证条款的规定，议付行以汇票及/或单据持有人的身份对开证行主张权利。由于议付行根据开证行的邀请与付款承诺向受益人垫付款项，开证行有义务对议付行提交的表面合格的单据付款，有权拒付不合格单据。在开证行拒付的情况下，议付行作为正当持票人并根据其与受益人之间的协议，对受益人享有追索权。

（八）议付行与受益人

议付行与受益人之间属票据关系和融资关系。受益人作为汇票的出票人和出让者向议付行转让跟单汇票,议付行以单据为抵押议付垫款后即成为跟单汇票的受让者及正当持票人。因此,开证行不论以何种理由拒绝偿还议付行的垫款,议付行作为正当持票人都享有向受益人追索票款的权利。此外,议付行的议付垫款使受益人获得了资金融通,根据融资协议,当议付行遭开证行拒付时,有权向受益人索回议付垫款。

(九)保兑行与受益人

保兑行对受益人具有与开证行相同的权利义务,两者之间存在着事实上的契约关系,这一关系确立的基础即保兑行在开证行开立的信用证上加注了"保兑"字样。作为保兑行,它一方面是作为开证行的代理人,另一方面它又以当事人的身份对受益人独立负责。保兑行有对合格单据必须付款的义务;付款后无论因何原因得不到开证行的偿付,均不得向受益人追索票款。受益人应向保兑行提交合格单据,并凭以获得保兑行的支付。

(十)开证行与付款行

开证行与付款行之间为业务代理关系。付款行是开证行的付款代理人,它根据两行间的业务代理协议承担代理付款责任。付款行代表开证行对受益人提交的单据进行核验,若表面合格,应予付款;若表面不合格,有权拒付。付款行验单付款后有权向开证行索要款项;若开证行偿还垫款后而又发现单证不符时,有权向付款行追索,付款行应予退款。

在信用证业务中,所有当事人均应根据信用证条款规定严格履行责任义务,并享有相应权利。若当事人之间发生分歧与纠纷,应以信用证条款、相关的国际惯例及法律为基准,予以处理、裁定和判决。

第四节 信用证的主要种类

由于信用证使用者所从事的活动千差万别,因此对信用证的功能要求各有不同。为了满足客户的不同需求,在遵循信用证基本原则的基础之上,逐步演化出功能、用途各异的多种信用证类型。通常根据信用证的性质、期限、是否保兑、能否转让以及证与证之间的关系等,对信用证做出不同的分类,主要有以下几种。

一、光票信用证和跟单信用证

(一)光票信用证(Clean Credit)

光票信用证是指凭不附带货运单据的汇票(即光票)付款的信用证。有的信用证要求出具汇票并附有非货运单据,通常也被视为光票信用证。光票信用证可以用于贸易结算和非贸易结算两个领域。在贸易结算中,主要用于贸易从属费用的结算。关系较为密切的进、出口商在进行交易时,可由出口商按信用证规定直接将单据交进口商,出口商再凭光票向开证行收款,但这种做法并不多见。在非贸易结算中,主要有旅行信用证。旅行者在信用证总金额范围内,可在国外一次或数次向指定银行凭汇票或收据支取现金。

(二)跟单信用证(Documentary Credit)

跟单信用证是指凭附带货运单据的汇票(即跟单汇票)或仅凭货运单据付款的信用证。货运单据主要是指代表货物所有权或表示货物已经装运的各种证明文件,如提单、保单、商检证书、产地证等,跟单信用证的核心即单据,它是银行处理信用证业务的基础和依据。银行通过对物权单据的控制来控制货物所有权,通过转移物权单据来转移货物所有权,根据单据提供信贷,担保付款。在国际贸易结算中所使用的信用证绝大部分为跟单信用证。

二、不可撤销信用证和可撤销信用证

(一)不可撤销信用证(Irrevocable Credit)

信用证一经开出并经受益人接受后,开证行便承担了按照信用证上所规定的条件履行付款义务的责任。在信用证有效期内,除非得到信用证所有当事人的同意,否则开证行不得单方面撤销或修改信用证的内容。不可撤销信用证开证行的付款责任是第一位的,只要受益人提供的单据符合信用证条款的规定,开证行就必须履行付款责任。

如果该信用证已经由另一家银行保兑,则开证行未征得保兑行同意所做的修改对保兑行无效。

(二)可撤销信用证(Revocable Credit)

可撤销信用证是在开证行开出信用证后,有权随时撤销或者修改而不必征求有关当事人同意的信用证。由于可撤销信用证开证行付款责任的随意性和不确定性,这种信用证对受益人的权益缺少保障,受益人通常不愿意接受可撤销信用证,在实务中也极少采用。有鉴于此,UCP600 取消了可撤销信用证。

专栏 5-10

UCP600 规定信用证都是不可撤销的

按照 UCP600 第 3 条的规定,信用证都是不可撤销的,即便信用证上未明确说明也如此,从而结束了半个多世纪以来对信用证形式的规定:可撤销的或者不可撤销的。取消了"可撤销信用证"的概念,一方面加大了开证行的责任感,另一方面增加了受益人对信用证的信任。这也符合实务中信用证不可撤销性的普遍做法。

UCP600 还规定,除某些特定情况外,未经开证行、保兑行及受益人同意,信用证既不能修改,也不能撤销。

信用证的不可撤销性及付款责任的确定性,有效地保障了受益人的权益,突出地体现了银行资信担保的优势特征,促进了国际贸易的安全、有效开展。

尽管目前各行开出的信用证都是不可撤销的信用证,但是在实务中,有些进口商或开证行利用信用证是开证行有条件付款承诺这一特点设置"陷阱条款",或称为信用证软条款,即故意以隐蔽的形式在信用证中设置某些条款,使出口方很难甚至根本不可能做到单证一致,动辄出现单证不符,为进口方拒付货款寻找理由,或为其自身争取有利的交易条件。简而言之,软条款有一个最基本的特征,即它单方面被申请人或开证行所控制,使得不可撤销信用证变为可撤销信用证。因此,出口方在审核信用证条款时,要特别注意信用证中是否包含有软条款,提高风险防范意识,以利于安全收汇,减少损失。

专栏5-11

信用证中的软条款导致其成为可撤销的信用证

案情:中国北方某市的一出口商接到国外某行开来的信用证,购买石碱,在装运条款中虽有装运效期,但又规定具体的装运日期和船名将由买方在装运前另行通知。为此,出口商在信用证告知的装运效期前,将全部货物运到大连港,等待进口商的装船具体日期。孰料此时石碱的国际市场行情不好,价格下跌,进口商毁约,不再发来具体的装运日期和船名的通知,致使出口商无法使用该信用证装运货物,从而造成不小的损失。

分析:UCP600 规定信用证都是不可撤销的,从而保障出口商只要按信用证的要求办理出口和制作单据,就能收到货款。但是,信用证上的条款和要求必须是出口商能够办得到的,更不能有受制于进口商的条款。上述案例中规定"具体的装运日期和船名将由买方在装运前另行通知",使得交易完全由进口商控制。如果进口商不再发来装运日期和船名,出口方无法装船,取不到有关的单据,那么出口商面临的风险极大。因此,出口商在签约时一定要注意信用证中的软条款陷阱,凡是出口商不能做到的或由进口商控制的各种条款都应提高警惕,拒绝接受,免得上当受骗。

专栏5-12

常见的信用证软条款

典型的信用证软条款有以下几种:

1. 规定信用证在开证行到期

正常情况下,信用证的到期日和到期地点应当在出口地,这样出口方可以保证自己在信用证规定的交单日和到期日之前提交单据。但是有些信用证中规定到期地点为进口地,或者虽然规定到期地点在出口地,但是注明单据须于指定日之前寄达开证行。在这种情况下,自出口方交单到指定银行收到单据之间还有一段邮程的时间,而这一段时间是出口方所无法控制的,出口方无法保证邮递部门能够不出任何差错地将全套单据交付指定银行。

2. 规定某些单据应由特定人会签

这种软条款的典型代表就是"客检单"(客方质量检验证明),即货物检验证明要由进口方或开证行指定或授权的特定人出具和签署,其印鉴应由开证行证实方可议付。此外,在有关货运收据的条款中也易设置此类软条款。如果接受这样的条款,出口方将面临极大风险。

首先,对进口方所指定人的行动无法掌控。有可能进口方指定人没有(或无法)来会签单据,或者甚至进口方根本没有指示特定人前来会签,或者虽然来会签单据,但是错过了信用证规定的装运期。在这种情况下,要么根本无法取得信用证规定的单据,要么信用证已经失效,无法凭以付款,出口方都不能安全收汇。

其次,对进口方所指定的人签章的真实性和有效性无法掌握。因为上述软条款已经将能否付款的决定因素转换为开证行必须核实有权签字人的签字。换言之,只要开证行认为这个签字不符,他就有权利拒付,而签字是否相符完全取决于开证行的单方面确认,如果开证行资信状况不佳,与开证申请人勾结起来进行欺诈,出口方完全无法控制风险。

最后,对不符点没有补救机会。在上述条款限制之下,买方代表会签之后即离去,出口方很难有机会对不符点补救。

3. 规定议付时提交买方收到货物的证明

此条款表面看似一普通单证条款,实则大大增加了出口方提交单据时的困难。

首先,如果货物在运输过程中灭失,进口方得不到货物,自然不会出具到货证明。根据信用证凭单付款的原则,出口方不能提交符合信用证要求的单据,则无法得到货款。

其次,如果运程过长,或者运输途中出现故障,货物抵达目的地(或目的港)时超过信用证规定的交单期,信用证已经失效,即使进口方出具到货证明,仍将无法凭以议付。

最后,如果买方蓄意欺诈,已经收到货物但是拒绝出具到货证明,或者延迟出具到货证明,出口方无法按时提交单据,同样遭受损失。

4. 规定货物抵达目的港后经买方检验合格方可付款

这一条款改变了信用证开证行的责任。如果信用证中包含有上述软条款,开证行的第一性付款责任将被解除,出口方发货之后能否收回货款,不再取决于开证行的银行信用,而完全取决于进口方的商业信用,这将大大增加出口方安全收汇的难度。另外，根据《跟单信用证统一惯例》规定，在信用证业务中，各有关当事人所处理的只是单据，而不是单据所涉及的货物、服务或其他行为。上述软条款也从根本上违反了该惯例的规定。

5. 故意使信用证条款与合同条款不一致

很容易看出，与前面的软条款相比，这种软条款设置方式手段更为低劣，一眼就可以识破。稍有经验的人都知道，当信用证条款与合同不相符时，要求对方修改信用证即可，或者如果某些货物属于非法定检验商品，可以按照合同发货，按照信用证制单结汇。但是在实务工作中，因此类软条款而遭受损失的并不少见。究其原因，大多为当市场行情下降时，进口方意欲毁约，但是又不愿承担先违约的责任，于是在信用证条款中做手脚，使信用证条款与合同条款有非常细微的差别。如果出口方没有审核出来，而按照合同发货制单，将会出现单证不符，进口方可以堂而皇之地拒付。如果出口方审核出来，要求修改信用证，进口方的惯用伎俩就是辩称此不符纯属银行笔误，不用修改，一切均按照合同执行，保证不会拒付。一旦出口方相信进口方而按照合同履约制单，就掉进了陷阱，交单之后进口方便指示开证行因单证不符而拒付，从而避免市场价格下降的损失，或者为自己创造有利的付款条件，使得出口方哑巴吃黄连——有苦说不出。这样的案例不胜枚举，尤其是在进出口双方有过贸易往来，进口方曾经有良好的履约记录时，更易发生此类欺诈。

上面是几种比较典型的信用证软条款方式。除此之外，软条款的设置还有其他方式，例如：信用证各条款之间互相矛盾，指定FOB价格的同时又要求运费预付；利用信用证和修改书构筑矛盾，如信用证要求提交海运提单，后又改为空运方式，但是对运输单据闭口不谈，使得海运提单和空运方式之间互相矛盾；将内陆城市指定为发运港；信用证必须在收到对方的确认书后方才有效；精心设置办证机构或认证机构，增加获得单据和修改单据的难度；信用证中要求记名式提单等。

三、保兑信用证和不保兑信用证

（一）保兑信用证（Confirmed Credit）

如果一张信用证除了开证行的付款保证外，还有另一家银行对这张信用证做了付款保证，该信用证即为保兑信用证。

保兑行一旦对信用证加具保兑，即相当于自己开证，保兑行同样不能自行修改或撤销其保兑，保兑行将与开证行共同承担信用证责任，即对受益人提交的符合信用证条款规定的单据必须付款。

一般来说，银行开出信用证是不愿意其他银行加以保兑的。开证行之所以主动或被要求开出保兑信用证，主要有以下几方面原因：一是由于开证行自感其资信情况与开证金额不相称，才主动要求其他银行加以保兑，以免受益人拒收或出口地银行拒绝议付。二是在受益人对开证行的偿付能力不够信任或对进口国政治上有顾虑时，要求通知行或第三家银行加以保兑。三是受出口地法律法规的约束造成。

某些国家规定,受益人只可接受由本地银行加保的信用证,由于开证行和开证申请人不愿接受,就产生实务中所谓的缄默保兑或局外保兑(Silent Confirmation),即无须开证行知道的保兑。这仅仅是受益人与本地保兑行之间的一种契约。如被要求保兑的银行不准备加保,则应毫不迟延地告知开证行。

信用证加保后,由开证行和保兑行两家银行做了付款承诺,对受益人来说就有了双重的收款保证,受益人可以要求其中任何一家银行履行付款责任。保兑行的保兑不同于从属性保函中的银行保证。后者中的担保银行只承担第二性的付款责任,而保兑行对受益人负有第一性的付款责任,受益人可凭表面合格的单据直接向保兑行提出付款要求。具体兑付时,受益人一般首先要服从信用证条款的规定:当信用证规定以保兑行作为付款人时,受益人应该先要求保兑行付款,保兑行不付再由开证行付;当规定以开证行作为付款人时,受益人应该先要求开证行付款,开证行不付再由保兑行付。此外,如保兑行是出口地银行,而信用证上规定的付款行在第三国,根据美国汉诺制造商银行的解释,保兑行应首先承担付款责任。当然保兑行承担付款责任的前提条件,也是在信用证的有效期内收到相符单据。

(二)不保兑信用证(Unconfirmed Credit)

不保兑信用证是指只有开证行的付款保证,没有另一家银行承担保证兑付责任的信用证。不保兑信用证的开证行将独立承担信用证项下有条件的第一性付款责任。

事实上,实务中不保兑信用证的使用居多,大银行或资信状况良好的银行开出的信用证均是不保兑信用证。这是因为,保兑行对信用证加保要收取保兑费,另外还可能提出其他保兑条件,这些都可能增加进、出口商的经营成本。所以,如果开证行的资信确属第一流,则信用证无须加保。一般情况下,我国银行不对外开立保兑信用证。因为我国经营国际结算业务的银行均有足够的偿付能力,故而不需要其他银行保兑。

专栏5-13

保兑信用证是否一定比不保兑信用证好?

尽管保兑信用证有两个银行的付款保证,对出口商最为有利,但在实务中不能滥用。一是因为其昂贵的保兑费用,使受益人望而却步。通常保兑人收取的保兑费用为1%~5%,与银行的其他费用在0.1%~0.125%相比,高出10倍以上。二是大多数受益人认为,只要开证行资信好,能够承担付款责任,就没有必要加保兑。三是开证行考虑到主动要求加保有可能影响自己的信誉,因此一般也不愿意对自己开出的信用证请另一银行加具保兑。四是有些保兑行为了收取高额的保兑费用，又不愿意承担开证行拒付的风险，往往无理挑剔单据，使得受益人既付出了高额的保兑费用，又得不到保兑行的额外付款保证，要求加保的积极性大为减弱。近些年来，有些信用证加保兑要求是受受益人所在国法律、会计制度等约束不得已而为之。例如，一些上市公司为了出口后就得到无追索权的资金，要求本国、本城市的银行加保兑，又由于开证行和开证人不愿接受，就演变出“沉默保兑”，即无须开证行知道的局外保兑，仅仅是受益人与本地保兑行之间的契约关系（Silent confirmation represents an agreement between a bank and the beneficiary for that to “add its confirmation” to the Documentary Credit despite not being so authorized by the Issuing Bank.）。在我国出口业务中，除非开证行是资信不佳或者该国政治经济明显不稳定，一般不要求对信用证加具保兑；在进口业务中，国内银行自身信誉较好，一般不愿意主动要求国外银行对自己开出的信用证加具保兑，如国外强烈要求加保，仅仅在信用证里加具“可以加保”（MAY BE CONFIRMED）条款。

四、即期付款信用证、延期付款信用证、承兑信用证

根据UCP500规定，按使用信用证金额的不同方式，一切信用证均须表明它适用于即期付款、延期付款、承兑或议付。而UCP600第2条将跟单信用证分为三种形式：即期付款信用证、延期付款信用证、承兑信用证，删去了议付信用证。

（一）即期付款信用证（Sight Payment Credit）

即期付款信用证是指开证行或指定的付款行收到与信用证条款相符的单据即予以付款的信用证。即期付款信用证具有两个特点：①即期付款信用证可以是开证行自己付款，也可以由其他银行付款。如属前者，开证行应履行即期付款的承诺；如属后者，开证行应保证该款的照付。②一般不需要汇票，只凭商业单据付款；也可以开立以指定付款行为付款人的汇票。按照付款行和到期地点的不同，即期付款信用证还可做如下细分。

1. 进口地付款，进口地到期。即期付款信用证的开证行以其本身为付款行，而且把信用证的到期日规定为在开证地收到全套单据后，才能付款。这样的信用证在出口地被其他银行议付的可能性很小，即使被议付了，开证行也不赋予该议付行一般议付行所能享受的权利，我们称这种议付为局外议付。这种信用证对受益人是很不利的，因为受益人凭这样的信用证要在出口地融通资金的可能性很小，如果受益人直接交单或委托银行交单，要做到信用证下所有单据在信用证到期日前到达开证行，单据在邮寄过程中遗失或延误的风险将由受益人承担。

2. 进口地付款，出口地到期。即期付款信用证的开证行以其本身为付款行，但把信用证的到期地点规定在出口地，并规定由其所指定的出口地银行或任何其他银行议付。这种信用证比前一种对受益人有利。出口地银行议付后，即可向开证行或按照证上规定的方式取得偿付，至于单据能否如期到达开证行，议付行不负责任。

3. 第三国付款,出口地到期。即期付款信用证以进口地以外的其他第三国银行为付款行,以该第三国的货币为支付货币,但规定在出口地到期,可由出口地银行议付。例如,新加坡银行开出的美元信用证,一般都以其纽约分行或代理行作为付款行,同时规定单据寄递的方式为:一套寄纽约的付款行,另一套寄新加坡的开证行。纽约的付款行凭一套单据付款,议付行也不负单据及时到达的责任。

4. 出口地付款,出口地到期。即期付款信用证以出口地银行为付款行,在出口地到期。开证行开立这样的信用证,一般都以出口地的货币为支付货币,并在付款行开有账户。这种方式在出口地无议付程序,受益人只要向当地的付款行交单,即可获得无追索权的付款,受益人不承担任何利息。这种信用证对受益人是很有利的。

由上可知,在即期付款信用证情况下,出口地银行既可以是付款行,也可以是议付行。付款行的地位和议付行的地位是不同的,主要表现在以下几个方面。

第一,开证行和付款行之间存在的必然是委托代理关系;而开证行和议付行之间既可以存在委托代理关系,也可以毫无契约关系,是两个独立的当事人。

第二,信用证上规定以开证行以外的银行为付款行,开证行一般在付款行开有账户,或根据代理合约事先把头寸划拨给付款行,付款行在付款以后能立即取得偿还,无须以自己的资金垫付,万一付款行在付款时以自己的资金垫付,因此而发生的利息和费用可向开证行算收;而议付行的议付行为完全是自己垫付资金,因此而发生的费用应向受益人算收。

第三,付款行的验单付款是终结性的,在一般情况下,不能向受益人行使追索权,而且承担证实单证相符的责任,若开证行提出不符点,则付款行应当退款给开证行,自己承担风险;而议付行的审单议付是信用证流转过程中的一个环节,开证行倒闭或拒付,议付行可向受益人行使追索权。

第四,付款行付款一般使用出口地所在国货币;而议付行议付既可使用出口地所在国货币,也可使用出口地所在国以外的货币。

(二) 延期付款信用证(Deferred Payment Credit)

远期付款不需要汇票的信用证,称为延期付款信用证。这种信用证一般不要求受益人开立汇票,而仅仅规定受益人交单后若干天付款,或货物装船后若干天付款(通常以提单签发日期作为装船日期),或在某一固定的将来日期付款。

延期付款信用证的业务处理与承兑交单相仿,银行在收到单据后,就将单据交给申请人,银行在信用证规定的付款到期日才付款。因此,出口商交单后不能立即得到货款,加上没有汇票,出口商也不能通过贴现已承兑的远期汇票而得到资金融通。延期付款信用证多用于资本货物交易,旨在便于进口商在付款前先凭单提货,并安装、调试甚至投入使用后,再支付设备价款。因此,这种信用证对出口商来说并无多大好处,除了银行的保证到期付款作用外,无资金融通作用。

(三)承兑信用证(Acceptance Credit)

远期付款并需要开立汇票的信用证就是承兑信用证。

这种信用证要求受益人开立以指定银行为付款人的远期汇票，连同规定单据向指定银行交单，该行确认汇票和单据表面合格后，即收下单据并将已承兑的汇票交还给受益人（或受益人的委托银行），负责到期付款。承兑行可以是开证行，也可以是开证行指定的其他银行，如付款行、保兑行和通知行等。

利用承兑信用证可使开证申请人和受益人各得其所：开证申请人获得了远期付款的融资；受益人因利用承兑信用证而满足了开证申请人延期付款的愿望，有助于成交，且受益人获得了银行承兑汇票即意味着获得了银行不可撤销的到期付款承诺，受益人还可将已承兑汇票贴现，提前收回款项。

承兑信用证是进口商根据成交合约中出口商接受远期支付而向进口地银行申请开立的，它也是开证行对进口商授信的一种方式。承兑信用证下开证行的资信对受益人来说尤为重要，因为银行承兑汇票后，单据与汇票分离，单据由承兑的银行处理，因此不论贴现与否，出口商赖以回收货款的依据就是这张银行承兑的光票。如开证行作为承兑行，应负责到期付款；如开证行指定其他银行作为承兑行，应保证承兑行照付并偿付给承兑行，万一承兑行到期不予兑付，开证行须直接承担付款责任。

专栏5－14

UCP600为什么取消了议付信用证这种划分方式

UCP500规定，按照使用信用证金额的不同方式，一切信用证均须表明它适用于即期付款、延期付款、承兑或议付。而根据UCP600第2条的规定，跟单信用证分为三种形式：即期付款信用证、延期付款信用证和承兑信用证，删去了议付信用证。为什么要做这样的修改呢？

按照UCP500的规定，议付信用证（Negotiation Credit）是指开证行在信用证中明确邀请其他银行，为受益人提交的符合信用证要求的单据叙做出口押汇（议付），并保证对议付后取得善意持票人身份的银行及时偿付。

议付信用证可以是即期的，也可以是远期的，一般要求开立汇票，汇票的出票人是受益人，收款人是受益人自己，再由他背书转让给议付行，或者收款人就是议付行。汇票付款人必须是议付行以外的当事银行，如开证行、保兑行等，不能以申请人作为付款人。UCP500劝阻信用证项下汇票以申请人作为汇票付款人，继而又规定如信用证下汇票仍以申请人作为付款人，银行将视该汇票为附加单据。

受益人将汇票及单据提交议付行，议付行经审核确认其表面合格后，即从票面金额中扣除议付利息及手续费，将净额垫付受益人，随即向开证行（或其他指定偿付行）寄单索汇；若开证行因单证不符而拒付，议付行可向受益人行使追索权。从这一意义上讲，受益人获得议付行的垫付并非意味着其已真正获得支付，只有当开证行向议付行支付了议付垫款后，受益人才最终获得开证行的付款。

议付信用证又可分为限制议付信用证和自由议付信用证两种。前者是指开证行在信用证中指定某一家银行办理议付，受益人只能向该指定银行交单并要求议付；后者是指信用证并未指定议付行，受益人可选择任何银行议付。对开证行而言，由于限制议付信用证指定了议付银行，易于把握；而自由议付信用证项下的议付行可以是任何银行，开证行难以控制，风险较大，甚至面临被欺诈的危险。

从以上的内容可以看出，任何一种跟单信用证（即期、延期和承兑），根据开证人的意愿，既可以允许议付，也可以不允许议付。反之，如开出的信用证允许议付（无论是自由议付还是限制议付），那么，无论这份信用证是即期、延期还是承兑的信用证，只要受益人能够满足证内规定的相关条件，提交证内所要求的单据，银行都可以给办理议付手续。因此，把议付列为一种信用证的形式，显然是不恰当的。

五、可转让信用证、不可转让信用证和背对背信用证

（一）可转让信用证（Transferable Credit）与不可转让信用证（Non - transferable Credit）

根据 UCP600 第 38 条的规定，可转让信用证是指特别注明“可转让”字样的信用证。它是开证行授权指定的转让行（即被授权付款、承兑或议付的银行）在原受益人（即第一受益人）的要求下，将信用证的可执行权利（即装运货物、交单取款的权利）全部或部分转让给一个或数个第三者（即第二受益人）的信用证。若是自由议付信用证，则开证行应在信用证中明确指定一家转让行。信用证经转让后，即由第二受益人办理交货，但原证的受益人仍须负责买卖合同上卖方的责任。

不可转让信用证是指受益人不能将信用证项下的权利转让给他人的信用证。根据 UCP600 的规定，除非信用证中特别注明“可转让” 才属可转让信用证。凡未明确表明为可转让者，均为不可转让信用证。

可转让信用证在禁止分批装运时，信用证只能全额转让给一个第二受益人（但可保留差额利润）；在准许分批装运时，可以被分割同时转给数个第二受益人，且每个第二受益人仍然可以办理分批装运。当然，第一受益人也可只转让信用证金额的一部分，余下部分由自己使用。但可转让信用证只限于一次性转让，即作为第二受益人，也称受让人，不能继续将信用证转让给其后的第三受益人。然而，第二受益人将信用证转回给第一受益人不在禁止之列，并且可由第一受益人将信用证进行再转让。

信用证的再转让（Retransfer of Credit）是指原先第二受益人在信用证尚未到期之前，保留未用金额，将之转回给第一受益人，第一受益人利用该部分金额再转让给新的第二受益人。这是允许的，只要原始信用证未过期，被转让的金额确实未用，即可请求转让行办理再转让。但是，转让行应从原先第二受益人那里确认他没有使用，或者将不

使用转让信用证项下的可用金额，还应要求他退回转让信用证的正本通知书。

如果信用证转让给一个以上的第二受益人，一项修改被一个或多个第二受益人拒绝，则并不意味着被其他第二受益人的接受为无效，对接受者来说该证已做修改，对拒绝者来说该证保持原样。这样，对于不同第二受益人交来的单据银行审单标准不一致，会给银行带来麻烦。如果开证行不愿采用第二受益人独立处理修改权，它应在信用证内清楚说明修改应该采用什么方式处理。

可转让信用证通常用于有中间商参加的交易。中间商是第一受益人，实际供货商是第二受益人。中间商为了保持商业秘密，不愿进口商直接开证给供货人，因为这样做不仅泄漏了他的贸易关系，而且也暴露了他的实际利润。但如果进口商把信用证开给他，由他再向银行申请转开，则既增加费用，又需垫付押金，因此他要求进口商在开给他的信用证上加注“可转让”条款，中间商在收到信用证后，只要付出少量转让费，即可将信用证转让给实际供货商。有时，可转让信用证也用于大宗商品交易，如大公司接受了国外大宗订货，打算由其分散在各口岸的分号或联号来分头交货，在成交时，即可要求进口商开立可转让信用证，以便分配在各口岸出运，具体流程如图5－3所示。

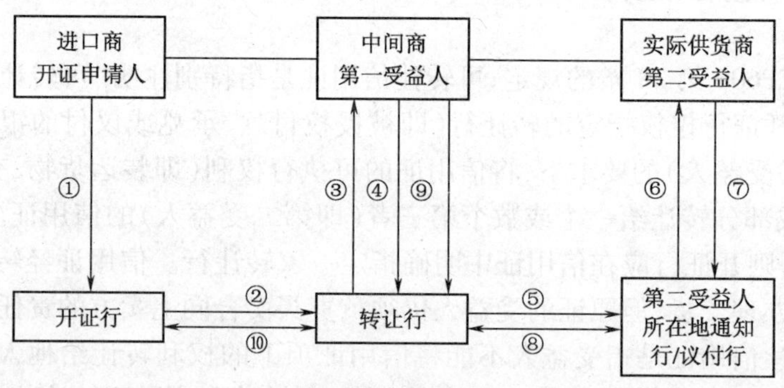

图5－3 可转让信用证业务流程图

注：①进口商申请开立可转让信用证。②开证行将可转让信用证开给中间商所在地银行（转让行）。③转让行将可转让信用证通知给中间商。④第一受益人（中间商）向转让行申请，将信用证转让给第二受益人。⑤转让行按第一受益人指示开立转让证，通过第二受益人所在地银行通知。⑥通知行将转让证通知给第二受益人。⑦第二受益人审证无误后，出运货物，按规定交单议付。⑧第二受益人所在地议付行审单议付后，向转让行寄单索偿，转让行履行付款或议付。⑨转让行通知第一受益人提供自己的发票、汇票（按原证开立的、金额大的），以替换第二受益人的发票、汇票（按转证开立的、金额小的），第一受益人取得两者间应得的差额。如果第一受益人未能在首次要求时予以调换，则转让行有权将第二受益人的单据直接寄给开证行，并不再对第一受益人负责。⑩转让行将第一受益人开立的发票、汇票及第二受益人提供的其他单据一并寄开证行索偿，开证行凭符合信用证规定的单据付款后，通知进口商付款赎单。

在我国，以总公司为受益人的信用证，下达给各口岸分公司装船交单，这是在同一受益人内部委办任务。如信用证未列明为可转让，则仍用总公司的名义制单开立汇票;如为可转让信用证,则可用口岸分公司名义交单议付,此类外贸总公司内部的可转让信用证,在业务流转时无须替换发票。

可转让信用证须由第一受益人填具转让书(Letter of Transfer),支付转让费。在第一受益人的要求下,转让行在开立转让证时,总金额、单价可减小,装运期、有效期、交单期可缩短,保险投保比例可以增加,也可用第一受益人名称代替原证的开证申请人名称。除此以外,转让证内容必须与原证条款相同。

(二)背对背信用证(Back to Back Credit)

背对背信用证又称对背信用证,是指一张信用证的受益人以这张信用证为保证,要求该证的通知行或其他银行在该证的基础上,开立一张以本地或第三国的实际供货人为受益人的新证,这张新证就是背对背信用证,它是一种从属性质的信用证。

背对背信用证的使用目的与可转让信用证大体相同,一笔交易经由中间商成交,当进口商在信用证上不愿加列可转让条款时,往往使用背对背信用证,它是中间商运用信用证方式实现融资的一种手段。中间商以原证为抵押,申请开立一张内容近似的背对背信用证(新证)给实际供货商(新受益人)。新证开立时,原证仍有效,原证由开立新证的银行代原受益人(中间商)保管,以原证项下收到的款项来支付背对背信用证开证行垫付的资金,这样中间商就不必因向实际供货商购货而需要支付货款。一般而言,背对背信用证的开证行同时又是原证的议付行。中间商通过利用背对背信用证,既能做成交易,又可从中获得利润。

信用证并非流通工具,因此它不能像汇票或支票那样通过背书后转让流通。就开证行来说,信用证能否转让对它的影响不大,它只凭符合信用证条款的单据付款,而无须过问由谁提示单据。但对进口商来说,成交的货物是由原签约的出口商装运还是由其他人装运,却有很大的差别。进口商对与其直接签约的出口商比较了解,坚持成交的货物应由他发货、装运和交单似乎有充足的理由,所以他不愿意使用可转让信用证,但这并不能杜绝中间商的存在。事实上,对进口商来说,选择一个信誉良好的中间商才是至关重要的。因为无论是可转让信用证还是背对背信用证,中间商均须承担买卖合同上卖方的责任,保证进口商能收到符合合同要求的货物。

背对背信用证的业务流转程序如图 5 - 4 所示。

由上可知,背对背信用证与可转让信用证在业务处理上有许多相似之处,但在性质上两者又有很大的不同。可转让信用证的新证是根据原证换开的,两者之间存在着直接的连带关系,原证与新证都是一个开证行,即由原开证行同时对第一和第二受益人负责。而背对背信用证的原证与新证是两张独立的信用证,分别由两家开证行保证付款,新证开立时,原证仍有效,但是新证的开证行与新受益人完全是一笔新的单独的业务关系,由新证开证行对新受益人负责付款,新受益人可能根本不知道是背对背信用证,信用证表面也不注明是背对背信用证,只有原受益人以及新开证行了解这一事实，原证开证行、原进口商和新受益人可能都不了解。原证开证行、原进口商与新证毫无关系，新受益人与原证也不发生关系。也就是说，背对背信用证有两个独立的开证行，分别对各自的受益人负责，即原开证行对原受益人负责，新开证行对新受益人负责。

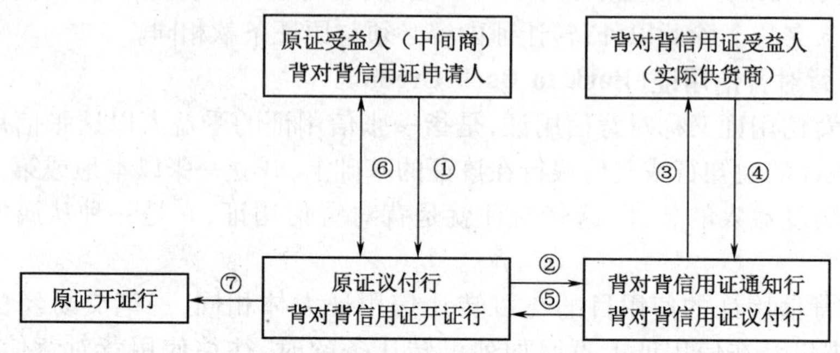

图5-4　背对背信用证业务流程

注：①原证受益人申请开立背对背信用证。中间商在收到进口商申请开立的不可撤销信用证后，以该证作保证，要求其往来银行根据原证开立以其为申请人、以实际供货商为受益人的背对背信用证。②开立背对背信用证。由于开立背对背信用证存在风险，因此开证行要求中间商交出原证作为开证保证，因为原证是原开证行保证付款的承诺，背对背信用证开证行以这一承诺作为开立新证的依据。③通知背对背信用证。背对背信用证开立后，开证行可以电信或信函方式通过受益人所在地银行通知该证给实际供货商。④实际供货商交单。实际供货商受证后，根据背对背信用证的条款备货装运。一般背对背信用证的装货期和有效期较短，实际供货商应当把握装货交单的期限，及时向背对背信用证的通知行交单议付。⑤背对背信用证议付行向开证行寄单索偿。背对背信用证议付行审核单据无误后，议付实际供货商并同时向背对背信用证的开证行寄单索偿。⑥中间商换发票与汇票。背对背信用证的开证行收到单据后，要在审单付款的同时通知中间商换发票与汇票。中间商按原证另开立汇票与发票，以替换背对背信用证项下的汇票与发票。⑦向原证的开证行寄单索偿。背对背信用证的开证行若就是原证的议付行，则其在发票替换后，将已议付的单据寄往原证的开证行索偿；若不是原证的议付行，则将原证项下的单据交议付行议付，由议付行向原证的开证行寄单索偿。

专栏5-15

可转让信用证、背对背信用证与款项让渡

UCP600 第 39 条专门对“款项让渡（Assignment of Proceeds）”做了规定：“信用证未表明可转让，并不影响受益人根据所适用的法律规定，将其在该信用证项下有权获得的款项让渡给他人的权利。本条款所涉及的仅是款项的让渡，而不是信用证项下执行权利的让渡。”

款项让渡是指无论是何种类型的信用证，证内的受益人都有权将从证内获得款项的权利转让给其他人。这种提法，始于跟单信用证统一惯例1974年修订本第290号出版物的第47条，但内容很简单。自400号出版物开始、继而第500号出版物及现在的第600号出版物内，都设“款项让渡”条来规定这方面的内容。

在实际业务中，一般是由于以下原因，需要办理“款项让渡”手续：第一，作为中间商的受益人，对外达成了出口协议，但是没有争取到或者不愿意争取国外客户开来可转让信用证。第二，中间商手中没有可转让信用证，而打算开出背对背信用证，但由于受到自身条件的限制（如资信条件等），银行不同意以原证为抵押开出背对背信用证。在这两种情况下，如果供货人同意先向国外买方供货，而货款则由中间商将证内的款项让渡给供货人。此外，受益人可通过款项让渡偿付其对另一方的债务；受益人以款项让渡向银行或其他金融机构偿还贷款。

需要指出的是，“款项让渡”涉及的仅是证内款项的转让，与原证开证人的利益没有冲突，也与开证人无关。而信用证的转让却不同，它涉及原证受益人执行信用证的权利。同时，在履行信用证的过程中，由于受益人的更换也会影响到开证人的权益，所以只有信用证注明了“可转让”时才可转让。由此可见，款项让渡与可转让信用证是不同的，也与以原证做抵押开出的背对背信用证不同。

“款项让渡”并非当事人私下授受的行为，需要相关手续，但各银行并无统一的做法。目前较为普遍的做法是，当中间商，也就是款项让渡人，打算将证内款项让渡给他人时，应到信用证内的指定银行办理款项让渡手续。办理款项让渡的银行在接受转让人的申请后，要给予书面确认。让渡人将银行的确认副本转交给发货人——款项让渡的受让人留存。将来受让人发出货物后，向办理款项让渡的银行提供信用证内规定的有关单据和货物已经装出的证明材料，银行则负责收款后直接将款项拨付给他。从表面上来看，受让人（发货人）只要持有银行接受办理“款项让渡”的确认，便可以放心地将货物装出。实际上，款项让渡的做法对发货人隐藏着一定的风险，在接受这种付款方式之前，应该经过仔细考虑，特别是要对中间商的资信情况进行全面了解，避免上当受骗。

专栏5-16

背对背项下利用单证瑕疵拒付货款案

某年，我国M进出口公司与港商N贸易公司签订了一份总价值212万美元的钢材出口合同。该港商将合同项下货物转售，并以下家（实际进口商）开出的信用证为抵押，通过香港K银行向我M公司开出背对背信用证。但该港商在转售时，无意中搞错了钢材规格，因而导致其无法向下家履约和收款。该港商随后伙同开证行利用M公司所提交的结汇单据的非原则性瑕疵,拒绝付款。M公司与上海议付行分别与客户及开证行进行了长时间交涉无结果,遭受了重大损失。这是背对背信用证下中间商利用单据的非实质性不符点逃避本来应该由自己承担的责任。对于M公司来说值得吸取的教训是深刻的:首先是要对贸易对手有足够的了解,不要以为拿到了信用证收汇就有了保证。其次,制单的水平有待提高。

六、对开信用证

一国的出口商向另一国的进口商输出商品,同时又向其购进货物,这样可把一张出口信用证和一张进口信用证挂起钩来,使其相互联系,互为条件,这种做法称为对开信用证(Reciprocal Credit)。对开信用证的特点是:第一张信用证的受益人和申请人分别是第二张回头信用证的申请人和受益人,第一张信用证的开证行和通知行分别是第二张回头信用证的通知行和开证行。

对开信用证的业务流转程序如图5-5所示。

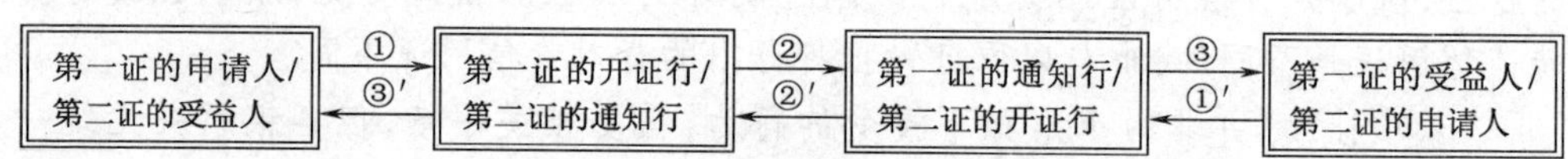

图5-5 对开信用证的业务流程

注:①第一证的申请人向开证行申请开证;②第一证的开证行通过通知行开出信用证;③第一证的通知行向受益人通知信用证;①′第二证的申请人(第一证的受益人)向开证行(第一证的通知行申请开证);②′第二证的开证行(第一证的通知行)通过通知行(第一证的开证行)开出信用证;③′第二证的通知行(第一证的开证行)向第二证的受益人(第一证的申请人)通知信用证。

对开信用证常见的生效方式有两种:①两张信用证同时生效,第一张信用证先开,但是暂不生效,等对方开来回头证经受益人接受后,通知对方银行两证同时生效。②两张信用证分别生效,第一张信用证开立后不以回头证的开立和接受为条件,而是立即生效,回头证另开;或在第一证受益人交单议付时交来担保函,保证若干天内开出以第一证申请人为受益人的回头证。在分别生效的条件下,第一证申请人存在风险。

专栏5-17

对开信用证在三来一补贸易中的运用

我国在来料加工业务中,大多采用两证同时生效的方式,如在进口原材料时开

出的远期信用证,对应着产成品返销时国外开来的即期信用证。首先开出的远期信用证的有关条款举例如下:

"This Credit is available by drafts drawn on us at 180 days after bill of lading date."

"Payment will be effected by us at maturity of draft against the above mentioned documents complied with Credit terms and our receipt of the Credit opener's advice stating that a reciprocal Credit in favor of the applicant issued by ________ Bank for account of beneficiary available by sight draft has been received by and found acceptable to them."

回头证开出时应加列对应开证条款:"This is a reciprocal Credit against ________ Bank Credit No ________ favoring ________ covering shipment of ________."

对开信用证不同于背对背信用证。背对背信用证是一张信用证靠着另一张信用证开立,两笔都是进口业务;而对开信用证是一笔进口业务和一笔出口业务挂钩,主要用于易货贸易和来料来件加工装配业务。在这类交易中,双方均须向对方支付款项,但又不是独立的两笔交易。期间,交易双方均担心对方只享受权利而不履行相应的义务,于是就产生了把双方的付款承诺联系在一起的对开信用证业务,使各自的合同义务与权利相互联系、相互制约,共同维护双方利益。这样,使用对开信用证在一定程度上可以起到防范风险的作用。

七、循环信用证

循环信用证(Revolving Credit)是指信用证的全部或部分金额被使用以后仍可恢复到原金额、继续被使用的信用证。

循环信用证主要适用于大宗商品交易。大宗商品交易一般总是批量很大、金额也很大,出口方要一次性出运这么多货物,可能有困难,进口方也可能一下子接受不了这么多货物,付不出货款。因此,基本都采用分批装运,分批付款的方式。由于每次装运条件、金额、提供的单据要求都是同样的,若每装一批开一张信用证,手续烦琐,费用也高,进口商为了节省开证手续和费用,在实际中往往就开立一张信用证循环使用。

循环信用证分为以下两类:

(一)按时间循环的信用证

按时间循环的信用证规定了受益人每隔多少时间(如1个月或1个季度)可循环使用信用证上规定的金额。例如,信用证金额为10 000美元,规定1个月循环一次,有效期为6个月。

按时间循环的信用证根据每期信用证余额处理方式的不同,又可分为以下两种:

1. 积累性循环信用证(Cumulative Revolving Credit)。这是指受益人在规定期限内可支取的信用证金额如有余额,则该余额可以移到下期一并使用。

此类信用证中通常有下列条款:

"This Credit is revolving at USD 100 000 covering shipment of per calendar month cumulative operation from January 2014 to June 2014 inclusive up to a total of USD 600 000."

2. 非积累性循环信用证(Non – cumulative Revolving Credit)。这是指上期未用完的信用证余额不能移到下期一并使用。

此类信用证中通常有下列条款:

"This Credit is revolving at USD 100 000 covering shipment of per calendar month non – cumulative operation from January 2014 to June 2014 inclusive."

例如,信用证金额为10 000美元,每月循环一次,若是积累性循环信用证,第一个月使用后尚有余额1 000美元,则下个月的信用证金额为11 000美元;若是非积累性循环信用证,则下个月的信用证金额仍为10 000美元。

(二)按金额循环的信用证

按金额循环的信用证是指信用证每期金额用完后,可恢复到原金额循环使用,直到规定的总金额用完为止。其具体的循环方式有以下三种:

1. 自动循环信用证(Automatic Revolving Credit)。这是指信用证每期金额被支用后,不必等待开证行通知,能自动恢复到原金额继续使用。

2. 非自动循环信用证(Nonautomatic Revolving Credit)。这是指每期金额用完后,必须等待开证行通知,才可恢复到原金额使用。

3. 半自动循环信用证(Semi automatic Revolving Credit)。这是指每期金额支用后,若干天内未接到开证行提出停止循环使用的通知,则可恢复到原金额继续使用。

循环信用证因需长时间循环使用,议付行议付后应特别做好信用证的背批。

八、预支信用证

预支信用证(Anticipatory Credit)是在信用证上列入特别条款授权议付行或保兑行在交单前预先垫款付给受益人的一种信用证。它是允许出口商在装货交单前,可预先支取全部或部分货款的信用证。

开证行在开证申请人的请求下,在信用证上加列条款,授权出口地银行(如议付行)仅凭出口商签发的光票,在交单前就向出口商预先自行垫付全部或部分货款,以帮助出口商备货装运。等出口商交单议付时,预支行再从议付金额中扣还已垫付的本息,将余额付给出口商。银行预支款项后要求受益人将信用证正本交出,以控制受益人向该行交单。若到期出口商未能装运,则由开证行负责向预支行偿还本息,再由申请人对开证行负责。这是进口商利用开证行信用帮助受益人融资的一种方式,由进口商承担融资风险。

最早的预支信用证主要用于澳大利亚、南非的羊毛进出口贸易。由于过去信用证的开立以信开为主，信用证上的预支条款为了醒目起见，通常用红字打印，故预支信用证又称“红条款信用证”。而预支信用证发展到现在，基本采用电开，预支条款则不可能用红字来强调。

专栏 5－18

预支信用证与打包贷款的区别

预支信用证与信用证下的打包贷款均系出口地银行向出口商提供的资金融通，但两者有所不同。预支信用证是开证行在信用证中授权出口地银行向出口商预支全部或部分信用证金额的款项，故出口地银行对出口商的贸易融资与进口商和开证行有密切关系：若出口商届时不能出运货物及交单议付，出口地银行可向开证行提出还款要求，开证行应立即偿还其垫款本息。而打包贷款是由出口商自行凭正本信用证向出口地银行预借一定数量的资金，用于收购货物、仓储及包装出运，其借款行为与进口商和开证行无关，故贷款银行须自行承担信贷风险。因此，以信用证作抵押而叙做的打包贷款，实际上无异于无抵押信用贷款。银行应严格审核贷款条件，在贷款归还之前，应与客户保持密切联系，了解其出口业务进展，督促其及时发货交单，按期归还贷款。

九、买方远期信用证

信用证中规定受益人开立远期汇票，但又规定“远期汇票可即期付款，贴现利息和承兑费用由买方负担”，这种信用证称为买方远期信用证（Buyer's Usance Credit），亦称假远期信用证。

此类信用证中通常有下列条款：“The usance drafts are payable on a sight basis, discount charges and acceptance commission are for buyer's account.”

使用买方远期信用证，议付行在议付后向开证行索偿时，可立即得到开证行的即期付款，并且不承担贴现利息和承兑费用，因而议付行对受益人的议付也只需扣除一个邮程来回的利息和手续费，等同于即期汇票的议付。

买方远期信用证用于即期付款的交易中，是买方融通资金的一种方式。由于国际金融市场贴现率一般比银行的贷款利率低，进口商往往利用银行承兑汇票以取得优惠贴现率，所以在签订即期付款的贸易合同后，要求开证行开立的不是即期付款信用证而是远期承兑信用证，证上规定“所有贴现利息和费用由申请人负担”。这样，出口商仍能像即期付款信用证那样通过贴现取得全部货款，而贴现银行应扣除的贴息和承兑行承兑汇票的费用则向进口商算收。这是进口商通过贴现手段取得资金融通的方法，出口商在取得资金方面虽然没有什么损失，但是他要承担将来汇票拒付时被追索的风险。

本章小结

1. 信用证是目前国际上使用最普遍的国际贸易结算方式，由于银行承担了第一性的付款责任，减小了出口商的收款风险，因此很受出口商欢迎。

2. 信用证具有开证行承担第一性付款责任、自足文件和单据业务三大特点。

3. 信用证有信开本、电开本、全电本三种开立方式，不同形式的信用证具有不同的法律效力。

4. 信用证是开证行与受益人之间的书面合同，其中记载的基本内容包括当事人、跟单汇票、要求的单据、装运条款、保证条款及开证行签章等。

5. 信用证业务的基本环节包括：出口商申请开证，开证行对外开证，信用证的通知，保兑与修改，出口商发货交单，议付行议付单据，议付行寄单索汇，开证行审单付款，进口商付款赎单等。

6. 信用证分为跟单信用证和光票信用证，保兑信用证和不保兑信用证，即期付款信用证、延期付款信用证和承兑信用证，可转让信用证和不可转让信用证，背对背信用证，对开信用证，循环信用证，预支信用证（红条款信用证），买方远期信用证（假远期信用证）等。

复习思考题

一、填空题

1. 简单地说，信用证是银行开立的一种（　）的付款承诺。

2. 在信用证业务中，通知行一定是开证行的（　）。

3. 当作为中间商的出口商不能从进口商处获得可转让信用证时，他在收到不可转让信用证后，可以用开立（　）的方式来达到同样的目的。

4. 信用证是银行应买方要求和指示向卖方开立的、在（　）凭与信用证条款规定相符的单据，即期或在一个可以确定的将来日期支付一定金额的书面承诺。

5. 信用证保证了信用证受益人交到银行的（　）将得到支付。

6. 信用证是（　）与信用证受益人之间存在的一项契约。

7. 信用证业务中，银行对于受益人履行契约的审查仅针对（　）进行。

8. 受益人交单后，如遇开证行倒闭，信用证无法兑现，则受益人有权向（　）提出付款要求。

9. 保兑行一旦对信用证加具了保兑，就对该信用证负有（　）付款责任。

10.（　）是开证行指定的对议付行或付款行、承兑行进行偿付的代理人。

二、单选题

1. 开证银行是主债务人,其对(　)负有不可推卸的、独立的付款责任。

A. 付款人　　B. 受益人　　C. 代理行　　D. 解付行

2. 偿付行只有在(　)存有足够的款项并受到开证行的偿付指示时才付款。

A. 开户行　　B. 代理行　　C. 开证行　　D. 出口商

3. 未经开证行、保兑行(如有)以及受益人同意,既不能修改也不能撤销的信用证,是(　)。

A. 不可撤销信用证　　B. 可撤销信用证

C. 代办信用证　　D. 代理信用证

4. 议付是指由一家信用证允许的银行买入该信用证项下的汇票和单据,向受益人提供(　)。

A. 资金收付　　B. 货物流通　　C. 资金融通　　D. 往来账户

5. 信用证是一种(　)。

A. 正式的付款保函　　B. 有条件的付款担保

C. 无条件的付款担保　　D. 没有风险的付款方式

6. 以下不属于信用证结算方式特点的是(　)。

A. 有银行信用作保障　　B. 独立的文件

C. 只管单据　　D. 不可转让

7. 信用证主要体现了(　)。

A. 开证申请人与开证行之间的契约关系

B. 开证行与受益人之间的契约关系

C. 开证申请人与受益人之间的契约关系

D. 开证行与议付行之间的契约关系

8. 所谓信用证"相符"的原则,是指受益人必须做到(　)。

A. 单据与合同相符　　B. 单据与信用证相符

C. 信用证与合同相符　　D. 单据与货物相符

9. 属于银行信用的支付方式是(　)。

A. 托收　　B. 电汇　　C. 信用证　　D. 支票

10. 信用证是依据买卖合同开立的,出口商要保证安全收汇,必须做到(　)。

A. 提交的单据与买卖合同规定相符

B. 提交的单据与信用证规定相符,单据与单据之间一致

C. 提交的单据既要与买卖合同规定相符,又要与信用证规定相符

D. 当信用证与买卖合同规定不一致时,提交的单据应以与买卖合同相符为主

11. A 公司向 D 公司出口一批货物,D 公司通过 C 银行开给 A 公司一张不可撤销信用证,当 A 公司在货物装船后持全套货运单据向银行办理议付时,B 公司倒闭,此时(　)。

A. C 银行仍应承担付款责任

B. C 银行可以 B 公司倒闭为由拒绝付款

C. C 银行有权推迟付款，推迟时间可由 A 和 C 协商

D. A 公司应作为破产债权人参加到破产清算中去

12. 使用循环信用证的目的在于简化开证和减少开证押金。这种信用证一般使用于(　)。

A. 金额巨大、需分期付款的成套机器设备进口的合同

B. 中间商用于转运他人货物的合同

C. 母公司与子公司之间的贸易合同

D. 分批均匀交货的长期供货合同

13. 保兑行对保兑信用证承担的付款义务是(　)。

A. 第一性的　B. 第二性的　C. 第三性的　D. A 与 B

14. 根据 UCP600 的规定，可转让信用证可以转让(　)。

A 一次　B. 二次　C. 三次　D. 四次

15. 某信用证每次用完一定金额后即可自动恢复到原金额使用，无须等待开证行的通知，这份信用证是(　)

A. 自动循环信用证　B. 非自动循环信用证

C. 半自动循环信用证　D. 按时间循环信用证

16. 假远期信用证的远期汇票利息及贴现费用由(　)。

A. 受益人负担　B. 议付行负担

C. 付款行负担　D. 申请人负担

17. 来料加工和补偿贸易中常常使用的信用证是(　)。

A. 循环信用证　B. 对开信用证

C. 背对背信用证　D. 预支信用证

三、判断题

1. 按照 UCP600 的规定，信用证有“不可撤销”或“可撤销”两种。(　)

2. 在开证行资信差或成交额较大时，一般采用保兑信用证比较好。(　)

3. 受益人对同一信用证的修改书上涉及两个或两个以上条款的修改，可以部分同意，部分拒绝。(　)

4. 一般情况下，国外来证绝大多数都列明“按《跟单信用证统一惯例》办理”。(　)

5. 开证行在得知开证申请人将要破产的消息后，仍须对符合其所开的不可撤销信用证的单据承担承兑、付款的责任。(　)

6. 可转让信用证只能转让一次，因此，可转让信用证的第二受益人只能有一个。(　)

7. 可转让信用证只能按原证规定条款转让，因此，有关信用证金额、商品单价、到期交单日即最迟转运日期等项均不可以改变。(　)

8. 偿付行是遵循开证行的要求支付款项的，因此对受益人或寄单行而言偿付

行的付款也就是最终付款。( )

9. 循环信用证可以省去开证申请人多次开证的麻烦和费用支出,因此适用分批均匀交货的合同。( )

10. 背对背信用证与可转让信用证一样,其权利的转让要以原证申请人即开证行准许为前提。( )

四、案例分析题(单选)

1. I 银行开立了不可撤销的议付保兑信用证,通过 A 行(议付行)通知受益人。A 行在通知信用证时,按信用证的授权对该证加具了保兑。信用证要求受益人提供全套清洁的、货已装船的海运提单和保险单。受益人在将货物装船以后,将所需提单交给 A 行,A 行审单后发现单证不符,原因是保险单的日期迟于装船期。受益人要求保险公司更改保单,更正后的保单交到 A 行,同一天,受益人凭单据支取信用证金额。A 行在代为保管的单据中,替换了新的保险单。在重新审单中,A 行确定提单上还有一个上次交单时没有注意到的不符点。A 行通知受益人,由于发现了新的不符点,因此它不能付款。同时,UCP600 所允许的时间已经过了,即已经超过了装船后 21 天,受益人不能更改这个新发现的不符点。请问 A 行的拒付正确吗?

A. 正确,单证不符,不能付款。

B. 正确,A 行可以建议受益人通知开证行不符点,请求接受不符单据并付款。

C. 不正确,A 行必须在第一次拒绝接单时提出全部的不符点。

D. 不正确,A 行对信用证加具了保兑,应该付款。

2. 国内某出口公司向韩国出口 1 万吨水泥,价值 40 万美元,FOB 成交,由韩国买方租用越南籍货轮将整船货物从青岛港运至韩国某港,支付方式为信用证。后由于我国货源紧张,请求韩国买方延迟派船,买方同意,但信用证不展期,付款方式按照"随证托收"处理。请问我方出口公司应该如何处置这件事情?

A. 随证托收由于随附了信用证,因此较普通托收安全,我方可以按照合同发货。

B. 随证托收较之普通托收更不安全,因为出口人违约在前。因此我方出口公司必须慎重从事。

C. 不能同意随证托收,进口方是恶意与船方勾结骗货。

D. 应该坚决要求买方对信用证进行展期,否则不发货。

3. 开证行 I 行开立了一个不可撤销的信用证,通过 A 行通知受益人,并要求 A 行加具保兑。A 行在加具保兑后,将信用证通知给了受益人。受益人发货后在信用证到期日前两天提交了价值为 11 万美元的相关单据。A 行审单后认为单证不符,理由是①提单不是开成"致买方的指定人",而是开成了"致发货人的指定人"和"空白背书"。②信用证超支了 1 万美元。鉴于信用证即将到期,A 行电话告知受益人不符点。受益人在电话中要求 A 行电传 I 行要求准许对提交的不符单据付款。等到 I 行电传授权 A 行对不符点单据付款时,I 行所在国的政治经济形势已经恶化,该国发生了一场军事和政治上的大变动,几乎要推翻政府。由于局势不稳定,I行国内的贸易已经停止,因此A行通知受益人虽然他已经收到开证行准许对所交单据予以付款的指示,但是由于I行在A行所在国的资产已被冻结,I行账户上没有资金可供使用,所以A行不能履行指示。如果A行付款给受益人,A行将无法从I行获得偿付。请问A行的做法对吗?

A. 对,只有当信用证条款被完全遵循时,其保兑才有效。由于受益人提交的单据与信用证不符,因此A行的保兑是无效的。

B. 对,A行可以援引不可抗力原因(政治动乱)导致其无法对受益人履行付款责任。

C. 不对,A行已经同意要求开证行允许对不符单据付款,且开证行已经授权对不符单据付款,意味着保兑行同意将其保兑自动延展至开证行准许凭不符单据付款之时,A行应该付款。

D. 不对,A行应该履行付款责任,但是应该等到收到开证行的偿付款项后,才能支付给受益人。

4. 我国某制造商缔结了一项安特卫普船边交货(FAS)为贸易术语的提供重型机械的巨额合同,支付方式为不可撤销保兑跟单信用证,信用证规定必须提供商业发票以及买方签发的已在安特卫普提货的证明。就这个合同进行评价。

A. 合同可行,不可撤销跟单信用证加保兑,收汇安全可靠。

B. 贸易术语选择不当,不应该用FAS,最好采用FOB,这样卖方的风险小一些。

C. 信用证条款中存在软条款,不应该接受这样的信用证。

D. 应该与买方商量,将提货证明的签发人改为船方。

5. 某行开立的不可撤销信用证上面有这样一个条款:“Any amendment will become automatically effective unless formally rejected by the beneficiary within a specified period of time, or by a specified date.”请问该行的这种做法妥当否?

A. 不妥当,违背了UCP600的第10条f款关于不可撤销信用证的可撤销性。

B. 妥当,虽然是不可撤销信用证,但是在履行过程中有可能需要修改。这个条款的目的在于约束受益人,希望他能在一个日期之内明确表示接受修改或者拒绝接受修改。

C. 妥当,因为受益人应该在这个日期之内明确表示接受或者拒绝接受修改,以便开证行和开证申请人了解受益人的想法。

D. 不妥当,因为对于开证行对信用证所作的修改,接受与否的主动权始终掌握在受益人手中,受益人的沉默不应该被视为接受,同时也不应该被视为拒绝。

6. I行开立一不可撤销的信用证,通过A行(议付行)通知受益人,信用证中有这样一个条款:“Documents must arrive at the offices of Bank I before arrival of the vessel.”受益人发货后向A行提交了单据,A行及时审核了单据,发现单证相符,对受益人进行了议付,并把单据寄给I行索汇。I行审核A行寄来的单据后拒绝接单，理由是延迟交单。I 行收到单据日期是在船到以后。因此，I 行将代为保管单据，并听候 A 行的指示。请问 I 行的做法对吗？

A. 不对，I 行开出的信用证中包含了非单据条件，受益人和议付行可以视此条件不存在，不予理会。因此 I 行应该付款。

B. 不对，既然它授权议付行议付，它就应该在议付行议付之后支付款项。

C. 不对，它制定的信用证条款过于苛刻，因为受益人和议付行无法控制邮程的具体日期，很难达到这个条款的要求。

D. 对，受益人没有履行信用证项下的全部义务，议付行不应该议付。

7. I 行开立一项不可撤销的跟单信用证，并通过 A 行（议付行）将信用证通知受益人，受益人发货后将单据提交给 A 行。A 行审单后确定单据与信用证条款不符，于是通知受益人不能议付。由于不符点无法改正，受益人要求议付行在保留/赔偿担保下议付。A 行同意在保留权利下议付，并寄单给 I 行，告知 I 行由于单据存在轻微的不符点，它们已在保留下议付。在收到 A 行寄来单据的第九个工作日，I 行电传 A 行电文如下："关于我行跟单信用证（信用证号：×××），你行寄来的单据由于单据上的货物描述与信用上的不一致，因此，我们不接受如此提交的并由你行在保留/赔偿担保项下议付的单据。单据代为保管，听候处理，请指示。"

A. I 行的做法是正确的，因为单证不符，开证行不能履行信用证下的付款承诺。

B. A 行的做法是错误的，既然单证不符，就不应该议付单据，即使是在保留/赔偿担保项下也不可以，因为风险太大。

C. I 行的这种做法最终将导致它必须履行在信用证下的付款。

D. A 行既然被授权为议付行，它就可以议付相关单据。

8. 信用证中有如下规定：开证日期（Issue Date）为 2007 年 4 月 1 日，信用证到期日（Expire Date）为 2007 年 5 月 31 日，最迟装运日期（Shipment Date）为 2007 年 5 月 1 日。

A. 受益人的最迟交单期是 2007 年 5 月 31 日

B. 受益人的最迟交单期是 2007 年 5 月 1 日

C. 受益人的最迟交单期是 2007 年 5 月 22 日

D. 受益人的最迟交单期是 2007 年 5 月 27 日

9. 有一注明受 UCP600 管辖的不可撤销即期付款信用证要求受益人提交如下单据：以开证行为汇票付款人的即期汇票，提单开成空白抬头或者抬头人为 I 行。同时该信用证还有这样一句话："Payment of drafts drawn hereunder will be made only after the realization of the re - export proceeds program."

A. 该信用证声明受到 UCP600 的管辖，因此是一个可以接受的信用证。

B. 该信用证不能要求汇票的付款人是开证行，而应该是进口商，因此不能接受。

C. 该信用证注明货物托运给 I 行，因此出口商不可能面临钱货两空的情况，因为货物的物权控制在银行手中。

D. 该信用证不是一个无条件的付款承诺，使用这种信用证，受益人对货物和货款的损失必须付全部的责任。

10. 在某一信用证下保兑行认为单据与信用证条款相符，并对单据进行了议付。但是开证行收单审核后认为单据不合格而拒绝收单。

A. 保兑行可以对受益人行使追索权，索回已经议付的款项。

B. 保兑行不能让出票人及/或善意的持票人负责它在审核单据上的错误。

C. 保兑行已经审单并且议付了款项，开证行无权拒绝收单。

D. 因为保兑行已经议付款项，开证行应该首先征询申请人的意见，才能决定是否拒单。

五、业务分析题

1. 我国甲公司与法国乙公司签订合同出口货物到法国，采用信用证方式结算货款。乙公司通过其开证银行BANK1巴黎分行申请开立了非保兑的信用证（适用UCP500），通知行为中国银行江苏分行。信用证规定：“DATE AND PLACE OF EXPIRY：041105 FRANCE；AVAILABLE WITH ISSUING BANK BY PAYMENT；LATST DATE OF SHIPMENT：041102；PRESENTATION PERIOD：WITHIN 15 DAYS AFTER THE DATE OF SHIPMENT.”甲公司于2004年11月1日将货物装船，并于2004年11月5日将信用证要求的全套单据提交中国银行江苏省分行，中国银行江苏省分行立刻于当日使用DHL将单据寄往法国的开证行。收到单据后，开证银行BANK1巴黎分行以“信用证已过期”为由拒付。请问，BANK1巴黎分行的拒付理由是否成立？为什么？

2. 某出口企业收到一份国外开来的不可撤销的即期信用证，正准备按信用证规定发运货物时，突接开证银行通知，声称开证申请人已经倒闭。对此，出口企业应如何处理？依据何在？

3. 某公司从国外某商行进口一批钢材，货物分两批装运，支付方式为不可撤销即期信用证，每批分别由中国银行开立一份信用证。第一批货物装运后，卖方在有效期内向银行交单议付，议付行审单后议付了货款。随后，中国银行对议付行作了偿付。我方在收到第一批货物后，发现货物品质与合同不符，因而要求开证行对第二份信用证项下的单据拒绝付款，但遭开证行拒绝。开证行这样做是否合理？为什么？

第六章　银行保函和备用信用证

要点提示

- 掌握银行保函的含义、作用和内容，理解保函项下各当事人之间的关系
- 理解银行保函的开立程序，熟悉其业务处理流程
- 了解银行保函的种类
- 掌握备用信用证的性质与特点

第一节　银行保函概述

在国际经济贸易中，交往双方处在不同的国家和地区，相互之间缺乏必要的了解和信任，会在不同程度上对对方的资信产生怀疑，这是不可避免的。例如，在商品买卖业务中，买方会对卖方的交货能力产生怀疑，而卖方则怀疑买方是否具备足够的支付能力；又如，在工程承包业务中，工程业主会对承包人的履约能力产生疑问，承包人又会对工程业主的支付能力产生怀疑；等等。因此，可以出具一份担保文件，以此连接位于不同国家或地区的交易双方，消除因彼此之间由于不信任而产生的摩擦，促进国际经济技术合作的深入发展，这里提及的担保文件就是保函。出具保函的第三者即担保人可以是商业银行、保险公司、担保公司或其他金融机构，也可以是商业团体等。其中凡属商业银行出具的保函叫做银行保函。

一、银行保函的定义与作用

银行保函（Letter of Guarantee，L/G）或银行保证书，是指商业银行根据申请人的要求向受益人开出的担保申请人正常履行合同义务的书面证明。它是银行有条件承担一定经济责任的契约文件。当申请人未能履行其所承诺的义务时，银行负有向受益人赔偿经济损失的责任。由于以银行信用代替或补充商业信用，保函的信用性更好，灵活性更强，因此被广泛地应用于国际结算的众多领域中，诸如贸易支付、工程承包、租金支付、贷金借贷等。

Letter of Guarantee is a guarantee that the guarantor undertakes to be answerable for the payment of a debt or the fulfillment of an obligation in the event of default by the party primarily responsible.

保函作为第三者的信用凭证，其出具的目的是使受益者能够得到一种保证，以消除他对申请人是否具有履行某种合同义务的能力或决心的怀疑，从而促使交易顺利进行，保证货款和货物的正常交换。这是保函的基本功能之一。除此之外，保函还经常用来保证合约的正常履行、预付款项的归还、贷款及利息的偿还、合同标的物的质量完好、被扣财务的保释等。

概括而言，保函从其本质上来说具有两大基本作用：第一，保证合同价款的支付；第二，发生合同违约时，对受害方进行补偿并对违约责任人进行惩罚。依据保函的这两项基本职能，人们既可以用它来充当各种商务支付的手段，以解决交易中合同价款及费用的支付问题，又可以利用它来作为对履约责任人必须按期履行其合同义务的制约手段和对违约受害方的补偿保证工具。

二、银行保函的当事人

（一）申请人（Applicant/Principal）

申请人（又称为委托人）即向担保行申请开立保函的人。他应该按照合同的规定履行其应尽的责任义务，具体来说就是负担保函项下的费用和利息，并在担保行依据保函条款的规定履行担保责任向受益人赔付款项时，立即对其进行补偿。此外，在保函实务中，担保行为了减少风险，往往还要求申请人提交反担保或财产抵押，在这种情况下，申请人必须按担保行的规定提供其认可的反担保或财产抵押。

保函的申请人因业务不同，可以是投标人（Tenderer）、供货人（Supplier）、买方（Buyer）、卖方（Seller）、签约人（Contractor）、承租人（Lessee）等，不一而足。从这一点可以看出保函方式的适应范围是十分广泛的。

（二）受益人（Beneficiary）

受益人即接受保函并有权按保函规定的条款向担保行索偿的人。具体来说，受益人按照合约的规定提供货物或劳务等，在保函规定的索偿条件具备时，可凭索偿文件或连同有关单据，要求担保行偿付。因而，受益人的责任是履行他在有关合约项下的义务，他的权益即为凭合格的索偿单据向担保行提出索偿要求。受益人可以是招标人（Bidder）、卖方（Seller）、买方（Buyer）、雇主（Employer）、签约人（Contractor）、出租人（Lessor）等。

（三）担保行（Guarantor Bank）

担保行即受申请人的委托向受益人开立保函的商业银行。担保行的责任是促使申请人履行合同的各项义务；在申请人违约时，根据受益人提出的索偿文件和保函的规定向受益人做出赔偿，并有权在赔偿后向申请人或反担保人索偿。

（四）通知行（Advising Bank）

通知行，也称转递行（Transmitting Bank），即受担保行的委托将保函通知或转递给受益人的银行，通常是受益人所在地的银行。通知行的责任是：负责核实保函表面的真实性，并严格按照担保行的要求和指示及时将保函通知给受益人；如果因某种原因不能转递给受益人，应将情况及时告知担保行，以便担保行采取其他措施。通知行对保函内容是否正确、保函在寄递过程中可能出现的延误、遗失等均不负责，也不承担任何的支付保证责任。

(五)转开行(Reissuing Bank)

转开行是指根据原担保行的要求，向受益人开立的以原担保行为申请人、以自身为担保行的保函的银行。转开行一般是指示行(反担保行)的联行或代理行。转开行转开保函后成为新的担保行，原担保行便成为保函的指示行(Instructing Bank)。转开行一般为受益人所在地银行，而指示行一般为申请人所在地银行。在跨国交易中，受益人出于对申请人所在国银行的不了解、不信任以及保函签发地所在国法律约束等原因，往往只接受以本国银行为担保行的保函。因此，原担保行不得不在受益人所在国寻找转开行转开保函，以保证交易正常进行。

(六)反担保行(Counter Guarantor Bank)

反担保行是指接受申请人的委托向担保行出具不可撤销反担保，并承诺在申请人违约且无法付款时，负责赔偿担保行全部支付的银行。反担保行是与申请人有经济业务往来的其他银行。反担保行负有向担保行(或转开行)赔偿的责任，同时也有权向申请人索偿。

(七)保兑行(Confirming Bank)

保兑行是指根据担保行的要求，在保函上加具保兑，承诺当担保行无力赔偿时，代其履行付款责任的银行，亦称第二担保行。当受益人认为担保银行的资信状况不足以信任时，可要求担保行寻找一家国际知名的大银行作为保兑行对保函进行保兑，实际上相当于双重担保。保兑行在替担保行赔偿后，有权向担保行索偿。

三、银行保函的基本内容

银行保函的基本内容包括保函的主要当事人、保函的性质、合同的主要内容、保函的编号和开立日期、保函金额、保函的有效期限和终止到期日、当事人的权利和义务、索偿条件等几个方面，可以用表6－1来表示。

表6－1　银行保函的基本内容

基本内容	解释及应注意问题
保函当事人的完整名称和详细地址	担保行的地址涉及保函的法律适用性问题，以及受益人的交单地点和保函本身的到期地点。另外，受益人的名称和地址不得有误，否则，通知行或转开行无法及时通知或转开。
保函的性质	即保函的种类，如投标保函或履约保函等。不同种类的保函有不同的职责和义务。
合同的主要内容	因为交易双方的责任义务是根据交易合同来确定的，因此交易合同是保函担保的标的物。所以保函中必须说明交易合同的内容、合同编号、签立日期、签约双方、有无修改等。

续表

基本内容	解释及应注意问题
保函的编号和开立日期	保函编号的作用是为了便于银行内部管理工作。一般情况下保函的开立日期即为保函的生效日期,确定开立日期有利于确定银行的担保责任。
保函金额	保函金额是银行担保的限额,通常也是受益人的最高索偿金额。保函金额可以是具体的金额,也可以用交易合同金额的一定百分比表示,一般要写明货币种类。金额的大小写要完整、一致。
保函的有效期限和终止到期日	保函的有效期限是受益人索偿要求送达担保行的最后期限。保函的终止到期日是担保行解除其担保责任的最后期限。
当事人的权利和义务	保函应明确申请人、受益人、担保行及涉及的其他各当事人的责任和权利,如规定担保行在受益人证明申请人违约、提出索偿时,有责任支付受益人的合理索赔,并有权向申请人或反担保人索偿等。
索偿条件	即判断是否违约和凭以索偿的条件,对此有几种不同情况:①以担保行的调查意见作为是否付款的依据。②凭申请人的违约证明付款。③凭受益人提交的符合保函规定的单据或证明文件付款。目前的保函多采取第三种情况为索偿条件。
其他条款	包括与保函有关的转让、保兑、修改、撤销和仲裁等内容。

专栏6-1

关于保函的几个概念

免责事项:指担保行只处理保函所规定的单据和证明,而对其所涉及的合同标的不负责任,并对这些单据、文件或证明的真伪及其在寄递过程中可能出现的遗失或延误等不负责任,担保行对发出的要求通知/转开/保兑的指示未被执行而造成的损失也不负责任。

反担保函:指一个具有经济偿还能力的第三方作为反担保人,向担保行保证在他履行担保责任向受益人做出赔付后,若无法从申请人那里得到相应的补偿,则由反担保人向银行做出赔偿。

一般来讲,反担保函中的金额与币别应与银行将对外出具保函的金额与币别一致;它的责任条款应与保函中的责任条款一致;它的有效期应略长于保函的有效期;反担保人应在反担保函中明确偿还担保银行索赔的期限及方式。如果申请人以财产抵押给担保行时,担保行应特别注意抵押财产是否合法,它们是否在保险公司投保,投保的险别及金额如何,担保行是否是保单的第一受益人等。

见索即付保函:指担保行的偿付责任与申请人在某基础交易合约项下的责任

义务无关，只要保函规定的偿付条件已经具备，担保行就必须受理受益人的索赔要求并立即予以赔付的保函，而无须追究申请人是否履约，是否有反对意见，或考虑受益人提出的索偿要求是否合理等。

专栏 6-2

某银行开出的一份保函式样

BANK OF CHINA

ABC BRANCH
142 ZHONGSHAN NANLU
NANJING, 210005
CHINA

TO: CHINA INTERNATIONAL IRON AND STEEL CORP
(BENEFICIARY)

OUR IRREVOCABLE LETTER OF ADVANCE PAYMENT GUARANTEE NO. LG001/03

WITH REFERENCE TO CONTRACT NO TPJZ0003 (HEREINAFTER CALLED THE "CONTRACT") SIGNED BETWEEN THE BENEFICIARY AND THE J1ANGSU COMPLETE MACHINERY CORP (HEREINAFTER CALLED THE "SUPPLIER"), ON AUGUST 8, 2013, FOR SUPPLY OF FACILITIES FOR THE EFFLUENT TREATMENT (HEREINAFTER CALLED THE "GOODS") AMOUNTING TO U. S. DOLLARS SEVEN HUNDRED AND TWENTY THOUSAND ONLY.

WE, AT THE REQUEST OF THE SUPPLIER, HEREBY OPEN OUR IRREVOCABLE LETTER OF GUARANTEE NO. LG001/03 IN FAVOUR OF THE BENEFICIARY.

WE UNDERTAKE THE GUARANTEE AS FOLLOWS:

(A) OUR LIABILITY UNDER THIS LETTER OF GUARANTEE SHALL BE LIMITED TO USD 72 000.00 (SAY U. S. DOLLARS SEVENTY TWO THOUSAND ONLY) PLUS INTEREST AT RATE OF EIGHT PERCENT PER ANNUAL COUNTING FROM THE DATE ON WHICH SUPPLIER RECEIVED THE DOWN PAYMENT UP TO THE DATE ON WHICH THE REFUND IS MADE.

(B) IF YOU DECLARE THAT THE SUPPLIER FAIL TO DELIVER ALL THE REQUIPMENT IN ACCORDANCE WITH THE CONTRACT, SUPPLIER SHALL

WITHIN SEVEN DAYS AFTER RECEIPT OF YOUR FIRST WRITTEN DEMAND, UNCONDITIONALI REFUND TO YOU ANY AMOUNT UP TO U. S. DOLLARS SEVENTY TWO THOUSAND ONLY PLUS INTEREST AT RATE OF EIGHT PERCENT PER ANNUM COUNTING FROM THE DATE ON WHICH SUPPLIER RECEIVED THE DOWN PAYMENT UP TO THE DATE ON WHICH THE REFUND IS MADE AND FOR WHICH THIS LETTER OF GUARANTEE IS STILL VALID ACCORDING TO POINT BELOW.

(C) THIS LETTER OF GUARANTEE SHALL BECOME EFFECTIVE AS SOON AS WE RECEIVE THE DOWN PAYMENT AND SHALL AUTOMATICALLY REDUCE BY PERCENTAGE OF THE INVOICE VALUE OF EACH SHIPMENT WITHOUT ANY CONFIRMATION FROM THE BENEFICIARY.

THIS LETTER OF GUARANTEE EXPIRES 30 (THIRTY) DAYS THE LAST CONTRACTUAL DELIVERY DATE, I. E, ON AUGUST 30, 2014, IN CASE THE CONTRACTUAL PARTIES AGREE TO EXTEND THE PERIOD FOR THE DELIVERY OF THE EQUIPMENT WHICH WILL BE PROVED BY PRESENTATION OF RESPECTIVE AGREEMENT TO US, THE VALIDITY OF THIS GUARANTEE FORMALITY, THE EXTENSION HAS TO BE BROUGHT TO OUR KNOWLEDGE PRIOR TO EXPIRATION OF THIS GUARANTEE.

THIS LETTER OF GUARANTEE HAS TO BE RETURNED TO US AFTER THE VALIDITY EXPIRES.

YOURS FAITHFULLY,

For BANK OF CHINA

(Authorized Signature)

资料来源：庄乐梅：《国际结算实务精要》，中国纺织出版社，2006 年版，第 147 页。

第二节　银行保函的业务处理流程

一、银行保函的开立

根据银行保函的用途和实际交易的需要，其开立方式主要有以下三种：

(一)直接开给受益人

直接开给受益人是指担保银行应申请人的要求直接将保函开给受益人，中间不经过其他当事人，这是保函开立方式中最简单、最直接的一种。

1. 程序。其主要流程如图 6 - 1 所示。

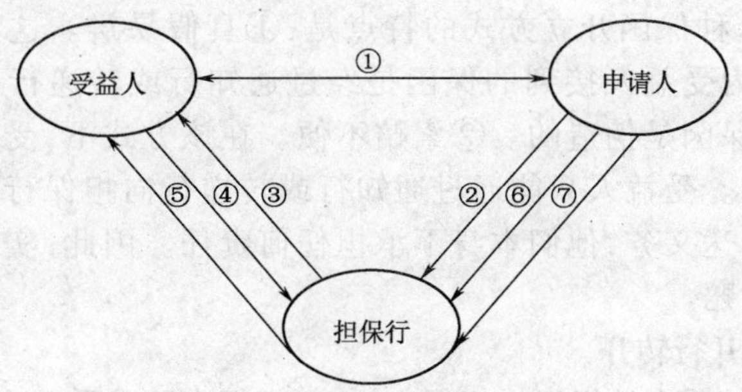

图6-1　直接向受益人开立保函

注:①申请人和受益人之间签订合同或协议。②申请人向担保行提出开立保函的申请。③担保行向受益人直接开出保函。④受益人在发现申请人违约后,向担保行提出索赔。⑤担保行向受益人进行赔付。⑥ 担保行在赔付后向申请人索赔。⑦申请人赔偿担保行损失。

2. 特点。这种保函开立方式的特点是:①涉及当事人少,关系简单。②受益人接到担保行开来的保函后,无法辨别保函真伪,因此无法保障自身的权利。③索偿不方便。即使申请人违约,受益人具备索偿条件,但是要求国外担保行进行赔偿有诸多不便,如文本的起草和翻译、依据的标准和法律规定、赔款的支付等都有一定困难。

由于受益人的权利不能够得到有效的保证、不愿意接受这种保函,因此在实际业务中很少开立。

(二)通过通知行通知

1. 程序。其主要流程如图6-2所示。

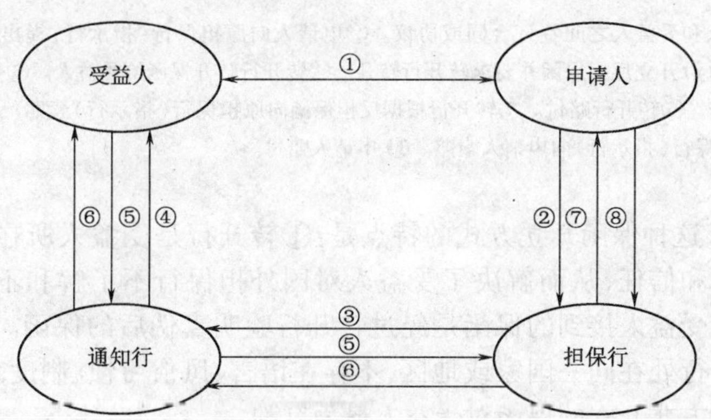

图6-2　通过通知行开立保函

注:①申请人和受益人之间签订合同或协议。②申请人向担保行提出开立保函的申请。③担保行开出保函后,将保函交给通知行通知受益人。④通知行将保函通知给受益人。⑤受益人在申请人违约后通过通知行向担保行索赔。⑥担保行赔付。⑦担保行赔付后向申请人索赔。⑧申请人赔付。

2. 特点。这种保函开立方式的特点是:①真假易辨。这种开立保函的方式较为普遍,因为受益人接到的保函是经过通知行或转递行验明真伪后的保函,他不必担心保函是伪造的。②索赔不便。在该方式下,受益人索偿不方便的问题仍然存在。受益人只能通过通知行或转递行向担保行索赔。而通知行或转递行只有转达义务,他们本身不承担任何责任。因此,实际上还是受益人向国外担保行索赔。

(三)通过转开行转开

当受益人只接受本地银行为担保人时,原担保人要求受益人所在地的一家银行作为转开行,转开保函给受益人。这样,原担保人就变成了反担保人,而转开行则变成了担保人。

1. 程序。其主要流程如图6-3所示。

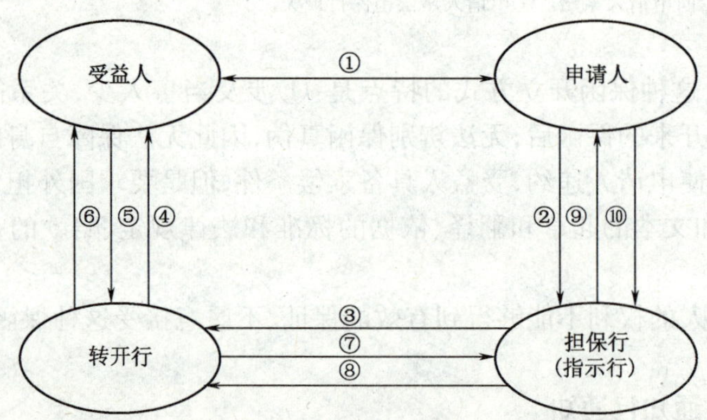

图6-3 通过转开行开立保函

注:①申请人和受益人之间签订合同或协议。②申请人向原担保行(指示行)提出开立保函的申请。③原担保行(指示行)开立反担保函并要求转开行转开。④转开行转开保函给受益人。⑤受益人在申请人违约后向转开行索赔。⑥转开行赔付。⑦转开行根据反担保函向原担保行(指示行)索赔。⑧原担保行(指示行)赔付。⑨原担保行(指示行)向申请人索赔。⑩ 申请人赔付。

2. 特点。这种保函开立方式的特点是:①转开行是受益人所在地的银行,受益人比较了解和信任,从而解决了受益人对国外担保行不了解和不信任的问题。②真伪易辨。受益人接到的保函是经过转开行验明真伪后的保函。③索赔方便。受益人与转开行处在同一国家或地区,不存在语言、风俗习惯、制度和法律方面的差异。以这种方式开立的保函对受益人最为有利。

以上只介绍了三种基本开立方式的流程,在实际业务中,可能有反担保行,也可能还有保兑行等其他当事人,流程不尽相同。

专栏6-3

转开的见索即付保函纠纷案

案情:某年4月27日,比利时的一家造船厂委托比利时银行开具以伊朗的港口航运机构为受益人的履约担保函。但根据原合同中的规定,比利时银行应以电传要求其在伊朗当地的代理行向受益人出具担保函,比利时银行对此做反担保。为此,比利时银行向其伊朗的代理行德黑兰银行出具了反担保,担保的主要内容是:①依受益人看来,比利时的申请人没有全部或部分履行其建造一艘挖泥船的义务;②凭受益人的书面要求立即付款;③不需要进行任何诉讼程序;④受益人不必证明申请人有没有履行义务。

德黑兰银行于当年6月4日向受益人出具了上述内容的履约保函。6月12日该造船厂即申请人也复信比利时银行,他们就该项交易已向比利时的进出口保险公司投了保。

此后,德黑兰银行曾按担保函的规定在受益人的要求下多次延展担保函的有效期限,申请人对此未提出异议。

3年后的5月15日,比利时银行收到德黑兰银行的电传称:"受益人以申请人未及时交货为理由要求我行支付担保金额,请你行紧急电传通知我行并将担保金额贷记我行账户(德黑兰银行在比利时银行开有比利时法郎账户),以便我行能向受益人付款。"比利时银行于5月17日将上述电传内容转告申请人,并指出银行将凭要求立即付款。申请人随后将该通知内容转告了进出口保险公司。而后者于当天电复比利时银行要求给申请人一段时间,不要立即付款,以便让申请人在此时期内向法院对受益人起诉,并由法院决定是否应该付款。比利时银行电复保险公司声称,作为银行他们必须按照担保合同无条件付款。但保险公司复电称,如银行不按照该公司5月17日的电传办理,而向受益人付了款,一切后果则将由银行承担。5月19日,比利时银行被迫电告德黑兰银行称,将在征求该行法律部的意见后处理这一问题。德黑兰银行当即复电反驳:"我行不能理解为何你行要征询法律部的意见,按照你行出具的担保函条件,我行应凭受益人的要求立即付款。为此,由于你行的延迟,你行尚应赔偿年率为12%的利息损失。"

就在此时,申请人于5月18日即援用紧急程序申请法院对受益人在比利时的财产实行假扣留,理由是:他已将建成的挖泥船交付给受益人使用了8个月之久,受益人尚欠其货款2 600万比利时法郎没有支付。同日,比利时法院作出假扣押裁定,并通知了比利时银行。银行即向法院声明,它并不欠受益人任何款项,因此,手中无受益人的财产可供扣押。5月25日,比利时银行以电话通知申请人,它将不顾假扣押的裁定于当日向德黑兰银行付款。申请人随即又向比利时商事法院申请援用紧急程序，并于26日经后者裁定暂时禁止比利时银行把款项汇给德黑兰银行。但在裁定中又不恰当地把德黑兰银行作为受益人的受托人，事实上，德黑兰银行是受比利时银行的委托向受益人出具了保函。5月29日，比利时银行电告德黑兰银行称："……我们对不能履行担保合同的义务表示歉意。现我行已接到商事法院院长的裁定，禁止我行履行担保合同的义务。据悉，申请人拟于6月初赴伊朗谋求与受益人友好解决争端。"

6月2日，比利时银行又电德黑兰银行称："由于法院的裁定阻止了我行履行担保合同，但考虑到两行之间的友好关系，我行将动用自己的资金汇付你行，但前提条件是，如将来基本合同的双方当事人达成协议，或经法院裁决或仲裁解决，认为受益人要求担保合同项下的付款是有理由的话，则请将我行的这笔汇款拨归担保合同项下的付款，如有相反的判决或裁定，则请将这笔汇款退还我行。"从电文内容来看，比利时银行的这笔汇款不是履行其担保合同项下的付款义务，而是将款项汇入账户等待处理。

6月13日，德黑兰银行收到汇款后复电比利时银行重申该行的立场，称："你行应该明白，我行是根据你行的要求而出具担保函的，其内容是你行提出来的，因此，我们不得不无条件地履行对受益人的付款要求，我行有权利得到你行汇来的担保金额，但不能接受来电中所提出的前提条件。"其后，比利时银行曾多次去电德黑兰银行，企图说服后者接受其附加条件，但后者坚决拒绝，并认为只要受益人坚持要求付款，该行就应无条件付款。

在当事人双方谈判期间，受益人在谈判中对申请人施加压力，再一次向德黑兰银行提出了付款要求，后者根据其所出具的担保函规定对受益人付了款，并于7月27日将已付款事项通知了比利时银行，并告知两行均已履行义务，此事已告结束。

比利时银行为了自身的利益，不顾法院的紧急裁定，将担保金额借记了申请人在该行账户。申请人对此提出抗议。双方经过两个星期的争论，终于达成了如下的和解协议：①申请人放弃对比利时银行借记其账户的一切抗辩要求，以及关于紧急裁定的抗辩要求；②比利时银行另给予申请人一笔7个月的贷款，金额相当于已借记的金额，贷款利息在其最后的3个星期内将低于正常利息的一半。

6个月以后，申请人和受益人双方达成如下和解：申请人延迟交货167天，其中90天可援引不可抗力免责，对其余的77天则应承担延期责任。据此，申请人同意向受益人支付600万比利时法郎的损失赔偿，而受益人同意将其根据担保合同凭见索即付从德黑兰银行取得的担保金额退回。全案至此结束。

分析：这是一起转开的间接担保保函案例。伊朗德黑兰银行是应比利时银行的反担保向当地受益人出具的担保函。作为出具间接担保的银行来说，应注意反担保银行的担保有效期。本案中受益人对担保函要求多次延期，申请人未表示异议，即表示同意。

这也是无条件索偿的担保函，并特地规定了：①不需进行任何诉讼程序；②受益人不必证明申请人有无履行义务。这对于受益人来说是非常有利的，而对申请人即承包人是不利的。但是,在建筑市场中,业主往往处于绝对有利的地位,承包人不得不接受对其绝对不利的"无条件索偿"的条款。在本案中,比利时银行是理亏的,并处于非常不利的地位,根据该行所出具的反担保条款,即使援引当地法院的裁决,该行也没有理由对德黑兰银行拒付和延迟付款。而且,当地法院对此事的干预也是不恰当的。

从本案申请人和受益人之间达成的和解协议来看,应是申请人违约,受益人的索偿是正当的。但申请人通过法院颁发禁止令,把比利时银行卷入到纠纷中确实是不应该的,开证行理应加强维护本身利益的措施,对"无条件索偿"的担保函应该要求申请人在反担保函中明确列明其责任。

本案中有关延迟交货的原因中有不可抗力原因,因此建议国内厂商在对国外的承包合同中一定要加注"不可抗力免责"条款,并在"无条件索偿"保函中援引该条款。

二、银行保函的业务处理流程

(一)申请人向银行申请开立保函

公司或企业等根据业务需要请求银行为其出具保函时,应填写书面的保函申请书,并按银行的要求提交项目的有关批准文件、交易合同副本或招标书副本、反担保文件或财产抵押书、保函格式等文件。

保函申请书是构成申请人与担保行之间权责关系的书面契约,也是银行对外出具保函的法律依据,因此申请人应逐项认真的填写。申请书的内容除表示请求银行按合同规定出具保函外,还应明确以下两项内容:其一,明确申请人的责任义务。这是指当保函的受益人按保函规定的条件向担保行提出索赔时,申请人保证偿付担保行因履行其责任而做出的任何支付,并注明偿付的具体办法。其二,申请人必须声明担保行的免责事项。

银行在收到申请人提交的开立保函的申请书及有关文件证明后要进行严格认真的审核,以决定是否受理该项申请并对外出具保函。

(二)担保行审查

银行出于保护自身利益的考虑,在开立保函之前,会对申请人的资信状况、申请人提交的开立保函的申请书、交易合同副本或招标书副本、反担保文件或财产抵押书、保函格式等逐一进行详尽的审查核实。

如前所述,保函是担保行应申请人的请求为其向受益人所做的付款保证。虽然申请人在保函业务中对担保行承担一定的责任义务,即一旦保函项下发生赔付行为,他将偿还担保行的垫款。但在保函实务中,申请人届时可能会出于资金短缺或破产倒闭,无力偿还担保行按保函条款的规定向受益人赔付的款项,致使银行蒙受经济损失,这是担保行在保函业务中可能承担的风险。因此,银行在应邀对外出具保函之前,必须对申请人的资信及财务状况进行分析,特别是根据保函有效期的长短、项目的具体情况、受益人所在国别等情况，对可能出现的风险及风险的大小做出正确的估计，以便采取相应的措施，防患于未然。

目前常规的防范措施就是要求申请人提供反担保函①及财产抵押。在日常业务中，银行可以接受的反担保函和抵押一般有：其他银行或金融机构出具的反担保函（Counter Guarantee）；有经济实力或担保能力的企业、公司等出具的反担保函；申请人自己或他人的财产抵押。

反担保函或抵押是银行对外出具保函的基础，也是维护银行自身利益不受损害的基本保证，银行必须对反担保函及抵押品进行严格审查，以求落到实处。

（三）担保行开立保函

银行对申请人提供的有关资料及申请人的资信审查认可后，便可正式对外开立保函，并按规定的收费标准向申请人收取担保费。在日常业务中，保函的开立方式分为电开和信开两种②，这与信用证的开立方式相同。

目前在国际经济技术合作中，通常使用“见索即付”（Payable Upon First Simple Demand）保函。担保行在开立此类保函时，应对保函索赔条款的制定给予高度的重视。这是因为受益人的索赔要求是否成立，关键在于他的索赔是否满足保函索赔条款的规定。所以为了防范受益人的无理或恶意索赔，维护申请人的正当权益，同时也为了避免使银行卷入复杂的商务纠纷，维护自身信誉，担保行在对外开立保函时，应十分注重保函索赔条件的单据化。此外，银行在保函中应注明有效期。

（四）保函的修改

银行保函可以在有效期内进行修改。保函的修改必须经过当事人各方一致同意后方可进行，任何一方单独对保函条款进行修改都视做无效。当申请人与受益人就保函修改取得一致后，由申请人向担保行提出书面申请并加盖公章，注明原保函的编号、开立日期、金额等内容以及要求修改的详细条款和由此产生的责任条款，同时应出具受益人要求或同意修改的意见书供担保行参考。担保行在审查申请并同意修改以后，由主管负责人签字后向受益人发出修改函电。

（五）保函的索赔

担保行在保函的有效期之内，若收到受益人提交的索赔单据及有关证明文件，应以保函的索赔条款为依据对该项索赔是否成立进行严格审核，并在确认索赔单据及有关证明文件与保函索赔条款的规定完全相符合后，及时对外付款，履行其在该项保函中所承担的责任。担保行对外付款后，可立即行使自己的权利，向保函的申请人或反担保人进行索赔，要求其偿还银行所支付的款项。

---

① 反担保函中，反担保人只向担保人承担责任，而不与受益人发生直接关系，也不受理受益人的索赔。

② 在电开保函方式项下，担保行一般将加押的保函正本及通知指示发至受益人当地的一家银行，该行收到保函经核押相符后将保函通知受益人，或者担保行以电传方式将保函直接开给受益人。在信开保函方式项下，担保行一般以信函方式直接向受益人开出。

(六)保函的注销

保函在到期后或在担保行赔付保函项下全部款项后失效。担保行应立即办理保函的注销手续,并要求受益人按保函的有关规定将保函退回担保行。至此,保函业务的运作程序结束。

三、银行保函的种类

对银行保函,可以根据不同的要求从不同的角度去进行分类,从实务角度看,比较科学且较为有意义的分类方法基本上有以下几种:

(一)根据保函与基础交易合同的关系划分

1. 从属性保函。从属性保函是指其效力依附于基础商务合同的保函。这种保函是其基础交易合同的附属性契约或附属性合同,担保行只能以基础合约的条款及背景交易的实际执行情况来确定保函项下付款责任的成立与否。所以,这类保函本身的法律效力乃是依附于基础合约关系的存在而存在的。合同与保函的关系是一种主从关系。传统的保函大都属于这一类型。

2. 独立保函。独立保函与基础交易的执行情况相脱离。虽然保密是根据基础交易的需要开立,但一旦开立后其本身的效力并不依附于基础交易合约,其付款责任仅以其自身的条款为准。在这种保函项下,保函与基础合同之间不再具有类似从属性保函那样的主从关系,而是呈现出一种相互独立、各自独具法律效力的平行法律关系。目前,国际银行界的保函大多数属于独立保函,而不是传统的从属性保函。

(二)根据保函项下支付前提划分

1. 付款类保函。付款类保函是指银行为有关合同价款的既定支付义务提供担保所出具的保函,或者说是为保证随着交易的发生而必然产生的债务支付所开立的保函。从理论上来讲,付款类保函项下支付行为的发生与否,是以受益人能否按照保函中所确定的要求去履行自己的职责和义务为前提条件的①。只要受益人履行了自己应尽的合约义务,从而获得了求索并享有合同价款的权利,他就可以在保函项下提出索赔并取得自己应得的合同款项。因此,付款类保函的支付前提是受益人是否履约。

2. 信用类保函。信用类保函是指银行对那些只有在合同的一方有违约行为而使其在合同项下承担了赔偿责任时支付才可能发生的经济活动所开立的保函。在这种保函所涉及的经济活动中,只要不出现保函申请人作为合同一方的违约事件,这种或有的支付就不会发生。所以,信用类保函支付的前提是申请人违约。

(三)根据保函索赔条件划分

1. 有条件保函。有条件保函是指担保人在保函的条文中对索赔的发生与受理设定了若干的限制条件,或规定了若干能客观反映某种事实发生、条件落实的单

① 由于保函源于合同而产生,故保函中所规定的这些职责和义务是与基础交易合同中所赋予受益人一方的职责和义务相吻合的。

据提供。只有保函所规定的这些条件得到满足后,或所规定的能反映客观事实的单据提交给担保行后,担保行才会履行其支付义务。这种保函有利于保护申请人的利益,防止受益人的无理索赔和欺诈。

2. 无条件保函。无条件保函主要是指“见索即付”保函。在这类保函项下,担保行在受益人的简单书面索赔面前承担了无条件的支付义务,不论基础交易合同的执行情况如何,也不论受益人本身是否履行了合同中规定的义务,只要担保行在保函的有效期内收到了受益人提交的符合保函条款规定的书面索赔,就应该立即付款。在这种保函项下,申请人及担保行所承担的风险很大,有时可能会在受益人的无理索赔面前陷入极其被动的境地。不过,从目前国际银行保函业务来看,无条件保函占到了较大的比例。

专栏6-4

见索即付保函毁约诉讼案

案情:伦敦的一家出口商与埃及的一家进口商签订了一份商务合同,合同中规定出口商必须经银行开立一份以进口商作为受益人的履约保证书,金额为货价的5%。为此,出口商委托国民西敏寺银行开立了该项保证书,并向开证行提供了下述反担保:

“兹不可撤销地授权命令你行对受益人或其代理人以明示或暗示方式所提出的任何要求立即付款,只要在保证书中所列明的金额范围之内,可分期提取,且无须本签署人(即出口商)的确认或证实,并同意就本签署人和你行而言,受益人所提的要求是终局性的证据,即保证书上之金额为到期应付的,并授权你行借记本签署人的账户……”国民西敏寺银行根据出口商的要求向买方开立了履约保证书,其中规定在买方第一次提示要求后立即付款。后来埃及的进口商以出口商未履约为由向国民西敏寺银行提出付款要求。然而,出口商却取得当地法院的批准向国民西敏寺银行发出禁令不得支付,为此,国民西敏寺银行要求撤销该禁令。法院在审理后作出判决,认为该履约保证书的有关规定是出口商自己同意的,因此,这些条款应该是有约束力的,并不违反公共政策,应该执行。该判决认为,出口商既然同意那些无保留付款的措施,就要承担风险,银行的机制和其承担的责任与商人不同,前者必须履行其职责,不应受法庭干涉,否则国际商业中的信任就会遭到无可挽救的破坏,除非是发生欺诈行为,但就本案来说,还只是属于合同执行的争议,谈不上是欺诈,更不用说是确定的欺诈,为此,应撤销对国民西敏寺银行发出的止付禁令。

分析:这是一起见索即付的保函业务。见索即付实际上就是无条件的,从法院的判决中可以看出，如果申请开立保函的当事人在保证书中同意见索即付也即同意“无条件的”支付条款，那么，他当然要承担由此而产生的风险。然而，在实务中大多数的履约保函都接受“无条件”条款。因此，申请人为了维护自身的利益，应在合同中力争加入有防卫措施的内容，例如，受益人在索偿时应提供申请人违约的书面证明，或要求提供有关的仲裁书，或须经申请人会签等。开证银行在接到申请人的“无条件付款”申请后，应向申请人提醒其可能会遇到的风险，如申请人坚持采用该条款，银行应要求申请人在反担保函中明确地列明其责任。

（四）根据担保行付款责任的属性划分

1. 第一性责任保函。第一性责任保函是指那些已由担保人在保函中明白无误地做出了其将承担首先付款责任之承诺，只要索赔本身能满足保函中规定的条件，则既无须受益人先行向申请人索要，也无须理会申请人是否愿意支付，担保行将在受益人首次索要后立即予以支付的保函。

2. 第二性责任保函。第二性责任保函是指那些在保函项下明文规定了担保行只有在受益人提出索赔而申请人拒绝支付时方予付款的保函。在这类保函项下，受益人应首先向申请人要求赔付或支付，只有在申请人未付或拒付时才能向担保行提出索赔。

（五）根据保函的使用范围划分

1. 出口类保函。出口类保函是银行应出口方的申请向进口方开出的保函，是为满足出口货物和劳务的需要而开立的保函。这类保函适用于国际承包业务和商品出口业务。

(1)投标保函(Tender Guarantee)。投标保函是银行应投标人的要求向招标人出具的保证投标人中标后履行标书规定的责任及义务的书面保证文件。在该保函中，担保银行向招标人保证：投标人投标后不撤标或片面修改投标条件；投标人中标后一定和招标人签约，并按招标人规定的日期提交履约保函。如投标人未履约，担保行将在招标人即受益人提出索赔时，按保函规定的金额对其进行赔付。

投标保函金额一般为投标报价金额的2% ~5%。有效期从开立保函日期到开标日期后的一段时间为止，有时会再加上一定天数的索偿期。若投标人中标，则保函的有效期自动延长，直到投标人与招标人签订合同并提交履约保函为止。

(2)履约保函(Performance Guarantee)。履约保函是银行应出口方或承包商(即中标方)的请求向进口方或接受承包的业主(即招标方)出具的保证文件。在该保函中，担保行向受益人保证出口方或承包商一定履行其在所签合同项下的责任义务，否则担保行将负责赔偿一定的金额。

履约保函的金额通常为合同金额的5% ~10%，具体比例可由招标人决定。保函的有效期从投标保函失效时至合同执行完毕时为止，有时还会再加上一定天数的索偿期。

(3)预付款保函(Advanced Payment Guarantee)。预付款保函是进口方或接受承包的业主在预付定金时要求出口方或承包商提供的银行担保。因此,预付款保函中的有关当事人也就是履约保函中的有关当事人。担保行向受益人保证在出口方或承包商因故不能履约时,由银行负责将预付款项加上利息退还给他。

预付款保函金额就是进口方或接受承包的业主预付款项的金额。保函的有效期可定为预付款项全部扣完时为止,也可定为至合同执行完毕日为止,再加上一定天数的索偿期。

(4)质量保函(Quality Guarantee)和维修保函(Maintenance Guarantee)。从本质上来说,质量保函和维修保函实际上是同一类型的保函,均是银行应出口方或承包商的要求,就合同标的物的质量向进口方或工程业主所出具的保证文件,所不同的是两者的使用范围有区别:

质量保函通常应用于商品买卖合同项目①。买方为了确保商品符合合同规定的质量标准,常常要求卖方提供银行担保,保证如货物质量与合同规定不符,卖方应及时更换或维修,否则担保行将按保函金额进行赔付。

维修保函则应用于劳务承包工程。工程业主为了保证工程的质量,要求承包商提供银行担保,保证在工程质量不符合合同规定时,承包商负责维修,否则担保银行将按保函金额对业主进行赔付。

(5)关税保付保函(Customs Guarantee)。关税保付保函又称海关免税保函、海关保函等,是银行应承包商的请求向工程所在国海关出具的保证前者在工程完工后一定将施工机械撤离该国的保证文件。

关税保付保函的金额为各国海关规定的税金数额。保函的有效期为合同规定的施工机械或展品撤离该国日期再加上半个月。

(6)账户透支保函(Overdraft Guarantee)。账户透支保函是银行应承包商的请求就其融通款项的偿还向工程所在国某家银行出具的保证文件。

在国际工程承包中,承包商在外国施工时,为了能够得到当地银行的资金融通,往往需要开立一个透支账户。在申请开立透支账户时,承包商须向当地银行提供由其本国银行出具的透支保函。在该保函项下,担保银行保证若申请人未按透支合约的规定及时向账户行补足透支金额,担保行将代为补足。

账户透支保函的金额一般为透支合约规定的透支限额。保函的有效期为透支合约规定的结束透支账户日期再加上半个月。

出口类保函的种类如图6-4所示。

2. 进口类保函。进口类保函是银行应进口方的请求向出口方开立的保证文件,适用于货物、技术进口,补偿贸易及来料加工等业务。

(1)付款保函(Payment Guarantee)。付款保函是银行应进口方的要求就其在某项合同项下的付款责任向出口方出具的保证文件。在该种保函项下,担保行向出口方保证在收到有关货物或技术资料后,进口方一定付款,否则担保行将代为支

① 特别在大型机电产品、成套设备、飞机、船舶出口中使用较多。

图6-4 出口类保函

付。付款保函的金额亦即合同金额。保函的有效期为合同规定付清价款日期再加上半个月。

(2)延期付款保函(Deferred Payment Guarantee)。延期付款保函是银行就进口方在合同项下的部分付款责任向出口方出具的保证文件。众所周知,发展中国家从发达国家进口大型、成套的机械设备时一般采用延期付款方式。在该保函中,担保行保证进口方按时履行货款及利息的支付义务,否则它将代为支付。

延期付款保函的金额为扣除预付订金后的货款金额①。保函的有效期为保函规定的最后一期货款及利息付清日再加上半个月。

(3)补偿贸易保函(Compensation Guarantee)。补偿贸易保函是银行应进口设备方的要求向供应设备方出具的旨在保证进口设备方履行其在合约项下责任义务的书面保证文件。在该种保函中,担保银行承担如下保证责任:保证进口设备方在收到与合同相符的设备后,用该设备生产的产品会按合同要求返销给供应设备方或指定的第三者以偿付进口设备的价款;若进口设备方未能履行上述义务,又不能以现汇偿付设备价款及利息,则担保行向供应设备方进行赔付。

补偿贸易保函的金额为设备价款加利息。保函的有效期为合同规定的进口设备方以产品偿付设备价款之日再加上半个月。

(4)来料加工保函(Processing Guarantee)和来件装配保函(Assembly Guarantee)。来料加工保函和来件装配保函的性质是一样的,是银行应进料、进件一方的要求向供料、供件一方出具的书面保证文件。担保行承担的责任为:保证进料方或进件方在收到与合同相符的原料或元件后,以该原料或元件进行加工或装配,并按合同规定将成品交付供料方或供件方或指定的第三者。若进料方或进件方未能履约而又不能以现汇偿付来料或来件金额及附加利息时,担保行负责赔付。

此类保函的金额为来料或来件金额加利息。有效期为合同规定进料或进件方以成品偿付来料或来件金额的日期再加上半个月。

(5)租赁保函(Lease Guarantee)。租赁保函是银行应承租人的要求对其在租赁合同项下的付款义务向出租人出具的保证文件。它适用于用租赁方式进口机械

① 如预付订金为货款的5%,则保函金额为剩余的95%的货款。

设备、运输工具等经济活动。担保行向出租人保证其一定代承租人按租赁合同规定交付租金，或保证承租方一定履行合同按时交付租金，否则由银行代交。租赁保函的金额就是租金总额①，有效期为按租赁合同规定的全部租金付清日期再加上半个月。

进口类保函的种类如图 6－5 所示。

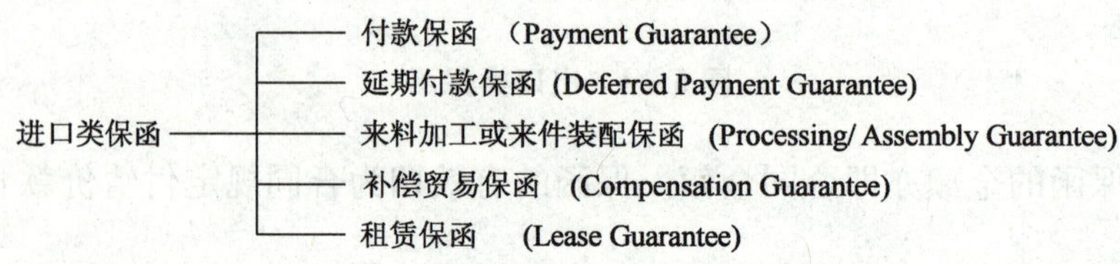

图 6－5 进口类保函

3. 其他类保函。除上述出口类保函和进口类保函之外还有一些保函，具体如下：

(1)借款保函(Loan Guarantee)。借款保函，是银行应借款方的申请就其在借款契约项下的偿还义务向贷款方出具的保证文件。在该保函中，担保行向国外贷款方保证借款人一定按借款契约的规定按时偿还借款并支付利息，否则由银行代为还本付息。

借款保函的金额为借款金额加上利息。有效期为借款契约中规定的还清借款及支付利息的日期再加上半个月。

(2)保释金保函(Bail Bond)。保释金保函是银行应本国船公司或其他运输公司的申请为其保释因海上事故或其他原因而被扣留的船只或其他运输工具而向当地法院出具的保证文件。

承运方应货主的委托运送货物时，如果装载货物的船只或其他运输工具因碰撞事故致使货主和他人蒙受损失，或因承运方的责任发生货物残损短缺等，在确定赔偿责任之前，当地法院会下令扣留有关船只或其他运输工具，只有交纳了保释金后才能放行。在这种情况下，船公司或其他运输公司可要求银行为其出具一份保释金保函，由担保行向当地法院保证船公司等一定会依照法院的判决赔偿损失，否则该行代其赔偿。当地法院收到保函后即可以此代替保释金将船只或其他运输工具放行。

保释金保函的金额一般视赔偿金额的多少由当地法院决定。有效期为法院判决日期以后若干天。

(3)票据保付保函(Guarantee for Bill)。票据保付保函是指银行作为担保人对商业票据进行担保，保证在票据到期后如发生拒付情况，由其负责按票面金额支付

① 相当于货价加利息。

的书面付款承诺。在国际贸易及国际劳务承包合同项下的结算中,往往有买方或者业主要求以本票、期票或者支票作为结算手段,由于这些商业票据属于商业信用,卖方或承包方心存疑虑,因此,常常会要求买方或者业主通过银行开立票据保付保函,对这些商业票据加具银行保付责任。由于这些票据大多数为远期性质的支付凭证,因此,票据保付保函实际上就是一种延期付款的保函,是一种与商业信用支付方式联用的延付保函。

(4)费用保付保函(Payment Guarantee for Commission/Charges)。费用保付保函是指银行作为担保人,根据某些合同项下的付款责任方的要求,就一些特殊的费用或者其他款项的支付而向收款人(受益人)所做出的保证支付承诺。费用保付保函实际上也是一种付款保函,在实务中也较为常见。如对卖方应给予中间商的佣金的保付,对船方应付港务当局的挂港费的保付,对代售人向货主所应支付的货款的保付等。

其他类保函的种类如图6-6所示。

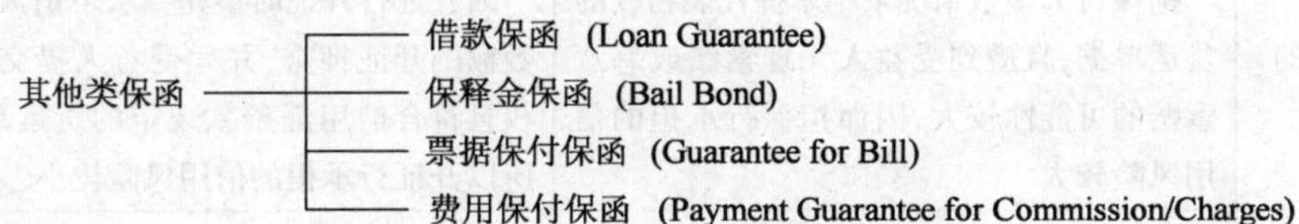

图6-6 其他类保函

四、银行保函与跟单信用证的异同

(一)银行保函与跟单信用证的相同点

1. 银行保函与跟单信用证有以下相同点:都是银行应申请人要求,向受益人开立的有条件的支付担保或承诺。

2. 都是用银行信用代替或补充商业信用,使受益人避免或减少因申请人不履约而遭受的损失。

3. 保函中的担保行和跟单信用证中的开证行对于单据真伪及其法律效力、寄递中遗失等不负责任。

(二)银行保函与跟单信用证的不同点

银行保函与跟单信用证的不同点见表6-2。

表6-2 银行保函与跟单信用证的区别

不同点	银行保函	跟单信用证
范围	可以运用于任何一种国际经济活动中,如商品买卖、资金借贷、工程承包、物资租赁等,保函既是一种结算方式,又是一种保证合约项下某项责任义务得以履行的手段	只运用于商品买卖合同中,开证行为进口商应有的付款责任做结算保证,是一种常见的国际贸易支付方式

续表

不同点	银行保函	跟单信用证
银行的责任	担保行承担的付款责任有第一性的，也有第二性的，若是后者，支付行为不一定会发生	开证行承担的是第一性的付款责任，一旦信用证开出后，开证行就必须凭合格单据付款，即付款行为一定会发生
银行所付款项的属性	担保行支付的款项可以是合同价款，也可以是退款或赔款	开证行支付的款项一定为货物价款
受益人的索款程序	索款程序分为第一性责任和第二性责任两种，在第二性责任保函项下，受益人应首先向申请人进行索款，若其拒绝支付，再向担保行索款	受益人凭单直接向开证行索取货款而不必向申请人索款
对结算单据的要求	一般只要求受益人提交书面索款文件，可以不附其他单据，但有时也要求受益人提交货运单据	要求的单据为全套货运单据，包括主要单据和附属单据
银行承担的风险	担保行大多数情况下不掌握代表物权的货运单据，且遭到受益人无理索赔或恶意索赔的可能性较大，因而担保行承担的信用风险较大	因开证行开证时事先要求申请人提交一定数额的开证押金，并凭受益人提交的代表物权且符合信用证条款规定的货运单据付款，所以开证行承担的信用风险较小
保证文件的到期地点及有效期限	到期地点一般在担保行所在地，且有效期较长，有的长达几年，有时无明确的失效日期	到期地点有时在受益人所在地，有时在开证行所在地，有时在付款行/承兑行所在地，跟单信用证的有效期限较短且有确定的失效日期
是否有融资作用	对受益人没有融资业务	对受益人的融资作用明显，如申请打包放款、叙做出口押汇、议付买单或汇票贴现等
是否可撤销	不可撤销	以前有可撤销的跟单信用证，UCP600 后没有了
是否可转让	除非保函有特殊规定，一般情况下受益人在保函项下的索赔权利是不可转让的	可转让跟单信用证项下，受益人使信用证的权利可以转让

第三节　备用信用证

、备用信用证概述

（一）备用信用证的含义与用途

备用信用证（Stand - by Letter of Credit ，SL/C），又称商业票据信用证（Commercial Paper L/C）、担保信用证（Guarantee L/C），是指开证行根据开证申请人的请求对受益人开立的承诺某项义务的凭证。这就是说，开证行保证申请人未能履行其应履行的义务时，受益人只要凭备用信用证的规定向开证行开具汇票（或不开汇票），并提交开证申请人未履行义务的声明或证明文件，即可取得开证行的偿付。

A stand – by letter of credit, like a commercial letter of credit, is a promise by the issuer to honor the beneficiary's presentation of the document or documents specified in the letter of credit.

备用信用证是一种银行信用，开证行对受益人保证，在开证申请人未履行其义务时，即由开证行付款。因此，备用信用证对受益人来说是备用于开证申请人发生毁约时，取得补偿的一种方式。如果开证申请人按期履行合同的义务，受益人就无须要求开证行在备用信用证项下支付货款或赔款，这是所以称作“备用”的由来。因此，备用信用证作为一种付款承诺，虽然形式上是第一性的，但意图上却只是在委托人违反基础合同的情况下使用，具有备用之意。备用信用证实质上是一种银行保函。

备用信用证起源于19世纪中叶的美国。当时，美国的联邦法律只允许担保公司开立保函，而禁止商业银行为客户提供担保或保证书服务。为了拓展业务和适应对外经济往来的需要，美国商业银行创立了备用信用证，用以代替保函，逃避法规的管制。日本的立法也是禁止银行从事担保业务的。因此，备用信用证在美、日两国使用较广。后来由于其用途较为广泛，各国家对其管制较为宽松才逐渐盛行于世界。

备用信用证的用途几乎与银行保函相同，既可用于成套设备、大型机械、运输工具的分期付款和租金支付，又可用于一般进出口贸易、国际投标、国际融资、加工装配、补偿贸易及技术贸易的履约保证等。

（二）备用信用证的性质与特点

根据《国际备用信用证惯例》（International Stand – by Practices，简称《ISP98》），备用信用证在开立后是一个不可撤销的、独立的、跟单的及具有约束力的承诺，因此，备用信用证具有以下特点：

1. 除非在备用信用证中另有规定或经双方当事人同意，开证人不得修改或撤销其在该备用信用证下的义务。

2. 备用信用证项下开证行义务的履行并不取决于开证行从申请人那里获得偿付的权利和能力，受益人从申请人那里获得付款的权利，也不取决于在备用信用证中对任何偿付协议或基础交易的援引，或开证行本身对任何偿付协议或基础交易的履约或违约的了解与否。

3. 备用信用证在开立和修改后即具有约束力，无论申请人是否授权开立，开证行是否收取了费用，或受益人是否收到或因信赖备用信用证或修改而采取了行动，对开证行都是有强制性的。

（三）备用信用证的内容

备用信用证的内容与跟单信用证大体相似，只是对单据的要求远比跟单信用证简单,其内容一般包括以下10个要素:①开证行名称;②开证日期;③开证申请人名称和地址;④受益人名称和地址;⑤声明不可撤销的性质;⑥备用信用证的金额,使用的货币种类;⑦对单据的要求;⑧备用信用证的到期日(有效期);⑨保证文句;⑩表明适用的惯例等。

专栏6-5

进出口贸易项下的备用信用证式样

Standby Letter of Credit

We hereby open our irrevocable Standby Letter of Credit No. xxx in favor of ABC for account of DEF for amount … expire date…

This Standby Letter of Credit is available against presentation of negotiating bank's tested telex or SWIFT to us accompanied by beneficiary's signed statement stating that the applicant did not effect payment under the contract No…

Upon receipt of the documents drawn in compliance with terms and conditions of this standby Letter of Credit, we shall remit the proceeds to you in accordance with your instruction.

This standby Letter of Credit is subject to UCP 600.

二、备用信用证的种类

备用信用证大体上可以分为以下八种类型:

一是履约备用信用证支持一项非款项支付的履约义务,包括对由于申请人在基础交易中不履约导致损失的赔偿。它适用于担保履约,在履约有效期内如发生申请人违反合同的情况,开证人将根据受益人提交的符合备用信用证的单据代申请人赔偿该备用信用证的金额。

二是预付款备用信用证。其用于担保申请人对受益人的预付款所应承担的义务和责任。这种备用信用证通常用于国际工程承包项目中业主向承包人支付的合同金额10%~25%的工程预付款,以及进出口贸易中进口商向出口商支付的预付款。

三是招标/投标备用信用证。其用于担保申请人中标后执行合同的义务和责任,若投标人未能履行合同,开证人须按备用信用证的规定向受益人履行赔款义务。

四是对开备用信用证,又称反担保备用信用证(Counter Standby)。它是为支持反担保备用信用证受益人所开立的另一项备用信用证或其他承诺。

五是融资备用信用证。其用于支持付款义务,包括对借款的偿还义务的任何证明性文件。

六是直接付款备用信用证。其基本上是支持一项与融资有关的基础付款义务的到期付款,而不论债务履行与否。它主要用于担保企业发行债券或订立合同时的到期支付本息义务。这种信用证已经突破了备用信用证"备而不用"的传统担保性质。

七是保险备用信用证。其用于支持申请人的保险或再保险义务。

八是商业备用信用证。它适用于不能以其他方式付款时开证行为申请人对货物或服务的付款义务进行保证的情形。

三、备用信用证结算方式在国际贸易中的应用[①]

备用信用证的运作一般按照以下程序进行:

第一,开证申请人根据基础合同的规定,向其所在地的开证人(银行或其他机构)申请开立备用信用证,经开证人审核同意后,该申请书构成申请人与开证人之间的合同;申请人通常要提供担保,并有义务支付开证费;开证人有义务根据申请书的指示开证,并承诺首先向受益人付款。

第二,开证人开证后,通常通过受益人所在地的通知人向受益人通知或转交信用证。通知人有义务核验备用信用证的表面真实性,有权利从开证人处取得报酬。当然,信用证也可由开证人或申请人直接寄交受益人,但在较大金额的交易中,受益人通常会要求通过通知人的专业核验来防止信用证欺诈。

第三,在大宗交易中,受益人可以要求对信用证加具保兑,开证人通常请求通知人提供保兑。通知人无义务必须进行保兑,若该通知人不提供保兑,则须及时通知开证人;若该通知人对备用信用证进行保兑,则成为保兑人,他对受益人承担与开证人同样的义务和责任。

第四,受益人获得信用证后,即可发货或进行其他履约行为,如果开证申请人也按承诺或交易合同的规定履行了义务,那么备用信用证就自动失效,受益人应将备用信用证退还给开证人。至此,备用信用证的全部交易程序即告结束,这也是大多数正常情况下备用信用证的运作程序。

第五,如果开证申请人未能按照承诺或基础交易合同的规定履行其义务,受益人即可向开证人或保兑人提交符合备用信用证规定的索偿要求以及与备用信用证相符的单据,向开证人或保兑人索偿。

第六,开证人或保兑人如果没有任何过错,那么它做了最后偿付后,可以向开证申请人要求赔偿,若申请人不付款或不能付款,则开证人可以从担保中获得偿

① 参阅启智:《国际结算》,北京理工大学出版社,2006年版。

付；若开证人或保兑人因没有履行谨慎审单义务而错误地向受益人付款，则丧失对申请人的求偿权；若单证相符而受益人交货与基础交易合同不符，申请人不能对开证人拒付，而只能依据基础交易合同向受益人索赔。

专栏 6–6

衡水支行备用信用证诈骗案

我国对外开具备用信用证并不多见，但 1993 年曾发生了轰动全国的中国农业银行衡水中心支行开出的 100 亿美元的备用信用证诈骗未遂案。

1993 年 3 月，美籍华人梅直芳、李卓明来到中国农业银行衡水中心支行，向该行原副行长赵金荣、徐志国提供相关文字材料，并谎称他们在美国开办的“亚联集团”拥有许多实力雄厚的合作伙伴，可以从国外“引资”到衡水，条件是衡水中心支行必须开具“备用信用证”。他们还谎称这些“备用信用证”仅用于证明有关资金引入中国，衡水农行对引进的资金“不还本、不付息、不承担任何经济和法律责任”。衡水农行未详细了解具体情况，也未报经上级行批准，擅自于 1993 年 4 月 2 日签订了“引资”总额为 100 亿美元的所谓“协议书”。4 月 5 日，赵金荣在梅、李二人未提供任何保证金或担保品的情况下，就按照梅、李提供的样本，越权在 200 张总金额为 100 亿美元、一年期、不可撤销、可转让的备用信用证上签字，衡水农行外汇业务科负责人也签了字，并加盖了公章。

梅、李二人在得到上述备用信用证后，次日即寄往国外。当境外一些公司、银行查询该备用信用证的真实可靠性时，梅、李再次以无风险和资金很快就能打入的谎言，欺骗赵金荣在确认函上加盖公章并发往国外。当赵金荣等向梅、李二人索要反担保文件时，该二人以虚构的俄罗斯联合国民共和银行开立的一张 100 亿美元的备用信用证作为反担保。赵金荣在得知梅、李二人提供的虚假“备用信用证”无效后，假装不知并将该虚假备用信用证用来对付上级的追查。从而造成了这件受骗开出巨额备用信用证的恶性案例。

当年 5 月，农行总行发现后即向世界各地银行发出通函，提醒各行不要接受衡水支行开出的备用信用证。最后，在国际刑警组织和有关国家警方协助下，经过半年多时间，于 1994 年 10 月 18 日将中国农业银行衡水中心支行被骗开出的总额为 100 亿美元的 200 张备用信用证全部追回。

资料来源：改编自林孝成：《国际结算实务》，高等教育出版社，2004 年版，第 196～197 页。

四、银行保函与备用信用证的异同

(一)银行保函与备用信用证的相同点

银行保函与备用信用证有以下相同点:

1. 都是银行应申请人要求,向受益人开立的书面保证。

2. 都是用银行信用代替商业信用或补充商业信用的不足。

3. 都适用于诸多经济活动中的履约担保。

(二)银行保函与备用信用证的不同点

银行保函与备用信用证的不同点见表6-3。

表6-3 银行保函与备用信用证的区别

不同点	银行保函	备用信用证
要求的单据	不要求受益人提交汇票,但要求受益人除了提交证明申请人违约的文件外,还需要提交证明自己履约的文件。	要求受益人在索赔时提交即期汇票和证明申请人违约的书面文件。
付款的依据	分有条件保函和无条件保函两种。在有条件保函项下,只有保函所规定的这些条件得到满足后,或所规定的能反映客观事实的单据提交给担保行后,担保行才会履行其支付义务。	只要受益人能够提供符合信用证规定的文件或单据,开证行即验单付款。
遵循的规则	至今没有被世界各国所认可的通行惯例,只能参照《合约保函统一规则解释》(URCG)。	《国际备用信用证惯例》(ISP98)。 《跟单信用证统一惯例》(UCP600)。

本章小结

1. 银行保函作为国际结算的一种重要方式,其主要作用是银行通过出借自己的信用来为商业活动中不被信任的一方担保,从而促使交易活动顺利进行。

2. 银行保函的基本当事人是申请人、受益人、担保行,根据保函开立方式的不同,还可能涉及通知行、转开行、反担保行、保兑行等当事人。

3. 银行保函主要经过申请人申请、担保行审查、担保行开立保函、保函修改、保函索赔和保函注销等环节。按照不同的标准可以把银行保函分为不同的种类。

4. 作为商业信用的替代或补充,银行保函与跟单信用证和备用信用证有许多相同点,而备用信用证是一种信用证形式的保函。

复习思考题

一、填空题

1. 首次进行贸易活动的不同国家的买卖双方可以采用银行保函的支付方式，因为该支付方式是以(　)信用为基础。

2. 投标保函金额一般为投标报价金额的(　)。

3. 履约保函金额一般为合同金额的(　)。

4. 保函是商业银行根据申请人的要求向受益人开出的(　)。

5. 保函的申请人可以是(　)、(　)、(　)、(　)、(　)等。

6. 银行保函的当事人包括申请人、受益人、(　)、通知行、(　)、反担保行、保兑行等。

7. 国际商会1998年10月出版了(　)(ISP98)，即国际商会第590号出版物，并于1999年1月正式实施。

二、单选题

1. 备用信用证与一般跟单信用证的区别主要是(　)。

A. 备用信用证属于商业信用，而跟单信用证属于银行信用

B. 跟单信用证的开证行是第一性付款责任，而备用信用证的开证行承担的是第二性付款责任

C. 跟单信用证和备用信用证都有融资的功能

D. 受益人要求开证行付款时需提供的单据不同

2. 备用信用证最早流行于(　)。

A. 中国　B. 日本　C. 英国　D. 美国

3. 一不可撤销的即期付款备用信用证规定由开证行即期付款，并在开证行柜台到期。该备用信用证要求以下单据：①以开证行为付款人的即期汇票。②为付款的商业发票副本。③受益人所授权的代表人签发的证实所附发票已经过期30天并要求申请人付款的声明。备用信用证到期前5天，申请人通知开证行，申请人不欠受益人任何未付发票，因此开证行不必支付备用信用证项下的款项。备用信用证到期前1天，受益人向开证行提交了备用信用证所要求的单据。开证行审单后，向受益人支付了信用证项下的款项，并借记了申请人的账户。申请人则辩称：申请人先前已经通知开证行其不欠受益人任何未付发票，开证行不应该支付此信用证项下的款项，因此申请人要求开证行立即贷记其账户。请问开证行该如何处置这件事情？(　)

A. 开证行应该贷记申请人的账户，因为申请人已经申明他不欠受益人任何未付款发票，开证行不能擅自对该备用信用证项下的款项进行支付。

B. 开证行应该拒绝贷记申请人的账户，因为此备用信用证是单据业务，银行的责任是根据信用证和UCP600来履行义务，不能根据申请人的抗辩来履行义务。

C. 此备用信用证其作用相当于银行保函,开证行承担的是第二性付款责任,即只在申请人未能履行付款义务的情况下才对外付款,因此开证行不应该擅自借记申请人的账户。

D. 在此案中,受益人伪造单据,开证行没有能够很好地履行审查单据的义务,它应该再贷记申请人的账户。

4. 所有保函都应该包括的基本当事人有委托人、担保行及其( )。

A. 申请人 B. 转开行 C. 受益人 D. 反担保行

5. 在见索即付保函业务中( )。

A. 保函不是独立于基础交易

B. 反担保函独立于保函

C. 银行无须审核单据

D. 备用信用证不适用《见索即付统一规则》(URDG)

三、判断题

1. 目前国际上通行的都是担保人负第一性偿付责任的银行保函。( )

2. 保函对受益人可以提供融资业务。( )

3. 保函的本质意义在于以委托人的资信向受益人保证,对委托人履行交易合同下的责任义务负责或为其偿还债务。( )

4. 保函的索偿条款与备用信用证是相似的,即凭受益人自己签发的说明委托人已违约的声明索偿。( )

5. 为了降低风险,担保行通常要求委托人(申请人)提供反担保文件或者反担保财产。( )

6. 通知行对保函项下的赔付不承担任何责任。( )

7. 在转开保函的情况下,受益人既可以向当地的转开行(担保人)提起索赔,也可以越过担保人直接向国外的反担保行要求获得支付。( )

8. 所有的保函项下都会出现索赔和赔付。( )

9. 根据基础合约开立的保函,只要此基础合同失效(无论是执行完毕还是因为某种原因中途停止),保函即告自动失效。( )

10. 备用信用证是一种特殊形式的信用证,同样适用于UCP600。( )

第七章　国际贸易结算中的单据

要点提示

- 理解单据的概念、作用和种类
- 掌握商业发票的作用和内容
- 了解发票的不同种类
- 掌握运输单据的主要种类
- 掌握海运提单的内容与功能
- 理解各种运输单据之间的区别
- 掌握保险单据的主要内容及其种类
- 了解附属单据的种类

专栏7-1

一份信用证需要的单据有哪些?

+2 SIGNED COMMERCIAL INVOICES STAMPED ORIGINAL PLUS 3 COPIES

二份正本商业发票+三份复印件

+ PACKING LIST IN ONE ORIGINAL PLUS COPIES

一份正本装箱单+一份复印件

+ FULL SET OF NEGOTIABLE CLEAN ON BOARD OCEAN BILLS OF LADING CONSIGNED TO THE ORDER OF BANK OF THE PHILIPPINES ISLANDS MARKED FREIGHT PREPAID AND NOTIFY APPLICANT

一整套清洁的、货已装船的海运提单,收货人写"TO THE ORDER OF BANK OF THE PHILIPPINES ISLANDS",通知方写申请人,提单上注明运费预付

+MARINE INSURANCE POLICY OR CERTIFICATE IN ONE ORIGINAL PLUS ONE COPY FOR 110 PCT OF FULL INVOICE VALUE COVERING ALL RISKS PLUS WSRCC CLAUSE

一份正本海运保险单＋一份复印件，保额是发票金额的110%，投保一切险

Additional Conditions

+SHIPMENT EFFECTED PRIOR TO L/C ISSUANCE DATE NOT ACCEPTABLE

装船日不能早过开证日

+ALL COPIES OF SHIPPING DOCUMENTS MUST LEGIBLY CONTAIN THE L/C NUMBER PERTAINING TO SHIPMENT

所有交单文件的复印件都要注明信用证号码

+DRAFT MUST BE MARKED DRAWN UNDER BANK OF THE PHILIPPINE ISLANDS LC NO 2xx－xx－003xxxx

汇票上必须注上："DRAWN UNDER BANK OF THE PHILIPPINE ISLANDS LC NO 2xx－xx－003xxxx"

+A CHARGE OF USD70.00 WILL BE ASSESSED FOR EACH SET OF DOCUMENTS CONTAINING DISCREPANCIES PRESENTED UNDER THIS LETTER OF CREDIT AND SUCH CHARGES ARE FOR BENEFICIARY'S ACCOUNT AND WILL BE DEDUCTED FROM ANY AMOUNT PAID

每次交单，如有不符点，费用USD70，将由受益人支付

+T/T REIMBURSEMENT PROHIBITED

不允许T/T汇款

+COMMERCIAL INVOICES MUST SHOW CB CODE NO. E.P. 522.37－00

发票上要显示"CB CODE NO. E.P. 522.37－00"

+PACKING SHOULD BE MARKED / LABELED WITH "MADE IN CHINA" AND A BENEFICIARY'S CERTIFICATE IS REQUIRED TO THIS EFFECT IN DUPLICATE

包装上要印上或贴上"MADE IN CHINA"，同时受益人要出一式两份的证明说明此点

+INSURANCE TO BE RESTRICTIVELY ENDORSED TO THE BANK OF xxxx

保险单要背书给xxxx银行

第一节　单据概述

单据是单据证书的简称，在英文中称为"Documents"。在国际贸易结算业务中，单据是指国际贸易结算中反映货物特征及说明交易情况的一系列证明文件或商业凭证。在国际贸易中，不论采取什么结算方式，都会发生单据的交换。国际商会制定的《跟单信用证统一惯例》（UCP600）中有近一半的条款都是有关单据的，单据的重要性由此可见一斑。

一、单据的含义

单据(Documents)也称货运单据、商业单据,是出口方应进口方和其他有关方的要求必须备妥并提交的,完整地代表货物所有权的各种货运单据。它通常是由出口方制作或取得后通过银行转交给进口方,交单是出口方履约的重要环节和内容。在现代国际贸易结算中,出口方的交货主要是通过交单来完成的。

二、单据的作用

在国际贸易中,各国各地区采用的或要求对方提供的货运单据不尽相同,但它们的功能和作用应该是相同或者大致上相同的。比如,运输单据代表货物所有权的归属,保险单据是货物在运输过程中一旦发生损坏灭失可以获得相应经济补偿的依据,各种商检证明是保障货物品质、规格、数量、质量的官方的或非官方的凭证,产地证是证明货物的原产地并凭以享受差别优惠关税的根据,等等。归纳起来有以下几点:

(一) 单据可以代表货物的物权

在国际贸易结算业务中,卖方交付单据代表交付了货物,买方取得单据代表收到了货物。这样,通过单据的转移就达到了货物转移的目的,同时也使货物的转移合法化。

(二) 单据是一种履约的证明

单据中有详细的货物描述及卖方履约情况的相关证明,出口商只有在履行了合同义务后,才能取得相应的证据或单据。

(三) 单据是付款的证据

在信用证业务中,开证行的付款是以提交信用证中规定的相符单据为依据的。在汇款、托收等非信用证结算方式中,进口商履行付款业务,一般应在收到货物或单据后,在规定时间内支付货款。至于付款支付的数量、时间、币种等均以汇票、发票等为依据。

此外,单据还是进口商提货、进出口商报关、纳税、享受税收优惠的重要凭证。

三、单据的种类

单据一般分为基本单据和附属单据两大类。基本单据是根据货物成交的贸易条件确定的,必须由出口方提供的单据,主要是商业发票、运输单据和保险单据。这三种基本单据根据不同标准还可进一步细分为不同的种类。附属单据则是根据贸易合同约定,或者信用证条款中的要求和规定,须向进口方或授权付款银行提供的、除基本单据以外的其他单据,如产地证明、卫生检疫证明、质量检验证明、装箱单、重量单、进口许可证、海关发票等。附属单据有些是官方所要求的,以满足海关盘查的需要或政府有关贸易法令政策的规定;有些则是买方要求的,以便核查货物的具体状况(见图 7 - 1)。

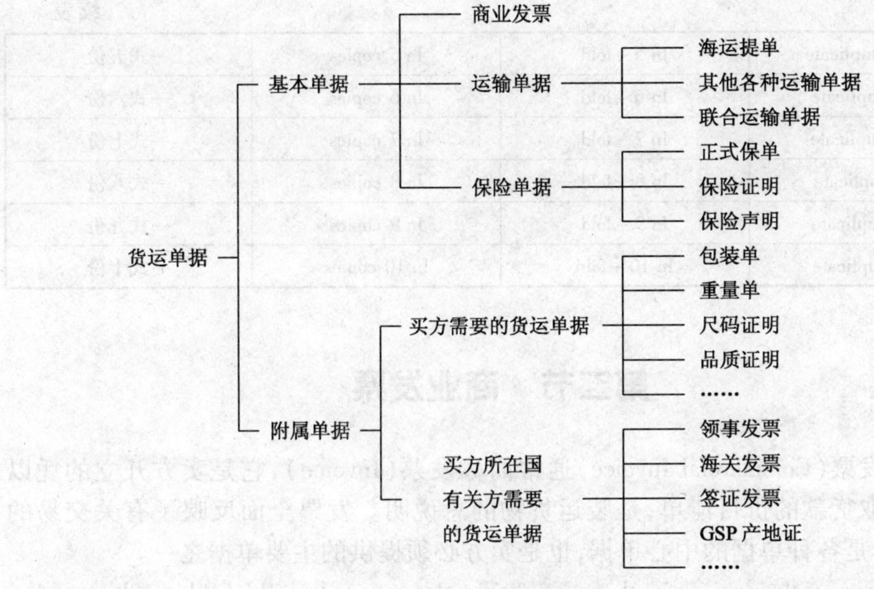

图7-1 单据的种类

中性单据(NEUTRAL DOCUMENT)

进口商有时要求单据上不填写出口商的名称。其目的是他可以通过转让单据出售货物,而不致把原始的供货人暴露给新的买主。这种不写明出口商名称的单据叫中性单据。其实,中性单据本身并不是一种单据,而只是把某种单据中性化了(Neutralized)。提单、保险单、装箱单、商检证书等都可以做成中性单据。

信用证常见的单据份数的表示方式

In Duplicate	In 2 - fold	In 2 copies	一式两份
In Triplicate	In 3 - fold	In 3 copies	一式三份
In Quadruplicate	In 4 - fold	In 4 copies	一式四份

续表

In Quintuplicate	In 5 – fold	In 5 copies	一式五份
In Sextuplicate	In 6 – fold	In 6 copies	一式六份
In Septuplicate	In 7 – fold	In 7 copies	一式七份
In Octuplicate	In 8 – fold	In 8 copies	一式八份
In Nonuplicate	In 9 – fold	In 9 copies	一式九份
In Decuplicate	In 10 – fold	In 10 copies	一式十份

第二节　商业发票

商业发票(Commercial Invoice)通常简称发票(Invoice),它是卖方开立的凭以向买方索取货款的价目清单,是装运货物的总说明。发票全面反映了有关交易的详细内容,是各种单据的中心单据,也是卖方必须提供的主要单据之一。

A commercial invoice is the accounting document by which the seller claims payment from the buyer for the value of the goods and/or service being supplied.

就广义而言,发票包括商业发票、海关发票、形式发票、领事发票、样品发票、厂商发票、证实发票等。就狭义而言,发票通常是指商业发票。

一、商业发票的内容

各国进出口商所使用的商业发票没有统一的标准化格式。但一般商业发票应具备首文、正文和结文三部分基本内容(参见样例7-1)。

(一)首文(Heading)部分

首文部分主要写明基本情况,通常标注发票名称及号码、合约或订单号码、发票制作日期和地点、运输工具、装货地点、卸货地点等。

1. 单据名称。一定要在单据上明确出现“商业发票(Commercial Invoice)”的字样。也可使用“Invoice”,但无论如何,不能以临时发票(Provisional Invoice)或形式发票(Proforma Invoice)来代替。

2. 签发人(Issuer)的名称和地址。签发人一般为出口商。要求完整准确,信用证项下发票的签发人应与信用证的受益人名称、地址相同。在托收和电汇的方式下,一般填写合同中卖方的名称和地址。

3. 抬头人的名称与地址(To)。同样要求完整准确。只有少数来证在发票条款中指出发票抬头人,多数来证都不作说明。因此习惯上将信用证的申请人或收货人的名称、地址填入这一栏。根据UCP600的规定:除非信用证另有规定,商业发票的抬头必须做成开证申请人①。

① 参见UCP600 18条a款

4. 发票号码(No.)。由出口公司自行编制,一般用有关代号加序列号构成,以便查对,同时也被作为相应的汇票号码。

5. 发票签发日期(Date)。在信用证业务下,发票日期一般在信用证开证日期之后,提单签发日之前,且不能迟于信用证的交单期和有效期。根据 UCP600 的规定:"单据的出单日期可以早于信用证开立日期,但不得迟于信用证规定的提示日期。[①]"发票的出单日期是全套单据中最早的日期。

6. 信用证号码(L/C No.)。按信用证填写。

7. 合同号(Sales Contract No., S/C NO.)。应与具体成交的合同号一致,若买、卖双方各有编号,则应一一列出。

8. 运输细节(Transport Details)。应注明运输工具名称或运输方式以及装运地点和卸货地点。货物如需转船运输,应加注转运港,转运港应与提单所标明的一致。

(二)正文(Body)部分

正文是说明履约情况的部分,主要是通过对货物和货价的描述提供履约证明。

1. 唛头(Shipping Mark)及号码。贸易上的唛头是为了识别货物而刷制在包装上面的装运标志,便于承运人和收货人识别货物。发票的唛头可以作为依据,分别与提单、保险单、包装单上面的唛头相核对,以确保各项单据的唛头是相符的。唛头的内容通常是:主标志、目的港标志和件号标志。有时也要求加注原产地标志,如 Made in China。如信用证未规定唛头的具体方案,则出口商可自行设计;如果无唛头,填写"N/M"。

专栏 7-4

什么叫唛头?

唛头也可简称为"唛",又可称为"运输标志",其作用是便于在装卸、运输、储存过程中识别、点数,防止错发错运。一批货物刷上唛头之后就确立了它与合同的关系。唛头通常是由一些字母、数字及简单的文字组成,有的还伴有几何图形。如果没有唛头,填写"N/M"。

唛头与号码在发票上必须注明,且须与提单、包装单、货物一致。对于件号、批号,如果是 NO. 1-100,但实际上货物只有 95 箱,又无法确定缺哪几号箱,这种情况下可在件号前加注"EX",以此表示该货物中有缺箱,使发票和提单上的件数表示一致。当一张发票中需提供两个或两个以上的唛头时,第一个唛头必须制作完

① 参见 UCP600 第 14 条 i 款

整，其余的可以省去这批唛头中相同的部分。有时候，信用证会要求将规定的唛头放在菱形框内，受益人应在发票上唛头栏目中画上一个菱形框，再在框内填写规定的唛头。

2. 货物的描述（Description of Goods）。应严格根据信用证及合同的规定填写，包括货物的名称、规格、数量等。

3. 货物的单价（Unit Price）和总价（Total Price）。货物单价应与合同相符，在信用证项下则必须与信用证规定一致，包括货物的计价单位、计价货币、单价金额和价格术语。总价应与汇票金额相同，在信用证项下，除非另有规定，一般不能超出开证金额。

4. 商品的包装和件数。在发票中必须列明商品包装方式及件数，不仅要与提单等一致，还要与唛头中的数据相符。

（三）结文部分

结文部分最重要的内容是出口商的签章（Exporter's Signature），信用证项下，必须是受益人签发发票。除此之外，还可按需要标注进出口许可证号、外汇批准号、税则号等内容或证实性文句。发票必须加盖出口商的图章，若信用证要求发票手签，必须另加负责人的手签，否则被视为无效发票。出口商提交的发票张数必须与信用证要求一致。

样例 7-1　常见的商业发票式样

<table>
<tr><td colspan="5">Commercial Invoice</td></tr>
<tr><td rowspan="4">Issuer</td><td colspan="2" rowspan="4">To</td><td>Invoice No.</td><td></td></tr>
<tr><td>Invoice Date</td><td></td></tr>
<tr><td>S/C No.</td><td></td></tr>
<tr><td>S/C Date</td><td></td></tr>
<tr><td>Letter of Credit No.</td><td colspan="2"></td><td>Issued By</td><td></td></tr>
<tr><td>From</td><td></td><td>To</td><td colspan="2"></td></tr>
<tr><td>Marks and Numbers</td><td>Description of goods</td><td>Quantity</td><td>Unit Price</td><td>Amount</td></tr>
<tr><td></td><td></td><td></td><td></td><td></td></tr>
<tr><td>Price of Terms</td><td colspan="2"></td><td>Total</td><td></td></tr>
<tr><td>Say Total</td><td colspan="4"></td></tr>
<tr><td colspan="5">(Statement & Additional clauses relating with commercial invoice)

Signature:</td></tr>
</table>

二、商业发票的作用

商业发票主要有以下几个方面的作用:

它是卖方履约情况的书面证明。发票是交易的合法证明文件,在全部单据中,发票是卖方专为说明履约情况提供的单据,从发票可以看出交易的全貌。

它是供买方了解、掌握、验收和核对货物的品名、规格、数量、重量等的依据,用以确认已发货物是否符合合同条款的规定。

它是买卖双方收、付款记账的依据。

它是进出口商进出口报关、缴纳关税的重要依据。

它是供出口商计算和支付佣金的依据。

它是出口商缮制其他单据的依据。

在不用汇票的情况下,发票替代汇票作为索汇的凭证。

除了以上几点外,发票还可作为统计的凭证,在保险索赔时作为价值证明。

三、海关发票

(一) 海关发票的含义

海关发票(Customs Invoice)是进口国海关制定的一种发票格式,要求卖方填制,供买方凭以报关。海关发票有以下三种形式:①海关发票(Customs Invoice);②估价和原产地联合证明书(Combined Certificate of Value and Origin, CCVO);③根据某国海关法令签发的证实发票(Certificate Invoice in Accordance)。

(二)海关发票的作用

海关发票具有以下作用:

1. 进口国海关作为统计的依据。
2. 作为货物估价定税的依据。
3. 核定货物原产地。
4. 确定有无倾销。

(三)海关发票的内容

海关发票的格式与详细内容因国而异。其内容除商品品名、单价、总值等与商业发票相同外,还包括商品的成本价值(Cost/Value of Goods)和商品的生产国家(Origin of Goods)等内容。

海关发票常见细目有:①外包装的价值;②货物装入外部容器的工资费用;③内陆运输费与保险费;④码头与港口费用;⑤海运费用;⑥海运保险费;⑦有关交货的其他费用;⑧其他特殊开支;⑨佣金;⑩现金折扣率;⑪出售给买主的价格;⑫现行国内价值或出口国的工厂/仓库/装运港的公开市场价格。

(四)填写海关发票应注意的问题

填写海关发票应注意以下问题:

1. 各国(地区)使用的海关发票,都有专门的固定格式,不能混用。

2. 凡是商业发票上和海关发票上共有的项目和内容(如唛头、品名、数量、金额等),必须与商业发票保持一致,不得相互矛盾。

3. 如成交价格为CIF条件,应分别列明FOB价、运费、保险费,而这三者的总和应与CIF货值相等。

4. 签字人和证明人均须以个人身份出现,而且这两者不能为同一人,个人签字均须手签才有效。

四、其他发票

(一)形式发票(Proforma Invoice)

形式发票又叫预开发票,是在交易达成前卖方应买方的要求,将拟报价出售的货物名称、规格、单价、价格条件、装运期及支付方式等一一列明的一种非正式发票,作为买方向本国的进出口管理机构或管汇部门申请进口许可证或批汇的依据。严格地说,形式发票不能凭以结算,票面上注明的价格亦是卖方根据当时市场行情的估计价,对买卖双方均无约束,只供买方参考,因其徒具发票形式,故名形式发票。正式成交时,卖方仍须另行开具商业发票。

(二)领事发票(Consular Invoice)

按某些国家的规定,货物从外国进口,须提供领事发票作为核对税款的根据,以防止买方进口时低报货价逃避进口关税,并审查该进口商品有无倾销的情况。这种发票由进口国驻出口国的领事馆签发,具有固定的格式,要求依式如实填写并缴纳一定费用后由该国领事签证,所以也叫"领事签证发票"。

领事发票或领事签证发票的作用和功能有:①证明进口货物的产地与原产地相同。②证明领事发票上所填写的货物名称、价格与数量属实。③它是进口商品征税的依据。④防止出口国廉价倾销出口商品。

(三)样品发票(Sample Invoice)

出口商为了说明推销商品的品质、规格、价格,在交易前发送实样,以便客户挑选。此种样品发票不同于商业发票,只是便于客户了解商品的价值、费用等,便于向市场推销,便于报关取样。

(四)厂商发票(Manufacturer Invoice)

厂商发票是厂方出具的以本国货币计算价格,用来证明出口国国内市场的出厂价格的发票。来证要求提供厂商发票,其主要目的是用以核查出口交易中是否存在倾销,以便确定是否征收"反倾销税"。

(五)证实发票(Certified Invoice)

证实发票实际上即为海关发票。之所以叫做"证实",是由于发票上明列货价和产地这两项主要内容,其中货价部分须经卖方以个人名义签名证实之故。

第三节 货物运输单据

货物运输单据(Transport Documents)是表明货物的承运人已将货物装上运输工具或已将货物发运或已接管货物待运的单据。单据一方面反映了货物被接管或装运时的状况,已装运货物所要经历的运程,货物的有关当事人及其相互之间的权利、义务关系;另一方面又通常代表着运输中的货物,是货物的物权凭证。因此,运输单据是货物运输业务中最重要的证明文件,也是国际贸易结算中最重要的单据之一。

与运输方式相适应,有海运提单、公路运单、铁路运单、空运运单及联合运输单据等。由于在国际贸易中,80%以上的货物是通过海运方式来运输的,所以海运提单是本节重点讲述的内容。

一、海运提单的基本概念

(一)什么是海运提单

海运提单(Marine Bill of Lading或Ocean Bill of Lading)简称提单(B/L),是指出口商作为托运人,把出口货物交给作为承运人的轮船公司,由后者运抵目的港,再由承运人把货物交给作为收货人的进口方这样一种运输过程所开出的单据。

(二)海运提单的当事人及关系人

1. 托运人(Shipper/Consignor)。托运人是指委托轮船公司运送货物的当事人,亦称货方。根据不同的贸易条件,可能是发货人(卖方),也可能是收货人(买方)。在FOB,CIF,CFR等条件下,出口商是发货人、托运人;在EXW等条件下,进口商是托运人、收货人(也可以转让给他人)。信用证项下提单的托运人一般是信用证的收益人。

2. 承运人(Carrier)。承运人是指承运货物的那一方,亦称船方,他有义务按照提单记载将货物运至目的地交给收货人。根据情况不同,可能是船舶所有人即船东,也可能是租船人。

3. 收货人(Consignee)。收货人即有权在目的港凭提单向承运人提取货物的当事人,亦称抬头人。收货人一般是进口商,但也可能是第三方。

4. 受让人(Transferee or Assignee)。受让人是经过背书或交付转让接受提单的人,有向承运人要求提货的权利。只要抬头许可,提单是可以转让的。

(三)海运提单的作用

海运提单具有以下作用:

1. 货物收据。它是承运人确认从托运人处收到货物后签发的一纸证明。承运人向托运人签发提单后,确认已按提单上所记载的有关商品的标志、数量以及商品的表面状况收到商品,从而承运人就有责任在正常情况下,按提单上所列明的情况,向收货人交付货物。

2. 运输契约,或称运输契约的凭证。海运提单上规定了承运方与货物关系方(即船方与货方)各自的权利和义务,成为一项正式契约。依照双方约定,托运人按时向承运人提交货物,承运人向托运人出具海运提单,这份提单就成为双方运输合约的证据。提单背面印就的条款,即视为双方共同接受的运输合约条款,承运人和托运人分别对此承担了合约规定的责任。

3. 货物所有权凭证,即物权凭证。海运提单实际上代表了货物,凭其可以占有、转让、流通和抵押,而海运提单的转让构成货物所有权的转让。因此,海运提单成了流通证券或半流通证券。

此外,如果货物在运输过程中受到损失,货主向船公司或保险公司提出索赔时,提单还是索赔依据之一。

二、约束提单的国际公约

为保证当事人权益,明确各自的责任和义务,从 20 世纪 20 年代起,有关方面先后倡议制定了 3 项国际公约。

(一)《海牙规则》(Hague Rules)

《海牙规则》的全称为《统一提单的若干法律规则的国际公约》(International Convention for the Unification of Certain Rules of Law Relating to Bill of Lading)。自 1931 年 6 月生效以来,该公约得到 50 多个国家的承认,我国也于 1981 年加入该公约。《海牙规则》相对偏重于维护船方利益而忽视货方利益,因此它自生效以来一直受到代表货方利益和航运业不太发达的国家或地区的反对。

(二)《维斯比规则》(Visby Rules)

《维斯比规则》的全称为《修改统一提单的若干法律规定的国际公约的议定书》(Protocol to Amend the International Convention for the Unification of Certain Rules of Law Relating to Bill of Lading)。它是在《海牙规则》的基础上所做的修改,但并未对《海牙规则》的基本原则做出实质性修改,只是提高了货物损害的赔偿标准,仍然反映了传统海运国家的利益。自 1977 年 6 月生效以来,只有英、法及北欧等 20 多个国家和地区采用这一规则。

(三)《汉堡规则》(Hamburg Rules)

《汉堡规则》的全称为《1978 年联合国海上货物运输公约》(United Nations Convention on the Carriage of Goods by Sea,1978)。它对《海牙规则》做了全面的修订,扩大了承运人的责任,对船货双方的权益和责任做了较为合理的规定,基本上平衡了船、货双方在货物运输过程中所承担的义务与风险。可以说,《汉堡规则》是广大发展中国家在国际经济与航运领域中争取自身权益的一项重大成果,尽管其受到船方利益代表者的批评与反对,但仍获得了许多国家特别是货主国家的欢迎。该公约已于 1992 年 11 月正式生效。

国际公约和各国国内立法均对提单需要记载的内容做了明确规定,以保证提单的效力。各国船运公司一般采用自己设计制作的提单,格式上存在不少差异,但内容大致相同，通常分正反两面记载着相关的信息。

三、海运提单的基本内容

(一)提单正面内容①

海运提单的正面内容如下：

1. 货物的品名、标志、包装和件数、重量和体积以及运输危险货物时对危险性质的说明。
2. 承运人的名称和营业地点。
3. 船舶名称。
4. 托运人的名称。
5. 收货人的名称。
6. 装货港和在装货港接收货物的日期。
7. 卸货港。
8. 多式联运提单还要增加接收货物地点和交付货物的地点。
9. 提单的签发日期、地点和份数。
10. 运费的支付。
11. 承运人或者其代表的签字。

专栏7-5

提单签署人与签署要素

提单的签署人常见的有两类：一类是承运人(Carrier)，提单可以由承运人签署也可以由承运人的代理(Agent)签署。另一类是船长，提单可以由船长(Master)签署也可以由船长的代理(Agent)签署。

根据UCP600第19、20、21条的规定，签署人除了签字外，还需要注明自己的名称和身份。在代理的情况下，签署人除了注明自己的代理身份之外，还需要注明被代理人的名称和身份。签署内容的具体要素如下：

签署人	签署人名称	签署人身份	被代理人名称	被代理人身份
承运人	√	√		
承运人的代理	√	√	√	√
船长	√	√	承运人名称	
船长的代理	√	√	承运人名称	被代理人+承运人身份

① 参见《中华人民共和国海商法》第73条规定。

样例7-2　Port-to-Port or Combined Transport Bill of Lading

<table>
<tr><td colspan="2">Shipper　①</td><td colspan="2" rowspan="6">Bill No. :
×××× Transportation Corp.

Port-to-Port or Combined Transport
BILL OF LADING
㉑
RECEIVED the goods in apparent good order and condition as specified below unless otherwise stated herein.
The Carrier, in accordance with the provisions contained in this document.
1) Undertakes to perform or to procure the performance of the entire transport form the place at which the goods are takes in charge the place designated for delivery in this document, and
2) Assumes liability as prescribed in this document for such transport. One of the Bills of Lading must be surrendered duly indorsed in exchange for goods or delivery order.</td></tr>
<tr><td colspan="2">Consignee
②</td></tr>
<tr><td colspan="2">Notify Party
③</td></tr>
<tr><td>Pre-carriage by
④</td><td>Place of receipt
⑤</td></tr>
<tr><td>Ocean vessel voyage
⑥</td><td>Port of loading
⑦</td></tr>
<tr></tr>
<tr><td>Port of discharge
⑧</td><td>Final destination
⑨</td><td>Freight payable at
⑩</td><td>No. of original B/L
⑪</td></tr>
</table>

Marks and Nos.	No. of packages	Description of goods	Gross weight	Measurement
⑫	⑬	⑭	⑮	⑯

<table>
<tr><td colspan="2">Above particulars furnished by shipper</td></tr>
<tr><td>Total Packages (in words)</td><td>⑰</td></tr>
<tr><td>Freight and charges</td><td>⑱</td></tr>
<tr><td>IN WITNESS whereof number of original Bills of Lading stated above have been signed, one of which being accomplished, the other(s) shall be void.

For other terms and conditions see reverse side</td><td>Place and date of issue
⑲
____
Signed for or on behalf the Carrier
⑳
As Agents</td></tr>
</table>

注：①托运人，一般为信用证下的受益人，也可是其他人；②收货人即提单的抬头；③被通知人；④前段运输工具；⑤信用证规定的货物接收地；⑥海运船只名；⑦信用证规定的装货港名；⑧信用证规定的卸货港名；⑨信用证规定的最终目的地名；⑩运费支付地点；⑪提单正本的份数，通常提单都有三份正本；⑫唛头，在集装箱运输下可以同时显示唛头和集装箱号，也可以仅显示集装箱号；⑬货物的数量；⑭货物描述；⑮货物的毛重；⑯货物的体积；⑰货物数量的大写；⑱运输费用；⑲提单的签发日期和地点；⑳提单签发人的签字；㉑提单的性质，这里是收妥备运提单，如果文字改为“SHIPPED on board…”，则为已装船提单。

(二)提单背面条款

海运提单的背面条款如下：

1. 首要条款。说明该提单所适用的法律条款或规则。

2. 定义条款。对与提单有关术语的含义和范围做出明确规定的条款。

3. 司法管辖权条款。规定当事人之间的争执或纠纷受哪一国法律管辖。

4. 承运人责任和免责条款。责任条款明确承运人承运货物过程中应承担的责任;免责条款则说明了在约定的特定情况下,承运人对货物所遭受的损失不予负责,无须赔偿。

5. 承运人责任期间条款。明确承运人对货物运输承担责任的开始和终止时间。

6. 赔偿条款。

7. 特定货物条款。明确承运人在运输一些特定货物时应承担的责任和享有的权利,如危险货物、散装货物、高价值货物、舱面货物等。

此外,还有其他多样条款,如有关碰撞、共同海损、货主所付分摊损失的条款。

四、海运提单的种类

随着国际海运业务的不断拓展和创新,海运提单的种类日趋增多,可按各种标准进行分类。

(一)按提单签发时货物是否已经装上货船划分

按提单签发时货物是否确实已经装上货船,分为“已装船提单”(Shipped on Board B/L)及“待运提单”(Received for Shipment B/L)。

已装船提单是指托运人把货物交付承运人,承运人收到货物装上货船后所签发的提单。提单上必须表明货物所装船舶的船名、装船日期、船长或其代理人签字。已装船提单表示货物已出运,收货人可以根据提单日期推算货物的到岸日期,以便及时提货,这类海运提单在国际贸易业务中被广泛使用。

待运提单也称备运提单,是指船运公司已收到托运货物在等待装运期间所签发的提单,提单上不写明装船日期和肯定的船名。因为货物装船之前仍存在遭受损失的风险,而承运人不对此负责,且买方也无法确定货物的实际出运日期和到岸时间。因此,进口方一般不接受这类提单。信用证一般要求提供已装船提单,银行一般不接受备运提单。当备运提单上载明的货物确定装船出运时,可由承运人的授权人将提单改签为已装船提单,即加注“已装船”字样、船舶名称和装船日期。

专栏 7-6

已装船的批注

贸易条件 CIF,CFR,FOB 都适用于海运,卖方的交货义务必须履行船上交货,因此必须在提单上表示货物已经装上船,如果没有按照相关要求在提单上加列已经装船的批注,那就是不符点。

已装船提单(Shipped B/L),不需要加上已装船批注,发出日期即视为装运日期。

待运提单,或叫已收妥提单。提单上没有印上"货已装船",需要加上已装船批注。提单上的已装船日期视为装运日期,表明卖方已经将货物装上船只。

货已装船批注何时需要加列船名、何时需要加列装运港,要视信用证和提单的相关规定而定。如提单航运的船只项目带有预期"Intended"字样,有限制船只的意思,已装船批注要加上载货船名,表示货物是否装在预期的船上。如果收货地或接受监管地与装货港不相同时,已装船批注需要注明信用证规定的装货港和实际装货船名。如:

已收妥提单包含的航运项目是:

Pre - Carriage by	Place of receipt
Train Wagon No. 447518	Hangzhou
Ocean vessel	Port of loading
Zhongshan	Shanghai
Port of discharge	Place of delivery
Seattle	

已装船的批注如下:

On board

(date)

per ocean vessel

Zhongshan

At Shanghai

多式运输提单的前段运输非海运,后段运输是海运,要想把它转变成为可流通的海运提单,在货物装上船时,应在提单上加注带有船名、装运港的已装船批注。

(二)按运输过程中是否转换运输工具或转换船只划分

按运输过程中是否转换运输工具或转换船只,分为直达提单(Direct B/L)、转船提单(Transshipment B/L)和联运提单(Through B/L)等。

直达提单是指货物用同一艘货船直接由装货港运达目的港,中途不在任何港口转船所签发的提单。这类提单下承运人及实际运输人为同一海运公司,权责明确,运输业务也容易处理。提单上只注明装货港和卸货港名称,不带有"转船"批注。若信用证明确表明不准转船,则受益人要求议付时必须提供直达提单。

转船提单是指货物在装运港装载后,将于预定的中途港转船,再转运目的港的提单。这种提单的特点,反映在跟单信用证的文句上,是"允许在某地转运"这样的字样。为节省转船附加费,减少货运风险,收货人一般不同意转船,但有时直运不可能,必须转船,没有哪个港口能通往全世界各港口,所以国际贸易中转船运输方式是常见的。

联运提单是指由第一承运人(通常为海运承运人)向托运人签发的,表明货物将经过两种或两种以上的运输方式运至最终目的地的提单。当托运人委托承运人承担全程运输,但实际运输往往须经海路、铁路或公路,或者海陆空联运,才能将货物最终运达目的地者,就是联合运输。全程运输方式的特点是第一承运人签发联运提单,其他运输人不签发提单。货到目的港或目的地后可凭第一承运人所签发的联运提单提货。第一承运人虽然签发全程提单,但他也只对第一运程负责。

(三)按海运提单上对所运货物和包装状况是否有瑕疵批注划分

按海运提单上对所运货物和包装状况是否有瑕疵批注,分为洁净提单(Clean B/L)和不洁净提单(Unclean or Dirty B/L)。

当托运人将货物交与承运人运输的时候,承运人理所当然要对货物的状况,特别是对货物的外表和包装情况作大致的观察和检查。一旦发现货物包装有瑕疵情况就在海运提单加注批语,如“包装渗漏”、“包装破裂”等文句。凡带有此类批注的提单,就叫不洁净提单。凡属包装状况良好无瑕疵、没有加上上述类似批注的提单称为洁净提单。承运人对不良包装下货物的损坏不承担责任。除非信用证另有规定,否则银行拒收不洁净提单。

专栏7-7

常见的使运输单据“不清洁”的批注

Contents leaking

Packaging soiled by contents

Packaging broken/holed/torn/damaged

Goods damaged/scratched

Goods chafed/torn/deformed

Packaging badly dented

Packaging damaged - contents exposed

Insufficient packaging

x cases short shipped (若干箱短装)

(四)按提单可否转让及如何转让划分

按提单可否转让及如何转让,分为记名提单(Straight B/L)、指示性提单(Order B/L)和不记名提单(Open B/L)三种。

记名提单是指在提单上收货人这一栏内,直接写明由××人或××单位提货。

这种提单又称收货人抬头提单，表明提单项下的货物只能由指名的收货人提取，不得转让。记名提单不能流通转让，所以在国际贸易中较少使用，银行也不愿对记名提单进行议付。

不记名提单意指在提单上收货人这一栏里仅仅写上持单来人（Bearer）字样。这种提单也可转让，但无须背书，仅凭交付即可转让。如果提单丢失，货物被提走，承运人不负责任，对买卖双方都不利，所以风险很大，贸易中也很少使用。

指示性提单指抬头带有“order”的提单。指示性提单又可分为记名指示和不记名指示，前者如“to the order of...”，信用证项下记名人可为出口商、进口商、出口地银行或开证行，后者如“to order”，由托运人背书后可转让。该提单项下的货物，经过背书转让，由接受转让者提货。所以，这类提单称为转让提单。至于背书的具体做法有：①空白背书。背书人在提单背后签名盖章，但不具体指名说出被背书人（接受转让人）。②记名背书。背书人在提单背面写明被背书人即接受转让人的姓名。③指示背书。背书人在提单背面写明“凭×××指示”的字样，同时由背书人签名的背书形式。经过指示背书的指示提单还可以进行背书，但背书必须连续。

在国际贸易中，采用指示性提单较为普遍。

（五）按提单上运输条款的详细差异情况划分

按提单上运输条款的详细差异情况，分为简式提单（Short Form B/L）或全式提单（Long Form B/L）

简式提单是指仅有正面提单内容和正面条款，在背面没有记载承运人与托运人的责任、权利和义务或仅摘其中重要条款扼要列出的提单。简式提单大多是美国船公司签发的，其在美国比较流行。提单正面印有 Short Form B/L 字样并注明该货物的收管、运输、费用均按承运人全式提单条款办理，承运人和托运人的权责、免责等均按全式提单条款办理。根据美国海上运输法，承运人只要能使公众都知道提单条款，并能随时索取他的提单条款，就可以出具简式提单，简式提单对货方没有不利影响。

全式提单是指不但有齐全的正面条款，而且在背面详细记载了承运人与货主的责任、权利和义务的完整条款的提单。全式提单并不是在提单上印有“全式”字样，只要提单正面、背面条款完整、齐全，就是全式提单。在国际贸易中，目前使用的提单大多数是全式提单。

（六）按船舶运营方式不同划分

按船舶营运方式不同，分为班轮提单（Liner B/L）、租船提单（Charter Party B/L）和运输代理行提单（Horse B/L）。

班轮提单是指货物由班轮承运时，由班轮运输公司作为承运人向托运人签发的一种提单。如果信用证中在价格条件后加注了班轮条件，则受益人必须提交班轮提单。

租船提单是指由货主向船东租赁船只，将货物运往目的地，船东根据租船合约签发的提单。它不是完整的独立文件,没有详细的提单条款,无法明确货主和船东之间的权利义务,而必须受到租船合约的约束。所以除非信用证许可,一般银行和收货人不接受租船提单。

运输代理行单据是指运输代理行以承运人身份签发的运输单据。出口商将小批量货物委托运输代理行,代理行则将卸货港或目的港相同,但属于不同托运人的货物集中在一起向承运人办理托运,以节省费用。

(七)过期提单(Stale B/L)与倒签提单(Anti - dated B/L)

过期提单是指晚于UCP600所规定的提单签发后21天以内或信用证规定的最迟交单日,才向银行提交的提单。此时,银行有权不接受此类提单。

倒签提单是指承运人应托运人要求,在货物装船以后,以早于该批货物实际装船完毕的日期作为签发日期所签发的已装船提单。这是具有欺诈性质的违法行为,货主或银行一旦发现提单签发日早于货物装船日者,有权拒收货物或拒办业务。

专栏7-8

倒签提单的后果

案情:我国某公司与瑞士某公司签订出售某农产品3 500公吨的合同,每公吨CIF鹿特丹24英镑共值84 000英镑。装船日期为当年12月至次年1月,对方以不可撤销的即期信用证进行支付。我国某公司在租船装运时,因原订货船临时损坏,在国外修理,不能在预定时间到达我国口岸装货,临时改派香港某公司期租船装运,但又因连日风雪,迟至2月11日才装运完毕,2月13日开航。这家公司为了取得符合信用证所规定的装船日期(即当年12月1日至次年1月31日)的提单,要求外轮代理公司按20××年1月31日签发提单,并以此提单向银行办理议付。货物到达鹿特丹,经买方聘请律师上船查阅航行日志,查实提单的签发日期是伪造的,立即凭证向当地法院起诉,并由法院发出扣船通知。船由外轮公司以30 000英镑提保放行,我方经4个月谈判,共赔偿20 600英镑,买方才撤回上诉而结案。

分析:此例属于"倒签提单"。从国际货物买卖合同看,列有"装运日期"的条款为合同要件。因此,违背"要件"的一方不仅会遭到对方索赔,甚至可以废除合同。倒签提单日期就是掩盖了真实的装运日期,实质上是掩盖了延迟交货的责任。由于市场价格变化剧烈,延迟交货可使对方在价格下跌时受到损失,如果有下手转卖合同,势必造成买方的违约交货。所以不论从法律上,还是从利益上,倒签提单都是不允许的。

（八）集装箱运输提单（Container B/L）

凡采用集装箱装载货物并由承运人签发的提单称集装箱提单。集装箱运输是将一定数量的单件货物装入特制的标准规格的集装箱内，以集装箱为运送单位而进行的运输。此种运输方式的优势在于：运量大、成本低、效率高、节省货物包装费用、货损货差小、缩短货物装卸及船舶停泊时间等，因此已成为国际货物运输的主要手段。由于货物是由托运人自行装货加封，故在提单上注明"托运人自行装货点数"的字句。

集装箱提单具有如下特点：①由于承运人多在内陆地区收取货物后即签发提单，故集装箱提单多属待运提单。但当货物装载上船后，可根据事实加注"Shipped on board"字样，将其转化为已装船提单。②由于集装箱运输采用专用集装箱货轮，有多数集装箱需装载在舱面甲板上，若货物因此而发生灭失或损坏，承运人不负有责任。所以通常在集装箱提单背面印有舱面装货的选择条款，以明确责任。③由于集装箱运输多从内陆地区开始起运，故集装箱运输提单的承运人所承担的责任与风险随之扩大。

专栏7-9

1/3 正本提单由受益人直接交申请人

海运提单必须注明所出具的正本的份数，注明"第一正本"、"第二正本"、"第三正本"或者"正本（Original）"、第二份（Duplicate）、第三份（Triplicate）等类似表述的运输单据都是正本。提单并不一定非要注明"正本"的字样才能被接受为正本。

如信用证规定2/3 正本提单交给议付行，1/3 正本提单由受益人直接寄给申请人，这样的信用证条款能否接受？其风险在哪里？议付行收到 2/3 正本提单时，另 1/3 提单早已经寄给申请人用于提货，议付行丧失了对货物的控制权，不能议付单据，开证行收到单据也无法控制申请人偿付。一旦申请人作风不良，可能会从单据上故意挑剔，要求开证行提出不符点，拒付退单，受益人将面临货被申请人提走而收不到货款的风险。但是在近洋贸易中，为了便利买方及时提货，常常会有类似信用证条款出现，相关当事人应该注意控制其中的风险。

五、其他运输单据

货物运输单据除海运提单外，尚有多式联运单据、航空运单、铁路运单、邮包收据、公路或铁路运单等。它们之间的共同点都是运输凭证，但其功能与海运提单不尽相同。

(一)多式运输单据[①]

涵盖至少两种不同运输方式的运输单据即多式运输单据。多式运输(Multimodal Transport)是指根据多式运输合同,至少由两种不同的运输方式,将货物从一国境内接管货物的地点运至另一国境内指定交付货物的地点,并签发单一的、包括全程的运输单据。

多式运输对出口商更为有利。因为他只要将货物交给多式运输经营人(Multimodal Transport Operator, MTO),后者就会负责将货物从一国境内的货物接管地运至另一国境内指定交付货物的地点,这样通过一次托运、一次交付运费、一张运输单据、一次保险就可完成整个运输过程。多式运输单据在出口地接收监管货物时签发,出口商可以提早获得多式运输单据以向银行提示,并可提早获得货款,加速出口商的资金周转。

多式运输的关系人有多式运输经营人、承运人、托运人、收货人等。

多式运输单据(Multimodal Transport Document)是一种概称,其中一程为海运的通常使用多式运输提单(Multimodal Transport B/L)。

1. 多式运输单据的特点:①表示至少有两种不同运输方式的连贯运输。②多式运输经营人的责任是从接受货物起至交付货物止。③一次托运、一次交付运费、一张运输单据、一个责任人、一次保险。④多式运输提单中船名、装货港、卸货港如有"预期"(Intended)或类似意义的修饰词,银行可接受。⑤适合多式运输的贸易条件主要是 FCA、CPT、CIP,并以接管的日期作为装运日期。而 FOB、CFR、CIF 贸易条件则不适合于多式运输,因为它们要求卖方船上交货(on board),与多式运输的要求不符。

2. 多式运输单据的作用:① 可流通形式的多式运输单据的部分运程为海运,其作用也与海运提单相同,即具有货物收据、运输合约、物权凭证的作用,可以背书转让。② 不可流通形式的多式运输单据只起到货物收据和运输合约的作用,不是物权凭证。

3. 多式运输提单的用途二元化。很多船公司的多式运输提单既用于多式运输,也用于港至港的单一海运。提单的名称则称为"联合运输提单"(COMBINED TRANSPOT BILL OF LADING)或"联合运输或港至港提单"(COMBINED TRANSPOT OR PORT TO PORT BILL OF LADING)。提单正面条款中印有"收到货物以备装运"一类语句,当提单用于港至港运输时,应在提单上另加"已装船"批注使之成为已装船提单。

---

① 在 UCP500 中有关多式运输单据的内容反映在第 26 条中,列在海运/海洋提单(第 23 条),不可流通海运单(第 24 条),租船合约提单(第 25 条)之后;而在 UCP600 中多式运输单据列在所有运输单据的前面。这反映了国际贸易实务中越来越多地使用多式运输单据。在 UCP600 第 19 条的标题中使用了"至少包括两种不同运输方式的单据",这种提法比一般"多式联运单据更为确切"。

专栏 7－10

UCP600 关于多式运输单据的签发人不再包括 MTO

在 UCP500 第 26 条中“多式运输单据”的签发人有承运人或多式运输经营人(Multimodal Transport Operator, MTO)以及他们的具名代理人，而 UCP600 删去了多式运输经营人(MTO)。

在 UCP600 第 19 条 a 款中：“涵盖至少两种不同运输方式的运输单据(多式或联合运输单据)，不论名称如何，必须看似：表明承运人名称并由以下人员签署：承运人或其具名代理，或船长或其具名代理。承运人、船长或代理的任何签字，必须标明其承运人、船长或代理人的身份。代理人签字必须表明其系代表承运人还是船长签字。”

根据本款的规定，单据不能再以多式运输经营人或其具名代理人身份签署。事实上，多式运输经营人(MTO)就是承运人(carrier)，尽管与托运人签订运输合同的合同承运人(contractual carrier)，可能实际承担运输任务，从而兼为实际承运人(actual carrier)，也可能不是实际承运人。我国《海商法》第 42 条规定：“(一)承运人，是指以本人或者委托他人以本人名义与托运人订立海上货物运输合同的人。(二)实际承运人，是指接受承运人委托，从事货物运输或者部分运输的人，包括接受转委托从事此项运输的其他人。”从这个定义可以非常直观地看出，在多种运输方式下，多式运输经营人指的是上述的合同承运人；而实际承担各区段运输任务的，就是实际承运人。也正因为如此，实务中多式运输经营人在签署多式运输单据时，并不显示多式运输经营人的身份，而是直接显示为承运人。UCP600 顺应了这个趋势，不再规定多式运输经营人可以签署多式运输单据。

合同承运人与实际承运人的分离是社会分工不断深化的结果。在运输实务中，承运人仅指与托运人签订运输合同的人。换而言之，一个主体是否是承运人，关键看他是否与托运人签订了运输合同，与是否拥有或经营运输工具、是否实际实施运输没有直接的关系。

(二)不可流通的海运单(Non－negotiable Sea Waybill)[①]

不可流通转让海运单是承运人收到托运人交来货物而签发的收据，不可流通转让海运单的记名收货人是唯一的收货人，承运人负责把货物交给收货人，无须收

① 不可流通转让的海运单在实务中的使用远不及海运提单，由于它不能提货、不能流通，因而限定了使用范围。一般认为，随着国际贸易向 EDI(电子数据交换)发展，使用不可流通转让的海运单的领域将会日益扩大。

回该项单据。

不可流通的海运单于1997年开始在北大西洋之间部分运输中被采用，它是现代运输高速化的产物。目前不可流通转让的海运单在欧洲、斯堪的那维亚半岛、北美和某些远东贸易区域使用，中国尚未使用。

1. 不可流通转让的海运单的基本功能：①承运人收到由其照管的货物收据。②运输合约的证明。③解决经济纠纷时，作为货物担保的基础。

2. 与海运提单的区别。不可流通转让海运单与海运提单的区别表现在以下几个方面：

(1)是否为物权凭证，能否背书转让。不可流通转让的海运单不是物权凭证，不能背书转让，收货人栏内必须写上明确的收货人，一般是直交进口商（Straight Consigned to Importer），不能写成指示性抬头。提单则是物权凭证，可以背书转让，在途货物可以出售，收货人抬头可以做成指示性抬头。

(2)收货人的区别。不可流通转让的海运单除了单据上写明的收货人外，他人不能提货。可以经开证行同意，以开证行作为收货人协助受益人控制交货。提单则可以转让给任何一个受让人凭以提货。

(3)是否需要提示单据。不可流通转让的海运单的收货人可以不需要提示该单据，即可领取货物。提单则必须交给承运人或其代理换取货物。

(4)银行能否控制货物，对银行债权是否有保障。不可流通转让的海运单项下，银行不能取得货物的控制权，因此不可流通转让的海运单对银行的债权没有保障，而提单对银行的债权是有保障的。

3. 不可流通转让海运单的提货程序①。不可流通转让海运单不能用于提货，当海运公司将货物运抵目的港后，便向运单收货人发出"到货通知"。收货人凭通知和证明身份的证件办理提货手续。

不可流通转让海运单的收货人按下列条件和程序提货：

(1)签发一份正本给托运人。

(2)在船抵卸货港前，船公司向不可流通转让海运单的收货人发出到货通知单。

(3)收货人在目的港出示身份证明，并将已签署的到货通知单交给船公司的代理机构。

(4)船公司代理据以签发取货单交给收货人。

(5)船方查明收货人已将运费结清，办妥海关的结关手续，就可放货。

---

① 不可流通转让海运单在许多方面和空运运单，铁路、公路以及内河运输单据，邮递收据有相似之处，如收货人是固定的，都不能凭以提货；收货人提货都是凭运输公司、航空公司、铁路局、邮政机构等发出的"到货通知"和本人的有效证件，办理提货手续；都不能流通。因此，托运人（卖方）在制作单据时要特别仔细，因为托运人在将货物发运后，实际上已经丧失了对货物的控制权。

(三)租船合约提单(Charter Party Bill of Lading)

租船合约提单(Charter Party B/L)是指在租船运输业务中,在货物装船后由船长或船东根据租船合同签发的提单。提单内容和条款与租船合约有冲突时,以租船合约为准。租船合约提单上应该有类似这样的一些文字:“此提单受到租船合约的约束。”

在租船合约提单下,即使信用证要求提交与租船合约提单有关的租船合约,银行对该租船合约不予审核,但将予以照转而不承担责任。

在UCP500第25条中规定,除非信用证规定可接受租船合约提单,否则银行拒收该种提单。但在UCP600第22条中,删除了这项规定。此外,在本条中还增加了“租船人或租船人的具名代理或代表”有权签发提单的规定。这不仅说明银行对这项内容管理上的放宽,也说明租船合约提单在应用上将日益增加。

专栏7-11

不定期租船运输的装卸费用条件

从装运港码头船边装上船舶的费用称为装船费(Loading Fee)。从船上把货物放到船边卸货港码头上的费用称为卸船费(Unloading Fee)。在不定期租船运输时,货物的装卸费用究竟应由船方还是货方负担,要在租船合约中订明。装卸费用条件以下列方式表示:

1. 船方不负担装船费用(Free In,F. I.)
2. 船方不负担卸船费用(Free Out,F. O.)
3. 船方不负担装、卸费用(Free In and Out,F. I. O.)
4. 船方不负担装、卸、理仓费用(Free In and Out and Stowed,F. I. O. S.)
5. 船方不负担装、卸、理仓、平舱费用(Free In and Out and Stowed and Trimmed,F. I. O. S. T.)

(四)航空运单(Airway Bill)

航空运单是作为承运人的航空公司接受托运人之委托以飞机装载货物开立的凭证。但是航空运单不是货物所有权凭证,也不能凭以提取货物,不能转让;收货人是凭航空公司的提货(到货)通知单提货。

航空运单的主要特点是:

1. 提交银行一张正本单据。信用证不应要求提交银行的正本空运单据多于一张。

2. 航空运单是不可流通的单据。航空运单不是物权凭证,仅是货物收据和运输合约,不能背书转让,信用证对此也不能有要求。

3. 航空运单不能控制买方付款。D/P 托收项下航空运单不能控制买方付款,信用证项下航空运单不能作为提供银行的抵押品。

4. 必须做成记名收货人。航空运单是直交记名收货人(Straight Consigned to a Named Consignee)。当申请人作为航空运单的收货人时,银行无法控制申请人在信用证下的偿付,可以征得开证行的同意,以开证行作为航空运单的收货人,便于控制。申请人偿付后,开证行才能交货给申请人。

专栏 7-12

空运风险控制的一个案例

案情:某年6月,浙江某出口公司与印度某进口商达成一笔总金额为6万多美元的羊绒纱出口合同,合同中规定的贸易条件为 CFR NEW DELHI BY AIR,支付方式为100%不可撤销的即期信用证,装运期为当年8月间自上海空运至新德里。合同订立后,进口方按时通过印度一家商业银行开来信用证,通知行和议付行均为国内某银行,信用证中的贸易术语为"C&F NEW DELHI",出口方当时对此并未在意。他们收到信用证后,按规定发运了货物,将信用证要求的各种单据备妥交单,并办理了议付手续。然而,国内议付行在将有关单据寄到印度开证行后不久即收到开证行的拒付通知书,拒付理由为单证不符:商业发票上的贸易术语"CFR NEW DELHI"与信用证中的"C&F NEW DELHI"不一致。得知这一消息后,出口方立即与进口方联系要求对方付款赎单;同时通过国内议付行向开证行发出电传,申明该不符点不成立,要求对方及时履行偿付义务。但进口方和开证行对此都置之不理,在此情况下,出口方立即与货物承运人联系,其在新德里的货运代理告知该批货物早已被收货人提走。在如此被动的局面下,后来出口方不得不同意对方降价20%的要求。

分析:造成出口方陷入被动局面的根本原因在于丧失了货权。而出口方在得到偿付之前货权就已丧失是由航空运单的特性决定的。空运方式下的空运单据——航空运单不具有物权凭证的特征,它仅是航空承运人与托运人之间缔结的运输合同以及承运人或其代理人签发的接收货物的收据。由于空运的时间很短,通常在托运人将航空运单交给收货人之前,货物就已经运到目的地,因此收货人凭承运人的到货通知和有关的身份证明就可提货。

防范空运方式下的信用证风险,可以采取以下一些措施:

1. 争取与其他的支付方式结合使用。比如要求买方在出货前预先电汇一定比例的货款,以分散风险。

2. 严格审查进口商的资信情况,包括财务状况、经营状况、付款记录等,以核定其信用额度,决定合同金额的大小。

3. 严格审查开证行的资信情况,以免出现开证行故意找出“不符点”拒付,使买方不付款提货,造成钱、货两空的局面,必要时可要求对信用证加具保兑。

4. 如果货物金额太大,可要求分批交货。

5. 要求将航空运单的收货人做成“凭开证行/偿付行指示”(TO ORDER OR TO THE ORDER OF THE ISSUING/REIMBURSING BANK)。

6. 严格认真地根据信用证制作单据,做到“单单一致,单证相符”,在单据方面不给对方造成任何可乘之机,并要求议付行予以密切配合。在开证行/偿付行有变故时,要与对方据理力争,严格按照UCP600及其他有关国际惯例办事,维护我方合法权益。

7. 与航空承运人及其在目的地的代理人保持密切联系,因为在收货人尚未提取货物以前,如果出口商觉察到有任何变故,出口商/托运人有权要求航空承运人退回,或变更收货人,或变更目的地。

8. 投保出口信用险。出口信用险可以保障因国外进口商的商业风险和/或政治风险而给本国出口人造成的收不到货款的损失。

(五)公路、铁路或内河运输单据

公路、铁路和内河运单不是物权凭证,仅仅是货物收据和运输合约,它把货物直接运交给记名收货人,不能背书转让。当货物到达目的地,经证明身份即可把货交给收货人。通常以申请人为运单记名收货人。有时征得开证行同意,以开证行为运单收货人,以便银行控制申请人偿付后开证行才将货交给申请人。

铁路运输是目前运量仅次于海运的国际货物运输方式。在使用铁路运输的情况下,承运人向托运人签发的货运单据就是铁路运单(Railway Bill)。同航空运单类似,铁路运单只是货物收据和运输合同,也是铁路与货主间核收运杂费、索赔和理赔的依据,但不能作为物权凭证,一律作记名抬头,不得转让。

铁路运单的主要项目包括:发货人和收货人名称和地址,发货车站和收货车站名称,货物的名称及性质、唛头、包装、数量、重量等说明。

如果信用证要求公路、铁路或内河运输单据,则不论提交的运输单据是否注明正本单据,都将作为正本单据接受。单据没有注明发出份数的,交来的单据当作全套发出。

(六)专递和邮政收据

邮政收据通常由寄件人填写,注明寄件人、收件人的名称地址,寄运货物的名称、价值等,邮局核实重量并收费后签发。

邮政收据不是物权凭证,仅仅是货物收据和运输合约。它不可流通转让,直接把货交给记名收货人。当货物到达目的地,经证明身份即可把货交给收货人。信用证下的邮政收据,既可作成申请人为运单记名收货人,也可征得开证行同意,以开证行为收货人，以便银行能控制申请人的偿付。

专递服务机构签发的专递收据也不是物权单据，不可流通转让，货物直接交给收件人。

国际贸易中主要的运输单据及其特点见表7－1。

表7－1　主要的运输单据及其特点

单据名称	主要特点
至少包括两种不同运输方式的单据（多式运输单据） 适用于UCP600第19条	单据包括两种或两种以上运输方式 陆海联运后段是海运（包括或者不包括内陆）——可流通，物权——有 后段不是海运——不可流通的，物权——无 如果是可流通的，凭一张正本提单交货 如果是不可流通的，货交指名收货人
海运/海洋提单 适用于UCP600第20条	可流通单据包括港至港海运运程 物权——有 凭一张正本可流通提单交货
不可流通海运单 适用于UCP600第21条	不可流通单据包括港至港海运运程 物权——无 货交指名收货人
租船合约提单 适用于UCP600第22条	可流通性受到租船合约的约束 物权取决于租船合约 按照租船合约要求交货
空运运单 适用于UCP600第23条	仅有一种运输方式的不可流通单据 物权——无 货交指名收货人
陆运公路、铁路或内河运输单据 适用于UCP600第24条	仅有一种运输方式的不可流通单据 物权——无 货交指名收货人
专递和邮政收据 适用于UCP600第25条	包括邮局或专递公司发货的不可流通单据 物权——无 货交指名收货人

第四节　保险单据

在国际贸易中，货物自起运地出运，一般要经过长途运输才能抵达目的地，而在运输途中，货物有可能遭到无法预料或无法控制的自然灾害或意外事故，受到损坏或灭失。这类损坏灭失，如果没有除承运人、托运人外的第三方承担责任给予物质赔偿，那么必然要由进出口双方中的任一方或双方共同承担。这样的话，国际贸易势必要成为一个风险巨大的行业，其增长和发展将受到限制。

国际贸易中货物的运输包括海、陆、空三个领域,但常采用的运输方式为海上运输方式,因为海洋运输具有许多优点:运输距离不受限制;海运运费相对低廉;适用货物的范围广泛;特别是集装箱运输方式近数十年来得到了越来越广泛的采用。因此,介绍国际贸易货物的保险,重点自然应当放在海运保险上。

一、海运保险的保障范围

海运保险是诞生最早的保险业务,它随着国际贸易的需要和发展而发展。当代海运保险的保障范围包括以下三个方面:

(一)可保障的风险

要保障的风险主要包括海上风险(Perils of Sea)和外来风险(Extraneous Risks)。海上风险也称为海难,它包括在海上发生的自然灾害和意外事故。自然灾害是指由非常的自然力量所造成的灾害,如恶劣气候、海啸、雷电、海上风暴等;意外事故是指搁浅、触礁、碰撞、沉没等意外事故。外来风险是指由一般或特殊外来原因引起的风险,如偷窃、雨淋、钩损、串味等,以及战争、罢工、暴动等造成的风险。

(二)可保障的损失

海运风险颇多,各种风险带来的货物损坏和灭失也不尽相同。保险公司(承保人)承担的赔偿责任自然也不一样。海上货物运输保险中保险人承保的损失又叫海损(Average),包括全损和部分损失。

全损(Total Loss)是指海洋运输途中整批货物(即保险标的物)遭到全部毁损,货物已失去原有性质、形态、功能和使用价值。全损又可分为:实际全损(Actual Total Loss),系指标的物全部灭失,或已失去原来用途,如货物全部沉入海底,失火后货物被烧光,雨淋后食物发霉变质等。推定全损(Constructive Total Loss),指货物虽未达到全部损失的程度,但要把它恢复到原有形态和用途,所需费用将超过货物原来的价值。

部分损失(Partial Loss)是指货物未达到全损的程度,只受到一部分损失。货物招致部分损失,按其性质而言,又分共同海损与单独海损。共同海损(General Average),系指载货船只在海上出险,船长为了人、船、货的安全使之最后能驶达目的港,当机立断把部分货物抛往大海以减轻货载,这一部分弃于海洋的货物当然不应由被弃货物的货主单独承担经济损失,理应由船方、货方、保险方及有关方均摊,这就是共同海损的含义。单独海损(Particular Average),系指共同海损外的部分损失,将视情况由受损者单独承担。

(三)可承担的费用

保险公司负责赔偿的海上费用主要包括施救费用(Sue and Labour Expenses)和救助费用(Salvage Charge)。

施救费用(Sue and Labour Expenses)是指被保险人或其代理人在被保险的货物在承保范围内出险时,主动采取抢救和防护措施而支出的合理费用。

救助费用(Salvage Charge)是指标的物在承保范围内出险时,由保险人和被保险人以外的第三者采取救助行动并获成功而支付的费用。

二、海运保险的险别

保险险别是确定保险人和被保险人权利和义务的条款,也是保险人承保责任大小和收取保费多少的依据。主要分为基本险、一般附加险、特殊附加险三大类。基本险是主险,附加险意指在投保基本险的基础上,可以任意选择附加投保。

(一)基本险(Chief Risk)

基本险是保险人对承保货物所负担的最基本的保险责任,是投保人必须投保,并且是可以单独投保的险别。其分为以下三个险别:

1. 平安险(Free from Particular Average,FPA)。由英文可看出,平安险原意为"单独海损不保"。但随着实践的发展,保险业竞争加剧,平安险的承保范围已经超出了全损和共同海损的限制。目前平安险的一般责任范围包括:海上风险造成的全损;海上风险造成的共同海损;意外事故造成的单独海损。平安险是保险人承保责任最小的一种基本险。平安险是我国保险业的习惯叫法,并不意味着对全部运输途中的货物平安均予负责。

2. 水渍险(With Particular Average,WPA)。水渍险是在平安险的承保责任范围之外,增加单独海损的赔偿责任的险别,即"包括单独海损"。保险人的承保范围大于平安险,除平安险包括的责任范围外,它还包括自然灾害所造成的单独海损。水渍险也只是我国保险业沿用已久的叫法,它既不是仅对货物遭受海水水渍的损失负责,也不只是对单独海损负责。

3. 一切险(All Risks,AR)。其责任范围除了水渍险的各项责任外,还负责货物在运输途中由于一般外来原因所造成的全损或部分损失。一切险并非承保一切风险,它不包括特殊外来原因造成的损失。

由上面的叙述可以看出,三种基本险别是层层包含的关系:一切险包含水渍险的承保范围;水渍险包含平安险的承保范围。投保人办理货物运输保险时,只需任选一种基本险投保即可。

(二)一般附加险(Additional Risks)

一般附加险承保由一般外来因素造成的损失。它不能单独投保,必须先投保平安险或是水渍险,然后才可投保一般附加险以扩展保险的责任范围。若已投保一切险,则不必再投保一般附加险。

常见的一般附加险有下列11种,投保人可根据需要选择一种或多种投保:①偷窃、提货不着险(Theft, Pilferage, and Non-delivery,TPND);②淡水雨淋险(Rain, Fresh Water Damage,RFWD);③短量险(Risk of Shortage);④混杂、沾污险(Risk of Intermixture & Contamination);⑤碰损、破碎险(Risk of Clash & Breakage);⑥渗漏险(Risk of Leakage);⑦串味险(Risk of Odor);⑧受潮、受热险(Sweating Heating Risk);⑨钩损险(Hook Damage);⑩包装破裂险(Breakage of Packing

Risk);⑪锈损险(Rust Risk)。

(三)特殊附加险(Special Additional Risks)

特殊附加险是指由特殊外来原因引起的特殊风险造成的损失的特殊险别。它也必须依附于基本险项下投保。任何一种基本险,都可附加投保特殊附加险。特殊附加险主要包括:①战争险(War Risk);②罢工险(Strikes Risk);③交货不到险(Failure to Delivery Risk);④进口关税险(Import Duty Risk);⑤舱面险(on Deck Risk);⑥拒收险(Rejection Risk);⑦黄曲霉素险(Aflatoxin Risk)等。

专栏 7-13

主要的货物运输保险条款

目前国际贸易通用的货物运输保险主要有三种:中国保险条款(China Insurance Clause, CIC)、英国伦敦协会货物条款(Institute Cargo Clauses, ICC)和美国协会货物条款(American Institute Cargo Clauses, AICC)。

英国伦敦协会货物条款(Institute Cargo Clauses, ICC)得到了世界上保险界和贸易界的广泛接受,我国保险公司也可接受信用证要求投保的险别条款采用协会货物条款。协会货物条款将海洋货物运输保险的险别分为两类:海险(Marine Risks)和战争/罢工险(War/strike Risks)。海险又分为A条款、B条款和C条款,均不包括战争险及罢工险。

CIC和AICC都有"一切险"的名称,但是ICC没有"一切险",只有责任范围大体上和"一切险"相当的"协会货物条款"(A)[ICC(A)]。

专栏 7-14

免赔率和仓至仓条款

保险责任受免赔率或超过赔偿额(免赔额扣减)的约束。有时把受到免赔率的约束称为相对免赔率(Franchise),受到超过额赔偿(免赔额扣减)的约束称为绝对免赔率(Deductible)。

例如,一批易碎货物投保金额是100 000美元,免赔率是3%,货物运抵目的地后,经检查部分商品破碎,损失达5 000美元,破损率达5%,超过3%免赔率。在计算赔偿金额时,如采用相对免赔率,保险机构不用扣除免赔率,应赔付给投保人

5 000美元。如果采用绝对免赔率，保险机构应赔偿（5% －3%）×100 000 =2 000美元。

仓至仓条款（Warehouse to Warehouse Clause）是保险责任的起讫规定，被保货物自起运地仓库开始运输起，直至到达目的地收货人最后仓库或储存处所止的整个运输过程，保险公司均负责任。中国保险条款、伦敦协会货物条款有关险别的责任范围基本上都是仓至仓。

三、保险单据分类

保险单据的出单人必须是保险公司或保险商或其代理人。

（一）保险单（Insurance Policy）

保险单也称正式保单，俗称大保单，是保险人（Insurer），即承险人发给被保险人（the Insured）的保险契约。该契约是保险人承保指定航程内对某一批货物的风险，若该批货物遭到灭失，保险人即保险公司将按规定予以赔偿。

正式保单中一般须列明：①当事人的名称和地址；②保险标的的名称、数量或重量、唛头；③运输工具；④保险险别；⑤保险责任起讫时间和地点；⑥保险人签章；⑦赔款偿付地点以及经保险人与被保险人双方约定的其他事项等。这是贸易实务中使用得最多的一种保险单据，也是保险单的发展趋势。

（二）预约保险单（Open Policy of Open Cover）

预约保险单又称预保合同，是一种长期的、总括性的货物运输保险合同。合同中规定承保货物的范围、险别、责任、费率、赔款处理等项目。凡属于合同约定的运输货物，在合同有效期内自动承保。其优点是减少了逐笔签订保险合同的手续，并可以防止因漏保或迟保而造成的无法弥补的损失。保险公司一般对使用预约保险单的投保人提供更优惠的保险费用，因而吸引了不少投保人。

在货物运输保险中，一些有大量运输业务的单位对逐笔业务进行保险，不仅烦琐，而且容易发生漏保等差错。为了简化投保手续，可以与保险公司签订预约保险合同。预约保险合同一般要求投保单位所有的运输业务都要投保，遇特殊情况，即使未及时办理投保手续，只要货物装上保险单载明的运输工具，或被承运人收受签发运单，保险公司就自动承担了被保险人的货物风险责任。但这并不意味着可以不办投保手续，仍需向保险公司逐笔办理投保，只不过投保时限要求没有那么严格。同时，保险公司也会经常查核投保单位的账目，一旦发现漏保或未投保的货物，不论是否发生保险事故，即使货物已安全运抵，都会要求补办投保手续并收取相应的保险费。

（三）保险证明（Insurance Certificate）

当货物出运前，投保人填制“起运通知”，列明这次出运的货物、价值、包装数量、起运港/地、运输工具名称、起运日期等细节通知保险人，保险人在预约保险单项下据以签发一份保险证明。

保险证明俗称小保单，是保险人出具的一种简化的保险契约，原则上它与大保单具有同等效力。但按习俗，凡信用证上规定要求提供保险单者，则不能以保险证明代替；但信用证要求提供保险证明时，却可以用保险单取代之。有的保险证明需要投保人的会签方才有效，这时投保人应该签字。

（四）保险声明（Insurance Declaration）

投保人在确定货物详情、装运日期、运输工具等细节后，就把这些资料填写在印有保险人预先签字表明双方确曾订有预约保险单并注明其号码的声明格式上面，这就是投保人向保险人的单项陈报。由于它是预约保险项下依据预约保险单而陈报的货物保险，因此这项声明与保险证明同样都是具有保险效力的。

（五）联合凭证（Combined Certificate）

联合凭证是一种更为简化的保险凭证，保险公司只在出口公司的商业发票上加注保险编号、险别、金额，并加盖保险公司印章。联合凭证仅适用于我国内地对港澳地区的部分交易。

（六）暂保单（Cover Note）

保险经纪人在接受投保人的委托之后，向投保人签发暂保单，此暂保单只是代投保人办理保险的约定，并不证明保险公司已经与投保人签订了保险合同，不起保险单的作用，不能凭以向保险公司索赔。保险人对经纪人签发给投保人的暂保单不负法律责任。暂保单是基于不明确货物的运载工具以及起运日等情况，先办理投保而经保险公司同意后签发的，一旦确定相关信息，须将暂保单交给保险公司换取正式保单，因此银行不接受保险经纪人出具的暂保单。

表7－2是保险单、保险证明/声明、暂保单的接受程度的比较。

表7－2　保险单、保险证明/声明、暂保单的接受程度

信用证要求的保险单据	其他可以接受的保险单据	不可接受的保险单据
保险单（大保单）		其他保险单据都不能接受
保险证明（小保单）	保险单	暂保单
保险声明	保险单	暂保单

专栏7－15

保险单据的背书与转让

在贸易条件是CIF和CIP的销售中，保险单据的背书转让十分重要。这是因为，在CIF下，货物在装运港越过船舷时，货物风险从卖方转移到买方；在CIP下，在发货地将货物交给承运人时，货物风险转移至买方。保险单据就应该在放单之前作成背书,在放单之后才能将索赔权利转让给买方。

从保险单据的背书形式上看,一般保险单据的背书有两种:空白背书和记名背书。

空白背书的具体做法是在保险单据背面打上被保险人公司的名称或盖上公司印章,再加上背书人签字。此外不再作任何批注。如信用证规定"ENDORSED IN BLANK"或"BLANK ENDORSED"就需这样做。如果信用证对保险单据的背书无明确规定,也应作成空白背书。保险单据作成空白背书意味着被保险人或任何保单持有人在被保货物出险后享有向保险公司或其代理人索赔的权利并得到合理的补偿。

记名背书的具体做法除了在保险单据背面做成上述"空白背书"外,还应在被保险人的名称上面打印上"DELIVERY TO (THE ORDER OF) ××BANK (Co.,)"或类似字样。

记名背书必须以银行或公司为背书人,记名背书大都给开证行。记名背书在日常业务中较少使用。保险单据做成记名背书意味着保险单据的受让人在被保货物出险后享有向保险公司或其代理人索赔的权利。保险单据的被保险人,如果不是我方出口公司,而是其他国家或地区的"××Co., LTD",我方出口公司不用背书。如被保险人需转让海运提单,保险单据上则由其他国家或地区的"××Co., LTD."背书。必须注意,如果保险单据的被保险人是托运人即我国外贸进出口公司或企业,根据信用证的不同规定,有时可做成空白背书,有时也可做成记名背书。

从保险单据的背书与海运提单的背书的区别和关系看:在CIF价格条件成交下,提单的背书关系到货物所有权的归属,而保险单据的背书关系到被保货物出险后对保险公司及其代理人的索赔权和合理补偿权。所以在货物出险后只有在掌握了提单的同时又掌握了保险单据的情况下,才是真正地掌握了货权。

一般说来,保险单据的背书应与提单的背书保持一致,即通过背书的保险单据的转让范围应等于或大于提单的转让范围。如果提单做成记名背书,保险单据可做同样内容的记名背书,但也可做成空白背书,同样如果提单做成空白背书,保险单据也应该做成空白背书。在FOB和CFR价格条件下成交,由买方投保,如买方需要转让提单,保险单据也需要转让,两者的转让如上所说必须保持一致,在被保货物出险后,保单持有人凭保单向保险公司索赔并取得合理的补偿。

如中国银行香港分行来证,提单和保险单据都作成同样内容的记名背书"Full set of at least three signed copies of clean on board ocean bill of lading show beneficiary as shipper, made out to order of shipper, and endorsed to the order of hangseng bank ltd hongkong." "Insurance policies or certificates in negotiable form in duplicate and endorsed to the order of hangseng bank ltd, hongkong."

又如新加坡达利银行来证,提单做成记名背书保险单据作成空白背书,"full set of clean shipped on board ocean bills of lading made out to order and endorsed to the order of tatlee bank limited singapore marked" "freight prepaid and notify accounte", "insurance policies / certificates endorsed in blank for 110% of the invoice value coving…"

样例7－3　空白保险单

PICC 中国人民财产保险股份有限公司

货物运输保险单 CARGO TRANSPORTATION INSURANCE POLICY

发票号(INVOICE NO.)　　　　　　保单号次

合同号(CONTRACT NO.)　　　　　　POLICY NO.

信用证号(L/C NO.)

被保险人(INSURED):________________

中国人民保险公司(以下简称本公司)根据被保险人的要求,由被保险人向本公司缴付约定的保险费,按照本保险单承保险别和背面所载条款与下列条款承保下述货物运输保险,特立本保险单。

THIS POLICY OF INSURANCE WITNESSES THAT THE PEOPLE'S INSURANCE COMPANY OF CHINA (HEREINAFTER CALLED "THE COMPANY") AT THE REQUSET OF THE INSURED AND IN CONSIDERATION OF THE AGREED PREMIUM PAID TO THE COMPANY BY THE INSURED, UNDERTAKES TO INSURE THE UNDERMENTIONED GOODS IN TRANSPORTATION SUBJECT TO THE CONDITIONS OF THIS POLICY ASPER THE CLAUSES PRINTED OVERLEAF AND OTHER SPECIAL CLAUSES ATTACHED HEREON.

标记 MARKS & NOS	包装及数量 QUANTITY	保险货物项目 DESCRIPTION OF GOODS	保险金额 AMOUNT INSURED

总保险金额(TOTAL AMOUNT INSURED):________________

保费(PREMIUM):AS ARRANGED 起运日期(DATE OF COMMENCEMENT):________

装载运输工具(PER CONVEYANCE):________ 自(FROM)________ 到(TO)________

承保险别(CONDITIONS):

所保货物,如发生保险单项下可能引起索赔的损失或损坏,应立即通知本公司下述代理人查勘。如有索赔,应向本公司提交保单正本(本保险单共有________份正本)及有关文件。如有一份正本已用于索赔,其余正本自动失效。

IN THE EVENT OF LOSS OR DAMAGE WITCH MAY RESULT IN A CLAIM UNDER THIS POLICY, IMMEDIATE NOTICE MUST BE GIVEN TO THE COMPANY'S AGENT AS MENTIONED HEREUNDER. CLAIMS, IIF ANY, ONE OF THE ORIGINAL POLICY WHICH HAS BEEN ISSUED IN ________ ORIGINAL(S) TOGETHER WITH THE RELEVENT DOCUMENTS SHALL BE SURRENDERED TO THE COMPANY. IF ONE OF THE ORIGINAL POLICY HAS BEEN ACCOPLISHED, THE OTHERS TO BE VOID.

AGENT'S NAME AND ADDRESS:

PICC Property Casualty Company Limited Beijing Branch

赔款偿付地点

CLAIM PAYABLE AT:________________

出单日期:

ISSUING DATE AND PLACE:________________　　________________

核保人:　　制单人:　　经办人:　　Authorized Signature

专栏 7-16

"仓至仓"条款下卖方为什么不能行使索赔权?

案情:××××年6月,我国沿海某省A公司向英国B公司按FOB条件出口一批家用电器。装运前,进口方B公司在当地向保险公司按ICC(A)[协会货物条款(A)]办理了保险。货物在从A公司仓库用卡车运往装运港码头途中,由于不慎翻车,致使大部分货物毁损。事后,A公司以保险合同含有"仓至仓"条款为由,向保险公司提出索赔,遭到保险公司拒赔;后在A公司请求下,B公司又以自己的名义凭保险单向保险公司提出索赔,同样遭保险公司拒赔。最终A公司只能自己承担这部分损失。

分析:海运保险一般适用"仓至仓"条款。在实际业务中,货物由发运地仓库运往装运港途中的风险千万不可忽视。这是因为,卖方与买方的风险转移是以装运港船舷或船边为界的,在此之前的风险都由卖方承担,买方不具有可保利益,即使买方投保了包括"仓至仓"条款的有关保险,保险公司也不对在此期间发生的损失承担责任。保险公司赔付的前提条件是:所发生的风险损失必须在所投保险险别规定的承保范围内;只有保险单的合法持有人,才能向保险公司索赔;向保险公司行使索赔权利的人,不仅是保单的合法持有人,还必须享有可保利益。

在本案中,从A公司来看,当损失发生时,其对货物拥有所有权,货物的损失直接对他造成了经济利益的损害,从而他享有可保利益。但是A公司既不是被保险人,也不是保险单的受让人,尽管保险单内包括"仓至仓"条款,A公司也无权向保险公司要求赔偿。

从B公司来看,其是该批货物的投保人,是保险单的合法持有人。但是货物损失发生在运往装运港途中,此时B公司不拥有对货物的所有权,而且根据FOB条件,风险转移以船舷为界,所以损失发生时,风险并没有从A公司转移给B公司,也就是说,该损失没有给B公司带来经济利益的损害,因此其不具有可保利益。尽管上例中的损失属于ICC(A)的承保范围,B公司也无权向保险公司要求赔偿。

在FOB,CFR和FAS合同下,风险转移都是以装运港船舷或船边为界,在此之前的风险都是由卖方承担,买方不具有可保利益,即使买方投保了包括"仓至仓"条款的有关保险,保险公司也不对在此期间发生的损失承担责任。为了自己的利益起见,卖方应对该运输过程中的风险单独进行投保,以避免上述案例中的情况发生。

第五节　附属单据

附属单据包括的种类很多,如商检证明、产地证明书、重量单、尺码证明、包装单、船运公司证明等。以下对几种重要的单据进行介绍。

一、商品检验证明(Inspection Certificate)

(一)商品检验证明的含义及作用

商品检验证明是由政府商检机构或公证机构或制造厂商等对商品进行检验后出具的关于商品品质、规格、重量、数量、包装、检疫等各方面或某方面鉴定的书面证明文件。

在国际贸易中,进出口双方地处两国不同的地区,货物不能当面清点验收。同时,货物在长途运输途中也可能由于诸种原因发生残损短缺。为了便于货物的交接,也为了便于确定事故的起因和责任归属,商品在发运前有必要通过相关机构检验并出具有关证明。

商品检验证明的具体作用如下:

1. 议付货款的单据。如果检验证明中所列的项目或检验结果与信用证规定不符或与出口商提交的其他单据不符,有关银行可以拒绝议付货款。

2. 衡量交货是否与合同相符的依据。

3. 处理争议的依据。当交货品质、数量、包装以及卫生条件等不符合合同规定时,检验证明是买卖双方作为处理争议的具有法律效力的有效依据。

4. 作为海关通关验收、征收关税的必要证明。出具检验证书的机构,应该是买卖双方以外的第三方。许多国家设有专门性的商品检验机构,这些机构有些是国家设立的官方机构,如我国的商品检验局,有的则是私人性或同业公会的检验机构。

(二)商品检验证明的主要内容

商品检验证明的主要内容如下:

1. 发货人名称。填写时要符合信用证的规定。

2. 收货人名称。其一般是进口商,应注意与信用证及其他单据中的收货人名称保持一致。

3. 货名、重量、唛头。其应与商业发票、提单上相应内容完全一致。

4. 出具商检证明的日期。其应不迟于提单日期,最好在提单之前一两天或与提单日同一天。

5. 提供检验证书者签字。一般而言,此处的盖章与签字一样有效,但有些国家要求一定要手签,盖章无效。

6. 证明内容。这是检验证书的核心内容,即商检机构或公证处等进行检验或鉴定的结果。

（三）商品检验证明的种类

商检机构出具的商检证明种类很多，有证明商品品质、规格和等级的，谓之品质检验证明，有证明重量和数量的证明，还有检疫证、消毒证、包装产地证等。根据检验内容的不同，常见的商品检验证明主要有以下几种：

1. 品质检验证书（Inspection Certificate of Quality）。这是用以证明进口商品品质、规格、等级等实际情况的书面文件。

2. 重量或数量检验证书（Inspection Certificate of Weight or Quantity）。这是用以证明进出口商品的重量或数量的证书。

3. 包装检验证书（Inspection Certificate of Packing）。这是用以证明进出口商品包装情况的证书。

4. 卫生或健康检验证书（Sanitary/ Healthy Inspection Certificate）。这是用以证明可供人类食用的出口动物产品、食品等经过卫生检疫或检验合格的证书。

5. 兽医检验证书（Veterinary Inspection Certificate）。这是用以证明出口动物产品经过检疫合格的证书。

6. 消毒检验证书（Disinfection Inspection Certificate）。这是用以证明出口动物产品经过消毒处理，保证安全卫生的证书。

7. 温度检验证书（Inspection Certificate of Temperature）。这是用以证明出口冷冻商品温度的证书。

8. 熏蒸检验证书（Inspection Certificate of Fumigation）。这是用以证明出口粮谷、油籽、豆类、皮张等商品以及包装用的木材与植物性填充物等已经过熏蒸灭虫的证书。

专栏 7－17

四种类型的检验证明签发者

国际贸易中商品检验证明书的签发者一般是专业性的检验机构，也有由进出口双方自己检验出具证书的，但总括而言，检验证明书的签发者不超出以下四类：

（1）政府检验机构，如中华人民共和国出入境检验检疫局（CIQ）、中国商检公司（CCIC）等。

由国家检验机构签发的商检证书有：① 品质检验证书（INSPECTION CERTIFICATE OF QUALITY）；② 数量/重量检验证书（INSPECTION CERTIFICATE OF QUANTITY/WEIGHT），③ 价值证明书（CERTIFICATE OF VALUE）；④ 产地检验证书（CERTIFICATE OF ORIGIN）；⑤ 卫生检验证书（HEALTH CERTIFICATE），⑥ 消毒检验证书（DISINFECTION INSPECTION CERTIFICATE）；⑦ 温度检验证书（INSPECTION CERTIFICATE OF TEMPERATION）；⑧ 熏蒸证明书（FUMIGATION

CERTIFICATE)等。

由动植物检疫所出具的检验证明书有：植物检疫证书(PHYTOSANITARY CERTIFICATE)；动物检疫证书,即兽医检验证书(VETERINARY CERTIFICATE)。

(2)非官方检验机构,如:①公证鉴定人(AUTHENTIC SERVEGOR)、宣誓衡量人(SWORN MEASURER)。②瑞士通用检验公司(S. G. S.)(INSPECTION CERTIFICATE OF SOCIETE GENERALE DE SURVEILLANCE S. A.)等。③日本OSIC检验证书(INSPECTION CERTIFICATE ISSUED BY OMIC)。④法国BV检验证书(INSPECTION CERTIFICATE ISSUED BY BV)。

(3)生产制造商(INSPECTION CERTIFICATE ISSUED BY EXPORTER/MANUFACTURER)。

(4)用货单位和进口商(INSPECTION CERTIFICATE SIGNED BY IMPORTER'S NOMINEE)等。

二、产地证明书(Certificate of Origin)

产地证明书亦称产地证或原产地证书,是证明有关出口货物原产地或制造地的证明文件,是进口国通关验收和征收、减免关税的必要证件。

原产地证明书按照其不同的用途可以分为普惠制产地证明书、一般原产地证明书、区域经济集团互惠产地证明书和专用原产地证明书四类。

普遍优惠制原产地证明书(GENERALIZED SYSTEM OF PREFERENCES, GSP),简称普惠制证明书、GSP证明书或者FORM A证明书,用于证明某产品可以享受普惠制给惠国的普惠关税待遇。它是发达国家对发展中国家向其出口的货物,尤其是制成品与半制成品,普遍给予的一种关税优惠待遇的制度,简称普惠制。

一般原产地证明书或简称C/O证明书,又称非优惠原产地证明书,主要用于证明某产品可以享受世界贸易组织最惠国关税待遇。

区域经济集团互惠产地证明书,用于证明某产品可以享受区域贸易安排优惠关税待遇。例如,中国—东盟自由贸易区的原产地证明书就属于区域经济集团互惠原产地证明书,专用于证明中国—东盟自由贸易区产品享受自由贸易区优惠关税待遇。

专用原产地证明书,用于某些国际组织或国家对烟草、纺织品等特定产品的规定。

产地证明书的主要作用有:①通过证明货物的原产地来享受进口国的优惠税率,因为进口国海关往往会针对来自不同国家或地区的商品采用不同税率的差别待遇政策。②通过证明货物的原产地来符合进口配额的要求。③保障进口商品合乎卫生条件。④确定商品的品质。

我国常用的原产地证书如表7-3所示。

表 7-3　原产地证书一览表

证书种类	证书的名称	证书简称	签发机构	证书格式
普通原产地证	一般原产地证书	C/O 产地证	贸促会/商会、出入境检验检疫局	商务部统一格式
优惠原产地证	普惠制原产地证书	GSP 产地证	出入境检验检疫局	格式 A,格式 59A,格式 APR
特殊(区域性)原产地证书	欧共体纺织品专用产地证	EEC 产地证	商务部、各地商务委员会	统一格式
	对美国出口纺织品声明书	DOC 产地证	出口商	格式 A,格式 B,格式 C
	中国—东盟自由贸易区优惠原产地证书	FORM E 产地证	出入境检验检疫局	专用格式
	中国—智利自由贸易区优惠原产地证书	FORM F 产地证	出入境检验检疫局	专用格式
	亚太贸易协定原产地证书	FORM B 产地证	出入境检验检疫局	专用格式
	中国—巴基斯坦优惠贸易安排原产地证书	FORM P 产地证	出入境检验检疫局	专用格式

在国际贸易实务中,选择哪一种产地证应该根据信用证或合同规定确定。一般货物出口到实行普惠制待遇的国家,都要求出具普惠制产地证明书。一般货物出口到与中国政府间签订有区域性优惠贸易安排或协议的国家或地区,都要求出具特殊区域性原产地证书。如果信用证并未明确规定产地证书的出具者,则银行应该接受任何一种原产地证书。现在我国多数进出口企业习惯于使用贸促会出具的一般原产地证书。

专栏 7-18

普惠制产地证

普惠制产地证是发展中国家向发达国家出口制成品或半制成品享受普遍优惠税率而规定要填写的证明,进口国的海关接到此种证明后凭以给予减免关税的待遇。

普惠制是普遍优惠制的简称,是在联合国贸发会议上,发展中国家取得的一种贸易优惠,是发达国家对来自发展中国家大部分工业品、半制成品和部分农产品,特别是纺织品实行的减税、免税进口,是单方面的关税优惠。由于享有这种减免税优惠,受惠国的产品在施惠国市场上的竞争能力相应提高,从而能扩大出口,增加出口收汇。

普遍优惠制的基本原则有三条:普遍的;非歧视性的;非互惠的。普遍的原则,是指所有的发达国家都应当对所有发展中国家出口的制成品、半制成品提供优惠待遇。非歧视性的原则,是指发达国家不能用任何借口把某些发展中国家排斥在受惠国范围以外。非互惠的原则,是指发达国家应单方面给予发展中国家关税优惠,而不要求发展中国家对发达国家给予同等优惠待遇,是一种单向的税率优惠。以上三条原则是既定原则。然而,由于现行普惠制方案提出的受惠产品范围和受惠国获益程度有限,一些主要施惠国又通过各种手段限制优惠待遇,甚至随意决定自己的受惠国,致使普惠制方案遭到扭曲,加上普惠制以外的其他非关税措施盛行,有关原产地的规则既复杂又不统一等因素,使得普惠制并未达到预期目标,对发展中国家的经济增长和工业化的促进作用相当有限。

专栏7-19

黑名单证明

黑名单证明(BLACKLIST CERTIFICATE)是一个国家与其他国家政治关系恶化、紧张,或某国处于战争状态时,要求对一些事项进行证明,如货物产地不属于某特定国家;有关各方(制造商、银行、保险公司、船公司等)不属于黑名单之列,如船公司黑名单;装货船只或飞机不停靠此类国家港口、悬挂此类国家的国旗。但是,许多国家的有关机构,特别是商会抵制提供此项证明书。

样例7-4 一般原产地证书(空白)

<table>
<tr><td colspan="2">1. Consignor</td><td colspan="3" rowspan="2">Certificate No.
CERTIFICATE OF ORIGIN
OF
THE PEOPLE'S REPUBLIC OF CHINA</td></tr>
<tr><td colspan="2">2. Consignee</td></tr>
<tr><td colspan="2">3. Means of transport and route</td><td colspan="3" rowspan="2">5. For certifying authority use only</td></tr>
<tr><td colspan="2">4. Country/region of destination</td></tr>
<tr><td>6. Marks and numbers</td><td>7. Number and kind of packages, description of goods</td><td>8. H.S. Code</td><td>9. Quantity</td><td>10. Number and date of invoices</td></tr>
</table>

11. Declaration by the exporter The undersigned hereby declares that the above details and statements are correct, that all the goods were produced in CHINA and that they comply with the Rules of Origin of the People's Republic of China.	12. Certification It is hereby certified that the declaration by the exporter is correct.
Place and date, signature and stamp of authorized signatory.	Place and date, signature and stamp of certifying authority.

三、包装单据(Packing Document)

包装单据是反映货物包装情况(或无包装)的单据,是就包装事项对商业发票的补充说明,最常用的有装箱单和重量单两种。

(一)装箱单(Packing List)

装箱单是说明货物每一件包装明细情况的单据,它的作用是说明出口商品的花色、规格和包装情况。装箱单可以合并在发票上,也可以单独制作,但信用证上作为独立凭证分别要求者不应合并。若每件货物的花色、品种不同,则须在装箱单上逐件载明。如果整批货物的花色相同而重量不同,则可用重量单来代替装箱单。装箱单的内容一般包括合同号、发票号、唛头、货名、体积、进口商或收货人名称、地址、船名、目的港等。装箱单由出口商制作,其内容应与货物实际包装相符,并与发票、提单所列一致。

样例 7-5　Packing List

<table>
<tr><td rowspan="4">Issuer</td><td colspan="2" rowspan="4">To</td><td colspan="2">Invoice No.</td><td colspan="2"></td></tr>
<tr><td colspan="2">Invoice Date:</td><td colspan="2"></td></tr>
<tr><td colspan="2">S/C No.</td><td colspan="2"></td></tr>
<tr><td colspan="2">S/C Date:</td><td colspan="2"></td></tr>
<tr><td>Letter of Credit No.</td><td colspan="2"></td><td colspan="2">Date of Shipment:</td><td colspan="2"></td></tr>
<tr><td>From:</td><td colspan="2"></td><td colspan="2">To:</td><td colspan="2"></td></tr>
<tr><td>Marks and Numbers</td><td>Description of goods</td><td>Quantity</td><td>Package</td><td>G. W.</td><td>N. W.</td><td>Meas.</td></tr>
<tr><td></td><td></td><td></td><td></td><td></td><td></td><td></td></tr>
<tr><td colspan="2">Total:</td><td colspan="5"></td></tr>
<tr><td>Say Total</td><td colspan="6"></td></tr>
<tr><td colspan="7">(Statement & Additional clauses relating to Packing List)①

Signature:</td></tr>
</table>

① For example, We hereby certify that each item has been marked the label "MADE IN CHINA".

(二)重量单(Weight List)

重量单证明装货重量与合同规定相符。凡是按照装货重量成交的货物,出口商在装运货物时,均须向进口商提供重量证明书。货到目的港,如果短缺,出口商不负责任。凡是按到岸重量成交的货物,到岸时如有短缺,进口商必须提出重量证明书,才能向出口商、轮船公司或保险公司索赔。轮船公司计算运费时,须由出口商提供重量证明书。这项证明书一般由商检机构出具,或由公证行、重量鉴定人出具。

本章小结

1. 国际贸易结算是跟单结算,单据对进出口商和银行都具有重要意义。在结算实务中,单据是不可或缺的,因此正确理解单据的含义和内容是重中之重。

2. 国际结算中的单据根据作用可分为基本单据和附属单据。基本单据包括商业发票、运输单据、保险单据。

3. 商业发票是货运单据的中心和装运货物的总说明,是进出口商收付款、记账、报关纳税的依据。

4. 发票就广义而言,除包括商业发票外,还包括海关发票、形式发票、领事发票、样品发票、厂商发票、证实发票等。

5. 由于存在多种国际贸易运输方式,相应货物运输单据也分为:至少包括两种运输方式的运输单据(多式运输单据或联合运输单据),海运提单,不可流通转让的海运单,租船合约提单,航空运单,公路、铁路或内河运输单据,快递收据、邮政收据和投递证明等。

6. 海运单据是最重要的运输单据,不仅因为它使用最普遍,而且因为它具有物权凭证性质。在众多海运提单中,银行只接受已装船的洁净提单;信用证不禁止时,可接受分装与转运提单、租船提单。

7. 海运保险保障范围是保险单的核心内容。保障的风险有海上风险和外来风险两类。保障的损失分为全损和部分损失。

8. 保险险别分基本险与附加险。基本险包括平安险、水渍险、一切险;附加险分为一般附加险、特殊附加险。

9. 保险单通常是指内容完整、规范的大保单。但内容简单的小保单——保险证明、保险声明也是合格保单。另外,还有联合凭证、预约保单等特殊保单。

10. 其他附属单据主要有商品检验证明、原产地证、重量单、尺码证明、包装单等。

11. 普惠制产地证对发展中国家向发达国家出口有利。普遍优惠制具有普遍的、非歧视性的、非互惠的三个基本原则。

复习思考题

一、填空题

1. 基本单据主要包括运输单据、保险单据和________。

2. 商业发票是________开立的凭以向买方________的价目清单，是装运货物的总说明。

3. 按提单签发时货物是否确实已经装上货船，分为________及________。

4. 保险单也称正式保单，俗称________，是保险人（承险人）发给被保险人的保险契约。

5. ________是证明出口商品的规格、品质、数量、重量和特性的检验文件，是出口方应进口方要求在货物装运前所做的相应检验的书面证明。

6. 海运提单中托运人是________，在信用证项下一般是________，被通知人往往是________。

7. 某提单上注明"三箱坏损"，这种提单是________提单。

8. 海洋货物运输基本险分为________、________和________。附加险又分为________和________两类。

9. 普惠制的三项原则是________、________和________。

10. 在CIF条件下，由________投保；在FOB或CFR条件下，由________投保。

二、判断题

1. 不可流通转让海运单除了单据上写明的收货人外，他人不能提货。（ ）

2. 在国际贸易中，谁持有提单，谁就有权要求承运人交付货物，并且享有占有和处理货物的权利，提单代表了其所载明的货物。（ ）

3. 班轮运输由货方负责配载装卸，装卸费不包括在运费中，货方需另行支付。（ ）

4. 干净、整洁的提单即为清洁提单。（ ）

5. 不记名提单可以通过背书转让。（ ）

6. 航空运单代表货物所有权，可以通过背书转让。（ ）

7. 指示提单代表货物所有权，可以通过背书转让。（ ）

8. 货物外包装上的标志就是运输标志，也就是通常所说的唛头。（ ）

三、单选题

1. 发票的本文不包括（ ）。

A. 货价　B. 唛头　C. 商品的包装　D. 运输工具

2. 联运提单的英文表示是（ ）。

A. Direct B/L　B. Through B/L　C. Container B/L　D. Transhipment B/L

3. 可以是有价证券的单据包括(　)。

A. 海运提单　B. 暂保单　C. 商业发票　D. 普惠制产地证明书

4. 一切险不包括以下险别(　)。

A. 平安险　B. 水渍险　C. 一般附加险　D. 基本险

5. 保险单的签发日期(　)。

A. 应早于提单签发日期　B. 应晚于提单签发日期

C. 应与提单签发日期相同　D. 与提单的签发日期无关

6. 光票托收中不可缺少的单据是(　)。

A. 货运单据　B. 提单　C. 保险单　D. 商业发票

7. 一张以 FOB 术语开立的信用证,而信用证所要求的单据中包括全套以开证申请人为抬头的“已装船”海运提单。但受益人提交的提单却标有“运费已付”和“已装船”字样。该提单能否接受?(　)

A. 不能接受,标有“运费已付”的提单与 FOB 术语的内容不符。

B. 不能接受,FOB 下应该由买方支付运费。

C. 可以接受,卖方替买方付费,相当于买方受益了,申请人应该乐于接受。

D. 可以接受,银行必须尊重的是信用证条款,而不是去研究原始合约及《国际贸易术语解释通则》。

8. I 行开立了不可撤销跟单议付信用证,通过 A 行(议付行)通知受益人,信用证规定:采用空运,不迟于 2007 年 7 月 5 日发运,信用证到期日为 2007 年 7 月 21 日。受益人于 7 月 15 日向 A 行提交信用证下的单据,其中空运运单中有如下注明:①空运,②航空运单出单日期是 2007 年 6 月 20 日;③航空运单用一个特定批注表示发运日期是 2007 年 7 月 5 日,航班号是 127。A 行收到单据,认为单证不符,拒绝接受单据。

A. A 行的做法是错误的,实际装运日期是 7 月 5 日,单据是在允许的限制时间内提交的。

B. A 行的做法是错误的,空运单据是在装运日后 21 天内提交给议付行的,不构成延迟交单。

C. A 行的做法是正确的,空运单载明的出单日期是 6 月 20 日,根据 UCP600 的有关规定,必须在装运日后 21 天之内交单,即必须于 7 月 11 日或之前交单,受益人 7 月 15 日交单,构成延迟交单。

D. A 行的做法是正确的。所有空运单据的出单日期就是实际装运日期,因此 6 月 20 日是实际装运日期,受益人的行为构成了延迟交单。

9. 一不可撤销信用证规定如下:全套正本三份提单做成发至申请人的指定人和一份正本提单由载货船只的船长交给申请人。该信用证能否接受?(　)

A. 可以接受该信用证,并按合同要求发货。

B. 1/3 正本提单直交申请人意味着相关银行无法控制物权,接受这样的信用证应事先评估风险。

C. 信用证凭着交来不完整的一套提单和其他单据即可使用其金额,其余一份正本提单必须在信用证以外处理,不符合 UCP600 的规定。

D. 该信用证遭到拒付的风险极大。

10. 信用证要求保险单据对规定的风险提供 CIF 价之 110% 的保险。提交的保险单据提供了 120% 的保险,试评价该保险单。( )

A. 不能接受,因为买方(申请人)将因此而多交保险费。

B. 有可能被拒付,受益人应该完全尊重信用证的要求行事,而不必"多管闲事"。

C. 肯定可以接受,因为买方(申请人)将因此而受益。

D. 可以接受,因为买方(申请人)并不因此而需要支付额外的费用。

四、案例分析题

1. 某国际经济贸易发展公司与哈斯曼贸易有限公司成交一笔贸易,在国外开来信用证中有关保险条款规定:投保中国人民保险公司海洋运输货物保险条款的水渍险和战争险。国际经济贸易发展公司按时进行装运,取得了 8 月 19 日签发的提单,于 8 月 20 日交单办理议付手续。

但开证行于 8 月 30 日提出:"第×××号信用证项下的单据存在单证不符:你方 8 月 19 日装运货物,提单签发日期亦是 8 月 19 日,但保险单签发的日期却为 8 月 20 日,说明你方先装运后办理保险手续,所以保险晚于装运日期。经研究我无法接受,经联系开证申请人也不同意接受。单据暂在我行留存,速告处理的意见。"

国际经济贸易发展公司经办人员经查留底单据,并联系保险公司后于 9 月 2 日作如下答复:"你 30 日电悉。关于保险单日期问题,我保险单的签发日期虽然晚于提单上的日期,但我保险单上已由保险公司声明:This cover is effective at the date of loading on board(本保险责任于装船日起生效。)说明保险已在装船前办理了投保,其保险责任在货物装船日已经生效,不影响索赔工作。所以你行应该接受单据。"

9 月 4 日又接到开证行复电:"你 2 日电悉。关于保险单的签发日期问题,根据 UCP500 惯例规定我银行不管你方保险手续的办理实际日期是否在装运日前,也不管将来是否影响索赔工作,我银行只根据在单据表面上所表示保险单的签发日期晚于提单的装运日期,就是不符合要求。"国际经济贸易发展公司接到上述开证行回复,又直接与买方哈斯曼贸易有限公司交涉,但无效果,结果以降价而结案。

试就此案进行评论。

2. 我国 A 公司向某国 G 贸易公司出口一批货物。国外开来信用证关于交单议付条款规定:……Bills of exchange must be negotiated within 7days after the shipping date of Bills of Lading but not later than 15th July,2006(……汇票须于提单上的装运日后 7 天内议付,但不得迟于 2006 年 7 月 15 日)。A 公司在装运货物后,于 6 月 21 日备妥信用证要求的所有单据向银行交单议付。但 7 月 1 日开证行却提出拒受单据:"你第×××号单据收到,经审核发现你方所提交的提单日期为

2006年6月21日,交单议付日期已超过我信用证规定7天内交单的要求。经研究我行无法接受。我行暂代留存单据,请告处理意见。”

A公司和议付行对上述开证行意见进行了研究,认为开证行是故意挑剔,故共同于7月3日作出如下反驳意见:你1日电悉。关于交单的特定日期,你信用证条款规定:汇票须于装运日后7天内议付。我提交的第18号提单属于“收讫备运提单”,故提单上签有两个日期,即承运人签字(Signed for the Carrier)栏中的日期“2006年6月13日”和装船批注(on Board Notation)栏中的日期“2006年6月15日”。前者系该提单的签单日期;后者系货物装运日期。根据UCP500第23条对海运提单规定,在上述情况下应以装船的批注日期是为装运日期。所以按上述条文和信用证条款规定,应以装运日2006年6月15日算起,不应以签单日2006年6月13日算起。你行误将签单日当做装运日起算交单的特定期限,请你行核对。根据上述情况,我们所提交的单据完全符合信用证条款规定,你行应接受单据并请立即付款。

请问A公司和议付行的反驳是否有理,为什么?

第八章 跟单信用证下单据的审核

要点提示

- 掌握 UCP600 的单据审核标准，学会判定相符交单和不符交单
- 熟悉审单的基本原则与方法
- 掌握商业发票、运输单据、保险单据以及其他附属单据的审核要点
- 了解指定银行拒付单据的做法及要求
- 了解常见的单据不符点
- 掌握企业在单据拒付后应该采取的一些措施

第一节 UCP600 关于单据审核的相关规定

一、UCP600 关于单据的有关规定

(一)条件的单据化与非单据条件

开证行履行付款的条件是受益人提交与信用证规定相符的单据。UCP600 第5条规定："银行仅仅处理单据，而不是单据所涉及的货物、服务或其他行为。"因此，信用证必须要明确受益人提交的单据种类、份数及其具体要求。同时信用证的开证申请人必须在申请中将所有的合同条件单据化。

UCP600 第 14 条 H 款规定："如果信用证中包含某项条件而未规定与之相符的提示单据，银行将认为信用证中未列明此条件，并对此不予置理。"例如，如果信用证要求"受益人必须在装船之后两天内将装船细节电告开证申请人"，但是却没有规定受益人提交证明其完成该项任务的相应单据，则银行将视这个条件是一个"非单据条件"而不予理会。为了将这个条件单据化，信用证中应该明确要求受益人提交通知装船的电传副本，作为受益人已经履约的条件之一。

同时，UCP600 第 14 条 G 款还规定："对提交的单据中不是信用证中要求的，银行将不予置理，并且可以退还提示人。"这表明，银行仅与信用证中规定的单据有关系，而没有责任去审核受益人交来的额外单据。

(二)关于单据的签发人与签字的规定

单据上的签字主要有两个作用:一个是作为区别真伪的手段;二是明确出单人的责任。

UCP600 第 3 条规定:"当使用诸如'第一流'、'著名'、'合格'、'独立'、'正式'、'有资格'、'当地'等词语描述单据出单人时,单据的出单人可以是除受益人以外的任何人。"第 3 条还规定:"单据可以手签,也可以用签样印制、穿孔签字、盖章、符号表示方式签署或者其他任何机械或电子证实的方式签署。""当信用证含有要求使单据合法、签证单据、证明单据或对单据有类似要求的条件时,只要单据表面已满足上述条件,即可由单据上签字、标注、盖章或标签来满足。"

(三)关于单据出单日的规定

一般来说,所有单据都应该有出单日期。在一般情况下,受益人所提交单据的签发日期要比信用证的开证日期晚。但是,国际贸易的方式很多,在转售、三角贸易等情况下,往往会出现信用证开立之前,运输单据、产地证、检验证等有关单据已经签发的情况。

对此,关于单据的出单日,UCP600 第 14 条 I 款规定:"单据的出单日期可以早于信用证开立日期,但不得迟于信用证规定的提示日期。"根据这一规定,接受出单日早于信用证开立日期的单据的条件是单据必须在信用证的有效期内提交,并且不得晚于信用证规定的装运期后必须交单的特定期限。如果信用证未规定交单的特定期限,则单据的提交不得超过装运日后 21 天。

(四)关于单据正本、副本的规定

UCP600 第 17 条 a 款规定:"信用证中规定的每种单据必须提交至少一份正本。"该条 d 款规定:"如果信用证要求提交副本单据,则提交正本单据或副本单据均可。"

该条同时还对正本单据的含义做了明确的规定:"除非单据本身表明其不是正本,银行将视任何表面上具有单据出具人正本签字、标志、图章或标签的单据为正本单据。""除非单据另有陈述,如果单据符合以下条件,银行将接受该单据作为正本单据:Ⅰ表面上显示由单据出具人手写、打字、穿孔签字或盖章;或 Ⅱ表面上显示使用的是单据出具人的正本信笺;或 Ⅲ声明单据为正本,除非该项声明表面显示出与所提示的单据不符。"

(五)关于交单时间和地点规定

任何信用证都必须规定一个交单的有效日期和有效地点,这是一个"时空组合",即在什么时候将单据交到什么地点是有效的交单。根据 UCP600 第 6 条的规定,信用证必须要规定提示单据的有效期,信用证适用的银行所在地就是提示单据的地点。对任何银行均适用的信用证项下单据所提示的地点就是任何银行所在地。除了规定的交单地点外,开证行所在地也是交单地点。

同时,按照 UCP600 第 14 条 c 款的规定,如果单据中包含一份或多份正本运输单据,则须由受益人或其代表在不迟于发运日后的第 21 个日历日内提交,但是在任何时候下都不得迟于信用证的到期日。

专栏8-1

提单及其签字通过影像技术制作并经因特网传送，是否能称之为正本？[①]

自1996年始，A公司即使用影像技术出具提单。提单直接打印后通过专递寄给客户，或者对经认可的客户，通过因特网直接发给它们。无论是先由内部打印出来还是直接通过网络发送，所得到的单据都是完全相同的，因为签字是以影像技术附加到单据上的。这些提单属于正本提单吗？

分析：本例中所述提单的签字应归类为摹本签字，根据UCP500第20条b款的规定和UCP600第17条的相关规定，根据提单或多式联运单据表面印就的上下文，可以确定其是否为正本。所述提单上的签字属于摹本签字，是可以接受的。

专栏8-2

信用证下有关期限的规定有哪些？如何满足相关单据之间的时间要求？

一张信用证上有三个期限，第一个是信用证的有效期（Expiry Date），也叫效期。效期的概念是在某年某月某日（含某日）之前凭本信用证到议付行议付交单，过了这一天信用证就失效了。需要注意的是，效期是一个"时空组合"。在实务中，开证行在信用证中不仅规定了该证在何时之前有效，并且也会确定在何地有效。例如，在效期这一栏里规定"在开证行有效"、"在议付行的柜台有效"等。这两个规定虽然时间都是一样，但是由于在开证行有效，涉及受益人邮寄单据所需要的时间具有一定的不确定性，因而潜伏着某种麻烦。

另一个期限是交单期限，也叫最迟交单期（Latest Documents Delivery Date）。就是受益人取得运输单据、备妥其他单据后必须在这个期限内到议付行交单议付，过了这个期限，即使信用证仍然在效期内，该证同样失效。规定交单期限是为了保证开证申请人能够及时办理报关、提货手续，避免高额的滞港费、存仓费以及货物

① 本章中的案例除特别指出的外均改编自《ICC 银行委员会意见汇编 1995-2001 on UCP 500，UCP 400，URC 522 &URDG 458》，国际商会出版物632号，国际商会中国国家委员会（ICC CHINA）翻译，中国民主法制出版社，2003年版。作者根据UCP600对所有案例重新进行了整理。

变质、保险过期等。如果信用证上没有规定最迟交单期，按照UCP500第43条的有关规定，银行将不接受迟于装运日后21天的单据。UCP600第6条D款规定："信用证必须规定提示单据的有效期。信用证中规定的付款或议付的有效期将被认为是提示单据的有效期。"同时在第14条C款中规定："……则必须由受益人或其代表按照上述条款在不迟于装运日后21个日历日内提交，但无论如何不得迟于信用证到期日。"

第三个期限是最迟装船期，简称装期（Latest Shipment Date）。装期表明出口货物必须在该日之前装上运输工具，过了此日，即使信用证效期未过，该证依然失效。

以上三个期限统称"装效期"，三者相辅相成，互相制约，都应该得到遵守。

那么，出口企业在取得、制作和提交单据的过程中，应该如何满足相关的时间要求呢？现将一个信用证下各种主要单据的日期和信用证规定的三个有效期的早晚次序做一个排列：

1. 发票日期（2014年10月9日，可以灵活掌握）早于

2. 检验证书日期（2014年10月16日）

保险单日期（2014年10月17日）

以上单据的日期都应该早于

3. 提单表明的装船日期（2014年10月18日）早于

4. 信用证最迟装运日期（2014年10月20日）早于

5. 汇票日期（2014年10月25日）早于

6. 信用证的最迟交单日期（2014年10月30日）早于

7. 信用证的有效日期（2014年11月9日）

信用证下的单据的开立时间顺序如图8－1所示。

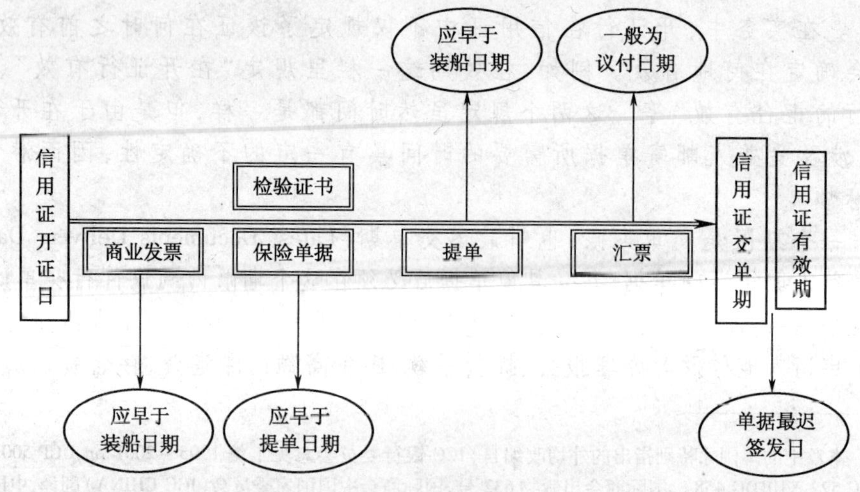

图8－1　信用证下单据开立时间顺序

二、UCP600 关于审核单据的标准

UCP600 将审单标准统一纳入第 14 条中加以规定，相比 UCP500 的单据审核标准更加明确、宽松、务实。

（一）单证一致审核

UCP600 第 14 条 a 款规定："按指定行事的被指定银行、保兑行（如有），以及开证行，必须仅以单据为基础对提示的单据进行审核，并且以此决定单据是否在表面上与信用证条款构成相符提示。"

审单的目的就是为了确定交单是否相符，而交单相符包括两方面内容：单证一致和单单一致。单证一致就是指单据在信用证规定的期限内提交给开证行、保兑行（如有），或指定银行，且表面上完全符合信用证的各项条款。UCP600 在这一点上基本继承了 UCP500 的规定。

专栏 8－3

关于单证表面相符的一个案例

某年 3 月间，我国某工艺品进出口公司与巴基斯坦 BC 贸易有限公司成交一笔贸易。6 月 5 号对方开来信用证，有关部分条款规定："…350 SET OF DINNER SET，PRICE：USD35. 00PER SET，C&F KARACHI，SHIPMENT FROM QINGDAO TO KARACHI，SHIPPING MARK TO BE 'B. C. /381 AND 451 / KARACHI' ONLY."（350 套西餐具，价格每套 35 美元，C&F 卡拉奇，从青岛装运至卡拉奇，运输标志仅为"B. C. /381 AND 451 / KARACHI"）

我工艺品进出口公司根据上述信用证条款，在装运后即备齐单据向议付行 N 银行交单，未料到单寄至国外，开证行 I 银行提出拒付意见："第×××号信用证项下单据存在如下不符点：

①提单及发票等单据上表示的运输标志与信用证不符。信用证规定 'B. C. /381 AND 451/KARACHI' 你提单及发票等单据上的运输标志为 'B. C. / 381 &451/KARACHI'。②信用证规定价格为 USD35. 00PER SET，C&F KARACHI，你发票上表示价格条件为 USD35. 00PER SET，CFR KARACHI。③包装单上运输标志栏表示：'AS PER INVOICE'，系据哪个发票？漏发票号码，应表示出依据第×××号发票。根据上述单证不符，我行无法接受。单据暂代保管，请告处理意见。"

工艺品进出口公司接到上述开证行拒付意见后，认为对方所提的完全是挑剔性意见，做出反驳，但事与愿违，最终，工艺品进出口公司只好又向买方进行商

洽，并了解到对方主要由于国际市场疲软才拒付，通过几次洽商，让价 10% 而结案。

从上例中看出单据的重要性。银行在审查时所谓"单证相符"，要求单证表面上也要相符。所以，虽然 AND 与 & 意思一致，但信用证上清楚地写着'B. C./381 AND 451/KARACHI' ONLY，所以，AND 与 & 构成单证不符。C&F 与 CFR 尽管意思相同，但也构成单证表面上的不符。所以，银行有理由拒付，从而使得工艺品公司蒙受损失。

(二)单单一致审核

UCP600 第十四条 d 款规定："单据中的内容不必与信用证、该项单据本身以及国际标准银行实务完全一致。但该项单据中的内容之间或单据中内容与其他规定的单据或信用证不得互相冲突。"

UCP600 第十四条 e 款规定："除商业发票外，其他单据中的货物、服务或履约行为的描述，如果有的话，可使用统称，但不得与信用证中的描述相矛盾。"

根据 UCP600 第十四条 j 款的规定，当受益人和申请人的地址出现在任何规定的单据中时，无须与信用证或其他规定单据所载相同，但必须与信用证中规定的相应地址处在同一国内；联络细节(电传、电话、电子邮件及类似细节)银行将不予置理。但是，当申请人的地址及其详细联系方式是作为运输单据上的收货人或通知方详细情况的组成部分时，则这些内容应该按照信用证规定予以显示。

按照 UCP500 第 13 条之审核单据的标准规定：单据之间表面互不一致，即视为表面与信用证条款不一致。因此，除了单据必须一一与信用证相符外，单据与单据之间也必须完全一致，不能在内容上有任何出入和自相矛盾之处。而 UCP600 第 14 条 d,e,j 条款的规定相比 UCP500 的第 13 条则宽松很多。

(三)审单时间

UCP600 第 14 条 b 款规定："被指定银行、保兑行(如有的话)，以及开证行各自拥有从交单次日起最多不超过 5 个银行工作日的时间以决定提示是否相符。该期限不因交单日适逢提示有效期或者最迟提示期当日及其之后而被缩减或受到其他影响。" UCP600 将银行审核单据的时间由 7 个工作日压缩到 5 个工作日，对受益人是有利的。

三、UCP600 关于相符提示的规定

相符提示的含义是指提交到开证行、保兑行和指定银行的单据必须和信用证内的要求和规定一致。同时，相符交单还要与 UCP600 的相关适用条款以及与国际标准银行实务一致①。

① 参见 UCP600 第 2 条的有关规定。

根据UCP600第15条的规定，当开证行确定交单相符时，就必须兑付；当保兑行确定交单相符时，必须兑付或者议付，并将单据寄给开证行；当指定银行确定交单相符时，必须兑付或者议付，并将单据转递给保兑行或开证行。

需要说明的是，这一条的内容与UCP500的相关内容是相同的，只是单列“相符提示”这条。单独列出的目的在于进一步明确开证行、保兑行和指定银行的职责。

四、UCP600关于拒付的规定

信用证的性质决定了银行支付款项的依据必须是单证相符，如果单证不符，银行就可以拒付。按照UCP600第16条的规定，当开证行确定交单不符时，可以自行决定联系申请人放弃不符点。如果申请人同意接受不符点，则开证行凭此付款；如果申请人不愿意接受不符点，它可拒绝单据，主张拒付。

开证行、保兑行（如有）和指定银行的拒付必须按照UCP600的有关规定，做到如下几点：①当按照指定行事的指定银行、保兑行（如有）或者开证行决定拒绝承付或者议付时，必须给予交单人一份单独的拒付通知。②拒付通知必须是在交单次日起最多不超过5个工作日的时间内发出。③拒付时必须以单据作为依据。银行只能凭单据不符拒付，不能凭货物/服务不符而拒付。开证行、保兑行（如有）和指定银行必须以单据为依据，审核其是否与信用证相符，如不符，可以拒受单据。④在拒付通知中必须一次说明全部的不符点。拒付通知中必须一次列出所有的不符点，第一次没有提出的不符点即表示放弃，不允许第二次提出新增的不符点。⑤以电信方式通知寄单行。如果不能使用电信方式，要以其他快捷方式。⑥必须在拒付通知中表示单据听候处理或者退回单据。

如果开证行、保兑行（如有）和指定银行没有做到以上几点，它就无权（丧失）主张拒付，换而言之，就要承担相应的付款责任。

专栏8-4

开证行是否可以由于货物出现质量问题而拒付信用证下的款项

案情：G国某银行开出总额为USD400 000.00的信用证，分5次装运，每次不超过USD80 000.00。付款条件是40%的金额在装运日后40天支付，60%在装运日后90天支付；A市的一家银行（未对信用证加具保兑）作为指定银行将该信用证通知W行，并注明：“我行将在收到你行证实全套单据相符已根据信用证要求直接寄开证行的加押索汇电报三天后付款，索汇电报必须在接受单据的同时向我行发出。”该指定银行在第一次到期日支付了40%的发票金额，但在剩余的60%到期时拒绝支付，因开证行指示不付款，理由是买方提出货物有缺陷，该信用证已被撤销。开证行和指定行的做法对吗？该信用证项下的剩余金额应该由谁支付？

分析：(1)UCP500 第 9 条 a 款的规定：“对不可撤销信用证而言，在其规定的单据全部提交指定银行或开证行，并符合信用证条款的条件下，便构成开证行确定承诺，则开证行必须即期付款，承兑，或在依据信用证条款所能确定的到期日付款。”

UCP600 第 7 条 a 款中也做了类似的规定：“在规定的单据被提交至指定银行或开证行并构成相符提示，开证行必须按下述信用证所适用的情形予以兑付：i. 由开证行即期付款、延期付款或者承兑；ii. 由指定银行即期付款而该指定银行未予付款；iii. 由指定银行延期付款而该指定银行未承担其延期付款承诺，或者虽已承担延期付款承诺但到期未予付款；iv. 由指定银行承兑而该指定银行未予承兑以其为付款人的汇票，或者虽已承兑以其为付款人的汇票但到期未予付款；v. 由指定银行议付而该指定银行未予议付。”

UCP500 第 4 条规定：“在信用证业务中，各有关当事人处理的是单据而不是单据所涉及的货物、服务及/或其他行为。”

UCP600 第 4 条 a 款规定：“信用证就性质而言是独立于可能作为其依据的销售合同或其他合同的交易。即使信用证中涉及该合同，银行亦与该合同完全无关，且不受其约束。因此，一家银行作出付款、议付或履行信用证项下其他义务的承诺，并不受申请人与开证行之间或与受益人之间在已有关系下产生的索偿或抗辩的约束。”

(2)在本例中，指定银行在通知信用证时未加具保兑，因此无付款义务。

(3)除非法院发出止付令，开证行必须付款。如遇有法院命令，禁止开证行在信用证项下付款，则开证行无法履行其付款责任。如开证行收到法院止付令，它必须服从，但也可以进行交涉。当然，为取得货款，如议付行认为必要，有权向法院提出抗辩。

专栏 8－5

银行接受有不符点的单据是否意味着其以后也要接受类似的不符点？

案情：某议付行向一家国外开证行提交的单据被拒付了，原因是其提交了保险凭证而不是保险单。而这一不符点在前两批交货时被开证申请人接受过。现提交的是第三套有相同不符点的单据。开证行称开证申请人拒绝接受该套单据，原因是提交了保险凭证而不是保险单。

分析：除非当地法律另有规定，一家银行以前曾接受有不符点单据（无论开证申请人是否接受该不符点）的事实，并不意味着该银行必须接受以后提交单据中类似的不符点。拒付理由成立。

第二节　审单的原则、方法及其要求

一、审单的基本原则与方法

在信用证业务的全过程中,出口地指定银行需要审核单据,进口地开证行需要审核单据。如有保兑行,若指定银行或受益人向其交单,也要审核单据。

(一)审单的基本原则

1. 信用证的任何规定和条款都必须得到执行。当然,非单据条件除外。

2. 审单与可能做为信用证依据的销售合同或者其他合同无关,也与单据涉及的货物、服务或其他行为无关。

3. 银行审核单据,主要看单据的表面是否与信用证的规定或者要求相符,是否能够达到单证一致,单单一致。至于单据的形式、内容是否充分,是否虚假伪造,银行对此无法掌握,也不能承担责任①。

(二)审单的方法

审单的方法可以概括为横审和纵审。横审就是以信用证为中心,是为了使信用证上有关规定和要求在货运单据上得到反映和落实,是为了达到“单证一致”。纵审是以商业发票为中心,将其他单据一一与之对照,以达到“单单一致”(见图8－2)。因此,当相关银行收到交单人交来的单据后,审单工作人员必须首先阅读信用证,看信用证上都要求哪些单据,是否全部如数收到。然后再逐字阅读信用证,每涉及一种单据,就立即与那种单据相核对,以达到单证一致。如果有信用证未规定的单据,应退回交单人。然后,以发票为中心,与其他单据挨个核对,先将被核对的单据全部阅读一遍,将涉及与发票相同的资料核对是否一致。纵审的目的是要达到单单一致。

经过横审和纵审没有发现不符点,即可确定单据全部相符。

如果经过审核发现有的单据未交,或有的单据份数不足,或信用证上有些要求没有达到,或单单之间有不一致的地方,这就是不符点(DISCREPANCY)。

有不符点的单据叫做不符单据(DISCREPANT DOCUMENT)。银行可以拒绝接受不符单据。不符点分为可改不符点和不可改不符点两种。比如缺一份发票,受益人没有在单据上签字等差错,都属于可以修改的不符点。在日常处理中,只要在信用证规定的有效期内,银行一般都是退还给交单方,请其改正。像迟交单、逾装期这类情况,都属于不可改的不符点。有这类不符点的单据,指定银行可以拒

① 参见UCP600第34条:“银行对任何单据的形式、完整性、准确性、内容真实性、单据真伪性或法律效力,或对单据中规定或附加的一般性或特殊性条件,概不负责;银行对任何单据所代表的货物、服务或其他履约行为的描述、数量、重量、品质、状况、包装、交货、价值或其存在与否,对发货人、承运人、货运代理人、收货人、保险人或其他任何人的诚信与否,作为或不作为、清偿能力、履约或资信状况,也概不负责。”

付。但是,在有些情况下,指定银行也可以进行保留议付或保留付款,也可凭受益人出具赔偿保证书或保函给予议付或付款。

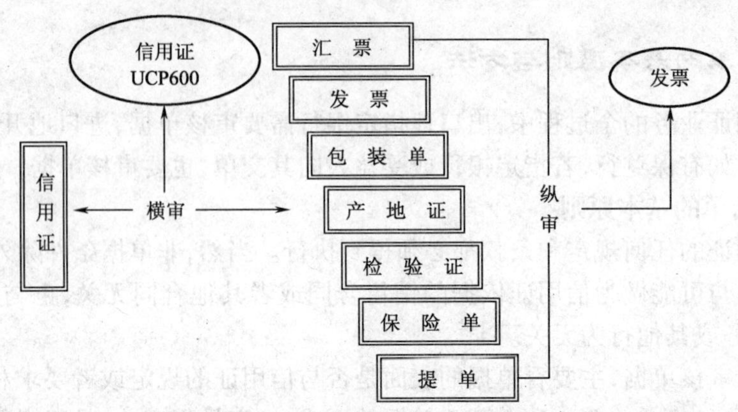

图 8-2 单据审核的工作方法

二、商业发票的审核要点

商业发票的审核要点如下:

商业发票是全套单据的中心,其他单据如运输单据、保险单据、包装单等都是为支持商业发票的货物而开立的。因此,对它的审核要特别详尽。

注意发票的首部必须印有"Invoice"或"Commercial Invoice"字样。

注意发票签发人名称、地址要与信用证规定一字不差。即使信用证规定的是错误的,在没有改证的前提下,只能将错就错,严格按信用证规定缮制,但可以用括号说明正确的内容。按照 UCP600 第 18 条的规定:除了可转让信用证外,商业发票必须从表面上看来由受益人出具。

要注意审查发票的抬头人。在信用证项下,必须做成申请人抬头。

发票合同号要与信用证一致,唛头要符合信用证要求,并注意与其他单据保持一致。

货物描述是发票的主要内容,根据 UCP600 的规定,发票中对货物的描述必须与信用证完全一致。它包括:品名、规格、款号、颜色等。一般可按信用证原文照抄,切忌标新立异以免画蛇添足。如果发票上的货物描述与信用证不一致,则银行可以拒付。例如,信用证上的货物名称是按型号来分的,而发票上则使用了统称。

数量、单价、金额必须符合信用证的规定。UCP600 则规定商业发票必须与信用证的货币相同。银行可以接受金额大于信用证允许金额的商业发票,其决定对有关各方均有约束力,只要该银行对超过信用证允许金额的部分未作承付或议付。尤其注意对 UCP600 第 30 条关于信用证金额、数量和单价的增减幅度条款的理解①。发票中的数量、单价和金额必须是准确的数字，而不得冠以“大约”(about)或类似的文字，此外，在审核数量、金额时，还要注意信用证是否允许分批装运，分运条款是否有具体的要求和规定。

按照 UCP500 的规定，发票上表示的货物数量、重量、尺码、装运、包装、运费或其他有关的运输费用资料等应与其他单据上所载明的相符。依照 UCP600，只需要商业发票上的这些数据与其他数据之间不矛盾即可，无须等同。

专栏 8-6

关于信用证中货物数量伸缩度的一个案例

案情：信用证规定“100% 棉弹力斜纹布……颜色要求为：鲜红：9 729.5 码；蜡染蓝 8 171.5 码；Gras：7 324.5 码；11 号烟色：11 898.5 码；8 号蜜色：8 158 码；12 号沙色：12 658 码。总共 57 940 码”，并规定“可以接受货物数量或金额上下浮动率 3%。”以下是信用证规定数量与实际装运数量的对比。

颜色	要求数量(码)	实际数量(码)	误差率(%)
鲜红	9 729.5	10 115.5	+3.97
蜡染蓝	8 171.5	8 271.0	+1.22
Gras	7 324.5	7 800.0	+6.49
烟色	11 898.5	11 878.0	-0.17
蜜色	8 158.0	8 375.5	+2.69
沙色	12 658.0	13 169.0	+4.04
总计	57 940.0	59 611.0	+2.88

开证行提出的不符点是“单个颜色的货物数量伸缩超出允许幅度”，因而拒收单据。而议付行则坚持认为 3% 的浮动率应理解为对全部货物数量而言，而非对

---

① UCP600 第 30 条有关“信用证金额、数量与单价的增减幅度”中规定：

a.“约(about)”或“大约 approximately”用于信用证规定金额、数量或单价时，应解释为允许有关金额、数量或单价有不超过 10% 的增减幅度。

b. 只要信用证未注明以包装单位或个数计数，并且总支付金额不超过信用证金额，货物数量允许有 5% 的增减幅度。

c. 如果信用证规定了货物数量，且该数量已全部发运，以及当信用证规定了单价，而该单价又未降低时，或者当第 30 条 b 款不适用时，则即使不允许部分装运，也允许支取的金额有 5% 的减幅。若信用证规定有特定的增减幅度或使用第 30 条 a 款提到的用语限定数量，则该减幅不适用。

每种货物。请对上述案例中的争议给予评论。

分析：本案例争议的焦点是对于若干货物的数量或金额的限制是针对货物总量还是针对每一部分货物，还是针对上述两项内容。如果信用证对于货物数量、颜色、尺寸或其他规格做出了详细规定，而且声明，对于金额、数量和其他规格的限制并不只针对某项特定规格，则对该限定的普遍接受，使得该限定有必要同时适用于货物全部及其组成部分。如果提交的单据在每一批货物数量上符合信用证要求，也符合信用证对其的限定，那么总量也会符合要求的。

结论：±3%的数量限定应适用于规定的每一批货物和颜色，也适用于总量。提出的不符点成立。

佣金、折扣的扣除。如果信用证和合同中规定的单价含有“佣金（COMMISSION）”，发票上应照样填写，不应以“折扣（DISCOUNT）”字样代替。如果信用证和合同规定“现金折扣（CASH DISCOUNT）”字样，在发票上也应全名照打，不能只写“折扣”或“贸易折扣（TRADE DISCOUNT）”等字样。

如果合同中有支付佣金或折扣的规定，而信用证金额为全额且未在价格条款中显示含佣金或折扣的问题时，在发票中也不应显示佣金或折扣的内容，以避免造成单证不符而影响收款。其应得佣金或折扣可以在货款收妥后另行汇付。

包装、重量、尺码等必须准确无误。

注意是否按信用证的规定在发票中注明了特殊的文字，该文字本身是否符合信用证及其他单据的要求。

要注意发票是否需要签章，如有手签要求，是否手签。

最后要核对发票份数是否与信用证要求一致，确保提交符合信用证要求的发票张数及正本和副本。

三、汇票的审核要点

汇票的审核要点如下：

第一，信用证规定应记载“DRAWING CLAUSE”时，其开证行名称、信用证号码及开证日期等均应与信用证规定相符。

签字及/或出票人的名称应与信用证受益人的名称完全一致。

开致正确的付款人。按照UCP600第6条c款“不得开立包含以申请人为汇票付款人的信用证”的规定，不能以申请人作为付款人。付款人同时应符合信用证规定，即期付款信用证要求汇票时，则汇票付款人是指定付款行。承兑信用证的汇票付款人是指定承兑行。来证中规定“以我行为付款人（DRAFT DRAWN ON US）”，即开证行为付款人。

汇票金额应与商业发票所载金额相同，信用证规定为发票金额的百分之几的（如“DRAFT FOR 90% INVOICE VALUE”）除外。

汇票金额应不超过信用证金额或信用证项下允许的金额。

汇票金额大小写必须一致，货币必须与信用证所规定的相符。

汇票期限应与信用证中规定的相符。

汇票的出票日不能早于提单日和迟于信用证的有效期。另外，如果信用证上对汇票的出具日期做了特别规定，则出票日应当按照规定日期填写，否则不能通过银行审核。

如果汇票要背书，它应被正确地背书。

有无"汇票"的字样。根据《日内瓦统一票据法》，汇票中必须有"汇票"字样出现，而《英国票据法》则无此要求，因此在实务中，要求受益人提交的单据包含"汇票"二字，是减少日后争议的较为安全的做法。

信用证兑用方式与汇票付款的对应关系见表 8－1。

表 8－1　信用证兑用方式与汇票付款人对应关系

信用证兑用方式	开证行	保兑行	指定行
由开证行即期付款	√		
由开证行承兑	√		
由指定行即期付款			√
由指定行议付	√		
由指定行承兑			√
由保兑行即期付款		√	
由保兑行议付	√		
由保兑行承兑		√	

四、运输单据的审核要点

运输单据的审核要点如下：

确保运输单据种类与信用证规定的相符。随着国际贸易方式的发展及运输工具的革新，海运、空运、汽车、铁路以及联合运输均被广泛采用，对于信用证上明确规定了运输方式的情况，只有受益人提交的运输单据类别符合信用证要求，才能够被银行接受。例如，如果信用证要求提交已装船提单，则海运方式必须作为货物运输方式，受益人也就只能提交海运提单。如果信用证要求提交至少包含两种运输方式的提单，则多式运输单据将被采纳。

收货人名称应符合信用证要求。对于不具有物权凭证性质的运输单据，应在信用证中指定开证行为收货人；对具有物权凭证性质的运输单据，可在信用证中要求将收货人做成空白抬头、空白背书（MADE OUT TO ORDER AND BLANK ENDORSED）或开证行指示抬头（MADE OUT TO THE ORDER OF ISSUING BANK）等。

除信用证另有规定者外，必须为全套（FULL SET）的正本运输单据。

运输单据上的货名描述可采用信用证所规定的货物描述的统称。其货名、唛头、数量、重量、船名、路线、收货人、通知人等应与信用证相符。如果有关于货物描述的话，要与其他单据上面的表示相同。同时 UCP600 第 14 条 k 款规定“任何单据中述及的货物托运人或发货人不必是信用证的受益人”。

运输单据上的价格条款或有关运费的记载应与信用证和发票一致。如 CIF 或 CFR，应注明“FREIGHT PREPAID OR PAID”，如注明“FREIGHT PAYABLE OR TO BE PAID”则不能接受。

如果运输单据需要背书，确保它被适当地背书。如提单抬头被做成“TO ORDER OF SHIPPER”，“SHIPPER'S ORDER”或“TO ORDER”时，应作空白背书或作指示性背书。

确保运输单据上没有能够使其“有瑕疵”或“不清洁”的条款。不洁净的提单上通常意味包装或者货物破损，这必将最终影响到开证人（进口商）的利益，因此根据 UCP600，银行是不能接受不洁净提单的。

装船批注是否符合要求。信用证如要求提交已装船提单，则只有提交的海运提单上有“on Board”相关字样才能符合信用证要求。同时为了保证银行和开证人的利益，银行一般不接受标有“货装舱面”的提单，除非信用证有规定。

表 8－2 和表 8－3 为运输单据审核中应注意的对应关系。

表 8－2　起运地、目的地与提单格式对应关系

起运地	目的地	港至港海运提单	多式联合运输单据
港口	港口	√	
内陆地	港口		√
港口	内陆地		√
内陆地	内陆地		√

表 8－3　价格条款与保险单/装船通知对应关系

价格条款	保险单	装船通知
EXE		
FCA		√
FAS		√
FOB		√
CFR		√
CIF	√	√
CPT		√
CIP	√	√
DAT	√	√

续表

价格条款	保险单	装船通知
DAP	√	√
DDP	√	√

专栏 8－7

关于发票、海运提单和装箱单上的货物描述的一个案例

案情：信用证里的货物描述规定如下：

● Clock Movement（闹钟机心）

●“O. K” BRAND QUARTZ CLOCK MOVEMENT WITH SWITH（“OK”牌石英钟闹钟机心带开关）

可是，议付行所提交装运单据（发票、海运提单、装箱单）上的货物描述为：“O. K” BRAND QUARTZ CLOCK MOVEMENT WITH SWITH（“OK”牌石英钟闹钟机心带开关）

请问：遗漏货物名称“Clock Movement”（闹钟机心）是不符点吗？

分析：根据 UCP500 第 37 条 c 款的规定“商业发票的货物描述必须与信用证中的描述一致，至于所有其他单据，货物描述则可使用统称，但不得与信用证货物描述有抵触”。据此，实务中必须区分商业发票和商业发票以外的其他单据。

在这一点上，UCP600 继承了 UCP500 的精神。UCP600 中第 14 条 e 款规定：“除商业发票外，其他单据中的货物、服务或履约行为的描述，如果有的话，可使用统称，但不得与信用证中的描述相矛盾。”

UCP600 第 18 条 c 款规定：“商业发票中货物、服务或行为的描述必须与信用证规定的内容一致。”由此可见，UCP600 并没有规定必须严格“镜像”相符，而只要一致即可。

在本案中，信用证的货物描述中“Clock Movement（闹钟机心）”一词出现了两次，大概是一次作为总标题，随后是更详细地描述货物。提交的商业发票和其他单据都遗漏了“Clock Movement”（闹钟机心）作为总标题。可是更详尽的货物描述与信用证规定的完全一致。至于发票以外的单据，遗漏“Clock Movement”（闹钟机心）并不重要，因为在这些单据中的货物描述仍然符合了“货物描述则可使用统称，但不得与信用证货物描述有抵触”的要求。

结论：本例中不应该视为不符点。

五、保险单据的审核要点

保险单据的审核要点如下：

保险单据的种类应符合信用证的规定。如果信用证要求的是保险单，则保险凭证或预保单项下的保险证明或保险声明就不能接受；如果信用证明确要求预保单项下保险证明或保险声明，保险单可作为替代；如果信用证没有明确种类，笼统地要求保险单据，则只要与信用证其他条件及统一惯例各项规定相符的单据都可受理。

保险单据应具备法定要件，并由保险公司或保险商或他们的代理人签发。按照 UCP600 的规定，暂保单将不被接受。

应确保提交全套保险单据。保险单据如出具一份以上正本，则全部正本均应交银行。也就是说，不管信用证规定或未规定"全套"保险单据，只要保险单上注明了正本的份数，受益人就应向银行如数提交正本保单；如果信用证并无规定全套，保单上亦无注明全套份数，受益人可只交一张正本，其余为副本。

保险单据日期或保险责任生效日期不迟于发运日期。

承保商品从指定装货港口或接受监管地点到卸货港口或交货地点。

投保信用证指定的险别，且已经被明确表示出来。根据 UCP600 的规定，信用证中的相关条款必须对所需投保的险别种类以及必要的附加险别加以规定。对于信用证规定"承保一切险"时，银行将接受任何含有包含"一切险"批注或条文的保险单据，不论其有无"一切险"标题，甚至该保险单据注明不包括某些险别。

保险单据上所记载的唛头、号码、船名、航程、装运地、卸货地、起运日期等，必须与运输单据所记载的不相矛盾，但无须严格等同。

保单上填写的发票号码应与承保货物的商业发票号码一致，以体现不同单据间的关联性。

如果被保险人的名称不是保兑行、开证行或买方，应带有适当的背书。

确保货物投保金额要符合信用证要求。如果信用证规定了最低保险金额，应按其规定投保；如果信用证没有规定，则根据 UCP600 第 28 条相关规定，其最低投保金额应是货物的 CIF 价或 CIP 价格的 110%。如果从单据中不能确定 CIF 或 CIP 价格，保险金额就按信用证要求承付或议付金额的 110%，或发票毛值(如尚未扣除折扣或佣金时的总金额)的 110%，两者之中取金额较大者作为最低投保金额。保险金额的大写与小写应该一致。

除非信用证另有规定，否则保险单据的货币应与信用证的货币相同。

保险单据上注明的赔款偿付地点，应按信用证规定填写。如信用证未规定，应以货物运抵目的地或其相邻地点作为赔付地点。如信用证要求赔付给某一指定公司，应在赔付地点之后加注。

保险单据涉及的其他资料，应与信用证规定的其他单据一致。

专栏 8－8

保单上的货物描述是否必须与信用证的货物描述一致？

案情：I 银行开立了由 A 银行作为通知行和议付行的不可撤销跟单信用证，期限为提单日后 180 天，信用证货物描述为：IRON ORE CONCENTRATE。A 银行将信用证通知了受益人，并且在议付单据后向 I 银行交单要求其承兑。开证行以如下理由拒绝接受单据："保险单显示的货物描述与其他单据不符。"保险单显示的货物描述为"KOOLYANOBBING LUMP IRON ORE"，议付行辩称："KOOLYAN－OBBING"是一个商标，而保单上已经显示了与实际货物相符的统称即"IRON ORE"。开证行回称："LUMP"与"CONCENTRATE"有不同的含义。两种不同的货物描述代表了不同的"IRON ORE"。

分析：不能要求相关银行成为有关货物类型、特征或者商标的专家。根据 UCP500 第 37 条 c 款："商业发票中的货物描述必须符合信用证中的描述，其他一切单据对货物描述可以使用统称，但不得与信用证中的货物描述向抵触。"UCP600 第 14 条 e 款中有类似的规定："除商业发票外，如果其他单据中有关货物、服务或行为描述须明示，可使用统称，但不得与信用证的描述相冲突。"此案中保单含有"KOOLYANOBBING LUMP"足以引起拒付。

六、其他单据的审核要点

(一)产地证的审核要点

产地证的审核要点如下：

1. 产地证应由信用证指定的机构签署。如果信用证规定由主管当局(COM－PETENT AUTHORITY)出具产地证时，应由出入境检验检疫局、贸促会或国际商会签发正式的产地证明书。如果信用证没有规定，则由受益人出具的单据也是可以接受的。

2. 按照信用证要求，确保它已被签字、公证人证实、合法化、签证等。

3. 确保产地证上面的进口商名称、唛头、货名、件数等资料与信用证条款相符，并与发票和其他单据一致。

4. 确保产地证上记载的产地国家符合信用证的要求。如果信用证规定产地国家，产地证上应予以注明；如果信用证规定产地为中国某地(如北京)，则产地证上应填写"北京，中国"，而不应只写"中国"。

5. 除非信用证规定，否则应提供独立的产地证明，不要与其他单据联合使用。在信用证只要求证明商品的产地时，则可以在商业发票上加注："兹证明装运货物原产地是中国(WE HEREBY CERTIFY THAT THE GOODS SHIPPED ARE OF CHINESE ORIGIN)”,这就是产地证明与商业发票的联合格式。但是,当信用证要求提供产地证明书时,就不能用在商业发票上加注证明货物产地的联合格式,而要出具单独的产地证,注明其名称,并应签字、加注日期。

6. 产地证的签发日不得迟于提单日期,但是可以迟于发票日期。

(二)检验证明书的审核要点

1. 检验证书应由信用证规定的检验机构检验、出具,并签字,其名称应该与信用证规定相符。

2. 检验证书的出证日期应略早于提单日期,表示是在货物装船之前检验的结果。由于检验单位对于各种商品都规定了检验的有效期限,如果出证日期太早,交单时就可能超过有效期限,则将遭到收货人的异议甚至要求重新检验。有的信用证明确规定“THIS CERTIFICATE SHOULD INDICATE THAT INSPECTION HAD BEEN CARRIED OUT JUST BEFORE LOADING”,就有略早于货物装运的含义。但是,检验日期不得迟于提单日期,因为迟于提单日期意味着货物装运后检验,这与事实矛盾。

3. 检验证书的内容必须与发票或其他单据的记载不相矛盾,并符合信用证的规定。检验结果只要符合信用证的要求就算合格。

4. 除非信用证准许,否则应确保它没有包含关于货物、规格、品质包装等的不利的声明。

(三)包装单的审核要点

包装单的审核要点如下:

1. 它们应是独立的单据,不要与其他单据联合使用,除非信用证准许。

2. 单据名称和份数应与信用证要求的一致。

3. 确保该单据上记载的货物名称、规格、数量及唛头等资料与其他单据所记载的不相互矛盾。

4. 数量、重量及尺码的小计与合计须加以核对,并须与信用证、提单及发票所记载的内容不相互矛盾。

5. 如信用证要求经签字的包装单,则应由制单人签字。否则,包装单据无须签字。

(四)各类函抄及附属单据的审核要点

UCP600 规定,当信用证要求提交运输单据、保险单据或者商业发票以外的单据,却未规定出单人或其内容时,则只要提交的单据内容看似满足所要求单据的功能,且与其他单据的数据不矛盾,银行将接受该单据。如果信用证要求该单据是作为“证明书”之用时,应确保该单据被签字。

七、寄单面函的审核要点

寄单面函是指定银行寄送给开证行凭以索偿的通知单，开证行收到面函后应该审核：①寄单面函的确是交与本银行的；②面函上有当前的日期；③面函及所附单据属于相关的信用证号码项下；④列举的单据均包含在内；⑤单据中的金额与面函中提及的金额是一致的；⑥寄送单据的银行（如有）是作为信用证项下的付款行、承兑行、议付行或寄单行；⑦付款指示清楚易懂；⑧是否提及有任何不符点，是否凭担保函或有保留的付款、承兑或议付。

专栏8-9

开证行收到开证申请人放弃不符点的通知后，是否受其约束必须接受单据

案情：开证行开出了一份以S国某公司为受益人、不可撤销、即期、议付信用证，用以支付从欧洲港口发至C国货物的货款。信用证受UCP600的约束。在信用证有效期内，受益人向S国的一家银行提交了单据，该行根据信用证条款进行了议付，并向美国的偿付行进行了索偿。收到单据后，开证行根据UCP600的有关规定提出了两个不符点并拒付。S国银行没有反对。按照惯例开证行也将不符点通知了开证申请人。之后，收到了开证申请人放弃不符点的通知。然而，开证行自行决定不同意开证申请人放弃不符点的意见，并向S国的银行追索上述款项的本金和利息。然而S国银行凭以下理由坚持拒绝开证行的追索要求：①该行得到了开证申请人签署的放弃不符点的通知。②鉴于货物已被处置，受益人不愿意退款；由于受益人不可能重新拥有货物，退回提单（开证行仍持有全套正本提单）已没有任何意义。S国银行被告知货物已经凭C国银行签发的担保交给了最终买主（其与开证申请人同属一个集团）。开证行认为，开证申请人放弃不符点的通知并不能约束开证行接受该单据。开证行也有权不同意开证申请人放弃不符点的意见。放货与此事无关。单据从未脱离开证行的保管。

分析：UCP600规定开证行自行决定与开证申请人联系，要求其放弃所发现的不符点。国际商会银行委员会认为申请人放弃不符点的通知并不能约束开证行，使其接受单据。因此，开证行有权要求索回其已偿付的金额及相关利息。至于另一家银行通过向海运公司签发提货担保协助开证申请人获得货物，此事与开证行无关。这一问题应在受益人与开证申请人之间解决。

第三节 常见的不符点及其处理方法

了解常见的不符点对于在审证、制单、审单过程中发现问题,有很大帮助。同时需要指出的是,UCP600 及信用证本身均对提交单据做出了非常详尽的约束,因此,本节所提出的不符点不可能包括所有在审单过程中可能遇到的问题。只有全面了解跟单信用证统一惯例、国际标准银行实务并熟悉国际商会在信用证结算方式中的仲裁案例,才能够杜绝制单、审单过程中的错误,避免给相关银行或进出口企业带来不必要的损失。

一、信用证下单据审核的常见不符点

(一)在时间方面

1. 信用证尚未生效。一般情况下,开出的信用证在出具后即生效,但是在有些情况下,开证行会在信用证中附加一些条件,规定只有在具备了这些条件后才能生效。例如,信用证出现以下叙述:"This L&C will be operative only upon receipt by you of our amendment stating the import regulations have been fully complied with."(该信用证只有在你方收到我方关于所有进口法规均被遵守的证明时才能够生效)。

2. 信用证过期。一般情况下,显然只有信用证处于有效期内,银行才能对信用证进行议付或付款。UCP600 第 29 条对一种特殊情况做了规定:"银行因不可抗力以外的原因停止营业,则到期日或最迟交单日,将根据具体情况顺延至该银行开业的第一个营业日。"同时该条规定在交单日顺延的情况下,装运日不能顺延。

3. 延迟装运,或提早装货。按照 ISBP 的相关规定,已装船提单的签发日就是装运日。对于提单上标注了"Shipped on Board" 的情况,除非批注中特别加注了相关货物的装运日期,应把提单的出具日作为装运日。在信用证上明确规定了货物的装运期限的情况下,提单的装船日期不得迟于最后装运日期;而如果信用证上没有对装运日期作专门要求,则装运日期不能迟于信用证的有效期。

另外需要指出的是,有些信用证还规定了最早装船期,受益人在出具单据时必须加以遵守,货物不能早于该期限装船,否则可能遭到银行拒付。

4. 未在最迟交单期内提交单据。确保单据是在信用证规定的最迟交单期内交单,如信用证未规定,装运日后 21 天内应交单,但应确保仍在信用证的有效期内。

(二)汇票方面

1. 出具的汇票无"汇票"字样。

2. 汇票上的出票日不明确。

3. 汇票的付款人不正确。

4. 汇票的付款日期不确定。

(三)装运方面

1. 做成了转运(Transshipment Effected)。

2. 短装(Short Shipment)。

3. 超装(Over Shipment)。

4. 做成了分批装运(Partial Shipments Effected)。

5. 货物装卸港与信用证规定不符。

(四)金额方面

1. 超支(Over Drawing)。

2. 超过信用证金额(Credit Amount Exceeded)。

3. 少开支款金额(Short Drawing)。

4. 发票金额与汇票金额不相符合(the Amounts Shown on the Invoice and Draft Differ)。

(五)运输单据

1. 运输单据不洁净。

2. 运输单据的类别与信用证要求不符。

3. 没有"货物已装船"批注或注明"货装舱面"。

4. 提单没有表明运费是否已经支付。

专栏 8-10

关于"卸货港"和"最终目的地"的一个案例

案情:信用证有关条款规定,货物运至:韩国仁川;启运地:新西兰港口。运输单据:全套洁净已装船海运提单。提交的单据显示:装货港:Napier, NZ;卸货港:釜山;最终目的地:仁川。问所提交的单据是否符合信用证要求?

分析:信用证要求港至港运输的海运提单。根据 UCP600 的规定第 20 条 a 款 iii 项规定,银行将接受注明信用证所规定装货港和卸货港的单据。在本案中,信用证规定运输由"新西兰港口"至"韩国仁川"。因此,唯一可接受的运输单据是注明在新西兰港口装船并在韩国仁川卸货的海运提单。因此,本案中的提单不符合信用证条款,不可接受。

(六)发票方面

1. 发票上的货物描述与信用证不符。

2. 发票上的贸易术语不正确。

3. 发票的参考号码与信用证上的不一致。

4. 发票没有做成信用证申请人名称的抬头。

(七)保险方面

1. 提交的保险单据的类型与信用证的要求不符。
2. 保险金额不足,保险比例与信用证不符。
3. 投保的险种与信用证不符。
4. 保险日期迟于装运日期。
5. 保险单/凭证没有正确地背书。
6. 保险单投保货币与信用证规定的不符。
7. 保险赔付地点与信用证规定的不符。

专栏 8-11

保险单显示含30%免赔率,是否可以接受?

案情:S国的I银行开立了一个信用证,除了其他条款,要求提交下述单据:全套洁净已装船提单,空白抬头,空白背书,通知申请人并注明运费预付;保险单/保险证明,投保一切险,投保金额为发票金额的110%;植物检疫证明。议付行N行接受了受益人提交的含有30%免赔率的保险单,认为它符合UCP500第35条(c)款:“除非信用证另有规定,银行将接受表明受免赔率或免赔额约束的保险单据。”但是开证行I行拒绝接受单据,所提不符点包括保险单据受免赔率约束。通过进一步联系,I行坚持认为“可接受的最高免赔率为CIF总金额的10%”。

分析:UCP500第35条(c)款:“除非信用证另有规定,银行将接受表明受免赔率或免赔额约束的保险单据。”UCP600第28条j款规定:“保险单据可以注明受免赔率或免赔额(减除额)约束。”以前UCP400也有类似规定。因此,UCP500、UCP600只是延续了长期以来所遵循的商业惯例。有关条文暗指除非信用证明确规定保险必须不计免赔率或免赔额,保险协议不会因为含有免赔率/免赔额的规定而无效。因此,有效与否,完全取决于信用证的规定。就本例而言,从上述信息来看,信用证并未禁止保险单据包括免赔率/免赔额条款。因此,在本案中,鉴于信用证中未作相反的规定,注明免赔率/免赔额的保险单据应该被接受。

(八)单据与单据之间

1. 单据之间的唛头和号码互不一致。
2. 汇票、保险单或提单的背书不正确。
3. 缺少信用证需要的单据。
4. 单据之间的重量不同。

5. 各项单据之间内容矛盾。

6. 需要签字的单据没有签字。

专栏 8－12

下列打印错误是否构成不符

①发票显示受益人地址中的邮政区号为“0256”而不是“2056”。②空运单显示在空运单上指定的“收件人”的姓为“Chai”而不是“Chan”。③空运单显示受益人的地址为“INDUSTRIAL PARL”而不是“INDUSTRIAL PARK”（工业园区）。所述发票和空运单能作为不符单据拒受吗？

分析：①邮政区号仅仅在邮政中使用，在这种情况下（用以指出谁开的发票）不应该是拒受发票的理由。②姓氏，认识到即使同一地址也或许的确存在另外有人刚好是这个姓（Chai），可以被当做空运单拒受的理由。③由于实际上不存在地址为“INDUSTRIAL PARL”的危险，这种明显的打印错误不应该视为不符点，不成为空运单拒受的理由。无论怎样，对于受益人而言，要想顺利地得到信用证下的付款，杜绝打印错误是有必要的。

二、出口商对于不符点造成拒付的应对措施

对于出口企业而言，在国际贸易信用证结算中，难免会遇到由于单据不符而遭银行拒付的问题。而遇到这种情况，有些企业因为事先没有制定相关的应急预案，惊慌失措，一味妥协，最终给自己带来损失。如果出口企业能够事先制订一定的方案，通晓相关的国际惯例及规定，就可以通过一定的方法将自己的损失最小化。应对信用证下的单据不符点问题通常可以采取以下几个步骤：

（一）争取事先避免拒付问题的发生，掌握主动权

1. 要加强信用证的审核工作，接到来证时，一定要清楚对方提出的要求是否能够得到满足，如果不能，就要协商改证，免得日后麻烦。同时，要争取信用证的有效地点在国内。

2. 发货时尽量提前，不要等到信用规定的最后装船期即将到来时才装货，以保证在开证行提出不符点后，有足够时间改单；一经装船，应该立即制单交单，以保证拒付后能在议付期内重新制单。

3. 在制单的过程中，要仔细审阅信用证相关条款，及时对信用证上不明确的字句向开证行提出质疑，严格按照信用证的要求制单。

4. 制单完毕后，可以请相关的专业人员进行审阅，尽最大可能排查出单据上所

有的不符点,争取向议付行或开证行提交符合要求的单据,事前避免拒付问题的发生。

5. 有时候在向银行提交单据之前,出口企业就已经知道单据有不符点,但是由于种种不得已的原因,出口企业来不及修改信用证或无法更改、更换单据,只能提供有不符点的单据。这时如果贸然向开证行提交不符点单据,必然会遭到开证行的拒付。出口企业可考虑用电提方式寻求问题的解决,即要求议付银行在寄单之前,用电提方式向开证行列明单据不符点,征求开证行的意见。如果开证行接受不符点单据,议付则可正常进行,议付行按正常程序向开证行提交单据,开证行接受单据,在扣除不符点相关费用后,支付单据款项。即使被开证行拒付,单据仍在国内,解决问题的主动权就多一些。

(二)拒单后要采取必要的措施保全货物,随时掌握市场行情的变化

交单后如果单据被银行拒付,也不要惊慌失措,因为此时并不代表受益人丧失了一切权利。单据被拒付后,受益人拥有对单据的处置权,这就意味着货权并未丧失,受益人可以根据实际情况处置货物。不过这要有一个前提,就是信用证要求的必须是全套提单并且提单仅限于海运提单或是联运提单中最后一程为海运的提单,因为空运提单等并不代表物权;或者如果有一份提单正本已经提交给开证人(进口商),则出口商很可能就丧失了货权,在解决争端中陷入被动。在这样的情况下,出口商必须和运输行、货代等保持密切联系,确保自己随时掌握货物的动向,避免钱货两空。如果在进口地有代理机构的话,处理这个问题会更主动一些。

单据被拒付,除了寻找并确认开证行不符点的有效性以及向买方寻求谅解外,还应当及时了解国际市场的相关情况。例如,国内A厂商向美国出口原油,当时签订合同的原油价格为50USD一桶。其后,A厂商交单时因为存在不符点被银行拒付,这时国际原油价格已经涨到了70USD一桶,这样A企业就掌握了贸易的主动权。一方面,它可以向买方施压,迫使其接受存在不符点的单据,此外,它也可以取消这批贸易合同,以更高的价格把石油转卖给其他进口商。当然这样做的前提是出口商采用海运的运输方式并且将所有提单的正本文件全部提交给了银行,即受益人仍然控制着货权。

(三)判断不符点是否成立

在前面的第一节中已经列出了相关银行拒付单据必须满足的六个方面的要求,只要这六个条件中有一项没有得到满足,即使开证行提出的不符点符合国际惯例,开证行也不能因此拒付。举例来说,某开证行提出不符点的条件均已满足,单据中确实存在不符点,但开证行由于自身素质或英语水平的限制,提出的不符点与实际存在的不符点存在很大差异。从程序上来看开证行所提的不符点是不存在的,而其后来对不符点所做的解释则可能是正确的,但由于这相当于是开证行第二次提出不符点,我们可以认定其系无效的拒付行为而要求开证行付款。总之,如果能在程序上找到开证行的漏洞,也能避免拒付的发生。

（四）据理反驳

开证行拒付单据的决定不是终局性的，议付行、受益人有权对开证行拒付单据的理由进行反驳。如果反驳成功，开证行就不能拒收单据。

1. 明确拒付的真正原因。根据以往的结算经验，虽然国际结算中的银行大多数遵循国际惯例，重视自己的信用，但也会存在一些国家或地区的银行出于种种目的，迎合开证人，曲解国际惯例的相关条款，甚至在信用证条款中设下一些圈套来损害受益人的利益。因此，明确开证行拒付的真实动因，对于保护出口商的利益至关重要。

2. 反驳。在开证行拒付后之后，受益人应当根据信用证上的条款、相关的国际惯例和 ISBP 等仔细确认不符点，看开证行所提的不符点是否成立。如果开证行提出的拒付单据的不符点并不成立，出口方应进行反驳。在实际工作中，有的开证行对单据过分挑剔，无事生非，提出单据存在不符点，以此为由拒付单据，推卸其应该承担的付款责任。针对这种情况，我们应按国际惯例、UCP600 规则据理力争，反驳开证行的拒付理由，驳倒其提出的不符点，要求开证行按信用证规定付款。

另外，开证行不得以单据以外的理由拒绝付款。如单据在表面上符合信用证，同时单据与单据之间并无不一致，可以认定所提不符点不成立，这时受益人可以向开证行提出异议甚至向国际商会提出仲裁请求。

3. 反击。即使开证行提出的不符点的确存在，无可反驳，但是如果开证行提出不符点的方式方法、拒付理由不符合 UCP600 的要求，也不要轻易认输。可分析开证行在拒付单据的处理方式是否合理、有无漏洞，从中寻找反击点。前面已经论述了相关银行拒付必须满足六个条件，如果开证行提出的不符点方式、拒付理由不符合这些条件，就丧失了拒付单据的权利，即使单据确实存在不符点，开证行也无权宣称单据不符合信用证条款。

因此，当开证行提出不符点、拒付单据时，出现下列漏洞，出口商即可进行反击：开证行提出单据存在不符点不是以单据为唯一依据，而是牵涉货物，如提出货物的实际品质、数量与单据不符等内容；应该使用电信通知的，却用邮件通知，该用快邮通知的，却用普通邮件通知；在收到单据的 5 个营业日以后才提出拒付单据；没有在拒付单据的通知书上明确表明是把单据退还，还是代为保管……这些情况都是开证行在拒付单据时出现的漏洞，出口商是可以成功反击的。当开证行拒付单据分几次提出单据不符点时，除第一次提出的不符点有效外，以后各次均为无效。对开证行在拒付单据时出现的漏洞，出口商应抓住时机，反戈一击，使得开证行无法解除其应该承担的付款责任，保证收汇的安全。

（五）更换不符点单据

如果对开证行提出拒付单据的不符点无法反驳、反击时，出口商应该考虑有无在提示期内更换单据的可能。一般情况下，单据的提示期在装船后的 15 ~21 天之间，由于交通、通信的便利，单据通过快邮，也就两三天的时间就能送达，开证行用电信通知拒付单据，我方立即就能收到。因此，当开证行拒付单据时，提示期往往还剩一些时间，如果时间来得及，可考虑更换单据。

当单据不符点出自出口方自行出具的发票、箱单、受益人证明等单据时，更换单据就比较简单，只需修改开证行提出的不符点，将重新制作的符合信用证规定的单据，通过银行用快邮寄给开证行，同时宣称原单据作废。如果单据能在提示期内送达开证行，更换单据即告成功，可要求开证行按信用证规定付款。

如果不符点单据涉及提单、商检证等由其他机构出具的单据，更换单据就比较困难，所需时间也比较长，因为出证机构要在收回原单据的前提下，才会重新出单，并且也不可能完全按受益人的意愿更改。因此，对这类单据的更换更应慎重，首先要考虑出证机构是否接受更改内容，其次要看有无充足的时间完成收回原单据、交还出证机构、重新出证、重新寄单等一系列工作。

重新补制单据时，应结合银行提出的不符点，认真仔细改正过去的差错，同时确保没有新的不符点。

(六)寻求对方接受不符点

如果不符点确实存在并且无法更改，则应当向进口商(开证人)提出协商。虽然在信用证结算方式下，银行只认单据而不管真实贸易合同的存在，但是作为贸易中的双方，一般情况下还是希望贸易能够顺利进行，特别是在双方有较长时间的贸易往来和合作的情况下，出口商主动向进口商解释相关不符点的具体原因和其对贸易实质产生的影响，如果这些影响对进口商的利益本质上没有侵害或是侵害不大，而贸易的物资正好又是进口商所急需的，进口商一般情况下会同意接受有不符点的单据。在这种情况下，如果开证申请人(进口商)能向开证行作出说明，则开证行一般都会有所变通，接受受益人提交的单据并付款。信用证毕竟只是一种国际贸易的结算方式，只要进口方接受不符点、同意支付货款，开证行无须承担付款责任，自然很欢迎进口方的付款赎单行为。因此，寻找买方帮助能够减少调换单据的麻烦，尽早收回贸易货款。

(七)协商降价销售或另寻买主

如果出口商销售的产品并不紧俏，且在国际市场中的价格有下降的趋势，则进口商一般不会向出口商妥协，接受有不符点的单据。如果此时不符点确凿，出口商又没有能力在短时间内掉换单据，出口商通常会权衡收益与损失，从长远出发，做出降价的决策，以寻求长期贸易中的更大利益。出口商可以在价格上做出适当让步，以避免商品运回发生的运费或是过保质期等带来的不必要的损失，同时尽量寻求开证人的让步，并承诺在今后的贸易中给予其适当优惠。当然，如果进口商始终不同意接受这批货物，或是其提出的要求过高，在货物运回本国成本过大的情况下，出口商也可以在进口国寻求另一买主，降低销售价格，以期损失最小化。

(八)退单退货

在开证行提出实质性不符点存在、拒付行为又很规范、与客户交涉不力、寻找新买主而不得的情况下，就只能选择退单退货了，但是在做出这一决策之前，出口商需要计算货物运回的成本和货物在国内销售的收益,如果商品本身存在质量缺陷,运回后无处可销,不如直接在国外港口交由海关处理丢弃。如果运回能够减少损失,则应尽快采取行动,因为存放国外港口时间的延长,会加大储藏费用及相关保存风险。

无论采用上述哪种应对方式,出口方(受益人)都应当密切关心自己货物的下落,因为货权在银行未付款前代表了受益人的全部利益所在,只有掌握货权并保证其安全,出口商才能采取相应措施对货物进行处理。另外,如果出口商交单后,开证人凭借开证行的提货担保提取了货物进行销售,而这个时候开证行又以不符点拒绝了受益人提交的单据,受益人知情后就应该立即向开证行说明相关事实,开证行从保护自己信誉和利益的角度出发,往往也会立即付款。

在单据寄达开证行后被其拒付,出口方是比较被动的。因此,出口方事先就应该尽可能保证单证一致,单单一致。在拒付后应保持清醒的头脑,冷静分析,采取合理有效的措施解决问题:该反驳的就应反驳;能抓住开证行漏洞进行反击的,就应反击;适合于更换单据的,就应立即更换单据;能说服进口方自行付款赎单的则应尽量说服进口方;可以预防的就应采取预防措施。例如,随时掌握货物的运输动向,尽可能保证自己手中始终掌握物权;积极寻找国外买家,以保证自己在寻求进口商让步时保持一定的主动性;等等。

总之,面对拒付,受益人只要采取适当的应对措施,提前做好事先、事中、事后预案,就可以把自己的损失降低到最小,甚至免除自己的损失,获得合同上事先规定的付款。

本章小结

1. 国际商会《跟单信用证统一惯例》第600号出版物是对信用证从开立到使用过程中所做的一系列规则约束,是对UCP500的继承与发展。全面了解UCP600对单据的相关规定是判断所提交单据是否符合相关要求的基础。

2. 一张信用证上有三个期限,第一个是信用证的有效期和有效地点,第二个是交单期限即最迟交单期,第三个是期限是最迟装船。以上三个期限统称"装效期",三者相辅相成,相互制约,都应该得到遵守。

3. 相符提示的含义是提交到开证行、保兑行和指定银行的单据必须和信用证内的要求和规定一致。同时,相符交单还要与UCP600的相关适用条款以及与国际标准银行实务一致。

4. 开证行、保兑行(如有)和指定银行的拒付必须按照UCP600的有关规定,达到相关要求才能构成有效拒付。

5. 审单的第一个最基本的原则是信用证的任何规定和条款都必须得到执行。第二个原则是审单与可能作为信用证依据的销售合同或者其他合同无关,也与单据涉及的货物、服务或其他行为无关。第三个原则是银行审核单据,主要看单据的表面是否与信用证的规定或者要求相符,是否能够达到单证一致、单单一致。

6. 审单的方法可以概括为横审和纵审,横审是为了达到“单证一致”,纵审是为了达到“单单一致”。

7. 了解信用证常见不符点能够帮助企业制作合格的单据,但是做出不符判断的基础仍是国际惯例与国际商会的相关案例解释。

8. 出口商因为存在不符点而遇到开证行拒付时,应采取一定的应对措施,根据具体情况,采取包括核实不符点的有效性、寻求进口商的让步、转卖、重新修改并交单和将货物运回本国等方式加以处理,以求达到损失最小化的目的。

复习思考题

一、填空题

1. 信用证金额、单价、数量前面有大约的字样时,表示其伸缩幅度为(　)。

2. 如果信用证要求的是保险单,则保险证明或保险声明(　)。

3. 信用证规定:Quantity: about 50MT, USD218/MT CIF Rotterdam, Amount: USD11 340.00, 则数量可以在(　)之间掌握。

4. L/C 规定:Time of shipment on or about June 20 2003, 则可以在(　)时间内装运。

5. 银行仅仅处理(　),而不是(　)所涉及的货物、服务或其他行为。

6. 提单表明的装船日期应该(　)汇票签发日期。

7. UCP600 将银行审核单据的时间由 7 个工作日压缩到(　)个工作日。

8. 审单的方法可以概括为(　)和(　)。(　)就是以信用证为中心,是为了使信用证上有关规定和要求在货运单据上得到反映和落实,是为了达到“单证一致”。(　)是以商业发票为中心,将其他单据一一与之对照,为了达到“单单一致”。

9. 如果受益人只能提供不符点单据,可以采用(　)方式寻求问题的解决,同时掌握主动权。

10. 任何信用证都必须同时规定一个交单的(　),这是一个时空组合。

二、判断题

1. 在受益人提交的货物质量有问题的情况下,开证行可以拒付。(　)

2. 若 L/C 对装货港规定为“Chinese Ports”,为做到单证一致,在提单上可以照抄。(　)

3. 在接到法院止付令的情况下,开证行可以拒付。(　)

4. 信用证下汇票的付款人应该是开证申请人。(　)

5. 除非信用证另有规定,受益人提交给银行的必须是全套的正本运输单据。(　)

6. 产地证的签发日期不得迟于提单日期,但是可以迟于发票日期。( )

7. 开证申请人必须在申请中将所有的合同条件单据化。( )

8. 如果受益人提交的单据不是信用证要求的,银行应该本着谨慎的原则予以审核。( )

9. 如果信用证没有规定交单的特定期限,则提单的提交不得超过装运日后21个营业日。( )

10. 单据之间表面互不一致,即视为表面与信用证条款不一致。( )

三、案例选择题(单选)

1. I行议付了全套正本海运提单,提单上注明:收货地:新加坡集装箱堆场;起运港:新加坡;卸货港:香港;目的地:深圳;船名:MS ×××;"已装船"批注(无船名)。信用证要求提交全套正本海运提单,注明从新加坡运往深圳。开证行提出下列不符点:起运港及船名未包括在已装船批注中。请就此案进行评论。( )

A. "新加坡集装箱堆场"与新加坡并无不同,因此起运港就是新加坡,不符点不成立。

B. 深圳应是"卸货港"而非目的地。单据应该被拒付。

C. "已装船批注"上可以不注明船名。

D. 开证行列出的拒付理由准确,不会导致任何纠纷。

2. 开证行为H国一银行,议付行为K国一银行。根据信用证规定,应提交由申请人指定的两个人出具和签署的检验证书。开证行通知说,有权签署该单据的个人的签字样本保存于该行(以便收到单据后对照进行核验)。信用证通知中既未指名这些人的姓名也未提供其签字样本的副本。议付行向开证行提交了该信用证项下的单据,开证行随后以检验证书的签字未经授权为由提出拒付。拒收单据的理由是,检验证书的签字人与在开证行留存记录上的签字人不一致。( )

A. 银行仅审核提交的单据,除此别无他责。即使单据签字符合原始签字,开证行申请人仍可在通知行/议付行不知情的情况下更换姓名。因此,拒付理由不成立,开证行应该付款。

B. 就算检验证书确系伪造,但是议付行并没有责任核验签字的真伪,它只是善意地做了议付,并不知道存在伪造,因此它有权要求开证行付款。

C. 信用证规定签字将由开证行对照其存档样本进行核验。然而,开出的信用证连最起码的签字人姓名都未指明,这是不符合国际标准银行惯例的,国际商会不鼓励这样做。因此,拒付理由不成立。

D. 鉴于信用证的条款,如果检验证书上的签字确与开证行存档不符,则开证行拒付是正当的。议付行如果选择议付这样的信用证应自担风险,除非保留向受益人追索的权利。

3. 开证行I行开出了一份不可撤销的跟单信用证用于进口货物,议付行向其提交了单据。但I行发现单据不符,它将不符点通知了议付行,并告知保存单据听候处理。同时,I行将不符点通知了申请人,申请人接受了不符点。于是I行通知

议付行接受单据并告知付款日期。( )

A. I 行已经指出单据存在不符点,并告知保存单据听候处理。因此,在付款日,如果开证申请人不能向 I 行提供资金,I 行可以拒付。

B. 单据存在不符点,因而将视为按托收方式处理,从而适用 URC522。

C. I 行按照相关规定发出了拒付通知,并洽开证申请人放弃不符点。在收到放弃不符点的通知时,I 行愿意按照客户的要求,向议付行发出接受通知,同时告知付款日期。在提供了该通知后,I 行就承担了信用证项下到期付款的义务,而不论开证申请人是否提供了相关资金。

D. 只要开证申请人表明接受不符点单据,开证行就必须付款。

4. 开证行 I 银行开出其不可撤销跟单信用证并通过 A 银行通知受益人。单据被提交到 C 银行(沉默保兑行)议付。信用证要求:质量证书、植物检疫证书、官方的谷物出口检验证书。保兑行审核了单据并以以下不符点拒付:质量证和植物检疫证书于 2006 年 12 月 11 日出具,但是装运日期却是 2006 年 12 月 8 日。( )

A. 两种单据的出具日期都不得晚于装运日期,拒付理由成立。

B. 本案例中如果所涉及的两种单据都正确引用了提单细节和货物的实际情况,C 银行应该接受所提交的单据。

C. 检验证的出具日期晚于装运日期的情况是可能存在的,受益人不能为了单据相符而伪造日期,因此拒付理由不成立。

D 如果该单据的出具日期晚于装运日期并且没有另外申明检验日期是在装运日当天或早于装运日,则该单据是不可接受的。但是沉默保兑行没有拒付的权利,只有开证行有这个权利。

5. 信用证上的托运人名字是"X native produce, and animal by products import and export corporation, Country A",而发票上托运人的名字为"X national native produce, and animal by products import and export corporation, Country A"。商业发票上"national(全国)"一词插入"X"和其余单词之间。( )

A. 托运人名字上增加"全国(national)"一词,而出现这一问题的恰好是商业发票,这必须视为不符点,因为从这一点上说商业发票没有按照信用证条款和条件签发。

B. 信用证的受益人可以不是托运人(例如,托运人可以是一家运输行)。由于本案例没有提到任何有关受益人和发票的签发人的情况,因此很难判断是否构成不符。

C. 托运人名字上增加的"全国(national)"一词,并没有构成实质不符,不应该被拒付。

D. 按照 UCP500 不构成拒付,而按照 UCP600 则构成拒付。

6. I 行开立一个不可撤销的即期付款信用证,通过 A 行通知受益人,I 行要求 A 行对信用证加具保兑。A 行对信用证加具保兑后将信用证通知给受益人。除其他单据外，信用证还要求一份装箱单。受益人发货后将单据提交给议付行要求付款。A行审单后发现单据不符，理由是装箱单没有采用载有受益人信头的纸张开立，并且受益人没有在上面签字。（ ）

A. 受益人应该赶快按照A行的要求修改装箱单，以获得议付款。

B. A行提出的不符点不成立，装箱单不必用载有受益人信头的纸张开立，也不用在上面签字，除非信用证有特别的规定。

C. A行提出的不符点成立，装箱单必须要有受益人的签字。

D. A行应该将单据邮寄给I行，只有开证行I行才有权对单证相符与否提出意见。

7. 开证行I行开立了不可撤销的跟单议付信用证，通过A行通知受益人。该议付信用证要求：全套清洁已装船"远洋提单"（Ocean Bills of Lading）；从X国的任何港口起运至Y国的DEF。受益人提交信用证下的单据要求议付，交来的提单上注明：装运港：X国的一个港口；卸货港：Y国ABC；最终目的地：Y国DEF。请问该提单能否被接受并议付。（ ）

A. 可以接受，提单上注明了货物运输的最终目的地是Y国的DEF，与信用证要求相符。

B. 信用证要求的是港至港的远洋提单，受益人提交的是多式运输单据，因此不能接受。

C. 提单与信用证的要求不符，不能接受信用证下的单据，也不能议付。

D. 可以接受，因为在集装箱运输过程中，不可避免会出现这种最后目的地不同于卸货港的现象，UCP600对此专门有相应的规定。

8. 有一信用证要求受益人提交商业发票，该信用证对货物的描述如下：520件100%纯丝绸女裤，贸易术语为FOB×××港，从ABC港运至DEF港。开证行收到单据后认为单证不符，理由是商业发票没有注明FOB×××港贸易术语。（ ）

A. 开证行的拒付是无理的，商业发票上没有必要注明贸易术语。

B. 开证行的拒付是无理的，因为信用证没有要求商业发票上必须注明贸易术语。

C. 开证行有权拒付，"贸易术语为FOB×××港"是信用证中货物描述的一部分，发票的货物描述应该与信用证的描述相符合。

D. 开证行接受不接受单据都可，看实际需要而定。

9. 一禁止分批装运的信用证规定货物数量是10 000包，受益人装运了10 000包，但在国内运输过程中有3包遭受水渍损坏，为此，受益人提供的提单中注明数量为9 997包。（ ）

A. UCP600第30条b款规定了一个5%的增减幅度，因此9 997包不会构成不符。

B. 受益人不应该在提单上注明数量为9 997包，而应该直接写上发货时的数量。

C. 受益人提交的单据将构成单证不符，理由是短装。因为信用证明确规定计数单位是包,又因为信用证禁止分批装运,因此在单据上表示短装,即使数量小也会构成不符。

D. 受益人可以在单据上表明短装的3包将不收取货款即可。

10. 信用证规定:从中国港口运至神户100吨红小豆,不允许分批装运。受益人交来的单据中包含两套提单:第一套提单表明载货船只为“Zhuang He”,航程为018,装货港为“Tianjin”,卸货港为“Kobe”,毛重为51.48吨,净重为49.98吨,装运日期为7月11日。第二套提单表明载货船只为“Zhuang He”,航程为018,装货港为“Qingdao”,卸货港为“Kobe”,毛重为51.04吨,净重为49.82吨,装运日期为7月17日。( )

A. 信用证不允许分批装运,两套提单将构成不符。

B. 两套运输单据所列的装运日期不同,银行将以7月11日作为受益人履约的装运日期。

C. 同一艘船,同一航程,同一目的地,有这“三同”因此不被视为分批装运。

D. 信用证中应该明确规定装货港的港名。

四、案例分析题

1. 我国与某国一公司成交羊毛出口600公吨,合同规定3至5月份内分批装运。后国外来证要:“Shipment during March/May first shipment 100M/T, second shipment 200M/T, third shipment 300M/T.”结果我方于3月份装200M/T,4月份装400M/T,货发后遭银行拒付。试分析拒付理由。

2. 我国某公司按CIF条件向中东某国出口一批货物,根据合同投保了水渍险附加偷窃提货不着险。但在海运途中,因两伊战起船被扣押,而后进口商因提货不着便向我保险公司进行索赔,我保险公司认为不属于保险责任范围,不予赔偿。保险公司拒赔理由是否正当?

3. 我某纺织品公司向澳大利亚出口坯布100包,我方按合同规定投保水渍险,货在海运中因舱内食用水管破裂,致使该批坯布中的30包浸有水渍。但保险公司拒绝赔偿,应该怎么办?

4. 我国某公司向国外出口素色绒10 000码,国外信用证上将品名误写为“考花”。出口公司为了使单据与信用证相符,将错就错,所有单据上的品名均按“考花”制作。问这样做是否妥当?

5. 某进口商购买某商品,约定分两批装运,支付方式为不可撤销即期信用证。第一批货运抵目的地后,该进口商办理了付款赎单手续。但收到货后发现货物品质与合同不符,便通知开证行对第二批信用证项下的货运单据不要议付,银行未予理睬。银行仍然对第二批信用证项下的货运单据予以议付。议付后,通知该进口商付款赎单,遭到拒付。请问:银行这样处理是否合适,买方拒绝付款赎单是否有道理?

6. 某R进出口公司向卡斯洛国际贸易有限公司出口一笔广东花生果。国外开来信用证有关装运条款规定如下:“50M/Tons of Guangdong Groundnutsin Shell,

Loading port: Guangzhou. Bill of lading must be dated not later than May 15, 2006. Partial shipments are allowed."(50公吨广东花生果,装运港:广州,提单日期不得迟于2006年5月15日。允许分批装运。)R进出口公司根据上述信用证规定备妥货物于5月3日在广州黄埔港进行装运,并备单办理议付。但单据寄至开证行,于5月15日被提出单证不符:"你第××××号单据收到,经审核发现你提单记载装运港为黄埔港(Huangpu),而我信用证规定装运港为广州港(Guangzhou)。不符合我信用证要求。请速告对单据处理的意见。"R进出口公司对开证行上述意见认为是故意挑剔,于5月17日发出如下反驳电:"你5月15日电悉。关于我单据不符点之事,我们认为你信用证规定装运港:广州,我们就是从广州的黄埔(Huangpu)港装运的,并未超出你信用证规定的广州范围内,仍然符合信用证要求。所以我们认为我单证是相符的,请你按时付款。"开证行拒付理由是否成立?请就案例进行评论。

7. 某一个根据UCP600开立的不可撤销信用证,规定"37 000磅规格为1/5.5毫米的马海毛纱,每磅价格为23.98港币……交货指示:1994年8月22日之前至少运出20 000磅;2007年8月27日之前运出17 000磅",还规定"信用证金额及数量在5%内浮动是可以接受的。"受益人于2007年8月19日发出20 000磅货物(第一笔提款额为479 600港币),并于2007年8月24日发出18 000磅货物(第二笔提款额为431 640港币)。开证行拒收第二笔单据,提出的唯一不符点是"装运货物超过信用证数量。"请问拒付理由是否成立?

第九章 贸易融资

要点提示

- 掌握主要的进出口贸易融资方式
- 了解相关融资方式在进出口贸易中的运用
- 掌握国际保理业务的基本流程和运作方式
- 掌握福费廷业务的特点及其在国际贸易中的运用
- 比较不同贸易融资方式的优缺点
- 掌握企业在单据拒付后应该采取的一些措施

第一节 出口贸易融资

在结算业务中,银行往往会向有资格的客户提供融资服务,这类服务与国际结算过程密切相关,因而称为国际结算融资。国际结算融资业务有两种形式:一是银行向客户直接提供资金融通;二是银行为客户提供信用保证,以方便客户从贸易对手或者第三方取得融资的便利。国际结算融资方式根据融资对象的不同可以分为出口贸易融资和进口贸易融资。

出口贸易融资是指出口地银行或其他金融机构对出口商(信用证受益人)的融资,主要的融资方式有信用证打包放款、出口押汇、卖方远期信用证融资、出口发票融资等。

一、信用证打包放款

(一) 信用证打包放款的含义和特点

信用证打包放款,简称打包放款或打包贷款(Packing Credit/Loan),是指出口方银行以出口商提供的进口方银行开来的信用证正本作抵押向其发放贷款的融资行为。其旨在提供货物出运前的周转资金,以缓和出口商的资金短缺问题。它包括根据预支信用证提供的打包放款和以其他信用证为抵押发放的贷款。

Packing Credit is a special loan offered by the local bank to the exporter who has received qualified letter of credit, to be used under items of procurement, production and shipment, so as to support the exporter to implement the contract, effect delivery as scheduled. Packing loan is a pre loading short - term financing, which enables the exporter to purchase, prepare the material, produce and trade without difficulty even the self - owned capital is not sufficient.①

打包放款是银行在信用证项下对出口商提供的短期融资,它具有以下特点:

1. 打包放款的发放时间是出口商接受信用证之后,发货和交单之前。

2. 放款的目的是向出口商提供备货、发货的周转资金。

3. 打包放款的金额不是信用证的全部金额。打包放款的金额只是信用证金额的一部分,具体的融资比例由打包放款银行根据出口商资信、存款数目、抵押品以及在本行的业务来确定。

4. 打包放款的期限不超过打包放款银行向开证行寄单收款之日。银行提供打包放款是以抵押正本信用证为前提的,因此,提供贷款的银行承担了议付义务。议付行收到出口商交来的单据后应马上寄开证行,收到开证行支付的货款后即可扣除贷款本息,然后将余额付给出口商。因此,打包放款的期限一般是自信用证抵押之日至收到开证行支付货款之日。

(二) 打包放款的业务流程

1. 出口商须将信用证正本交给银行,并同时提供以下文件:①如企业第一次在该银行办理贷款等授信业务,办理打包贷款时必须提供基础资料:企业营业执照副本、税务登记证、企业组织机构代码证、进出口业务许可证和贷款卡等。②填写并提交银行提供的《打包贷款申请书》。③如需要,缴纳保证金、落实担保单位、抵押、质押。④签订其他需要的协议。

2. 银行审核信用证和出口商提供的其他资料后,签订打包放款协议,办理打包贷款。

3. 出口企业收到国外货款后归还打包贷款本金和利息。

(三) 打包放款协议

打包放款协议是出口方银行与出口商签订的确定打包放款中双方责任和义务的契约。签订协议是打包放款不可缺少的重要一环。打包放款协议包括的主要内容有:

1. 借款金额及支付方式。

2. 借款用途。仅限于抵押信用证项下的出口商品的备货和出运,不得挪作他用。

3. 借款期限。由银行与出口商根据贷款收回的时间来确定,通常不超过3个月。

4. 借款利率。由双方参照银行同期贷款利率协商确定。

5. 贷款货币。通常是信用证规定的结算货币。

6. 借款的偿还。一般由贷款银行直接从信用证项下货款中扣还,必要时可以

---

① 根据中国银行相关定义给出。

从出口商在银行开立的账户中扣还。

7. 保证条款。出口商应作如下保证:

(1)协议项下的全部出口商品必须向银行认可的保险公司投保,如有意外,保险赔偿金应优先用于支付贷款本息。

(2)银行有权检查、监督出口商对贷款的使用。

(3)出口商在协议条款等变化前应先征得银行同意。

如果违反有关规定,银行有权停止对出口商继续提供贷款,提前扣收已贷出的款项。

8. 违约责任。出口商如不按协议规定使用贷款或不按期归还贷款本息,银行有权从出口商在任何银行的账户中扣收,并在原定利率基础上加收罚息。

(四)出口打包放款的风险及防范

如果打包放款是根据预支信用证进行的,那么融资风险应由开证行承担。如果受益人不能按期提交与信用证规定相符的单据,以便融资银行从开证行处收款,那么融资银行可要求开证行偿还贷款本息。因为融资银行是根据开证行的指示发放贷款的。

如果是以其他信用证发放的放款,那么风险就应由融资银行承担,与开证行无关。在这种融资方式中,出口银行不能仅凭国外信用证就给受益人贷款,因为信用证只是开证行的有条件付款承诺,如果受益人不能满足信用证规定的条件,开证行是不会付款的。因此,银行应加强对打包放款的审查。

银行对打包放款的审查包括对总额度的审查和对信用证的审查两项内容:

1. 对总额度的审查是指银行在签订打包放款协议之前对出口商确定信用额度时的审查,主要是审查出口商的资信状况,给受益人核定一个打包放款信用额度,该额度可循环使用。

2. 对信用证的审查是指对某一打包放款业务中信用证条款、开证行资信和出口商品市场的审查。银行对于没有确定信用额度的客户,可凭担保逐笔发放贷款。

此外,为了保证贷款安全及时收回,银行需要综合采用严格审核企业的基础资料、对于信用证第二受益人的企业要从严控制其打包贷款、原则上期限不超过360天及严格贷后管理等方法防范风险。总之,由于仅仅依靠信用证为抵押,打包贷款实质上是一种无抵押的信用贷款,银行必须谨慎从事。

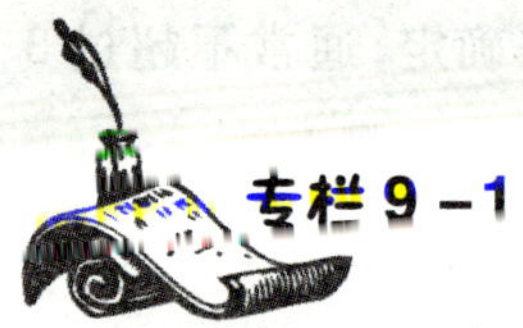

专栏 9-1

沟通管理不力致“追不回”的打包贷款

案情经过:2000年,我国某中外合资企业(以下称借款人)以多份累计金额为

50万美元的信用证(开证行是加拿大某银行)向我国某银行北京分行(以下称贷款行)申请打包贷款40万美元,期限为3个月,以出口收汇作为还款来源。

贷款行的信贷部门接到借款人的打包贷款申请后,将有关出口信用证交至国际结算部门。国际结算部门审核信用证后,认为没有什么问题,信贷部门即向借款人发放了此笔打包贷款。贷款发放后,借款人根据信用证要求按期装运了货物,国际结算部门也分批议付了出口单据,货款陆续收妥。但收到货款后,该行会计部门并没有及时地扣还贷款,而是将全部款项办理了结汇手续,划入了借款人账户。

3个月后贷款到期,信贷部门向借款人索收贷款时,发现借款人濒临破产,账户上所剩无几。无可奈何之下,该分行只得通过法律程序向法院起诉。但借款人早已资不抵债,无力偿还。最终银行虽获得胜诉,贷款本息却终究无法追回。

分析:导致银行打包贷款无法收回的主要原因有两个:①内部沟通缺乏,部门间缺乏联系。为了保证打包贷款得以偿还,银行规定在出口单据收汇后必须立即归还打包贷款,不受贷款是否到期的限制。这就需要银行的信贷、国际结算以及会计等业务部门之间的密切配合。②信贷部门贷后检查不力。信贷人员应该加强贷后的检查监督,及时掌握贷款的去向,了解贷款人的履约情况,发现问题及时反应或处理。但此案中,信贷部门明显没有适当履行其职责,未能及时察觉贷款企业收汇入账后款项被挪作他用。此案由银行内部规章和制约机制不健全引起,为防止类似事件发生,应该注意以下几个方面:处理好业务发展和风险防范之间的关系;避免内部工作脱节的事情发生;防止重贷轻管倾向。

资料来源:高洁:《国际结算案例评析》,对外经济贸易大学出版社,2006年版,(有删改)。

二、出口押汇

(一) 出口押汇的含义和作用

出口押汇(Outward Bill)又叫买单或买票(Export Bill Purchased),正规名称为议付(Negotiation),它是出口方银行对出口商有追索权地购买货权单据的融资行为,包括信用证项下单据押汇和托收单据押汇。出口押汇包括从议付到收回货款的全过程,这是银行在出口商发货后对其提供的短期融资。

信用证项下的出口押汇(Negotiation under Documentary Credit),是指在信用证项下,受益人(一般为出口商)以出口单据作抵押,要求出口地银行在收到国外开证行支付的货款之前,向其融通资金的业务。

Export Bill Purchased is financing of money in transit supplied by the bank with the export bill as the mortgage as required by the exporter after delivers the goods and presents the documents requested by the letter of credit or the contract. Export bill purchase business has the following scope: the export bill purchase under the letter of credit and the export bill purchase under the documentary collection; the foreign currency export bill purchase and home currency（RMB）export bill purchase.①

（二）信用证项下出口押汇的受理条件

银行受理信用证出口押汇的具体条件为：

1. 出口商在该行开立资金账户，且与该行保持稳定的业务往来。

2. 出口商须提交正本信用证。

3. 出口商须提交信用证项下的全套单据且要求单证一致，单单相符。

4. 出口商提出相关信用证及单据项下的押汇申请，提交银行格式化的"押汇申请书"并签订出口押汇合同、出口押汇总协议书（通常有效期为一年）。

银行办理出口押汇时，一般都要求出口商出具质押书（Letter of Hypotheca - tion）。质押书是出口商提供给银行的书面保证，它表明出口商应承担的义务：银行做出口押汇时，如因非银行原因，招致开证行或进口商拒付、迟付、少付，银行有权根据不同的情况向出口商追索垫款或短收货款、迟付利息及一切损失；出口押汇银行有权向出口商计收利息。如果是由于银行的直接过失造成开证行或进口商拒付、迟付或少付，出口押汇银行应自己承担责任。

（三）出口信用证押汇的业务流程

首先，出口商根据信用证制单并交出口地银行审查；其次，出口地银行审单并办理押汇，扣除费用利息后入出口商账户；最后，银行收到国外贷记报单后自动扣划以归还出口商押汇款项。出口押汇的融资比例通常为100%，但由于银行采用"预收利息法"，即银行将全额款项扣除预计利息及各种手续费后的余额贷给出口商，故而出口商实际所得不足100%。

（四）办理出口信用证押汇需注意的问题

相对于打包放款而言，出口押汇的风险较小，出口商的还款来源也更有保障，但押汇银行仍然需注意以下几点：

1. 出口商的资信状况。银行面临的风险与出口方受益人的资信状况密切相关。

2. 开证行的信誉及所在地的政治、经济背景。如开证行信誉不佳，所在国家政局欠稳、外汇短缺，又无第三国银行加具保兑，原则上应拒绝办理押汇。

3. 信用证条款。认真审核信用证条款及相关单据，确认是否符合国际惯例，杜绝开证行（保兑行）以单据不符而拒付的可能。对于有不符点单证的押汇，应谨慎处理。

4. 远期信用证下的出口押汇。必须有开证行（或保兑行）承兑或确认付款到期日的电文或函件，该电文或函件必须加注密押（Test Key）或有授权人的签字，并经出口地银行证实其真实性。

此外，银行还需注意对单据代表的物权的控制，对于作为信用证第二受益人的出口商应从严控制，押汇期限原则上不超过180天等。

① 根据中国银行相关定义给出。

专栏9-2

“CMR”运输单据下的出口押汇纠纷案

案情:2004年9月,中国银行作为通知行和议付行,收到美洲银行开来的一份受益人为A公司、金额为100万美元的不可撤销自由议付信用证。中行核押相符后通知了A公司,A公司未提出任何修改意见。2004年10月10日,A公司向中行提交了信用证项下有关单据请求议付,中行审单时发现信用证要求的运输单据用括号备注了“国际公路货物运输合同公约”(“CMR”运输单据),随即向承运人电话查询其提供的运输单据是否为“CMR”运输单据,得到肯定答复后即结束审单,向外寄单索偿,并为A公司办理了押汇手续。

10月22日,美洲银行以收到的运输单据与信用证规定不符为由拒绝付款。中国银行与其多次交涉均无果后,转而要求A公司偿还垫付的押汇款项及利息,遭到A公司拒绝后向法院提起诉讼。A公司认为中国银行作为议付行,对其审单不严造成的法律后果应承担相应的民事责任。

法院审理认为,由于我国未参加《国际公路货物运输合同公约》,中方承运人根本无法出具“CMR”运输单据,但A公司收到信用证时没有提出异议并要求修改,以致最后美洲银行以此为理由拒绝付款,A公司应承担主要过错责任。而中国银行在审单时仅凭电话查询就轻信单证相符而寄单索偿,遭到拒付,应认定为没有合理谨慎地审核单据,应承担部分责任。因此,判令A公司返还押汇款项及占用期间的利息,中国银行承担押汇款项被拒付后产生的利息损失和与美洲银行交涉的费用。

点评:本案涉及议付行因未审出单据不符点而引起开证行拒付,给受益人造成损失,对此议付行是否应承担责任,国内司法界尚无明确规定。事实上,本案的关键在于议付行虽对相关单据进行了审核但是没有做进一步的查询确认,轻信了承运人的答复。另外,议付行的审单人员对国际公约惯例又不够了解。中国银行作为通知行,对于信用证中要求不清楚或不完整的特殊条款,应提醒受益人注意;作为交单行,对于信用证条款中不能确切把握其要求的单据,应避免对受益人融资。

资料来源:高洁:《国际结算案例评析》,对外经济贸易大学出版社,2006年版,有删改。

(五)出口托收押汇(Advance against Documentary Collection)

托收业务是以商业信用为基础的结算方式,银行只作为代理人行事,不提供信用保障。在通常情况下,出口商将全套单据交给托收行后,必须等到进口商付款且托收行收妥以后才能结汇,出口商资金占用时间较长。如果出口商在提交单据、委托银行代向进口商收取款项的同时,要求托收行先预支部分或全部货款，待托收款项收妥后归还银行垫款，与此要求相关的这种融资方式就叫做托收押汇。

托收行凭押汇成为全套单据（包括汇票和物权单据）的正当持有人，因此有权要求付款人支付货款。在正常情况下，这是托收行收回押汇款项的主要渠道。如果付款人拒付，托收行就可以向出口商追索，而当出口商破产倒闭，自己追索无望时，托收行对该款项可以寻求物权的保障，通过处理单据即货物来回笼资金，并且保留就不足部分对出口商索偿直至参与破产清理的权利。

此外，为了防止遭进口商拒付的风险，避免陷入追索出口商甚至被迫变卖货物的被动局面，托收行在叙做托收押汇时一般事先与出口商签订质押书（Letter of Hypothecation），而且托收押汇利率一般也稍高于信用证出口押汇。当实际收汇时间（也即银行垫款时间）超过押汇期限时，托收银行有权向出口商追收差额押汇利息。当托收款项变为呆账、坏账或长时间不能收回时，托收银行有权向出口商索回垫款及由此产生的利息。

由于信用证出口押汇银行的收款对象是开证行，收款风险小，只要单证相符，即可索回货款；而托收出口押汇银行的收款对象是进口商，风险较大。因此，银行更愿意做信用证项下的出口押汇。

三、卖方远期信用证融资

卖方远期信用证又叫真远期信用证，它是付款期限与贸易合同规定一致的远期信用证。采用卖方远期信用证融资主要是指通过远期汇票的承兑与贴现来融资。

（一）银行承兑与票据贴现

1. 银行承兑。银行承兑（Bank's Acceptance）是指银行在远期汇票上签署“承兑”字样，使持票人能够凭此在公开市场转让及贴现其票据的行为。银行承兑的主要是有贸易背景的汇票；承兑汇票的持有人通常是出口商。

The drawee stamps ACCEPTED on the draft and is thereafter obligated to make the specified payment when it is due. If the drawee is a bank, the acceptance is called a bankers acceptance .

银行承兑汇票时，不必立即垫付本行资金，而只是将自己的信用借出，增强汇票的流通性或可接受性，使持票人能在二级市场上取得短期融资的便利。银行对汇票予以承兑后便成为汇票的主债务人，到期应承担付款责任，因此，承兑银行在承兑前应对债务人（进口商）的资信等进行审查，并采取相应措施，以降低自身风险。

2. 票据贴现。票据贴现（Bill Discount）是指票据持有人在票据到期前为获取现款而向银行贴付一定利息所做的票据转让。贴现票据必须是已承兑的远期汇票，承兑人通常是开证行或其他付款行，票据持有人通常是出口商。票据贴现能使出口商立即取得现款，因此，它也是国际贸易融资的一种方式。适合做贴现的票据有信用证项下汇票、托收项下汇票和出口保险项下汇票。

Bill Discount is an act of bill, and is a kind of financing. The bill to be discounted must be a time bill, and it can be discounted after its acceptance.

在办理贴现时,银行通常要与出口商签订质权书,确定双方的责任和义务。如果到期银行不能从票据付款人收回票款,有权对出口商追索。此外,银行还应对贴现票据的付款人、承兑人的资信情况进行审查,只有在确认符合条件后才予以贴现。

专栏9-3

贴现与议付的比较

贴现与议付都是融通资金,两者既有相同点也有不同点。

两者的相同点有:①两者都是票据和对价的对流。②两者都是扣收利息,付给净款,然后收回票面金额的融资业务。③贴现人付款给持票人是有追索权的,承兑行付款给贴现人是没有追索权的,同样,议付行付款给受益人是有追索权的,开证行或受票行凭单偿付是没有追索权的。

两者的不同点见表9-1。

表9-1 贴现与议付的区别

贴现	议付
必须要有汇票	不一定需要汇票,有货运单据也可以议付
贴现的是远期汇票	即期、远期汇票均可议付
贴现汇票的必要条件是承兑,承兑人是银行	议付跟单汇票的必要条件是汇票单据必须符合信用证条款
汇票贴现后可转贴现、再贴现	无二级市场
贴现票据可以存放至到期日提示要求付款,也可在到期日以前转贴现或再贴现	议付后的跟单汇票不能存放在议付行手中,必须寄到开证行要求偿付
汇票的到期日,在贴现时就能计算出来	收款日在议付时只能估计出来

(二)远期信用证融资程序

当出口商发运货物后,即可通过银行将全套单据交开证行,经该行承兑汇票并退还寄单行(通知行)后,寄单行就可以以贴现方式购买全套汇票并以此向出口商融资,出口商则以贴现所得款项偿还原打包放款的融资款项。寄单行因此成为承兑汇票的正当持票人,它可保存汇票并于到期日向开证行(承兑人)索偿,也可将

汇票转让,进行再贴现。远期(承兑)信用证的结算和融资过程是:

1. 进出口双方签订贸易合同,确定以远期信用证方式结算。

2. 进口商申请开证。

3. 开证行开立远期(承兑)信用证。

4. 通知行通知及办理打包放款。

5. 出口商发运货物。

6. 出口商向通知行(寄单行)交单。

7. 通知行(寄单行)寄单。

8. 开证行承兑汇票并将承兑汇票寄回寄单行,与此同时,开证行凭信托收据向进口商放单,进口商提货。

9. 寄单行贴现承兑汇票,出口商得到资金融通。

10. 寄单行到期提示承兑汇票。

11. 开证行(承兑人)付款。

12. 进口商到期付款赎回信托收据。

(三) 远期信用证融资风险

由于远期信用证融资方式付款周期较长,合同金额较大,因而其隐藏着较大风险:

1. 进口商要承受较高的代价,且要承担进口货物与贸易合同及单证不符的风险。

2. 开证行承兑汇票后,面临进口商拒付的风险。

3. 寄单行面临贴现承兑汇票后开证行倒闭的风险。

4. 出口商面临着汇票承兑前开证行或进口商无理拒付的风险。

因此,有关当事人都必须对交易及融资对方的资信做详细的了解,并采取相应措施,以降低和防范风险。

四、出口发票融资

出口发票(Invoice Discounting)融资指的是出口T/T货到付款或赊销方式下,出口商完成交货义务后,向银行提交发票及其他货运单据,由银行提供应收货款融资,并以出口收汇款作为主要还款来源的融资方式。使用出口发票融资需满足有真实的贸易背景、出口商获得相关银行出口发票融资授信额度以及银行对出口商有追索权三个条件。

第二节　进口贸易融资

进口贸易融资是指银行对进口商的融资,主要有信用证项下的开证授信额度、进口押汇、买方远期信用证融资、信托收据(T/R)以及提货担保等。

一、开证授信额度

（一）开证授信额度的含义和分类

开证授信额度，亦称进口开证额度（Limits for Issuing Letter of Credit），是开证行对于在本行开户且资信良好的进口商在申请开立信用证时提供的免收保证金或不要求其办理反担保或抵押的最高资金限额。这是开证行根据资信情况对进口商在开立信用证方面给予的信用支持。

通常情况下，银行在进口商申请开立信用证时，都要求其提交开证申请书并提供保证金或抵押金，存入银行专门账户，以便单据到后对外付款，或要求进口商提供反担保及抵押品，保证合格单据到后付款赎单。银行这样做的目的是为了避免进口商破产无力付款赎单，或不按期付款赎单，以降低自身风险。

但对资信良好的长期往来客户，为简化手续，提供优惠服务，增强吸引力和竞争力，银行通常可根据客户的资信、经营状况和业务数量确定一个限额，即开证额度。银行内部对开证额度按余额进行控制，只要进口商申请开立信用证的金额不超过这一限额，银行就可以免收保证金、抵押品或不要求办理反担保，从而减轻进口商的资金压力。对于超过信用额度部分的金额仍按正常手续办理。

根据客户资信和业务性质不同，授信额度可分为以下两种：

1. 普通信用证授信额度。普通信用证授信额度（General L/C Limit），是指开证行在确定进口开证申请人的开证额度后，申请人采用“余额控制”的方法，可循环使用。开证行根据客户的资信状况和业务需求变化随时可对额度作必要的调整。这种授信额度多用于在银行开立账户并与银行长期保持良好业务关系的进口商。

2. 一次性使用授信额度。一次性使用授信额度（One Time L/C Limit），是指开证行为开证申请人一个或几个贸易合同核定的一次性开证额度，不能循环使用。开证行根据客户的资信状况和抵押品的情况核定一次性开证额度，供该宗贸易合同项下使用。该笔业务结束后，授信额度即失效，它主要用于银行对其资信有一定了解，但业务往来不多的进口商。

（二）授信额度的确定

授信额度的确定是建立在银行对客户的了解和信任基础上的，银行一般是从以下几方面调查、了解客户情况的：

1. 企业在银行的授信记录及信用水准。银行对于经常光临本行的客户，一般都要对其每笔业务做必要的授信记录，以确定其信用水准，为将来对其提供授信额度做准备。对于已经提供了授信额度的客户也应坚持做好授信记录，并以此来确定是否增加或减少对该企业的信用额度。如果一家企业由于内部原因，不能按期偿还银行贷款，或不注重维护与银行的良好信誉关系，其授信额度就会被银行注销。

2. 企业的财务状况。财务状况是一家企业能否顺利向前发展，并保证承担对银行履行其债务义务的重要标志之一。财务状况的审查主要是通过对财务报表的分析进行的。

3. 企业的管理水平。管理水平的高低是衡量一家企业能否适应激烈的市场竞争,更好地向前发展,进而能够在与银行的交往中确保银行权益的另一标准。

4. 企业发展的前景。银行已提供或拟提供授信额度的应该是那些有良好发展前景的企业,银行通过支持这些企业不仅可以降低风险,而且可以从中受益。

(三)开证授信额度的操作程序

开证授信额度操作的基本程序如下:

1. 进口商提出申请。申请开证授信额度的进口商应按银行规定格式填写授信额度申请书,表明申请的授信额度金额、种类、期限等。

2. 银行审查。银行根据进口商的申请书,审查其资信情况、经营状况、内部管理、财务状况以及以往的有关业务记录,确定对该进口商的授信额度总额。

3. 签订授信额度协议书。银行应与进口商签订开证授信额度协议书,以确定双方的权利义务。协议书的主要内容包括:

(1)银行开证义务。银行在以信用额度代替押金缴纳的前提下,根据开证申请书开立信用证。

(2)进口商义务。进口商的义务主要是按期付款。进口商在收到银行的付款通知书后,必须保证于付款日前将足够的款项拨入进口商在银行开立的账户,由银行对外付款,如发现单据明显不符,进口商可将拒付理由书面通知银行并退回全套单据。如果在付款日进口商的账户资金不足或无理拒付,进口商应保证承担银行为维护自身信誉所做的一切努力而产生的责任和风险。

(3)进口商的保证条款。进口商保证不因贸易背景、汇率变化等因素影响对银行的付款义务。

此外,还包括抵押品及担保条款、费用条款、生效条款等。

4. 建立业务档案。协议签订后,客户可以使用开证授信额度;银行则应对客户建立业务档案,根据协议规定的总额度,对进口商的开证金额实行余额控制。当进口商使用授信额度开立信用证或信用证金额增加时,银行的授信额度自动作相应递减;当进口商使用授信额度开立信用证而单到付款或信用证注销,或信用证减额时,授信额度便自动恢复或相应增加。

另外需注意的是,并不是有了授信额度,银行就会为进口商开证。每次开证时,进口商都要向银行提交开证申请书。此时,银行不仅要审查开证额度是否足够,还需对申请书及货物进行全面了解。

5. 增减授信额度总数。进口商在使用授信额度一段时间后,如果感到总额度不够使用,还可向银行提出增加授信额度的申请,批准与否由银行决定;反之,如果银行认为客户资信有所下降,可以减少甚至取消该客户的授信额度。

提供开证授信额度的银行可视情况向申请人或使用授信额度的客户按授信总额,每年收取一定比率的风险管理费。

最后,由于开证授信额度业务实质上是开证行代进口商承担有条件的付款责任，只要出口商出具了“单证一致，单单相符”的单据，开证行便必须付款。故而，此项业务属于风险较大的授信业务。

二、信托收据

（一）信托收据的含义和作用

信托收据（Trust Receipt，T. R.，T/R），又称信托提单、留置权书（Letter of Lien）或信托证（Letter of Trust），最早产生于美国，是指进口商承认以信托的方式向银行借出全套商业单据时出具的一种保证书。在此文件中，进口商将货物抵押给银行，以银行受托人的身份提取货物，并在一定期限内，对银行履行其付款职责。其实质是进口商与开证行或代收行之间关于物权处理权的契约，其主要功能是帮助进口商获得资金融通。

A Trust Receipt is a bridging loan that provides a buyer with financing to settle goods imported on sight terms. Under a Trust Receipt, the applicant pledges the imported goods in favor of the Bank. This means that he takes possession of the imported goods, but holds them in trust for the Bank. When he sells the goods, he has to use the proceeds of the sale to repay the Bank.

进口商与银行签订信托收据并办妥其他相关手续后，两者之间形成一种信托关系。进口商在未付清货款前，可向开证行或代收行借出单据，从而得以及时报关、提货、销售等。但其仅为“借单行事”，处于代管货物的地位，是代保管人（Bailee）①，物权归开证行或代收行所有。故而，进口商取得的货款应属开证行或代收行。只有在进口商向开证行或代收行付款并赎回信托收据后，才拥有物权。

信托收据的使用主要有两种情况：一是在托收项下远期付款交单业务中进口商凭信托收据借单（D/P · T/R）；二是信用证业务下的凭信托收据借单。

专栏 9－4

信托收据的两种情况比较分析

1. 远期付款交单下的信托收据

远期付款交单业务中，当进口商承兑汇票后，进口商可以凭信托收据向代收行借取单据，待货物售出后在付款到期日将货款交付给银行，收回自己的信托收据。

通过这种方式给进口商以资金融通，通常是由代收行自行决定的，即代收行审查进口商的资信，认为其可靠并要求其提供担保、抵押品后，在未经托收行授权的

① 故而信托收据又被称为受托人收据（Bailee Receipt）。

情况下自行同意进口商凭信托收据借出单据,如货物被提走而到期进口商又拒付,则所有后果应由代收行承担。

在实际业务中,偶尔也有由出口商指示给进口商资金融通的做法,即出口商在托收申请书中授权托收行转告代收行通知进口商于承兑汇票后可凭信托收据向代收行借出单据,在付款前先行处理货物,到期再行付款。在这种情况下,代收行可以在进口商承兑汇票后,直接凭进口商的信托收据放单,而无须要求进口商提供担保或抵押品,因为代收行是按出口商和托收行的授权办理的。这种做法通常称为"付款交单凭信托收据借单"(D/P下的T/R)。如到时进口商拒付,一切后果由出口商自负。

2. 信用证项下的信托收据

在信用证业务中,信托收据是进口商在支付货款之前向银行借取单据时向银行提交的一种信用证担保文件。进口商保证到期付款或保证货物经有关当局许可入境时付款,同时承认在未付清货款前,货物所有权及其收益归银行。其实质是银行对自身权益采取的一种担保措施。

如果银行在未收款前放行提单则会丧失货物所有权,而买方凭信托收据换取单据,则银行仍保留货物的所有权及其收益,对预防买方拒付或破产极具意义。这显然与远期付款交单业务中凭信托收据借单有区别。其主要内容载明:买方保证到期付款,承认在未付清货款之前,货物所有权及其收益归银行,进口商以银行受托人身份代银行报关、提货、保险和销售货物。所有销售收益必须存入银行指定账户不得动用等。

在信用证业务中,一般也是由银行在未经信用证受益人同意的情况下自行决定凭进口商出具的信托收据借单,在此情况下,只要信用证付款条件达到,不管进口商是否拒付或破产,银行都必须无条件向受益人付款。在未向受益人付款之前,应从受益人角度出发,追回单据,或追踪货物、收益,冻结进口商账户。

在信用证中规定信托收据是不常见的做法,但信用证受益人,银行及进口商之间的权利义务关系并不受太大的影响。与"付款交单凭信托收据借单"的情形不一样,进口商拒付或破产,银行仍负有及时追回单据,或追踪货物、收益,或冻结进口商账户的义务。不过,既是受益人同意银行凭进口商出具的信托收据放单,则受益人应对银行因执行该项业务所致损失负责,在银行履行其义务的基础上,承担一切风险。

(二) 当事人的权利和义务

1. 进口商。进口商作为该信托关系中的被信托人(Trustee)和货物的代保管人有以下三项义务:

(1)须将该信托收据项下的货物单独保管、保险,由于这些货物由开证行或代收行拥有,货物一旦出险,所得的保险赔偿也应归开证行或代收行所有。

(2)货物销售后,货款属于开证行或代收行。若远期付款交单尚未到期,由开证行或代收行保管;或另行开立保证金账户,与进口商的其他自有资金分开;或提前付款,赎回信托收据,利息则按借单的实际天数计算。

(3)在进口商赎回信托收据前,物权归开证行或代收行所有,故其不得将该货物抵押给第三方。为防止进口商擅自将货物抵押给第三方,开证行或代收行在借出单据时,应在提单上加盖"Under Lien to ××× Bank"字样,表明该银行对货物有留置权。

2. 开证行或代收行。开证行或代收行只要接受了进口商提供的信托收据,借出了单据,即成为该信托关系中的信托人(Truster)。信托人有以下三项权利:

(1)可以随时取消契约,收回借出的货物。

(2)在货物已销售情况下,可以随时收回货款。

(3)若进口商破产、清算,对货款有优先权。

(三)办理信托收据业务应注意的问题

在国际贸易实务中,开证行或代收行对是否同意接受进口商的信托收据应十分谨慎。一般情况下,开证行或代收行应注意以下几点:

1. 进口商的资信状况、抵押、质押物的情况,据以对进口商核准一定的授信额度,并在核定的授信额度内办理信托收据业务。

2. 向进口商借出单据后,应加强对货物存仓、保险、销售、收款等各个环节的监控,直到进口商赎回信托收据,以免造成"钱货两空"。

3. 熟悉当地法律。通常情况下信托人在被信托人破产清算时对货物或货款有优先索偿权,但不同的国家可能有所不同。

此外,在进口开证或进口代收中,可根据需要对信托收据采用额度管理,尤其是在进口开证情况下。又由于银行一般给予进口商一定的期限以收回货款并归还银行贷款,还需正确计算还款期限。根据开证申请人的具体情况,该期限可从半个月至几个月不等,最长可达半年。

专栏 9-5

信托收据的式样

信托收据

编号:

×××银行:

我公司在贵行办理了编号为________、期限为________天的进口开证/代收业务,现同意以下列方式处理该进口开证/代收项下单据(单据金额:________,货物名称:________,数量:________)及货物:

一、我公司自确认收到贵行上述进口开证/代收业务项下单据/货物,自我公司取得该单据之日起,至我公司付清该进口开证/代收项下货款、利息及一切费用之日止,该单据及货物的所有权以及有关的保险权益均归属于贵行,我公司保证办理确认贵行上述权利所必需的手续。未经贵行授权,我公司不以任何方式处理该单据及货物。我公司不因上述转让行为而减少、免除或抵消我公司对贵行所承担的债务。

二、我公司作为贵行的受托人,代贵行保管有关单据,以贵行名义办理该货物的存仓、保管、运输、加工、销售及保险等有关事项,代为保管该货物出售后的货款或将货款存入贵行指定账户。贵行有权以任何合法方式对我公司进行监督,包括随时派员或代理人在任何时候进入仓库检查货物。

三、贵行有权要求我公司立即返还该单据或货物或销售所得款项,或从我公司在贵行系统内各机构开立的账户中直接扣款。该货物折价或销售所得款项不足我公司所欠贵行债务的,贵行有权就差额部分向我公司及保证人进行追索;货物折价或销售所得款项超过我公司所欠贵行债务的,超额部分我公司有权保留。

四、该货物在我公司保管期间产生的所有费用(包括但不限于保险、仓储、运输、码头费用等)由我公司承担。我公司承诺对该货的市价投保所有可能出现的风险,在保险单上列明贵行为第一受益人,并将保险单交贵行保管,如投保货物发生损失,贵行有权直接向保险公司索赔。

五、未经允许,我公司不以延期付款或任何非货币方式或低于市场价值处理该货物。

六、我公司保证不将货物销售给我公司无权向其进行索偿的任何人。

七、我公司不向其他任何人抵押或质押该货物,或是该货物收到任何留置权的约束。

八、一经贵行要求,我公司即将该货物的账目、任何销售收入或与该货物有关的销售合同详细情况提交给贵行,贵行有权进入仓库对货物的实际情况进行检查或重新占有该货物。

九、若本公司发生破产清算,以信托收据提取的货物不在本公司债权人可分配的财产范围内。

十、我公司保证履行上述有关承诺,否则贵行有权采取任何措施(包括处理公司其他财产)清偿我公司在本信托收据项下承担的义务。

单位名称(公章)

有权签字人:

年　月　日

资料来源:庄乐梅:《国际结算实务精要》,中国纺织出版社,2004 年版,第 272 页。

三、进口押汇

(一) 进口押汇的含义及分类

进口押汇(Inward Bills, Import Bill Purchase, Import Bill Advance),是指银行在收到信用证或进口代收项下单据时应进口商要求向其提供的短期资金融通。

Import bill advance is a kind of short – term finance offered by the bank to the importer according to his demand upon receiving the bills under the letter of credit and the import collection items.

根据基础结算方式不同,可分为进口信用证项下押汇和进口代收押汇两种:

1. 进口信用证押汇(Inward Bill Receivables),是指信用证开证行在收到出口商或其银行寄来的单据后先行付款,待进口商得到单据、凭单提货并销售后收回货款的融资活动。它是信用证开证行对开证申请人(进口商)的一种短期资金融通。此时,不另设额度,通常包括在信用证开证额度内。

在正常情况下,作为开证申请人的进口商在得到开证行单到付款的通知后,应立即将款项交开证行赎单,并且在付款以前是得不到单据从而不能提货的。

但是,如果进口商的资信较好,并且信用证项下单据所代表的货物市场销售行情好,能在短期内收回货款,那么,银行可以根据有关协议代进口商先对外支付货款,并将单据提供给进口商以便其提货、销货,最后将贷款连同利息一并收回。起息日为押汇银行垫款之日,利率一般按市场利率加上一定的升幅计算。

2. 进口代收押汇,是指代收项下代收行凭包括物权单据在内的进口代收单据向进口商提供的一种融资性垫款。由于其风险较大,一般适用于以付款交单(D/P)为结算方式的进口代收业务中。

(二) 进口押汇的步骤

1. 申请与审查。如果需办理进口押汇,进口商应首先向银行提出书面申请,银行要对进口押汇申请进行严格审查,并根据进口商的资信等情况确定押汇金额。

2. 签订进口押汇协议。进口押汇协议是开证行与进口商之间签订的确定双方权利义务的书面契约,其基本内容包括:

(1)押汇金额及进口商的付款义务。进口商从银行得到的进口押汇资金应用于银行为其开立的信用证项下的对外付款,当信用证项下单到并经审查合格后,银行凭进口商的信托收据对外付款,待押汇期满后,进口商将押汇本息一并归还给银行。

(2)押汇期限及利率。进口押汇的时间较短,一般为 1 ~ 3 个月。押汇利率由双方协商决定。

(3)进口商的保证条款。进口商应保证在押汇到期日前归还银行押汇本息;否则,银行有权对其收取罚息,或处理押汇项下的货物。

(4)货权及其转移条款。在进口商未能还清银行押汇本息之前,押汇项下的进口货物的货权属于银行。

(5)违约条款。如进口商违约,银行有权对其提出法律诉讼,或冻结其在银行的其他账户,或停止进口商在银行办理的一切融资业务。

3. 开证行对外付款。开证行在收到出口方银行寄来的单据以后,应严格审单,如果单证相符,即可对外付款。

4. 凭信托收据向进口商交付单据。在进口押汇业务中,信托收据(T/R)是进口商在未付款之前向银行出具的领取货权单据的凭证。银行根据进口押汇协议凭信托收据将货权单据交付给进口商,进口商因此处于代为保管和销售货物的地位。

5. 进口商凭单据提货及销售货物。进口商在向银行借出货权单据后,即可凭单据向承运人提货,并可销售货物或对货物做其他处理。

6. 进口商归还贷款本息,换回信托收据。在约定的还款期到时,进口商应向银行偿还贷款及利息,并于还清本息后收回信托收据,解除还款责任。

(三)进口押汇需注意的问题

1. 对于进口押汇申请人。进口押汇是一种专项融资,押汇款项仅可用于履行协定的对外付款;押汇款项为逐次申请,逐次使用;押汇期限一般与进口货物转卖的期限相匹配,一般不超过 90 天,并以销售回笼款项作为押汇的主要还款来源。

2. 对于押汇银行。由于押汇款项的还款依赖于申请人的赢利能力,押汇银行需要了解申请人的经营、资信状况;对押汇条件的控制应视该进口货物是否畅销、变现能力是否强而选择适当放宽还是从严控制;因押汇款项还款来源单一,可考虑增加其他安全措施,如增加第三方担保、抵押、质押等,使银行可能发生的损失减小到最低。

四、买方远期信用证融资

(一)买方远期信用证的含义和作用

1. 含义。买方远期信用证(Buyer's Usance L/C),即假远期信用证,它是指信用证项下远期汇票付款按即期付款办理的信用证,是相对于卖方远期信用证而言的。这是出口方银行(议付行)通过开证行向开证申请人(进口商)提供短期融资的一种方式。

2. 作用。买方远期信用证具有以下一些作用:

(1)进口商。假远期信用证使进口商得到了出口银行的融资。不过他应支付从出口银行支款日(议付日)起至汇票到期日期间的利息给出口银行,并承担有关费用。

(2)出口商。假远期信用证对出口商基本没有什么影响,他仍然是在发货后交单议付,收回货款。

(3)进口银行。进口银行承兑汇票后,必须到期付款,并且对出口银行没有追索权。

(4)出口银行。获得利息收入。出口银行可收取贷款日(议付日)至汇票到期日(开证行偿还日)期间的利息;带来出口结算业务。因为假远期信用证项下的议付银行必须是提供融资的出口银行,实际占用资金少,出口银行对受益人付款后,可以将进口银行承兑的远期汇票进行贴现,用所得票款冲抵垫付款项。

不过,利用假远期信用证融资时,出口银行必须对进口银行有很好的了解,否则会因为对出口商的垫款无法及时得到补偿而遭受损失。

(二)买方远期信用证融资的程序

1. 进出口双方银行签订由出口银行以假远期信用证形式向进口商融资的协议,出口银行根据协议开立专门账户。

2. 进口商申请开立远期付款、银行承兑信用证。进口银行(开证行)开立信用证时应注明:本信用证项下汇票付款日为见票后若干天(以便开证行承兑);本信用证项下远期汇票付款按即期付款办理(出口银行即期付款给受益人或出口商);本信用证限制在提供融资的出口银行议付。

3. 开证行开证。

4. 出口银行通知信用证。

5. 出口商交单申请议付。

6. 出口银行寄单。

7. 开证行承兑汇票并授权出口银行由专户内支付货款给出口商。

8. 出口银行按面额支付票款。

9. 开证行凭信托收据向进口商放单。

10. 进口商于到期日还款,包括本金和利息。然后,进口银行向出口银行偿还垫款和利息。

(三)真假远期信用证融资的比较

真假远期信用证融资的相同点是其融资都是由远期信用证项下远期汇票的承兑与贴现实现的。不过,两者存在很大的差别:

1. 贸易合同规定的付款期限不同。一般而言,贸易合同是信用证开立的基础,真远期信用证符合这一条件,信用证与合同的付款期限相同,都是远期付款;但假远期信用证却不符合这一条件,信用证是远期付款,合同却是即期付款。对于与合同付款条款不一致的信用证,受益人通常是不会接受的,受益人接受假远期信用证是为了给进口商从银行融资提供方便。

2. 贴息支付者不同。真远期信用证的融资者是受益人,贴息支付者也是受益人;假远期信用证的融资者是开证申请人,融资成本也由其承担。

五、提货担保

(一)提货担保的含义和作用

提货担保(Delivery against Bank Guarantee, Shipping Guarantee),是指当进口货物早于货运单据抵达港口时,银行向进口商出具的、有银行加签的、用于进口商向船公司办理提货手续的书面担保。

Shipping guarantee is a written guarantee signed by the bank and issued to the importer for picking up the goods from the shipping company in the case of arrival of cargo prior to the shipping documents.

在正常情况下，收货人（一般为进口商）应凭正本提单向船公司办理提货手续，但有时因航程过短或其他原因，货物比单据先到，如果收货人急于提货，可采用担保提货方式，即由收货人与银行共同或由银行单独向船公司出具书面担保，请其凭以先行放货，保证日后及时补交正本提单，并负责缴付船公司的各项应收费用及赔偿由此可能产生的损失。

由于申请人在未付款之前就取得了代表货物所有权的单据，因此提货担保的实质也是开证行对申请人的一种融资，可以缓解申请人的资金周转困难，增加申请人的净现金流入量、提高其偿债能力。另外，也利于申请人节约时间，把握市场先机。

（二）提货担保的业务流程

提货担保的业务流程比较简单。一般情况下，当货物先于单据到达港口时，首先开证申请人向开证行提出办理提货担保的申请；其次，开证行根据具体情况，有条件地办理提货担保；最后，开证申请人收到运输单据后立即向船公司换回提货担保。

银行办理提货担保业务时，申请人须满足三个条件：①与进口商签订信托收据。②认真填写并提交开证行格式化的提货担保申请书。③向开证行提供与本次提货担保有关的副本发票，副本提单，出示货物到港通知（如有）。

（三）办理提货担保业务应注意的问题

1. 开证申请人。开证申请人应注意下列问题：

（1）限制性。提货担保一般仅适用于信用证下货物，且当该信用证为开证行开立、运输方式为海运、信用证规定为提交全套海运提单时方可办理。

若银行客户要求对跟单托收项下的货物出具提货担保，则必须提供有关的交易单据，以便银行审查货物的归属和真实价值，否则不予受理。通常情况下，银行仅对资信良好的客户提供跟单托收项下的提货担保业务。

（2）保证付款。在收到有关单据后，无论其与有关信用证是否相符，均保证立即承兑或付款，不得拒付。

（3）及时退还。由于该项业务为授信业务，提货担保书不及时退还开证行会影响开证申请人的授信额度和信誉，故而开证申请人收到有关单据后，应立即用正本提单向船公司换回提货担保书并退还给开证行。

（4）赔偿责任。开证申请人需对因出具提货担保而使开证行遭受的损失进行赔偿。

2. 开证行。开证行应注意下列问题：

（1）开证申请人的资信状况。开证行需要对开证申请人的信誉及经营状况保持时刻关注，这一方面是因为企业的经营是动态的；另一方面，开证行在出具提货担保时即失去了对货物的掌控权，面临的风险较之开证时增大，需要进一步了解开证人的具体情况据以确定是否需要补充保证金、增加第三方担保、抵押，或采取其他防范措施。

(2)货物的状况。开证行需确认该货物为其自身开立的信用证项下的货物,核对有关内容,如货物名称、货物总价值、起运港和卸货港等。

(3)收回提货担保书。开证行应督促开证人来单后及时将提货担保退还。

专栏9-6

提货担保丧失单证不符时拒绝付款的权利

案情:2003年2月,香港某航运贸易公司(承运人)的一艘货轮,在越南胡志明市装运数千吨木薯粉准备运往上海。装货完毕后,船长向越南的托运方签发了两份不记名指示(To Order)提单,即收货人一栏中没有具体的公司名称,被通知方为上海A公司。船抵上海后,A公司向G银行(信用证的开证行)称其为该提单项下的收货人(在指示抬头提单中被通知人往往是进口商),但因正本提单正在办理结汇手续,无法凭以提货,故而要求银行出具提货担保,用以先行提货。该银行同意其要求,出具了提货担保。3个月后,正本提单的持有人越南的一家公司B(信用证的受益人)在香港法院对香港某航运贸易公司起诉,要求后者提供100万美元担保,以承担无提单放货的法律责任,并于2003年底在孟加拉国吉大港扣押了该艘轮船。上海A公司的三名业务人员也因此滞留在越南。2004年2月,香港某航运公司向当地海事法院对出具提货担保的G银行和A公司(提货人)提起诉讼,要求上述被告承担无提单提货的责任,经法院审理调解后,提货人先支付20万美元,余下的80万美元由G银行承担,从而达成和解协议。

分析:本案涉及的是提货担保业务。在进口信用证业务中,如遇到货物先到而邮寄单据未到的情形,进口商会要求开证银行出具提货担保,以便提前提取货物。这时开证行应要求进口商在申请书中声明,在其凭开证行出具的提货担保提走货物后,将放弃提出单证可能不符的权利。这是因为,在正常情况下,如果开证行提出单证不符时,开证行将代替议付行持有单据(包括提单),并听候议付行的处理意见(此时,该单据项下的物权仍归议付行或出口商所有)。在进口商凭开证行的提货担保把尚不属于自己的货物提走时,开证行将会受到议付行或出口商的法律诉讼,则银行将承担风险。本案中我国的G银行就是如此。因而,一旦要求凭提货担保提货,进口商就应丧失对将来实际收到单据时可能出现的不符点提出异议的权利,即开证行接受申请开立提货担保时,会要求进口商在收到正本提单的单据后,不管单证相符与否,必须无条件地授权银行对外付款。

资料来源:高洁:《国际结算案例评析》,案例22"提货担保引发的纠纷",对外经济贸易大学出版社,2006年版,有删改。

第三节 国际保理业务

近年来国际保理业务发展迅速，目前全球保理业务量已超过7 000多亿美元。国际保理成为一种日益广泛应用的金融方式。保理业务是集融资、结算、担保管理于一体的一揽子综合金融服务。传统的信用证方式虽然风险小、可靠性强，但在其项下进口商须支付较高的银行费用以及一定比率的开证押金或占压一定的信用额度，使得进口商的成本增加，故而，进口商一般更愿意接受非信用证方式。

然而，非信用证结算下的赊账交易和承兑交单交易中出口商能否如期收到款项又完全取决于进口商的信用，对出口商来说风险过大。如何平衡进、出口商所承担的风险与所付出的成本？为解决这一问题，可以采取国际保理商提供的国际保付代理服务。

一、国际保理的含义和主要内容

（一）国际保理的含义

国际保理（International Factoring）的全称是国际保付代理业务，简称保理（Factoring）或出口代理，在我国内地又称为代理融通、包销代理、承购应收账款业务，在香港称为销售保管，在台湾则一般称作应收账款收买业务。它是指保理商（Factor）从其客户（出口商）手中，购进通常以发票表示的对债务人的应收账款，并负责信用销售控制、销售分户账户管理和债权回收业务。

Factoring, also referred to as the purchase of accounts receivable, is a financing service that the factor (the bank) purchases the trade debts of its clients and collects them on its own behalf. ①

因此，它既是一种可供选择的国际结算方式，又是一种短期的贸易融资方式。其基本特点是：集结算、管理、担保和融资为一体的综合性售后服务业务，主要是为承兑交单（D/P）、赊销（O/A）设计的。

从事该项业务的保理商一般须加入国际保理商联合会（Factors Chain International, FCI），其保理业务员均须通过FCI组织的考试，获得FCI颁发的合格证书。

（二）国际保理业务的服务项目

1. 销售分户账管理（Maintenance of the Sales Ledger）。对出口企业销售分户账的管理是确保出口企业正常生产、经营和销售的必要手段，是出口企业减少经营开支、提高经济效益的最基本的财务管理工作。

由于保理商通常是大的商业银行的附属机构，它拥有完善的账户管理制度、先进的技术手段和丰富的管理经验，并与国外各种机构建立了计算机联网，因此能够

① 根据兴业银行相关定义给出。

提供高效的社会化服务。

具体做法是:保理商收到其客户(出口商)交来的销售发票后,在电脑中设立分户账,输入必要的信息及参考数据,如债务人、金额、支付方式、付款期限等,然后由电脑进行自动处理,诸如记账、催收、清算、计息、收费、统计报表的打印等项工作,保理商可根据客户的要求,随时或定期提供各种数据和资料。

2. 债款回收(Collection from Debtors)。债款回收是一种技术性、法律性较强的工作。一般出口商甚至包括畅销产品的卖主,也因缺乏这种回收债权的技术,应收账款不能及时收回,导致营运资金周转不灵。而保理商则拥有专门的收债技术和知识,能够正确适时地对不同债务人收回债务。一旦产生争议和纠纷,保理商有专门的法律部门提供有效的律师服务。

债款回收的具体做法是:客户先与保理商商议收债方式、程序和最后手续;然后,双方签订保付代理协议,各自按照协议规定履行权利与义务。

3. 信用销售控制(Credit Control)。国际贸易渠道和网络错综复杂,国际市场行情千变万化。要避免和减少潜在风险,出口企业就必须要了解和掌握客户资信变化情况,制定出切实可行的信用销售限额和采取必要的防范措施。然而,一般中小企业很难做到这一点。保付代理商却以其独特的优势,利用保理商联合会广泛的代理网络和官方或民间的咨询机构,利用其母行在国外广泛的分支机构和代理网络,通过现代化手段获取最新动态资料,依据所掌握的客户资信情况的变化,为供应商(出口商)提供其客户的信用销售额度,从而将应收账款的风险降到最低限度。

4. 坏账担保(Full Protection Against Bad Debts)。保理商对坏账担保的服务项目是有限制条件的。通常,保理商对其客户并非提供100%的坏账担保,而只对已核准的应收账款提供100%的坏账担保。这就是说,只要供应商对其每个客户的销售控制在保理商核定的信用销售额度之内,就能有效地消除因买方信用造成的坏账风险。但对因供应产品的质量、服务水平、交货期等引起的贸易纠纷而造成的坏账和呆账,保理商不负赔偿之责。

5. 贸易融资(Trade Financing)。保理商可以向供应商提供无追索权的贸易融资,而且手续方便,简单易行。它不像信用放款那样需要办理复杂的审批手续,也不像抵押放款那样需要办理抵押品的移交和过户手续。供应商在发货或提供技术服务后,将发票通知保理商,即可立即获得80%~90%发票金额和无追索权的预付款融资,基本解决了在途和信用销售的资金占用问题。

(三)保理业务的种类

根据不同的标准,保理业务有多种分类方法:

1. 根据是否保留追索权,分为有追索权保理(Recourse Factoring)和无追索权保理(Non-Recourse Factoring)。在有追索权的保理业务中,保理商并不为客户核定信用额度和提供坏账担保,而仅提供包括融资在内的其他服务。当债务人因清偿能力不足而形成坏账时,保理商有权向客户追索。在无追索权的保理业务中,保理商负责为客户核定信用额度和提供坏账担保,在核定信用额度内,因债务人资信等问题造成的坏账损失由保理商承担。

2. 根据是否提供融资,分为到期保理(Maturity Factoring)和融资保理(Financed Factoring)。在到期保理业务中,保理商根据供应商给予对方的付款期限计算出平均到期日,在该日将应收账款付给供应商。在融资保理业务中,保理商一收到出口商的销售发票,就立即以预付款的方式提供不超过90%发票额的融资,余款则于货款收妥后清算。

3. 根据是否将销售货款直接付给保理商,分为公开保理(Disclosed Factoring)和隐蔽保理(Undisclosed Factoring)。在公开保理业务中,供应商必须以书面形式将保理商的参与通知其所有的客户,并指示他们将货款直接付给保理商。在隐蔽保理业务中,保理商的参与对外保密,货款仍然直接付给供应商,融资与清算的费用由出口商承担。

4. 根据供应商与其客户是否在同一国家和地区,分为国际保理(International Factoring)和国内保理(Domestic Factoring)。供应商与其客户在同一国家或地区,称为国内保理。供应商与其客户分别在不同国家或地区,称为国际保理,其主要包括单保理(Single Factoring)和双保理(Double Factoring)两种模式。

此外,按照保理商是否提供完全的服务,国际保理又可分为完全保理和不完全保理;按照进出口商身份不同分为出口保理和进口保理等。上述分类方法彼此存在交叉,国际保理还可能出现其他方式,此处不再赘述。

二、国际保理业务的产生及发展

(一) 保理服务的起源

早在18世纪工业革命时期,英国纺织工业蓬勃发展,于是向海外倾销纺织品便成为资本主义初期经济扩张的必经之路。

由于出口商对进口商的资信和当地市场的情况知之甚少,因而其纺织品多采用寄售方式(Consignment)向海外出口,由进口商所在地的商务代理负责货物的仓储、销售和收账,并在某些情况下提供坏账担保和融资服务。为了解决出口商的资金积压与扩大再生产的矛盾,这种采用寄售方式的商务代理制逐渐演变成为提供短期贸易融资的保理服务。出口商在商品出运后,可将有关单据售给经营保理业务的机构,以及时收回销售货款,继续并扩大再生产。

(二) 现代国际保理服务发展的促进因素

现代国际保理业务在第二次世界大战之后得到了较快的发展,尤其是在最近30年中,随着科学技术的进步,国际保理业务的服务手段也更加先进,保理商为客户提供的服务内容也不断丰富和完善。在当前的国际贸易结算领域,人们已经越来越重视对国际保理的运用。这主要有以下几个方面的原因:

1. 国际贸易中买方市场的普遍形成。各国出口商为了在贸易活动中扩大自己的出口份额,纷纷向客户提供更加优惠的贸易结算条件。国际保理业务因为可以为买方减少开立信用证的费用，并且在买方资金困难、不足以支付货款时，能获得保理商为其提供的信用担保，使买方提前获得贸易利益，而备受买方青睐。在当前国际贸易领域，欧美的进口商一般都要求卖方接受承兑交单（D/A）或赊销（O/A）的商业信用付款方式，但这种结算方式对于销售商来说存在着很大风险。而国际保理业务可以事前获得对方资信情况，这使得销售商可以放心大胆地采用这一付款方式。因此，在这样的贸易背景下，国际保理业务得到快速发展。

2. 信息产业的进步和电子通信技术得到普遍应用。由于保理业务提供的服务内容大多需要先进的信息技术作为基础手段，从国外市场的需求、客户的资信调查，到贸易伙伴国的市场规则、法律法规、交易习惯以及瞬息万变的市场行情等调查内容，都需要保理商借助先进的技术手段来完成。

3. 国际保理相关惯例规则的制定与实施。伴随着经济全球化进程的加快，为了使本国经济更好地融入全球经济的发展中，各国在贸易管理法规以及习惯方面，都逐渐采用国际通行的惯例规则。例如，1998 年 5 月，国际统一私法协会（International Institute for the Unification of Private Law）就通过了《国际统一私法协会国际保理公约》，以便统一各国保理商开展国际保理业务的标准。国际保理商联合会于 1968 年制定了《国际保理惯例规则》，目前最新的版本是 2000 年的《国际保理业务惯例规则》。这些法律环境的建设，为国际保理业务的开展提供了有效的法律保证。

4. 银行等金融机构扩大业务范围增加利润来源的需要。此外，经济的高速发展也要求金融业不断进行业务创新。这一方面可以满足客户的需要，另一方面也可以拓展自身的服务领域，培育新的利润增长点。保理业务就是各国金融机构争相占领的一个新的服务领域。

随着保理服务的发展，保理服务的产品范围不断拓展。保理商不仅对纺织品、食品和一般日用品等出口应收账款提供短期融资，并且对家具、电子产品、机械产品等出口账款也给予资金融通，并提供其他有关服务。

一些保理商开始与储运公司、商检部门、港务局等有关部门联合起来向客户提供一揽子全面服务，包括商品的包装、贴标签、刷唛头、商检、租船订舱、发运、保险、仓储、交货、收款、风险担保、融资等服务，卖方只要找到了买主，其他事情均可委托这一联合体来办理。

三、保理服务的作用

（一）对出口商

1. 有利于出口商尽快收回资金，提高资金的使用效率。出口商将货物装运完毕，即可立即获得不超过 80% ~90% 发票金额的有追索权贸易融资，缩短了资金回收的周期，加速了资金周转。

同时，保理商提供的融资数量是由出口商的销售额决定的，融资总额随着出口商经营规模的扩大而相应加大，两者保持同步增长，使处于快速发展阶段的出口企业能得到足够的营运资本金来支持这种增长，这就可以有效地防止成长型的出口企业超营运资金经营(Overtrading)问题。

2. 有利于出口商转移风险。只要出口商的商品品质和交货条件符合贸易合同的规定，在保理商无追索权地购买其出口债权后，出口商就可以将信用风险和汇价风险转嫁给保理商，潜在的坏账风险大大减小，货款回收率明显提高。

3. 能节省非生产性费用。出口商把售后管理交给保理商代管后，可相应减少财务管理人员和办公设备，节省大量的财务管理费用。

4. 有利于出口商获取有关信息。由于保理商熟悉海外市场和商业活动的情况，在很大程度上保障了对进口商的资信进行准确和真实的调查，为出口商决定是否向进口商提供商业信用提供了可靠依据。保理商还经常向中小出口商就海外市场情况和进口国的有关法规提出建议，替他们寻找买主和代理商，协助其打进国际市场，增强其竞争能力。

5. 有利于维护和提高出口商的资信。由于出售应收账款的预收款计入出口商正常的销售收入，提高了企业的资产/负债比率，改善了其资产负债表状况，有助于出口商资信的提高，有利于出口商的有价证券上市和进一步采用其他融资方式。

6. 增大出口成本。保理服务对出口商的不利之处是会提高出口成本并因此导致出口价格上升或出口利润下降。

(二) 对进口商

保理服务对进口商的影响是间接的和不明显的。出口商采用保理服务使得进口商能以非信用证方式支付货款。

1. 避免积压和占用资金。保理服务适用赊销方式购买商品，进口商不需要向银行申请开立信用证，免去交付押金，从而减少资金占压，避免信用额度的减少，降低进口成本。

2. 简化进口手续。通过保理业务，买方可迅速得到急需的进口物资，大大节省要求开证、催证等时间，简化了进口手续。

当然，采用保理业务，出口商将办理该项业务有关的费用转移到出口货价中，增加了进口商的成本负担。但是，由于保理服务的费率较低，一般为业务量的0.75% ~2.5%，货价提高的金额一般仍低于因交付开证押金而蒙受的利息损失。

国际保理业务对进、出口商的好处可见表9-2。

表9-2　国际保理业务对进、出口商的好处

好　处	对出口商	对进口商
增加营业额	对于新的或现有的客户提供更有竞争力的O/A，D/A付款条件，以拓展海外市场，增加营业额	利用O/A，D/A优惠付款条件，以有限的资本购进更多货物，加快资金流动，扩大营业额
风险保障	进口商的信用风险转由保理商承担，出口商可以得到100%的收汇保障	纯因公司的信誉和良好的财务表现而获得出口商信贷，无须抵押

续表

好　处	对出口商	对进口商
节约成本	资信调查、账务管理和账款追收由保理商负责,减轻业务负担,节约管理成本	省却了开立信用证和处理繁杂文件的费用
简化手续	免除了一般信用证交易的烦琐手续	在批准信用额度后,购买手续简化,进货快捷
扩大利润	扩大了出口额、降低了管理成本、排除了信用风险和坏账损失,利润随之增加	加快了资金和货物的流动,从而增加了利润

四、国际保理业务的运作

(一) 国际保理的当事人

国际保理有两种做法,即国际单保理和国际双保理,前者有三个当事人,后者则有四个当事人。

1. 卖方。卖方即出口商或称供应商,是指对提供货物或服务出具发票,并且其应收账款已被出口保理商叙做保理业务的一方。

2. 债务人。债务人即买方或称进口商,是指对由提供货物或服务所产生的应收账款负有付款责任的一方。

3. 出口保理商。出口保理商是指与卖方签订保付代理协议,对卖方的应收账款承做保理业务的一方。出口保理商通常在出口商的所在地。在国际单保理的情况下,无出口保理商。

4. 进口保理商 。进口保理商是指同意代收卖方以发票表示的并过户给出口保理商的应收账款的一方。根据《国际保理业务惯例规则》,进口保理商对出口保理商过户给他的并已承担信用风险的应收账款必须付款。进口保理商对出口保理商承担担保付款的责任。

(二) 国际保理业务的具体做法

1. 单保理业务的具体做法。买卖双方经过谈判,决定采用保付代理结算方式时,由卖方向进口国的保理商申请资信调查,签订保付代理协议,并提交需要确定信用额度的进口商名单。

进口保理商对进口商进行资信调查,确定有关信用额度。出口商在信用额度内发货,将有关发票和货运单据直接寄交进口商,并将发票副本送交进口保理商。

进口保理商负责应收账款的管理和催收,并提供100%的买方信用风险担保。进口商于应收账款到期日对进口保理商付款,进口保理商按保付代理协议规定的日期将全部款项扣除费用后转入出口商银行账户。如果卖方有融资需求,进口保理商也可于收到发票副本后以预付款方式提供不超过发票金额90%的无追索权的短期贸易融资,剩余的发票金额则在收到进口商(买方)付款之时,扣除有关费用及贴息后转入出口商的银行账户。

2. 国际双保理业务的具体做法。欧洲各国一般都采用双保理方式,具体做法是:

买卖双方谈判约定采用国际保理的结算方式。然后由卖方与本国的出口保理商签订保付代理协议。接着由出口保理商与进口保理商签订委托协议。卖方将需要核定信用额度的进口商名单交给出口保理商,由其立即传送给进口保理商。

进口保理商对各进口商进行资信调查,逐一核定相应的信用额度,并通过出口保理商通知出口商按核定的信用额度发货或提供服务,出口商履行合同后,将发票和装运单据或其他有关单据直接寄交进口商,发票副本送出口保理商。

如有融资需求,出口保理商即以预付款方式向出口商提供不超过发票金额90%的无追索权的短期贸易融资,并向进口保理商定期提供应收账款清单,由其协助催收货款。到期后,进口商将全部货款付给进口保理商,进口保理商则立即付给出口保理商。出口保理商扣除有关费用及贴息后,将剩余货款付给出口商。

如果进口保理商没有按照上述要求对出口保理商进行付款,进口保理商必须负责向出口保理商支付从应付款日至实际付款日整个期间的利息(按应付日当天有关货币的90天期的伦敦同业银行拆放利率的两倍计息)并向出口保理商补偿由于迟付款而使其遭受的汇价损失。不过,如果进口保理商由于人力所不能控制的原因而不能按期付款,除须立即通知出口保理商外,还须向出口保理商支付从应付款日至实际付款日之间的利息,它相当于出口保理商所能获得的有关货币最低拆借利率计算出的利息。其业务流程如图9-1所示。

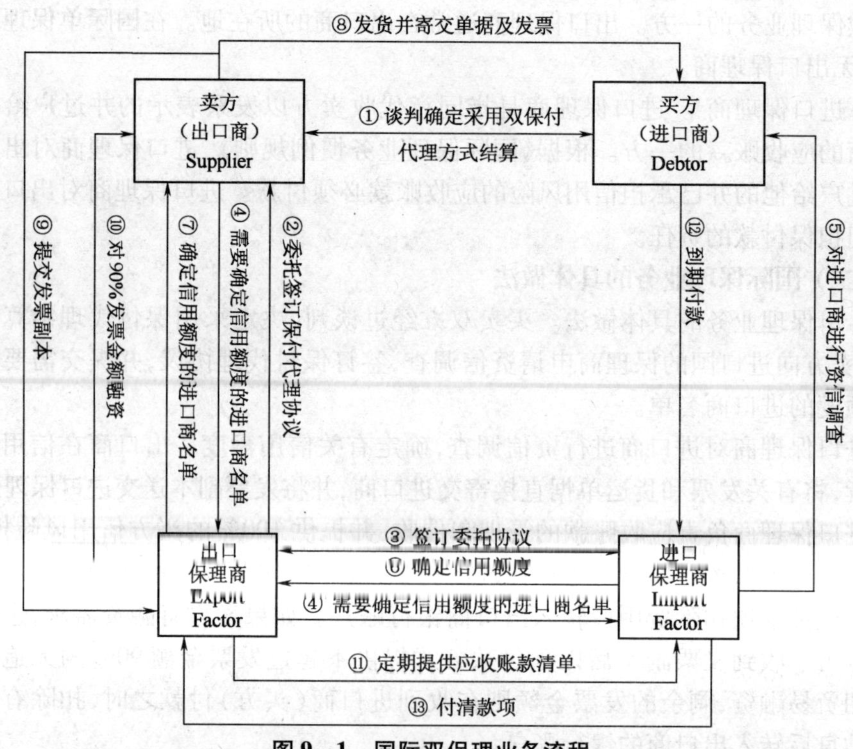

图9-1　国际双保理业务流程

五、国际保理业务的适用范围及应注意的问题

（一）国际保理业务的适用范围

国际贸易中在下列情况下，可考虑选择国际保理业务：

1. 出口商对国外客户或者新客户的信誉及经营情况不够了解，而对方又不愿采用信用证支付方式时。

2. 出口商为了扩大市场，同意对进口商采用赊账交易或托收等方式，但是又不愿承担汇率风险且有融资需要时。

3. 出口商由于其自身经营商品的特点，如每次发货数量少但批次较多，为力求减少中间环节以适应市场变化的需要时。

（二）办理保理业务应注意的问题

1. 对于出口商（供货商）。出口商在办理保理业务时应注意下列问题：

（1）国际保理使用范围有限。保理业务通常适用于中小额的交易，而非适用各类企业的各类交易。出口的商品以连续发货或季节性较强的消费品如服装、食品等为宜。因为这类商品交易合同签订后，出口商可以分期分批交货，收款期一般在 90 ~ 120 天，而国际保理业务中国际保理商一般不提供超过 180 天的中长期融资服务。

（2）合同的严格遵守性。出口商要严格按照保理商批准的信用额度与进口商成交合同，在交货时必须严格符合合同规定。否则，保理商不对其损失承担任何责任，所有风险由出口商自行承担。

（3）慎重选择国际保理商。保理商的资信状况、经营能力等对业务有很大影响。若保理商对进口商的信用调查不过关，或在收到款项后不及时将款项交予出口商，或在进口商发生拒付、破产、倒闭、无力付款时亦无理不付款甚至同样破产倒闭，出口商将不得不承担一定的损失。

（4）保理业务费用。保理费用一般为 0.75% ~2.5%，出口商应事先将其估算在出口成本之中，以尽量减少自身的费用负担。

2. 对于出口保理商（出口地银行）。出口保理商应注意下列问题：

（1）了解出口商情况。保理业务在实质上仍然依赖于进口商的商业信用，风险较大，了解出口商的信誉、贸易背景、产品的销售情况等，则出口保理商可参照流动资金贷款要求，采取适当措施有效防范风险。

（2）加强保理项下的货款催收工作。由于进口商或进口保理商在应收账款到期后的 90 天内任何一天向出口保理商付款均属正常，为了防止进口商恶意利用这一惯例，出口保理商应主动定期催收货款。

（3）正确对待贸易纠纷。贸易纠纷是否顺利解决直接影响到出口商的融资能否顺利偿还。

专栏9－7

出口保理业务的反索纠纷

案情:2005年初,国内某出口商B公司委托当地某出口保理商叙作一笔出口保理业务。在获得出口保理商批准的20万美元信用额度后,出口保理商即与出口商签订了《出口保理业务协议》及《保理融资扣款授权书》。同年4月和5月,出口商先后向出口保理商提交了两张发票,金额共计20万美元。出口保理商随即将这两张发票先后转让给了英国的某进口保理商,并根据出口商的申请,向其提供了16万美元的出口保理融资。

8月5日,出口保理商收到进口保理商发来的争议通知,告知出口保理商,该年出口商以托收方式发给进口商的货物因质量问题被进口商海关扣留,致使进口商不能提取该批托收项下议付货款的货物,进口商A公司因此拒付该出口商保理项下两笔应收账款。进口保理商同时随附了一份进口国海关的证明书。出口保理商立即将有关争议情况通知了出口商,出口商承认托收项下的货物有问题,并正在与进口商交涉。为了资金安全,出口保理商根据与出口商签署的《保理融资扣款授权书》及《出口保理业务协议》的有关条款规定,于8月11日将保理融资款项及其利息费用从出口商账上冲回,出口商对此未提出任何异议。

然而,在这之后直至次年7月进口商倒闭,买卖双方始终未能协商解决保理项下这起因反索而引起的贸易纠纷。其后第三年3月5日,出口商以“出口保理商冲回保理融资侵犯了出口商的合法权益”为由向法院起诉,要求出口保理商赔偿人民币200多万元,后又认为起诉理由不当而主动撤诉,并另以“保理业务项下贸易合同未出现任何质量争议,出口保理商却以质量争议为由扣划保理融资款项是严重侵犯出口商权益”起诉出口保理商。

分析:所谓反索,指的是进口商因与出口商另外一笔交易的结果导致进口商向出口商提出索赔而引起的争议。本案显然是由反索引起的贸易纠纷。

根据《国际保付代理公约》第十条规定,如果保理人付款时不知道在与债务人付款有关的货物方面,供应商不履约、履约有瑕疵或履约延迟,进口商只可以向供应商收回其已经给付的款项,却无权向保理人收回已经给付的款项。反之,若保理人付款时知道与债务人付款有关的货物方面,供应商不履约、履约有瑕疵或履约迟延的情况,则进口商有权收回其已经付给保理人的款项,或有权利对保理人不付款。因此,在保理业务中保理商保证赔付必须建立在“出口商按时按质按量履行交货义务”的基础上,如果买方对此提出异议、抱怨或索赔,均被推定为是发生贸易纠纷,保理商将立即转告出口商处理。如纠纷未能在合理时间内得到解决,则相关的应收账款,不论其是否在信用额度之内,均为不合格应收账款，保理商有权主动冲账，并不承担坏账风险。由此，若保理项下贸易合同出现质量争议，出口保理商扣划保理融资款项是合法的。那么，在本案中，出口保理商是否可以以进口商提出的反索为由扣划对出口商的保理融资款项？

按照FCI颁布的《国际保理业务惯例规则》第四十一条规定："如果债务人提出抗辩、反索或纠纷，并且如果出口商于发生纠纷的应收账款所涉及发票的到期日后270天内收到该纠纷通知，进口保理商不应被要求对债务人由于这种纠纷而拒付的金额进行付款。"即按照该规定，在进口商提出反索的情况下，进口保理商有权对本贸易合同项下的金额拒绝融资。即在本案中，出口保理商是可以以进口商提出的反索为由扣划对出口商的保理融资款项的，此做法符合国际惯例。因而，出口商的起诉并不成立。

从本案中得到的经验教训可归纳为如下两点：首先，为便于双方控制风险，出口商在向出口保理商提出信用额度申请时，应将其与买方之间所有现存贸易纠纷如实通报；其次，《出口保理业务协议》应明确一旦出口商以保理方式交易时，须将所有对该买方的应收账款（信用证交易及现金交易项下的除外）转交出口保理商处理。

资料来源：高洁：《国际结算案例评析》，案例76"一笔出口保理业务引起的纠纷案"，对外经济贸易大学出版社，2006年版，有删改。

（三）国际保理与传统结算方式的比较

国际保理与传统结算方式的比较见表9－3。

表9－3 国际保理与传统结算方式的比较

种类 项目	国际保理	汇付	托收	信用证
债权风险保障	有	无	无	有
进口商费用	无	有	一般有	有
出口商费用	有	有	有	有
进口商银行抵押	无	无	无	有
进口商的财务灵活性	较高	较高	一般	较低
出口商竞争力	较高	较高（发货后汇付）	一般	较低

与汇付和托收方式相比，国际保理的最大优点是有债权风险保障。

与信用证相比，进口商利用国际保理的优点是：以承兑交单和赊销等延期付款方式，利用了卖方融资，免除了开证押金和其他开证费用，节约了费用；可凭自身良好的信誉和财务表现，获得保理商的信用担保额度，不必提供抵押；收到单据就可以提货，及时将适销商品投放市场。

对于出口商而言，国际保理业务的优点是：利用国际保理方式，通过对客户提供更有利的 D/A 和 O/A 付款条件，可以大大提高竞争力，从而增加贸易机会扩大出口，这是出口商应用国际保理方式的最大好处。

出口商应用国际保理的其他好处还有：

1. 风险保障。只要出口商的商品品质和交货条件符合合同规定，在保理公司承购了出口商的票据之后，便对出口商无追索权，因而，出口商便把信用风险和汇价风险转嫁给了保理商，出口商的债权可以获得 100% 的保障，排除了坏账损失。

2. 节省成本。保理商利用其广泛的信用情报代替出口商查询其未来顾客的信用地位，为出口商节省了买方资信调查成本。财务管理和账款追收都由保理公司负责处理，也减轻了出口商的业务负担和管理成本。当然，如果出口商发现保付代理的成本太高，可以放弃，由自己承担信用风险。不过一般说来，保理商更了解实际的风险，要求的风险保证金不会高于信用风险的成本。

3. 手续简单。与信用证相比，出口商可以避免烦琐的单证手续和信用证条款的约束，免除因哪怕是无关紧要的个别打字错误都会引起单证不符而遭拒付的风险；可以随时应进口商的需求和运输情况发运货物，免除因等待国外来证或修改信用证而错过装运、销售时机的损失。

4. 迅速获取融资。出口商只要按合同要求把货物装运完毕，保理商就立即以预付款方式提供 80% ~90% 发票金额的融资，当进口商按期将货款全部付给保理商后，保理公司再将剩余的货款付给出口商，并扣除手续费。这样有利于加速资金周转，促进利润增加。

5. 有利于企业的有价证券上市与进一步融资。出口商利用保理业务，货物装船，出卖票据后，立即收到现金，资产负债表中的负债不仅不会增加，反而使表中资产增长，改善资产负债比率，有利于企业的有价证券上市与进一步融资。

6. 保理业务的内容是广泛的、综合的。保理业务具有较强的灵活性和适应性。它提供的服务项目有多种，出口商可根据本公司的实际情况，要求保理商提供该项业务的全部服务项目（Full Factoring Service）或其部分服务项目（Part Factoring Service）。

第四节 福费廷业务

1965 年，经济合作与发展组织（OECD）开创了出口信贷业务，福费廷（Forfaiting）是其中的一种形式，主要在向东欧国家和发展中国家出口大型成套设备的贸易中采用，发展非常迅速。

一、福费廷业务的含义及其特点

（一）福费廷业务的含义

福费廷（Forfaiting）源于法语“a forfeit”和德语“forfaiterung”，含“放弃某种权

利”的意思。福费廷业务是一种无追索权形式为出口商贴现远期票据的金融服务，也称包买票据或票据买断，是指包买商（Forfaiter，一般为商业银行或其他金融企业）从出口商那里无追索权地购买已经承兑的并通常由进口商所在地银行担保的远期汇票或本票。

Forfaiting, also called bill buy - up or bill buy - out, is a kind of trade financing that Bank, as the buyer - up, purchases without recourse from the exporter the accepted usance draft so as to provide finance to the exporter. ①

福费廷业务是出口贸易中一种新型的贸易融资工具，融资比例通常为100%，还款来源为出口项下的收汇款。

（二）福费廷业务的特点

福费廷业务具有以下特点：

1. 通常限于成套设备、船舶、基建物资等资本货物交易及大型项目交易。

2. 在福费廷业务中，出口商必须放弃对所出售债权凭证的一切权益，贴现银行也必须放弃对出口商的追索权。

3. 其期限一般在1～5年，属于中期融资业务。但近年来国际上发展出最短的包买票据业务为180天（6个月），最长的可至10年，通常采用每半年还款一次的分期付款方式。

4. 属批发性融资业务，适合于100万美元以上的大中型出口合同，对金额小的项目而言，其优越性不明显。近年来也发展了一些小额交易，但要收取较高的费用。

5. 出口商必须对资本货物的数量、质量、装运、交货期担负全部责任。

6. 较多地使用美元、欧元及瑞士法郎为结算和融资货币，其他可自由兑换的货币使用得较少。

二、福费廷业务的起源与发展

第二次世界大战以后，欧洲各国需要进口大量建设性物资和日用品，如东欧各国向美国购买大量谷物，因为缺乏外汇资金而需要向银行贷款，但银行融资能力有限，于是瑞士苏黎世银行协会首先开创了福费廷业务。

随着福费廷业务的发展，因为融资期限长、金额较大等特点，人们发现该业务更适合用于资本货物与设备的对外贸易中，如船舶、基建物资等。

20世纪50年代后期，随着各国经济实力的恢复与发展，资本性货物的贸易越来越多，出口竞争日益加剧，资本性货物的卖方市场逐步转变为买方市场，买方已不再满足传统的90～180天的融资期限，要求延长付款期限。这种不断延长的信贷期限，大大超出了卖方本身资金所承受的限度，卖方不得不向银行提出越来越长的融资需求，当时的银行无法提供出口商所希望得到的融资服务，于是福费廷融资方式就活跃起来。

---

① 此定义来自中国银行网站。

20世纪80年代后,部分发展中国家发生债务危机,国际局势动荡不安,正常的银行信贷受到抑制,而福费廷业务却持续增长,逐渐由欧洲向亚洲及全世界发展,这使得福费廷二级市场逐渐形成。该业务交易方式日益灵活,交易金额日益增加,而且票据种类也不断扩大,形成了一个世界范围内的福费廷交易市场。

三、福费廷业务的主要当事人及作用

(一)福费廷业务的主要当事人

1. 包买商(银行)。包买商多为出口商所在国的银行及有中长期信贷能力的大金融公司,做福费廷业务是其国际信贷业务的一部分。当包买商与出口商达成包买业务的协议,并购入出口商转让的票据后,其成为该项延期付款交易的信贷机构,承担了向进口商分期收回货款以及利率、汇率变动的风险。

2. 出口商。当出口商以延期付款方式与进口商达成交易而需要资金支持时,可向包买商申请福费廷融资。当出口商将表明交易金额的若干张票据全部转售包买商并向其支付贴息后,即可取得贴现净额,提前收回货款。

3. 进口商。当进口商在包买商的资助下以延期付款方式购入货物后,在包买商(正当持票人)向其提出付款要求时,应无条件地履行其在票据上的债务责任,按期归还货款。

4. 担保人。担保人虽不是包买票据业务的直接当事人,但担保人及其担保对包买业务有着至关重要的影响。包买商为转移及规避风险,只购入经担保人担保的票据。若进口商不能按期偿还货款,担保人有责任代其偿还。担保人多为进口地银行,在履行付款责任后,担保人有权向进口商追索,但追索能否成功,将取决于进口商的资信状况,故担保人承担着追索不能成功的风险。

(二)福费廷业务的优势

1. 对出口商的好处。福费廷业务对出口商的好处表现在以下几个方面:

(1)不影响出口企业的债务状况,不受银行信贷规模和国家外债规模的影响。

(2)是无追索权方式的贴现,出口企业一旦将手中的远期票据卖断给银行,同时也就卖断了一切风险,包括政治、金融和商业风险,免除了后顾之忧。

(3)出口企业通过采用包买票据方式在商务谈判中为国外买方提供了延期付款的信贷条件,从而提高了自身出口产品的竞争力。

(4)出口企业可将全部或部分远期票据按票面金额融资,无须受到预付订金比例的限制。

(5)出口企业在支付一定的贴现费用后,可将延期付款变成现金交易,变远期票据为即期收汇,提高了资金使用效率,扩大了业务量,增强了企业活力。

(6)由于包买票据采用固定利率,出口企业可尽早核算出口成本,卖断票据以后发生的一切费用均由贴现银行承担。

(7)福费廷融资操作简便、融资迅速,不需要办理复杂的手续和提供过多的文件,可以节省时间,提高融资效率。

2.对进口商的好处。福费廷业务对进口商的好处表现在以下几个方面:

(1)可获得贸易项下延期付款的便利。

(2)不占用进口商的融资额度。

(3)所需文件及担保简便易行。

3.对贴现银行的好处。福费廷业务对贴现银行的好处表现在以下几个方面:

(1)扩大了服务项目,加强了与国际金融界的交往,有利于培养金融专业人才。

(2)利用外资为国内出口商广开融资渠道,促进了贸易出口,带动了业务发展。

(3)融资效率高,不占用银行信贷规模却扩大了融资金额和范围。

(4)可随时在二级市场上出售所贴现的票据,能转移风险。

四、福费廷业务的操作程序

(一)询价

出口商在与进口商签订商务合同之前就应做好融资的准备。为了确保出口商能按时得到融资,并且不承担利率损失,出口商应早与银行(包买商)联系询价。

(二)报价

银行接到出口商的询价后,首先要分析进口商所在国的政治风险、商业风险和外汇风险,核定对该国的信用额度,然后审核担保人的资信情况、偿付能力,以及出口货物是否属正常的国际贸易,合同金额期限是否能够接受等。

如以上几方面均达到满意,银行便根据国际福费廷市场情况做出报价,报价的内容包括:①贴现率(Discount Rate);②承诺费(Commitment Fee),承诺费率一般为年率0.5%~2%;③多收期(Grace Days),多收期是指从票据到期日至实际收款日的估计延期天数。一般为3~7天。如果开证行或保兑行的资信良好,贴现利率就会比较低,这样的单据也比较受银行的欢迎,反之亦然。

(三)签约

出口商在接受了银行的报价后,便需要与银行正式签订包买票据协议,内容包括项目概况及债务凭证,贴现金额、货币、期限,贴现率及承担费率,有关当事人的责任义务,违约事件及其处理,等等。

(四)交单

根据包买票据协议的有关规定,出口商在发货之后应立即将全套装船单据交银行议付,议付行将远期票据寄开证行/担保行承兑后退给出口商。出口商在银行承兑的远期汇票或本票上背书并注明“无追索权”字样后,连同其他单据在承诺期内交贴现银行审核。一般须提交的单据有:①本票或银行承兑汇票等。②提单副本。③发票副本。④合同副本。⑤信用证或保函副本。⑥出口商对其签字及文件真实性的证明。⑦出口商债权转让函。

(五)审单及付款

银行在收到出口商提交的单据后须认真审核,尤其对出口商签字的真伪要核实。若该贴现银行是投资性贴现(即自留票据,到期后向进口方银行索偿),应事先得到进口方银行的付款承诺及进口国有关政府和法律的许可文件。然后,经审核单据无误后向出口商付款。

若该贴现银行是代理性贴现(即同时转贴给二级市场),则须事先与二级市场的有关银行达成默契,在收到出口商的全套单据后,再背书给下一手银行,并提供其他有关资料和证明,收到付款后再支付给出口商。

(六)到期索偿

贴现银行对出口商付款后,要将远期票据妥善保存,在到期日之前,将票据寄付款银行索偿。付款银行按照贴现银行的指示将款项汇到贴现行指定的账户,这样,一笔包买票据业务就完成了。

如果付款银行未能在到期日正常付款,贴现银行可委托律师对付款银行起诉,同时向出口商通报拒付事实,以便取得出口商的协助。若真是由于进口国的政治风险和外汇短缺造成无力支付,贴现银行也只能承担一切损失。

五、福费廷业务在国际贸易中的应用

(一)办理福费廷业务需要注意的问题

1. 出口商。对于出口商,也即信用证项下的受益人来讲,应注意以下几个问题:

(1)必须将远期信用证项下的单据交拟办理福费廷业务的出口地银行办理议付或处理。

(2)只有在开证行/担保行所在国政治、经济稳定且开证行/担保行本身信誉良好的情况下,该业务方易于得到银行受理。

(3)“无追索权”是相对而言的。根据银行的业务合同,若出现出口商诈骗或其他合同内规定的情况,出口商作为福费廷业务的申请人必须返还原融资款项。

(4)福费廷业务的利息支出要高于出口押汇。

2. 出口地银行。对于出口地银行来讲,应注意以下几个问题:

(1)对出口商提供的资料进行合规性审核;对于信用证项下的单据必须提交本行议付或处理,在他行议付或处理的单据不予办理福费廷业务;对开证行在本行没有授信额度的,原则上亦不得办理该项业务。

(2)充分考虑开证行/担保行及其所在国家的政治、经济风险。

(3)认真审核国外开证行/担保行或保兑行的承兑申明,对未经加押或有权签字人签字的承兑、含义不明的承兑,不得办理福费廷业务。

(4)对于风险较高的包买票据业务,可考虑转卖或邀请其他一家或多家银行提供担保,即风险参与,从而使得初级包买商有开证行和风险参与行的双重保障。

(二)福费廷与其他融资方式的比较

1. 与商业贷款比较。在商业贷款当中,银行贷款利差的高低主要是根据借款人的资信情况好坏、贷款金额大小、期限长短以及担保或抵押情况等确定。在福费廷业务中，银行为中期贸易提供了固定利率融资，它满足了客户控制利率风险、确定融资成本的需要。

2. 与出口信贷比较。出口信贷是政府为鼓励本国资本性货物出口而提供的一种带有利息补贴(Interest Make - up)性质的信贷融资。这种融资方式对出口商来讲是最有吸引力的，但它要求的条件比较严格，出口商出口的所有项目并不是都符合出口信贷的条件。而且，在出口信贷项下，一般还要求出口商投保出口信用险，出口商提供财产抵押等，手续烦琐，不仅增加了费用开支，而且即使出口商投保了出口信用险，保险公司通常只承保应收账款的90%左右，并在应收账款变为呆账6个月后才予以赔付，如果通过法律程序索债，赔付期可能会更长。而出口商欠银行的贷款到期必须归还，不能延续。所以，出口商还要承担一定的收汇风险。

在福费廷业务中，由于银行买断了出口商的远期票据，这就使出口商避免了所有的收汇风险、政治风险和商业风险。

3. 与保理业务(Factoring)比较。对于出口商来说，包买票据与保付代理均是由出口商以无追索权方式将应收账款出售给包买商或保理公司，从而当即获得出口销售货款。但两者有以下显著区别：

(1)包买票据主要为大型资本货物交易提供资金融通，而保理的服务对象多为普通商品交易。

(2)包买商习惯于为客户的一项交易提供一项融资服务；而保理商提供的是综合保理服务，而且在一定期间内(如一年)保理商要多次为同一客户办理贸易结算与融资。

(3)包买商可为付款期限是6个月至10年的资本货物交易提供中长期信贷融资；而保理商多为普通商品交易提供服务，一般只提供付款期限在180天之内的短期贸易融资。

(4)福费廷业务需出口商提交经由担保人担保的票据，而保理业务无此要求。

4. 与一般贴现业务比较。福费廷业务属于票据贴现的范畴：包买商作为贴现人贴现出口商提交的票据，从贴现金额中扣除贴息及手续费后，将净额支付出口商，从而包买商成为正当持票人，于到期日要求付款人付款，他也可将票据转售他人。但包买票据作为资本货物交易的融资手段与一般票据贴现具有以下不同：

(1)福费廷业务的主要特征在于包买商以无追索方式贴现票据，当付款人拒付票款时，包买商虽具有对付款人的优先债权或向担保人提出赔偿的权利，却唯独没有向出口商追还所付贴现净额的权利。但一般贴现业务的贴现公司贴入票据后，仍享有向票据出让人追索票款的权利。

(2)福费廷业务的融资对象为大型资本货物交易，通常需使用固定间隔期的多张等值票据。而一般贴现的票据主要用于普通商品交易，一次交易只涉及一张票据。

(3)福费廷业务中的票据须经担保人担保后，包买商才予以贴现融资；而一般贴现只需付款人对票据进行承兑，持票人对票据进行背书即可，无须担保。

(4)福费廷业务的费用除贴现利息及手续费外，还包括选择费、承诺费及罚金；而一般贴现业务中，贴现公司只按当时市场利率扣收贴现息及手续费，故福费廷业务的费用负担高于一般贴现。福费廷和其他融资方式的比较总结如表9－4所示。

表9－4　福费廷业务与其他融资方式对比

种类 内容 项目	包买票据	国际商贷	出口信贷		保理	一般贴现
			卖方信贷	买方信贷		
融资对象	出口商	进口商/出口商	出口商	进口商/进口银行	出口商	出口商
融资范围	资本货物贸易	项目融资	机电产品成套设备		消费品一般商品	一般贸易
融资比例	100%票面额	注册资本以外资金缺口	85%合同金额		80%发票金额	扣贴现息及手续费付净额
利率	商业利率（固定）	商业利率（浮动）	政府补贴（固定）		商业利率（固定）	商业利率（浮动）
期限	中长期（180天以上）	短、中、长期（不限）	中长期（1～10年）		短期（180天以内）	短期
风险	无追索权	还本付息	还本付息		无追索权	有追索权
文件要求	简便	复杂多样	复杂多样		简便	齐全，高信誉
债权凭证	汇票、本票、保函	——	——		托收单据	汇票、本票
出口商品国内制造部分	——	——	一般机电产品70%以上，船舶50%以上		——	——
担保/抵押	银行担保	银行担保/物业抵押	银行担保/财产抵押		——	——
投保信用险	——	——	不一定	需要	——	——

本章小结

1. 贸易融资是指贸易项下的各种融资手段，可以简单分为传统的出口贸易融资、进口贸易融资以及新兴的保理和福费廷（票据包买）业务四种。

2. 出口贸易融资是指出口方银行对出口商的融资，融资方式主要有信用证打包放款、出口押汇、卖方远期信用证融资等。

3. 进口贸易融资是指银行对进口商的融资，主要有信用证项下的开证授信额度、进口押汇、买方远期信用证融资、信托收据（T/R）以及提货担保等。

4. 国际保理在我国又称承购应收账款业务。它是指保理商（Factor）从其客户（出口商）手中购进通常以发票表示的对债务人的应收账款，并负责信用销售控制、销售分户账户管理和债权回收业务。它既是一种可供选择的国际结算方式，又是一种短期的贸易融资方式。其基本特点是：集结算、管理、担保和融资为一体的综合性售后服务业务。

5. 福费廷业务是一种无追索权形式为出口商贴现远期票据的金融服务，也称为包买票据。开展福费廷业务对出口商的益处有：不影响出口企业的债务状况，不受银行信贷规模和国家外债规模的影响；是无追索权方式的贴现，卖断了一切风险；操作简便、融资迅速，可以节省时间，提高融资效率等。对进口商的益处有：可获得贸易项下延期付款的便利；不占用进口商的融资额度；所需文件及担保简便易行。

6. 传统的融资方式打包、押汇、发票融资等占用客户授信额度，或称为商业信用。新型的贸易融资方式福费廷和保理占用的是同业授信额度，或者说是银行信用。

复习思考题

一、单选题

1. 打包贷款属(　)。

A. 短期贸易融资　　B. 国际商业贷款

C. 代理融通　　D. 非贸易融资

2. D/P · T/R 意指(　)。

A. 付款交单　　B. 承兑交单

C. 付款交单凭信托收据借单　　D. 承兑交单凭信托收据借单

3. 付款交单凭信托收据借单是(　)的融资。

A. 进口商给予出口商　　B. 托收银行给予进口商

C. 代收行给予出口商　　D. 出口商或代收行给予进口商

4. FCI 是(　)的缩写。

A. 融资　　B. 贷款

C. 国际商会　　D. 国际保理商联合会

5. 保理业务对出口商融资的最高金额是发票金额的(　)。

A. 50%　　B. 70%

C. 90%　　D. 100%

6. 保理业务中的利息及手续费用由(　)承担。

A. 进口商　　B. 出口商

C. 保理组织　　D. 银行

7. 福费廷业务中的远期汇票应得到(　)。

A. 进口商担保　　B. 进口商银行担保

C. 出口商担保　　D. 出口商银行担保

8. 福费廷业务多用于(　)贸易融资。

A. 1 个月以内　　B. 半年至 10 年

C. 10 年以上　　D. 1 年以内

9. 保理业务与福费廷的相似点是(　　)。

A. 卖断性质,且能提前取得现款的融资方式

B. 期限的长短

C. 需要得到银行的担保

D. 事先与进口商商妥

10. 我国最早开展保理业务的是(　　)。

A. 中国银行北京分行　　B. 中国人民银行

C. 中国建设银行上海分行　　D. 中国交通银行

11. 卖方远期信用证融资时的贴现票据是(　　)。

A. 未承兑的即期汇票　　B. 已承兑的远期汇票

C. 未承兑的远期汇票　　D. 已承兑的即期汇票

12. 一般情况下提货担保适用于(　　)项下的货物。

A. 信用证　　B. 跟单托收

C. 信用证和跟单托收　　D. 以上答案都不对

二、判断题

1. 打包放款是指出口商用国外银行开来的信用证向本国银行申请贷款,一般来说,还贷较有保证。(　)

2. 一次性使用授信额度申请人采用"余额控制"的方法,可循环使用。(　)

3. 如果货物凭开证行担保已提取,由于单据不符被拒绝付款,受益人应向进口商索偿。(　)

4. 银行办理出口押汇时,一般都要求出口商出具质押书(Letter of Hypothecation)。(　)

5. 在国际贸易中,在货物出险后,掌握了提单和保险单据,即真正掌握了物权。(　)

6. 如果提单的收货人是"开证行的指定人,通知买方",则买方有权提货。(　)

7. 有核定授信额度的客户不能获得大于该额度的贷款。(　)

8. 福费廷融资不影响出口企业的债务状况,它不受银行信贷规模和国家外债规模的影响。(　)

9. 国际保理既是一种可供选择的国际结算方式,又是一种短期的贸易融资方式。(　)

10. 国际保理业务的最大优点是出口商肯定能收回货款。(　)

11. 福费廷业务通常由进口商采用分期偿付的方式归还信贷融资。(　)

12. 福费廷业务对出口商而言,具有防止外汇风险的作用。(　)

13. 在福费廷业务中,出口商必须放弃对所出售债权凭证的一切权益,但贴现银行仍享有对出口商的追索权。(　)

14. 进口信用证押汇需要另设额度。(　)

15. 提货担保业务的开证申请人在收到有关单据后，若其与有关信用证不符，可以拒付。(　)

三、业务分析题

1. 某年我某出口公司，对加拿大魁北克某进口商出口500吨核桃仁，合同规定价格为每吨4 800加元CIF魁北克，装运期不得晚于10月31日，不得分批和转运并规定货物应于11月30日前到达目的地，否则买方有权拒收。在此使用何种支付方式较为理想？

2. 我国某公司出口一批货物，结算方式为D/P90天托收。汇票及货运单据通过托收银行寄抵国外代收行后买方进行了承兑。但货物到达目的地后，碰巧行市上涨，于是付款人出具信托收据(T/R)向银行借得单据并提货，货物出售后进口商倒闭。代收行将上述情况通知托收行，表示货款已无法收回，我方出口商是否应承担货款损失？

3. 美国一进口商和我国国内一出口商谈定了一笔长毛绒玩具的贸易合同，该出口商希望付款方式为即期信用证(玩具装船后立即付款)，付款金额为100万美元。出于资金周转以及利息方面的考虑，进口商不愿意一次性付款，而欲在玩具装船后365天内以远期信用证付款，由于这样会给出口商带来一定的经济损失，进口商表示愿意承担因延迟付款而产生的利息。从出口商的角度看，他当然愿意"一手交货，一手收钱"，而不是远期信用证付款，但他也不愿意失去这个多年的大客户，何况近两年出口形势不好，这百万美元的订单实在不能错过。那么，存不存在让进口商以远期信用证支付，而出口商又能够在玩具装船后马上收到钱的方法？

4. 2003年1月份我国某一进口商与东南亚某国以CIF条件签订合同进口香米，由于考虑到海上运输距离较近，且运输时间段海上一般风平浪静，于是卖方在没有办理海上货运保险的情况下将货物运至我国某一目的港口，适逢国内香米价格下跌，我国进口商便以出口方没有办理货运保险，卖方提交的单据不全为由，拒收货物和拒付货款。请问我方的要求是否合理，此案应如何处理？若国内香米价格上升，货物已达目的港，但单据尚未到达，则又该如何处理？

复习思考题参考答案

第一章

一、填空题

1. 货币收支(资金转移) 2. 票据 3. 协定贸易结算 4. 货物单据化 5. 国际通用 6. 支付工具 7. 支付清算服务 8. 逐笔直接 9. 代理 10. 账户行

二、单选

C B A C A D D A D D D A A

第二章

一、单选题

B B D B C B B D D C C

二、判断

× × √ √ √ × √ √ √ ×

三、业务题

1. EXchange for USD729 000.000 1 April, 2007, New York At 90 days after sight pay to the order of Ace Trading Co.

the sum of USD Seven hundred twenty nine thousand only

To: Bank of Europe, London

For: Continental Co., New York

(signature)

2. EXchange for USD50 000 15 October, 2007, Hangzhou, China At 30 days after sight pay to the order of DEF Co.

the sum of USD Fifty thousand only

To: Bank of Midland, London

For: ABC Co., Hangzhou

(signature)

这是一张远期汇票,收款人 DEF CO. 于 2007 年 10 月 15 日向 MIDLAND 银行提示承兑,后者进行了承兑,付款日期就从 10 月 16 日算起 30 天,10 月有 31 天,因此到期日是 2007 年 11 月 14 日。

3. 答:10 000 -(10 000 ×10%)=9 900 元

4. 答:银行已经承兑了该张汇票,因此是这张汇票的主债务人。票据债务人的排列顺序依次是承兑行，出票人甲，转让人乙。但是承兑行此时已经破产，无力履行付款义务。乙作为正当持票人，其权利优于其前手，故甲应当支付给丙，然后甲再向乙行使追索权。

第三章

一、单选题

B A A B D B B D B C A C B C C A C

二、判断题

√ × √ √ × × √ × √ √ × × × √ × √ × × ×

三、业务分析题

答：(1)汇款人与收款人之间的关系。在实务中表现为两个方面：在非贸易汇款中，由于资金单方面转移的特性，使汇、收双方表现为资金提供与接受的关系；在贸易汇款中，由于商品买卖的原因，使汇、收双方表现为债权债务关系。(2)汇款人与汇出行之间是委托与被委托的关系。汇款人委托汇出行办理汇款时，要出具汇款申请书。这是当事双方委托与接受委托的契约凭证，它明确了双方在该项业务中的权利与义务。(3)汇出行与汇入行之间既有代理关系又有委托与被委托的关系。一般代理关系在前，即两行事先签有业务代理合约或有账户往来关系，在代理合约规定的业务范围内，两行各自承担所尽之责。就一笔汇款业务而言，汇出行通过汇款凭证，传递委托之信息，汇入行接受委托承担解付汇款之义务。(4)收款人与汇入行之间通常表现为账户往来关系。即收款人在汇入行开有存款账户。此外，它们两者也可以没有关系，汇入行有责任向收款人解付该笔款项。

第四章

一、单选题

A B B D C A B C B A C A B A D B D D

二、判断题

× × √ × × × √ × √ × √ √ × √ × × √ √ √

三、业务分析题

1. 分析：D/P 120 Days After Sight 这种交单方式，表面上看来是付款交单，但是在实际业务操作过程中，有很多国家和地区的银行都按照本国或地区的“惯例”，在进口商承兑汇票后即放单给进口商，因此出口商面临很大的风险，URC522 不鼓励出口商采用这种付款结算方式。在本案中，出口商的损失是惨重的。

2. 分析：既然国外的卖方擅自将单据交给了最终用户，他就要承担由此产生的风险。合同规定即期付款交单，因此，谁没有在获得付款的情况下放单，谁就要承担相应的法律责任。

3. 分析:(1)D/P 即期,提示、付款、交单日均为 7 月 8 日,付清货款取得货运单据。

(2)D/P 见票 30 天,提示、承兑日为 7 月 8 日,付款、交单日为 8 月 6 日。

(3)D/A 见票 30 天,提示、承兑、交单日为 7 月 8 日,付款日为 8 月 6 日。

(4)D/P 见票 30 天,凭信托收据借取单据,提示、承兑、交单日为 7 月 8 日,付款日为 8 月 6 日。

四、业务操作题

答:跟单汇票可以参照下面的格式:.

EXchange for USD50 000

Shanghai, 4 August, 2007

D/P At sight of this First bill of E × change (Second of the same tenor and date unpaid)

pay to the order of Bank of China, Shanghai branch

the sum of US dollars fifty thousand only

Drawn against Pure Cotton Men's Shirts, Art. No. 9 -71323, Size Assortment: S/3 M/b and

L/3 per doz. for collection. . To Hongkong N Trading Co., Ltd, For Shanghai A E. &I. Co.

21 Locky Road, Hongkong No. 1023, Nanjing Road (East) Shanghai, China

Signature Manager

汇票上的抬头可以有以下几种写法:

(1)抬头人为上海 A 贸易公司的指定人(to order of shanghai A E. &I. Co. No. 1023, Nanjing Road〔East〕Shanghai, China)。采用这种抬头时,上海 A 贸易公司在申请托收时应该将该汇票背书给中国银行上海分行,中国银行上海分行再背书给中国银行香港分行,由后者代收款项。

(2)抬头人为中国银行上海分行的指定人,A 贸易公司不必再背书。由上海分行背书给香港分行即可。

第五章

一、填空题 1. 有条件 2. 代理行 3. 背对背信用证 4. 信用证的有效期内 5. 符合信用证条款规定的单据 6 开证行 7. 受益人提交的单据 8. 进口商/申请人 9. 第一性的 10. 偿付行

二、单选题

B C A C B D B B C B A D A A A D B

三、判断题

× √ × √ √ × × √ √ ×

四、案例选择题(单选)

C B C C D A C C D B

五、业务分析题

1. 分析:BanK1 的拒付理由成立。因为此份信用证规定的有效期到期地点是在法国的开证行,而不是通知行中国银行江苏分行。在本案中,中国银行江苏省分行仅仅是寄单行,甲公司将单据在有效期内交给寄单行并不能满足信用证的要求。对于这种境外到期信用证,甲公司应该在至少一个邮程(至少5天)前将单据交给寄单行中国银行江苏省分行,这样,单据才能在有效期前到达开证行柜台。

2. 分析:从理论上来说,由于信用证支付方式是银行信用,开证银行承担第一性的付款责任;信用证项下的付款是一种单据买卖,因而,只要受益人提交的单据符合信用证的规定,开证行就应履行付款义务。本案中,尽管我方出运前获悉开证申请人已经倒闭,但因有开证行第一性的付款保证,所以,如果我方根据信用证的规定装运出口,及时制作一整套结汇单据在信用证的有效期内提交相关银行是可以获得支付保证的。但是,从实务的角度来看,信用证尽管是开证银行承担第一性的付款责任,但是信用证项下的款项最终是来自进口商的支付,在进口商已经倒闭的情况下,开证行势必要百般挑单,即使出口商有绝对把握单据质量无从挑剔,遇到开证行无理挑单,在货物已经出运,可能面临高额的滞港费用及其他费用的情况下,进行一项跨国诉讼也是一项吃力的事情。因此,出口商在这种情况下必须谨慎从事,如果在进口国没有办事处不能方便处理货物的情况下,贸然发货风险很大。

3. 分析:开证行拒绝有理。我方要求开证行拒付,实质为撤销信用证,不可撤销信用证未经有关当事人同意不得撤销。除非是单证不符,否则开证行必须付款,不管货物是否与合同相符。有关品质与合同不符,进口方应直接向出口方索赔。

第六章

一、填空

1. 银行 2. 2% ~5% 3. 5% ~10% 4. 担保申请人正常履行合同义务的书面证明 5. 投标人、供货人、买方、卖方、承租人 6. 担保行 转开行 7.《国际备用信用证惯例》(International Stand - by Practices)

二、单选

D D B C B

三、判断

× × × × √ √ × × × √

第七章

一、填空题

1. 商业发票 2. 卖方　索取货款 3. 待运提单　已装船提单 4. 大保单 5. 商品检验证明 6. 货方　信用证的受益人　收货人的代理 7. 不洁净提单 8. 平安险　水渍险　一切险　一般附加险　特殊附加险 9. 普遍的　非歧视性的　非互惠的 10. 卖方　买方

二、判断题

√　×　×　×　×　×　√　×

三、选择题

D　B　A　C　A　D　A　C　B　B

四、案例分析题

1. 分析：通常在实务中，保险单的签发日期必须在装运日期以前，以资说明货物装运前其保险已经办完投保，保险责任已经生效。国际经济贸易发展公司所提交的保险单上签发日期晚于装运日期，以一般情况来说是不符合要求的，所以开证行提出不同意接受。

但是，在本案中保险单上已由保险公司作了声明："This cover is effective at the date of loading on board（本保险责任于装船日期生效）。"根据 UCP500 第 34 条 e 款的规定："除非信用证另有规定，或除非保险单据表明保险责任最迟于装船或发运或接受监管之日起有效，银行将拒受出单日期迟于运输单据注明的装船或发运或接受监管日期的保险单据。" UCP600 第 28 条 e 款规定："除非保险单据表明保险责任不迟于装运日生效，则保险单据签发日期不得晚于装运日期。"根据上述规定，该公司保险单上已经声明了保险责任于装船日起生效，即使保险单签发日期晚于提单上的装运日期，银行亦应接受该保险单据。

国际经济贸易发展公司 9 月 2 日在致开证行的电文中已经申述保险单上有"本保险责任于装船日起生效"的保险公司声明，但国际经济贸易发展公司不能够充分利用熟悉 UCP 的相关条文向开证方反驳，只是重申其保险责任在货物装船日已经生效，不影响索赔工作等实际业务情况。反而使开证行以 UCP 条款为依据，申述银行不管你实际业务情况，只管单据上所表示出来的保险单日期晚于装运日期就是不符合要求，使国际经济贸易发展公司无法再抗辩，以失败告终。

开证行作为处理信用证业务的专业部门，不可能不懂 UCP 的相关条款，只是利用国际经济贸易发展公司不熟悉相关业务，达到了拒付的目的。

2. 分析：在正常的情况下，一般已装船的海运提单（Shipped or on board Bill of Lading）只要在提单条款上预先已表明有"Shipped on board"的类似字样，其提单的签发日期即被视为装运日期。这在 UCP500 第 23 条 a 款第Ⅱ项、UCP600 第 20 条 a 款第Ⅱ项都有规定，这是指已装船的海运提单而言。

本案例的开证行在 7 月 1 日的拒付电中将我 A 公司的备运提单当做已装船提

单处理，是故意混淆，借口挑剔。备运提单(Received for shipment Bill of Lading)又叫待运提单，是指在装货以前签发的提单。为了符合信用证要求提供已装船的提单，在提单上设立有"Loaded on board the vessel"栏，即装船批注(On board notation)，承运人在本栏内填上装船日期并签章就符合信用证所规定的已装船提单的要求。在UCP500第23条a款、UCP600第20条a款中都有规定：在这种情况下，装船的批注日期就是装运日期。

装运日期的确定依据是本案例中双方争议的焦点。A公司所提交的提单中标明两种日期，一个是签单日期：6月13日；另一个是承运人在本栏批注的装运日期：6月15日。但开证行却以6月13日视为装运日。根据上述UCP500、UCP600的有关规定，A公司所提交的提单上并没有预先印就的文字表明货物已被装上指名船只，而是表明货物收讫待运，所以承运人在提单的备忘栏中另加批注已装船日期：2006年6月15日。其交单有效的特定日期应从2006年6月15日算起。按6月15日起算至6月21日向银行交单时尚未超过7天，所以符合信用证规定，不符点是不成立的。

其实，开证行对于这样惯例条款理解模糊是不多见的，开证行很有可能只是配合申请人企图拖延付款甚至达到不付款的目的而已。当然，信誉良好的银行一般不会这么做。

第八章

一、填空题

1. 10%　2. 不能接受　3. 45～52MT　4. June 15 2003 和 June 25 2003　5. 单据　单据　6. 早于　7. 5　8. 纵审　横审　横审　纵审　9. 电提　10. 有效日期和有效地点

二、判断题

×　×　√　×　√　√　√　×　×　√

三、案例选择题(单选)

B　D　C　B　A　B　C　C　C　C

四、案例分析题

1. 分析：按原合同规定这样装运是可以的，但后来信用证上具体明确了每月装运的数目，这样装运就违背了信用证的规定。对方如此开证是定量分运，其用意在于约束每次的装货数量。这一约定往往是根据其下手合同或仓储等方面的需要。如收证后未及时提出异议，每次就应按照信用证规定数量发货，既不能多装也不能少装，否则，银行不予议付。

2. 分析：偷窃提货不着险是指被保险货物整件被偷，或从整件中窃取一部分，以致货到目的地后收货人提取不到整件货物。本例显然不属于这种情况，保险公司拒赔是正确的。如投保的是水渍险加交货不到险，则保险公司应予赔偿。因为交货不到险属于特别附加险，是指从货物装上船开始，6个月内不能运到目的地，不论什么原因,保险公司要按全部损失赔偿。不过被保险人要向保险公司办理权益转让手续,否则保险人不予赔偿。

3. 分析:因投保的水渍险,水渍险只对海水浸渍负责,而对淡水所造成的损失不负责任。假如该批货投保了一切险,便可以向保险公司索赔。所以本例不能向保险公司索赔,但可凭清洁提单向船公司进行索赔。

4. 分析:这样做不妥。因为银行虽然对此不会提出异议,但货到目的港后,提货人进口报关时当地海关必然盘诘,轻则罚款,重者货物罚没充公,海关甚至会以走私罪对进口商进行处罚。所以,在审证时发现来证的品名与合同不符,应及时通知对方改正,决不能迁就,而造成对我方不利的后果。

5. 分析:银行这样处理是对的。因为这笔业务的支付方式为不可撤销即期信用证方式。不可撤销信用证未经有关当事人同意,不得撤销。只要单证相符。

6. 分析:从港口名称来说,广州与黄埔是两个港口的名称。信用证规定 Loading port: Guangzhou 其意即装运港是在"Guangzhou port"。信用证中所指的广州是港口名称即广州港,而 R 进出口公司 5 月 17 日电中解释认为黄埔属于广州市,将信用证的广州港解释为广州市,这显然是错误的。单证不符确实存在,拒付理由成立。

本案例造成单证不符,主要原因是对信用证条款理解上出偏差,没有理解"Loading port: Guangzhou"就是指广州港口装船,并非指广州市。因为"广州"这个名词既是城市名,又是港口名,信用证明确规定"Loading port: Guangzhou"(装运港口:广州),当然是指广州港口装运,不可能指在广州城市内装运。R 进出口公司当时在装船前由于货物存仓接近黄埔港,有关人员为节省费用,提出在黄埔港装船。相关人员在审证时没有注意到这个问题,所以同意在黄埔港装运,却不知道这样将构成单证的实质不符。

7. 分析:如果将货物描述中"总量 37 000 磅"看做最重要的部分,那么可以说,5% 的伸缩度限定仅针对该总量。这意味着,装运的货物总量应在 35 150 磅和 38 850 磅之间。如果将分批交货看成是运输指示中的最重要部分,那么 ±5% 就可以认为针对每一批货物。这意味着,每一批运出的货物的上下浮动都应为 ±5%。其结果是,货物的总量也将在 ±5% 的范围内。±5% 的数量限定应适用于规定的每一批货物也适用于总量,拒付理由成立。

第九章

一、单选题

A C D D C B B B A A B A

二、判断题

√ × × √ × × √ √ √ × √ √ × × ×

三、业务分析题

1. CIF 条件下,进口方可采用进口贸易融资中的开证授信额度和进口押汇两种方式进行结算。提货担保或信托收据方式适合于欲提前取得货物的情形,但也会失去因单证不符拒付的权利,故而不很恰当。

2. 代收行应该承担货款损失。托收行的托收指示是 D/P 90 天,并没有指示代收行可以凭 T/R 放单,因此放单是代收行自身的行为,理应由其承担该行为由此产生的后果。

3. 可以考虑采用以下一些方式:①假远期信用证,由此产生的利息等费用由买方承担。②考虑采用预付保理方式。③福费廷方式结算。后两种方式中,卖方可将相关费用计入玩具的报价中即可。

4. 我方的要求是合理的。尽管我方的动机是由于市场行情发生了对其不利的变化,但是 CIF 条件下,卖方没有办理货运保险,提交的单据少了保险单,即使货物安全到达目的港,也不能认为其完成了交货义务。

第二种情形下,进口商可采用提货担保从承运人处提前获得货物,以灵活应对国内市场的变化。

参考文献

[1]《跟单信用证统一惯例》(Uniform Customs and Practice for Documentary Credits, ICC Publication No. 600),国际商会第600号出版物.

[2]《关于审核跟单信用证项下单据的国际标准银行实务(ISBP)》,国际商会第645、681、745号出版物.

[3]《跟单信用证统一惯例(UCP500)关于电子交单的附则(eUCP)》.

[4]《关于UCP500等的意见汇编》,国际商会第632号出版物.

[5]《托收统一规则》(Uniform Rules for Collections),国际商会第522号出版物.

[6]《托收业务指南》,国际商会第561号出版物.

[7]《见索即付保函统一规则》,国际商会第458号出版物.

[8]《开立见索即付保函示范格式》,国际商会第503号出版物.

[9]《见索即付保函统一规则》,国际商会第758号出版物.

[10]《合约保函统一规则》,国际商会第325号出版物.

[11]《国际备用信用证惯例(ISP98)》,国际商会第590号出版物.

[12]《跟单信用证项下银行间偿付统一规则》,国际商会第725号出版物.

[13]国际商会(ICC). 2010年国际贸易术语解释通则. 中国国际商会,国际商会中国国家委员会,译. 北京:中国民主法制出版社,2011.

[14]ICC Banking Commission & International Forfaiting Association. ICC Uniform For Forfaiting(URF800). International Chamber of Commerce,2012.

[15]中华人民共和国票据法.

[16]中华人民共和国海商法.

[17]ICC银行委员会意见汇编1995—2001 on UCP 500, UCP 400, URC 522 &URDG 458,国际商会出版物632号[M]. 国际商会中国国家委员会(ICC CHINA),译. 北京:中国民主法制出版社,2003.

[18]庞红,尹继红,沈瑞年. 国际结算[M]. 北京:中国人民大学出版社,2005.

[19]庞红. 国际贸易结算[M]. 北京:中国人民大学出版社,2007.

[20]陈国武. 解读跟单信用证统一惯例(2007年修订本)第600号出版物[M]. 天津:天津大学出版社,2007.

[21]苏宗祥,景乃权,张林森. 国际结算[M]. 北京:中国金融出版社,2004.

[22]金赛波. 中国信用证法律重要案例点评[M]. 北京:对外经济贸易大学出版社,2002.

[23]王善论. 国际贸易实务解惑 500 题[M]. 北京:对外经济贸易大学出版社,2007.

[24]庄乐梅. 国际结算实务精要[M]. 北京:中国纺织出版社,2004.

[25]李一平. 跟单信用证项下出口审单实务[M]. 北京:中国商务出版社,2007.

[26]蒋琴儿. 国际结算——理论、实务、案例[M]. 北京:清华大学出版社,2007.

[27]启智. 国际结算[M]. 北京:北京理工大学出版社,2006.

[28]杨金玲. 国际商务单证实务[M]. 北京:首都经济贸易大学出版社,2008.

[29]李京. 国际贸易单证[M]. 北京:北京理工大学出版社,2005.

[30]林建煌. 品读 UCP600[M]. 厦门:厦门大学出版社,2008.

[31]王腾,曹红波. 彻底搞懂信用证[M]. 北京:中国海关出版社,2009.

[32]庞红,刘震. 国际结算[M]. 北京:中国人民大学出版社,2008.

[33]林建煌. 品读 ISBP745[M]. 厦门:厦门大学出版社,2013.